## ■公的年金等に係る雑所得の速算表（公的年金等の収入金額×割合－控除額＝雑所得の金額（0以下は0））

| 年齢 | 公的年金等の収入金額 | 公的年金等に係る雑所得以外の所得に係る合計所得金額 | | | | | |
|---|---|---|---|---|---|---|---|
| | | 1,000万円以下 | | 1,000万円超2,000万円以下 | | 2,000万円超 | |
| | | 割合 | 控除額 | 割合 | 控除額 | 割合 | 控除額 |
| 65歳未満 | 130万円未満 | 100% | 60 万円 | 100% | 50 万円 | 100% | [illegible] |
| | 130万円以上 410万円未満 | 75% | 27.5万円 | 75% | 17.5万円 | [illegible] | [illegible] |
| | 410万円以上 770万円未満 | 85% | 68.5万円 | [illegible] | [illegible] | [illegible] | [illegible] |
| | 770万円以上1,000万円以下 | 95% | 145.5万円 | [illegible] | [illegible] | [illegible] | [illegible] |
| | 1,000万円超 | 100% | 195.5万円 | [illegible] | [illegible] | [illegible] | [illegible] |
| 65歳以上 | 330万円未満 | 100% | 110 万円 | [illegible] | [illegible] | [illegible] | [illegible] |
| | 330万円以上 410万円未満 | 75% | 27.5万円 | 75% | [illegible] | [illegible] | [illegible] |
| | 410万円以上 770万円未満 | 85% | 68.5万円 | 85% | [illegible] | [illegible] | 48.5万円 |
| | 770万円以上1,000万円以下 | 95% | 145.5万円 | 95% | 135.5万円 | 95% | 125.5万円 |
| | 1,000万円超 | 100% | 195.5万円 | 100% | 185.5万円 | 100% | 175.5万円 |



## ■給与所得の速算表（給与等の収入金額×割合－控除額＝給与所得の金額（0以下は0））

| 給与等の収入金額 | 一般 | | 子育て・介護世帯 | |
|---|---|---|---|---|
| | 割合 | 控除額 | 割合 | 控除額 |
| 162.5万円以下 | 100% | 55万円 | 100% | 55万円 |
| 162.5万円超 180 万円以下 | 60% | △10万円 | 60% | △10万円 |
| 180 万円超 360 万円以下 | 70% | 8万円 | 70% | 8万円 |
| 360 万円超 660 万円以下 | 80% | 44万円 | 80% | 44万円 |
| 660 万円超 850 万円以下 | 90% | 110万円 | 90% | 110万円 |
| 850 万円超 1,000 万円以下 | 100% | 195万円 | 90% | 110万円 |
| 1,000 万円超 | 100% | 195万円 | 100% | 210万円 |

○所得金額調整控除

（①給与所得（10万限度）＋②年金雑所得（10万限度））が10万円超のとき、①＋②－10万円を給与所得から控除

## ■所得税の配偶者控除・配偶者特別控除早見表

（万円）

| | 配偶者の合計所得金額 | 控除対象配偶者 | 納税者本人の合計所得金額 ～900以下 | 900超950以下 | 950超1,000以下 |
|---|---|---|---|---|---|
| 配偶者控除 | 48以下 | 70歳未満 | 38 | 26 | 13 |
| | | 70歳以上 | 48 | 32 | 16 |
| 配偶者特別控除 | 95以下 | 配偶者控除なし | 38 | 26 | 13 |
| | 100以下 | | 36 | 24 | 12 |
| | 105以下 | | 31 | 21 | 11 |
| | 110以下 | | 26 | 18 | 9 |
| | 115以下 | | 21 | 14 | 7 |
| | 120以下 | | 16 | 11 | 6 |
| | 125以下 | | 11 | 8 | 4 |
| | 130以下 | | 6 | 4 | 2 |
| | 133以下 | | 3 | 2 | 1 |
| | 133超 | | — | — | — |

## ■各種所得控除

| 生命保険料控除 | 適用限度額12万円 |
|---|---|

Ⅰ新生命・介護医療・新年金⇒（各々最高4万円）
＋　＋
Ⅱ旧生命　旧年金⇒（各々最高5万円）

（※生命保険・年金保険は、新旧両方について控除の適用を受ける場合には新旧の合計で最高4万円）

| | 保険料A | 控除額 |
|---|---|---|
| Ⅰ平24～（新契約） | 2万円以下 | Aの全額 |
| | ～4万円以下 | A×50%＋10,000円 |
| | ～8万円以下 | A×25%＋20,000円 |
| | 8万円超 | 40,000円 |
| Ⅱ～平23（旧契約） | 2.5万円以下 | Aの全額 |
| | ～5万円以下 | A×50%＋12,500円 |
| | ～10万円以下 | A×25%＋25,000円 |
| | 10万円超 | 50,000円 |

| 地震保険料控除 | ①＋②（限度額5万円） | |
|---|---|---|
| ①地震保険料A | | Aの全額（限度5万円） |
| ②旧長期損害保険料B | 1万円以下 | Bの全額 |
| | ～2万円以下 | B×50%＋5,000円 |
| | 2万円超 | 15,000円 |

| 障がい者控除 | 一般 | 特別 | 同居特別 |
|---|---|---|---|
| | 27万円 | 40万円 | 75万円 |

| 寡婦控除 | ひとり親控除 | 勤労学生控除 |
|---|---|---|
| 27万円 | 35万円 | 27万円 |

## ■所得税の基礎控除

| 合計所得金額（万円） | 基礎控除 |
|---|---|
| 2,400以下 | 48万円 |
| 2,400超 2,450以下 | 32万円 |
| 2,450超 2,500以下 | 16万円 |
| 2,500超 | 0円 |

| 扶養控除 | |
|---|---|
| 0～15歳 | — |
| 16～18歳 | 38万円 |
| 19～22歳 | 63万円 |
| 23～69歳 | 38万円 |
| 70歳以上（同居） | 48万円（58万円） |

## まえがき

令和５年度税制改正は、家計の資産を貯蓄から投資へと積極的に振り向け、資産所得倍増につなげるため、NISAの抜本的拡充・恒久化が行われるとともに、スタートアップ・エコシステムの抜本的強化のための措置がとられました。

資産課税では資産移転の時期の選択により中立的な税制の構築が図られました。このほかインボイス制度の円滑な実施に向けた改正や電子帳簿保存制度の見直しなどが行われました。

本書はこれらの改正を反映させて、令和５年度版として改訂を行ったものです。

ところで、「税務ハンドブック」は、税理士宮口定雄先生がご自身の業務処理に役立てるために、常に携行できるようにと税務のポイントや資料をまとめて作っておられたノートがコントロール社高木正氏の目にとまったことがきっかけで、昭和49年から毎年発刊されるようになりました。その内容は、宮口先生が各種の税目をカバーしつつ、詳細に記されている手引書や法令集などを見ずとも外出先などで重要な項目の確認をすることが出来るようにと書き留めたものです。過去の税務ハンドブックには、「毎年の税制改正項目等を織り込み、日頃から税務・経理処理の仕事に携わっておられる方々の参考に供するために、税法のうち実務上利用頻度の高い項目を抽出し、その取扱いと関連法令などを記して全て表組みにしています。本書は、詳細な税法の解説を目的にしたものではありませんので、ご利用に当たっては法令集等と併用していただきたいと思います。」と記されています。大事なことを少しでも多く、かつ、コンパクトにして一冊の本にまとめ、いつも鞄の中に入れておいて下さいとの願いを込めて、毎年々々一生懸命に改訂にあたっておられました。

最近では、大手出版社や大規模税理士法人などから類似書が出版されていますが、これは本書の利便性などが評価されていることの証左でもあると思います。

毎年の改訂については、読者各位から今までにお寄せ頂いたご意見等を参考とさせていただいています。今後とも、読者諸兄からのご指導をもとに、本書をますます有益なもの・利用しやすいものに改訂していく覚悟でございますので、今後とも従前同様のご教示をいただきますよう心からお願いいたします。

なお、本書は令和５年４月10日現在の法令によっています。

税理士　杉田　宗久

〈50音順索引をご利用ください〉
下記URL又は右の二次元バーコードを読み込んでご確認いただけます。
https://www.control-sya.co.jp/image/handbook/R05zei-50.pdf

## 目次　令和5年度版　税務ハンドブック

## 所得税

## 消費税

## 相続税・贈与税・その他の国税

## 地方税関係



凡　例

通　法……国税通則法
通　令……国税通則法施行令
法　法……法人税法
法　令……法人税法施行令
法　規……法人税法施行規則
法基通……法人税基本通達
所　法……所得税法
所　令……所得税法施行令
所　規……所得税法施行規則
所基通……所得税基本通達
相　法……相続税法
相　令……相続税法施行令
相　規……相続税法施行規則
相基通……相続税法基本通達
評基通……財産評価基本通達
消　法……消費税法
消　令……消費税法施行令
消　規……消費税法施行規則
消基通……消費税基本通達
措　法……租税特別措置法
措　令……租税特別措置法施行令
措　通……租税特別措置法関係通達
地方法……地方法人税法
印　法……印紙税法
登免法……登録免許税法
徴　法……国税徴収法
地　法……地方税法
地　令……地方税法施行令
国　外　送金法……内国税の適正な課税の確保を図るための国外送金等に係る調書の提出等に関する法律
耐　令……減価償却資産の耐用年数等に関する省令
耐　通……耐用年数の適用等に関する取扱通達

## ■月別税務日程表

（法人税等及び消費税等、各月毎の源泉所得税・特別徴収住民税については省略）

| 年 | 月 | 内　　容 |
|---|---|---|
| 令和5年 | 6月 | ・個人の住民税第1期分納付（条例で定める日）<br>・特別徴収住民税納期特例分（令和4年12月～令和5年5月分）の納付（12日）<br>・所得税の予定納税額等の税務署から納税者へ通知（15日） |
| | 7月 | ・所得税予定納税額第1期分納付（31日）<br>・源泉所得税納期の特例分（1月～6月分）の納付（10日）<br>・固定資産税、都市計画税第2期分の納付（条例で定める日）<br>・所得税予定納税額の減額承認申請（第1・第2期分）（6月30日現在の状況で申告納税見積額18日まで） |
| | 8月 | ・個人事業税第1期分の納付（条例で定める日）<br>・個人住民税第2期分の納付（条例で定める日） |
| | 10月 | ・個人住民税第3期分の納付（条例で定める日）<br>・特別農業所得者への予定納税額等の税務署長から納税者へ通知（16日） |
| | 11月 | ・所得税予定納税額第2期分納付（30日）<br>・特別農業所得者の予定納税額（第1期分）納付（30日）<br>・個人事業税第2期分納付（条例で定める日）<br>・予定納税額の減額承認申請（10月31日現在の状況での申告納税見積額15日まで） |
| | 12月 | ・特別徴収住民税納期特例分（6月～11月分）の納付（11日）<br>・固定資産税、都市計画税第3期分の納付（条例で定める日）<br>・給与所得者の年末調整<br>・給与所得者の保険料控除申告書の提出 |
| 令和6年 | 1月 | ・令和5年分所得税の還付申告（令和6年1月1日から5年間提出可）<br>・源泉所得税納期の特例分（令和5年7月～令和5年12月分）の納付（22日）<br>・個人住民税第4期分の納付（条例で定める日）<br>・所得税の法定支払調書及び同合計額表の提出（31日）<br>・給与支払報告書の提出（31日）<br>・固定資産税の償却資産の申告（31日）<br>・給与所得者の扶養控除等申告書の受理<br>・源泉徴収簿の作成<br>・源泉徴収票の交付（31日） |
| | 2月 | ・令和5年分所得税の確定申告・延納届出書（2月16日～3月15日）<br>・令和5年分贈与税の申告（2月1日～3月15日）<br>・固定資産税、都市計画税第4期分の納付（条例で定める日） |
| | 3月 | ・所得税第3期分の納付（15日）<br>・贈与税の納付（15日）<br>・個人の青色申告承認申請（15日） |
| | 4月 | ・固定資産税、都市計画税第1期分の納付（条例で定める日）<br>・軽自動車税（種別割）の納付（条例で定める日）<br>・給与支払報告に係る給与所得者異動届出（15日）<br>・固定資産税課税台帳の縦覧（1日～20日又は納期限の日以後いずれか遅い日）（条例で定める日）<br>・固定資産税課税台帳の審査の申立（首長の公示日から納税通知受付後三月までの間） |
| | 5月 | ・所得税額延納分の最終納付（31日）<br>・自動車税（種別割）の納付（条例で定める日）<br>・鉱区税の納付（条例で定める日）<br>・特別農業所得者の承認申請（15日）<br>・個人の住民税（道府県民税及び市町村民税）の特別徴収税額を、市町村長から雇用主を通じて納税者に通知（31日） |

## ●申告・納付に関する注意事項

| 税目 | 申告・納付 |
|---|---|
| 法人税 | ●**確定申告**の申告、納付期限は、原則、各事業年度終了の日の翌日から２か月以内です。<br>●**確定申告**で、２か月以内に定時総会が招集されない常況にあるときは、提出期限を１か月間延長できます。また、会計監査人を置いている場合で、かつ、３か月以内に定時総会が招集されない常況にあるときは４か月を超えない範囲内において税務署長が指定する月数の期間延長することができます。<br>※令和３年３月31日以後に終了する事業年度終了の日の属する課税期間において、法人税の確定申告書の提出期限の延長の特例の適用を受ける法人が、消費税の確定申告書の提出期限を延長する旨の届出書を提出した場合には、その提出をした日の属する事業年度以後の各事業年度終了の日の属する課税期間に係る消費税の確定申告書の提出期限を１か月延長することができます。(消法45の２)<br>●**中間申告**で、次の①②に該当するときは、仮決算による中間申告書を提出できません。(法法72、81の20)<br>①［(前事業年度の確定申告法人税額)÷(前事業年度の月数)×６］🄰≦10万円<br>②上記🄰＜(仮決算による中間法人税額) |
| 所得税 | ●**確定申告**の申告、納付期限は、翌年の３月15日です。 |
| 消費税 | ●**確定申告**の申告、納付期限は、個人事業主の場合、翌年の３月31日、法人の場合、課税期間の末日の翌日から２か月以内（申告期限の延長は、上記**法人税※**参照）です。<br>①**中間申告は直前課税期間の年税額が4,800万円超の場合は、**毎月末の翌日から２か月以内に直前課税期間の年税額の１/12 相当額を毎月申告のうえ11回納付します（但し、法人の最初の１か月の申告期限は３か月以内、個人事業者の１月、２月分は４か月以内)。<br>②**直前課税期間の年税額が400万円超4,800万円以下の場合は、**３か月ごとに区分した各中間申告対象期間の末日の翌日から２か月以内に、直前課税期間の年税額の３/12相当額を申告・納付します。<br>③**直前課税期間の年税額が48万円超400万円以下の場合は、**課税期間開始の日以後６か月の末日の翌日から２か月以内に、直前課税期間の年税額の６/12相当額を申告・納付します。<br>④**直前課税期間の年税額が48万円以下の事業者（中間申告義務のない事業者）の場合は、**「任意の中間申告を行う旨の届出書」を提出することにより、その課税期間開始の日以後６月の期間で年１回の中間申告対象となる期間に「直前課税期間の確定消費税×$\frac{1}{2}$」を自主的に中間申告・納付することができることとされています。 |
| 相続税 | ●**申告、納付期限**は、相続開始の日の翌日から10か月を経過する日です。 |
| 贈与税 | ●**申告、納付期限**は、翌年２月１日から３月15日です。 |
| その他 | 上記の日程表以外に、次に掲げる税については、毎月末日までに申告納付します。<br>**酒税、揮発油税、地方揮発油税、航空機燃料税**等。 |

●国税に関する法律に定める申告、申請、請求、届出その他書類の提出、通知、納付又は徴収に関する期限が日曜日、祝祭日、その他一般の休日又は土曜日にあたるときはこれらの日の翌日が、また、12月29日から12月31日の各日となるときは、翌年の１月４日（同日が日曜日にあたるときは５日、又同日が土曜日にあたるときは６日）が申告等の期限となります（通法10、通令２)。
●**納付期限が日曜、祝祭日及び金融機関の休日（毎週土曜日）**にあたるときは、その翌日が納期限となります。
●地方税については、各都道府県又は市町村の条例により納期が定められます。上記日程表と異なる地域があります。

# 令和５年度税制改正の主要なポイント

## 法人税関係（法人税法／租税特別措置法）

### 1．研究開発税制の見直し

| 改　正　の　概　要 | 参考法令等 |
|---|---|
| ・インセンティブ強化の観点から、税額控除割合・控除上限の見直し、「研究開発型スタートアップ企業」の範囲の拡大などが行われました。 | 措法42の４、措令27の４ |
| ▶令和５年４月１日から令和８年３月31日までの間に開始する各事業年度について適用 | |

(1)　税額控除割合の改正

**試験研究費の総額に係る税額控除**　試験研究費の額×税額控除割合＝税額控除限度額

| 令3.4.1～令5.3.31開始事業年度 | | | |
|---|---|---|---|
| 増減（試験研究費）割合 | | 税額控除割合 | 限度割合 |
| 9.4％超 | | 10.145％＋(増減割合－9.4％)×0.35 | 上限14％ |
| 9.4％以下 | | 10.145％－(9.4％－増減割合)×0.175 | 下限２％ |
| 上乗せ特例 | 試験研究費割合が10％超 | 税額控除割合＝上記の税額控除割合×(１＋控除割増率※)<br>※控除割増率(上限10％)＝(試験研究費割合－10％)×0.5 | |

▼

| 令5.4.1～令8.3.31開始事業年度 | | | |
|---|---|---|---|
| 増減（試験研究費）割合 | | 税額控除割合 | 限度割合 |
| **12％超** | | **11.5％＋(増減割合－12％)×0.375** | 上限14％ |
| **12％以下** | | **11.5％－(12％－増減割合)×0.25** | 下限**１％** |
| 上乗せ特例 | 試験研究費割合が10％超 | 税額控除割合＝上記の税額控除割合×(１＋控除割増率※)<br>※控除割増率(上限10％)＝(試験研究費割合－10％)×0.5 | |

**中小企業技術基盤強化税制**　試験研究費の額×税額控除割合＝税額控除限度額

| 令3.4.1～令5.3.31開始事業年度 | | | |
|---|---|---|---|
| 増減（試験研究費）割合 | | 税額控除割合 | 限度割合 |
| 9.4％超 | | 12％＋(増減割合－9.4％)×0.35 | 上限17％ |
| 9.4％以下 | | 12％ | — |
| 上乗せ特例 | 試験研究費割合が10％超 | 税額控除割合＝上記の税額控除割合×(１＋控除割増率※)<br>※控除割増率(上限10％)＝(試験研究費割合－10％)×0.5 | |

▼

| 令5.4.1～令8.3.31開始事業年度 | | | |
|---|---|---|---|
| 増減（試験研究費）割合 | | 税額控除割合 | 限度割合 |
| **12％超** | | 12％＋(増減割合－**12％**)×**0.375** | 上限17％ |
| **12％以下** | | 12％ | — |
| 上乗せ特例 | 試験研究費割合が10％超 | 税額控除割合＝上記の税額控除割合×(１＋控除割増率※)<br>※控除割増率（上限10％)＝(試験研究費割合－10％)×0.5 | |

### (2) 税額控除限度額の上限見直し

<table>
<tr><th colspan="4">令5.4.1～令8.3.31開始事業年度</th></tr>
<tr><th></th><th colspan="2">試験研究費の総額に係る税額控除</th><th>中小企業技術基盤強化税制</th></tr>
<tr><td>控除限度額</td><td colspan="2">法人税額×25%</td><td>法人税額×25%</td></tr>
<tr><td>上乗せ特例</td><td colspan="2">〈試験研究費割合が10%超の場合〉<br>→法人税額×（試験研究費割合－10%）×2を上乗せ<br>（法人税額×10%が上限）</td><td>〈試験研究費割合が10%超の場合〉<br>→法人税額×（試験研究費割合－10%）×2を上乗せ<br>（法人税額×10%が上限）<br>又は<br>〈増減試験研究費割合が12%超の場合〉<br>→法人税額×10%を上乗せ</td></tr>
<tr><td rowspan="2">控除上限の変動</td><td rowspan="2">増減試験研究費割合（A）</td><td>〈（A）が4%超の場合〉<br>法人税額×（A－4%）×0.625%の上乗せ（法人税額×5%が上限）<br>※上記の上乗せ特例といずれか大きい方</td><td rowspan="2"></td></tr>
<tr><td>〈（A）が△4%超の場合（試験研究費割合が10%超の事業年度を除きます。）〉<br>法人税額×（－A－4%）×0.625%を控除上限から減額（法人税額×5%が上限）</td></tr>
</table>

**（注）売上げが2%以上減少したにもかかわらず、試験研究費が増加した場合の控除限度の上限を法人税額×5%上乗せする措置（令3.4.1～令5.3.31開始事業年度）は廃止**

### (3) 特別試験研究費の対象範囲の追加等

○　特別試験研究費の額に、特別新事業開拓事業者※との共同研究及び特別新事業開拓事業者への委託研究に係る試験研究費の額が加えられ、その税額控除率が25%とされました。

※　特別新事業開拓事業者→
産業競争力強化法の新事業開拓事業者のうち同法の特定事業活動に資する事業を行う会社（既に事業を開始しているもので、一定の投資事業有限責任組合を通じて又は国立研究開発法人から出資を受けていること、設立後15年未満で研究開発費の額の売上高の額に対する割合が10%以上であること等の要件に該当するものに限ります。）で、その経営資源が、その特定事業活動における高い生産性が見込まれる事業を行うこと又は新たな事業の開拓を行うことに資するものであることその他の基準を満たすことにつき経済産業大臣の証明があるものをいいます。

○　オープンイノベーション型の試験研究の類型に、新規高度研究業務従事者に対する人件費が追加されました。

### (4) 試験研究費の範囲の見直し

○　ビッグデータAI等を活用した「サービス開発」に係る試験研究費について、既存のビッグデータを活用する場合も研究開発税制の対象とされました。

## 2．中小企業者等の軽減税率の特例の適用期限延長

| 改　正　の　概　要 | 参考法令等 |
|---|---|
| • 中小企業者等の年間所得800万円以下の金額に適用される、法人税の軽減税率を15％とする特例の適用期限が２年延長されました。 | 措法42の３の２ |

| | 所得金額 | 本則 | 特別措置 |
|---|---|---|---|
| 中小企業者等<br>（資本金１億円以下の法人） | 年800万円超の部分 | 23.2％ | — |
| | 年800万円以下の部分 | 19％ | 15％ |

▶令和７年３月31日までに開始する事業年度について適用

## 3．中小企業投資促進税制の見直し

| 改　正　の　概　要 | 参考法令等 |
|---|---|
| • 中小企業投資促進税制について、次の見直しが行われた上、その適用期限が２年延長されました（所得税についても同様）。<br>①対象資産から、コインランドリー業（主要な事業であるものを除きます。）の用に供する機械装置でその管理のおおむね全部を他の者に委託するものが除外されました。<br>②対象資産について、総トン数500トン以上の船舶にあっては、環境への負荷の低減に資する設備の設置状況等を国土交通大臣に届け出た船舶に限定されました。 | 措法42の６、措令27の６ |
| ▶令和７年３月31日までに取得等・事業供用した事業年度について適用 | |

## 4．中小企業経営強化税制の見直し

| 改　正　の　概　要 | 参考法令等 |
|---|---|
| • 中小企業者等が特定経営力向上設備等を取得した場合の特別償却又は税額控除制度（中小企業経営強化税制）について、対象設備からコインランドリー業又は暗号資産マイニング業（主要な事業であるものを除きます。）の用に供する資産でその管理のおおむね全部を他の者に委託するものが除外された上、その適用期限が２年延長されました（所得税についても同様）。 | 措法42の12の４、措令27の12の４ |
| ▶令和７年３月31日までに取得等・事業供用した事業年度について適用 | |

○　コインランドリー節税（未利用地等にコインランドリーを設置し、管理運営を専門業者にすべて委託しながら、①中小企業経営強化税制による即時償却又は税額控除、②生産性向上特別措置法の償却資産の特例による３年間の固定資産税の課税標準ゼロ化、③特定事業用宅地等とすることによる相続税での小規模宅地等の特例適用などの適用を受けることなどで税負担を減少させる。）や、マイニング節税（パソコン等マイニングマシンを多数取得して、中小企業経営強化税制による即時償却や少額減価償却資産としての損金算入による税負担の減少を図る。）への対応として**３．４．**の改正が行われました。

## 5．特定の資産の買換えの場合等の課税の特例の見直し

| 改正の概要 | 参考法令等 |
|---|---|
| •特定の資産の買換えの場合等の課税の特例について、次の見直しが行われた上、その適用期限が３年延長されました（所得税についても同様）。 | 措法65の７～65の９、措令39の７ |
| ▶令和８年３月31日まで | |

### ⑴　適用対象の見直し

| | | |
|---|---|---|
| 一号 | 既成市街地等の内から外への買換え | 適用対象から除外 |
| 二号 | 航空機騒音障害区域の内から外への買換え | 譲渡資産から令和２年４月１日前に特定空港周辺航空機騒音対策特別措置法の航空機騒音障害防止特別地区又は公共用飛行場周辺における航空機騒音による障害の防止等に関する法律の第二種区域となった区域内にある資産を除外 |
| 四号 | 長期(10年超)所有の土地、建物等から国内にある土地、建物等への買換え | 東京都の特別区の区域から地域再生法の集中地域以外の地域への本店又は主たる事務所の所在地の移転を伴う買換えの課税の繰延べ割合が90%（改正前：80%）に引き上げられ、同法の集中地域以外の地域から東京都の特別区の区域への本店又は主たる事務所の所在地の移転を伴う買換えの課税の繰延べ割合が60%（改正前：70%）に引き下げ |
| 五号 | 一定の船齢の日本船舶から環境への負荷の低減に資する一定の日本船舶への買換え | ①外航船舶についての見直し<br>•譲渡資産の船齢要件を20年未満（改正前：25 年未満）とする<br>•買換資産の環境への負荷の低減に係る要件の見直し<br>②内航船舶についての見直し<br>•譲渡資産の船齢要件を23年未満（改正前：25 年未満）とする<br>•買換資産の環境への負荷の低減に係る要件の見直し<br>③港湾の作業船について、譲渡資産の船齢要件が 30年未満（改正前：35年未満）に引き下げられた上、譲渡資産から平成23年１月１日以後に建造された船舶を除外<br>④譲渡資産及び買換資産が同一の用途である場合に限定 |

### ⑵　先行取得の場合の適用要件の追加

令和６年４月１日以後に譲渡し、同日以後に買換資産を取得する場合の届出について、先行取得の場合、特定の資産の譲渡に伴い特別勘定を設けた場合の課税の特例及び特定の資産を交換した場合の課税の特例を除いて、譲渡資産を譲渡した日又は買換資産を取得した日のいずれか早い日の属する３月期間（その事業年度をその開始の日以後３月ごとに区分した各期間をいいます。）の末日の翌日以後２月以内に本特例の適用を受ける旨、適用を受けようとする措置の別、取得予定資産又は譲渡予定資産の種類等を記載した届出書を納税地の所轄税務署長に届け出ることが適用要件に加えられました。

# 所得税関係（所得税法／租税特別措置法）

## 1．NISAの抜本的拡充・恒久化

| 改　正　の　概　要 | 参考法令等 |
|---|---|
| • 資産所得倍増の実現と貯蓄から投資への流れを加速させる観点からNISA制度の抜本的拡充・恒久化が行われました。 | 措法９の８、37の14、附則34 |
| ▶令和６年１月より適用 | |

○令和５年12月31日まで　　いずれかを選択

| | つみたてNISA | 一般NISA | ジュニアNISA |
|---|---|---|---|
| 対象者 | 18歳以上の居住者等 | | 18歳未満の居住者等 |
| 年間投資上限額 | 40万円 | 120万円 | 80万円 |
| 非課税保有期間 | 20年間 | ５年間 | ５年間 |
| 生涯非課税限度額 | 800万円 | 600万円 | 400万円 |
| 口座開設可能期間 | 平30～令24 | 平26～令５ | 平28～令５ |
| 投資対象商品 | 一定の公募等株式投資信託等 | 上場株式・公募株式投資信託等 | |
| 投資方法 | 契約に基づく定期かつ継続的な方法 | 制限なし | 親権者等の代理又は同意の下で投資 |

**令和５年度改正**

①「つみたてNISA」と「一般NISA」の選択制が、「つみたて投資枠」と「成長投資枠」の併用制に改正されました。
②年間投資上限額が、つみたて投資枠は40万円から120万円に、一般NISAは120万円から成長投資枠の240万円に拡充されました（結果、年間投資上限額は合計360万円に）。
③非課税保有期間が無期限となり、口座開設期間が恒久化され制限がなくなりますので、長期的な資産運用が可能に。ただし、生涯非課税限度額は1,800万円（このうち成長投資枠の限度額は1,200万円）とされ、高所得者優遇とならないようにされました。
④成長投資枠の投資対象は改正前より制限され、高レバレッジ投資信託などは除外。

**○令和６年１月１日以降**　　**併用可**

| | **つみたて投資枠** | **成長投資枠** |
|---|---|---|
| 対象者 | 18歳以上の居住者等 | |
| 年間投資上限額 | **120万円** | **240万円** |
| 非課税保有期間 | **制限なし** | |
| 生涯非課税限度額 | **1,800万円（うち、成長投資枠は1,200万円まで）（簿価残高方式で管理）** | |
| 口座開設可能期間 | **恒久化** | |
| 投資対象商品 | 一定の公募等株式投資信託等 | 上場株式・公募株式投資信託等<br>**（高レバレッジ投資信託などは除外）** |
| 投資方法 | 契約に基づく定期かつ継続的な方法 | 制限なし |

**※留意点**

①改正前のつみたてNISA及び一般NISAについては、令和5年12月31日で買付が終了されますが、非課税口座内にある商品については、改正後NISAの非課税限度額の外枠で、現行の取扱いが継続されます（改正前NISAを利用している者が新NISAを利用した場合、新NISAだけを利用する者よりも非課税限度額が多くなります。）。

②令和2年度税制改正による2階建てNISAの制度へは移行しないことになります。

③ジュニアNISAについては、令和5年12月31日で買付が終了します。非課税保有期間が終了した商品は、原則として18歳に達するまで非課税期間の延長として自動的に継続管理勘定へ移管されます。

④改正後のNISA制度の生涯非課税限度額は取得対価の額の合計額で判定するので、口座内で商品を売却した場合には、非課税限度額を再利用することができます。

## 2．極めて高い水準の所得に対する負担の適正化

| 改　正　の　概　要 | 参考法令等 |
|---|---|
| • その年分の基準所得金額※1から3億3,000万円を控除した金額に22.5%の税率を乗じた金額がその年分の基準所得税額※2を超える場合には、その超える金額に相当する所得税を課す措置が講じられました。 | 措法41の19 |
| ▶令和7年分の所得から適用 | |

| **追加負担額** | ①通常の所得税額（基準所得税額）<br>②（基準所得金額－特別控除額(3.3億円)）×22.5%<br>③①<②の場合、②－①を申告納税 |
|---|---|

追加負担が生じる平均的な所得水準は、合計所得金額が約30億円以上とされています。

※1　基準所得金額→
その年分の所得税について配当所得等及び上場株式等の譲渡による所得に係る申告不要制度を適用しないで計算した合計所得金額（その年分の所得税について適用する特別控除額を控除した後の金額）をいいます。

※2　基準所得税額→
その年分の基準所得金額に係る所得税の額（分配時調整外国税相当額控除及び外国税額控除を適用しない場合の所得税の額とし、附帯税及び本改正により課される所得税の額を除きます。）をいいます。

## 3．特定非常災害に係る損失の繰越控除の見直し

| 改　正　の　概　要 | 参考法令等 |
|---|---|
| • 特定非常災害による個人の有する住宅や家財等の損失について、雑損控除を適用してその年分の総所得金額等から控除しても控除しきれない損失額（雑損失の金額）の繰越控除期間が3年間から5年間に延長されました。<br>• 特定非常災害による純損失につき、以下の場合には繰越控除期間が3年間から5年間に延長されました。 | 所法70の2、71の2、所令203の2、204の2 |

| | | | |
|---|---|---|---|
| 特定被災事業用資産の損失※の割合 | 10%以上 | 青色申告者 | その年に発生した全純損失の繰越を５年間認める |
| | | 白色申告者 | 被災事業用資産の損失の金額と変動所得に係る損失の金額の繰越を５年間認める |
| | 10%未満 | 特定被災事業用資産の損失による純損失の金額の繰越を５年間認める | |

※保有する事業用資産等のうち、特定非常災害に指定された災害により生じた損失をいいます。

▶令和５年４月１日以後に発生する特定非常災害について適用

## 4．空き家に係る譲渡所得の3,000万円特別控除の特例の見直し

| 改正の概要 | 参考法令等 |
|---|---|
| • 適用期限が令和９年12月31日まで４年延長されるとともに、下記の通り見直しが行われました。<br>①適用対象に、買主が家屋の耐震改修工事又は除却工事を行う場合（被相続人居住用家屋が、譲渡した年の翌年２月15日までに、耐震基準に適合することとなった場合又はその全部が取り壊された場合）も追加されました。<br>②被相続人居住用家屋及びその敷地等を相続又は遺贈により取得した相続人の数が３人以上である場合における特別控除額が2,000万円に制限されました。 | 措法35、措令23 |
| ▶令和６年１月１日以後の譲渡について適用 | |

※　特例の概要→被相続人居住用家屋（①昭和56年５月31日以前に建築され、②区分所有建物でなく、③相続開始の直前において被相続人以外に居住をしていた者がいなかった家屋）とその敷地を、相続等による取得後、事業、貸付け、居住の用に供さずに、①家屋を耐震基準適合のためにリフォームし、又は②家屋を取り壊して、相続開始日から３年を経過する日の属する年の12月31日までに、対価１億円以下の譲渡をした場合には、譲渡所得について3,000万円の特別控除が適用されます。

## 5．低未利用土地等を譲渡した場合の長期譲渡所得の100万円特別控除の見直し

| 改正の概要 | 参考法令等 |
|---|---|
| • 適用期限が令和７年12月31日まで３年延長されるとともに、下記の通り見直しが行われました。<br>①低未利用土地等の譲渡後の利用要件に係る用途から、いわゆるコインパーキングが除外されました。<br>②次に掲げる区域内にある低未利用土地等を譲渡する場合における譲渡対価に係る要件が800万円以下（改正前：500万円以下）に引き上げられました。<br>イ　市街化区域又は区域区分に関する都市計画が定められていない都市計画区域（用途地域が定められている区域に限ります。）<br>ロ　所有者不明土地の利用の円滑化等に関する特別措置法に規定する所有者不明土地対策計画を作成した市町村の区域 | 措法35の３、措令23の３ |
| ▶令和５年１月１日以後に行う低未利用土地等の譲渡について適用 | |

## 6．優良住宅地の造成等のために土地等を譲渡した場合の長期譲渡所得の課税の特例の見直し

| 改正の概要 | 参考法令等 |
| --- | --- |
| ・適用期限が令和7年12月31日まで3年延長されるとともに、下記の通り見直しが行われました（令5.4.1以後の譲渡について適用）。<br>①適用対象から地上階数4以上の中高層の耐火建築物の建築をする一定の事業を行う者に対する既成市街地等又はこれに類する一定の地区内にある土地等の譲渡で、その譲渡に係る土地等がその事業の用に供されるものが除外されました。<br>②開発許可を受けて住宅建設の用に供される一団の宅地の造成を行う者に対する土地等の譲渡に係るその開発許可について、都市計画区域のうち一定の区域内において行われる開発行為に係るものに限定されました。 | 措法31の2、措令20の2 |

## 7．個人事業者等の各種届出の簡素化

| 改正の概要 | 参考法令等 |
| --- | --- |
| ・各種届出書等の提出期限が見直され、記載事項の簡素化も行われます。 | 所法151、229 |

| 届出書 | 提出期限の見直し | 適用開始 |
| --- | --- | --- |
| 個人事業の開業・廃業等届出書 | その事業の開始等の事実があった日の属する年分の確定申告期限とする | 令和8年1月1日以後の事業の開始等 |
| 青色申告書の取りやめ届出書 | その申告をやめようとする年分の確定申告期限とする | 令和8年分以後の所得税 |



## 8．年末調整関係書類の記載事項の簡素化

| 改正の概要 | 参考法令等 |
| --- | --- |
| ・次の年末調整関係書類の記載事項が簡素化されます。<br>①給与所得者の扶養控除等申告書について、その申告書に記載すべき事項がその年の前年の申告内容と異動がない場合には、その記載すべき事項の記載に代えて、その異動がない旨の記載によることができることとされます（令7.1.1以後に支払を受けるべき給与等についての提出分から適用）。<br>②給与所得者の保険料控除申告書について、次に掲げる事項の記載を要しないこととされます（令6.10.1以後提出分から適用）。<br>イ　申告者が生計を一にする配偶者その他の親族の負担すべき社会保険料を支払った場合のこれらの者の申告者との続柄<br>ロ　生命保険料控除の対象となる支払保険料等に係る保険金等の受取人の申告者との続柄 | 所法194、195ほか |

## 9．源泉徴収票の提出方法等の見直し

| 改正の概要 | 参考法令等 |
| --- | --- |
| ・給与等の支払をする者が市区町村の長に給与支払報告書を提出した場合には、その報告書に記載された給与等について税務署長に給与所得の源泉徴収票を提出したものとみなされます（令9.1.1以後提出分から適用）。 | 所法226 |

# 消費税関係（消費税法／租税特別措置法）

## 1．適格請求書等保存方式（インボイス制度）の見直し

| 改　正　の　概　要 | 参考法令等 |
| --- | --- |
| •適格請求書等保存方式（インボイス制度）の円滑な実施のため、⑴インボイス発行事業者となる免税事業者の負担軽減（２割特例）、⑵事業者の事務負担軽減（少額特例）、⑶少額な返還インボイスの交付義務の見直し、⑷登録申請手続きの柔軟化、といった措置が講じられました。 | 改法附則51の２、53の２、消令70の２、70の５、70の９ |

### ⑴　適格請求書発行事業者となる小規模事業者に係る税額控除に関する経過措置（２割特例）

○　これまで免税事業者であった者がインボイス発行事業者になった場合の納税額を売上税額の２割に軽減する３年間の負担軽減措置が講じられました。また、この措置により、簡易課税制度の適用を受ける場合に比べ、更に事務負担が軽減されます。

| 適用となる課税期間 | 適格請求書発行事業者の令和５年10月１日から令和８年９月30日までの日の属する各課税期間 |
| --- | --- |
| 対象事業者 | 免税事業者が適格請求書発行事業者となったこと又は課税事業者選択届出書を提出したことにより事業者免税点制度の適用を受けられないこととなる場合（→２割特例の対象はインボイス発行事業者の登録をしなければ課税事業者にならなかった者） |
| 特例の内容 | その課税期間における課税標準額に対する消費税額から控除する金額を、その課税標準額に対する消費税額に８割を乗じた額（→（課税標準額に対する消費税額－返還等対価に係る税額）×80%）とすることにより、納付税額を課税標準額に対する消費税額の２割とすることができることとされました。 |

※留意点：基準期間の課税売上高が1,000万円超の場合は課税事業者となるので２割特例は適用できません。（２割特例から簡易課税制度への移行は③参照）

①　２割特例は、課税期間の特例の適用を受ける課税期間（３か月ごと又は１か月ごとに短縮された課税期間）及び令和５年10月１日前から課税事業者選択届出書の提出により引き続き事業者免税点制度の適用を受けられないこととなる課税期間（従前から課税事業者を選択していた事業者）については、適用されません。

一方、課税事業者選択届出書を提出したことにより令和５年10月１日の属する課税期間から事業者免税点制度の適用を受けられないこととなる適格請求書発行事業者が、その課税期間中に課税事業者選択不適用届出書を提出したときは、その課税期間からその課税事業者選択届出書は効力を失うことになり、２割特例を適用することができます。

②　適格請求書発行事業者が２割特例の適用を受けようとする場合には、確定申告書にその旨を付記するものとされていますので、事前の届出は不要です。また、継続適用もありません。

したがって、申告時に、本則課税か２割特例のいずれか、又は簡易課税か２割特例のいずれかの選択適用が可能です。

③　２割特例の適用を受けた適格請求書発行事業者が、その適用を受けた課税期間の翌課税期間中に、簡易課税制度の適用を受ける旨の届出書を納税地を所轄する税務署長に提出したときは、その提出した日の属する課税期間から簡易課税制度の適用を認めることとされます。

本来、簡易課税の適用を受けるためには課税期間開始の前日までに届出書の提出が必要ですが、２割特例の適用を受けた事業者が免税事業者ではなくなった場合等を考慮し、課税期間末日までの簡易課税選択届出書の提出が認められています。

### ⑵ 一定規模以下の事業者に対する事務負担の軽減措置（少額特例）

○　インボイス制度の定着までの実務に配慮し、一定規模以下の事業者の行う少額の取引につき、帳簿のみで仕入税額控除を可能とする６年間の事務負担軽減策が講じられました。

| | |
|---|---|
| 適用時期 | ○令和５年10月１日から令和11年９月30日までの間に国内において行う課税仕入れについて適用<br>（→上記期間は免税事業者等からの課税仕入れに係る経過措置（課税仕入れの８割控除・５割控除）が適用） |
| 対象事業者 | ①基準期間（前々年又は前々事業年度）における課税売上高が１億円以下の事業者<br>②特定期間（前年１～６月又は前事業年度開始の日以後６か月の期間）における課税売上高が5,000万円以下である事業者 |
| インボイスの保存不要 | ○課税仕入れに係る支払対価の額が税込１万円未満である場合には、一定の事項が記載された帳簿のみの保存による仕入税額控除が認められます。<br>○１万円未満かどうかは１回の取引に係る金額で判定。（１商品ごとや１決済ごとではありません。） |

### ⑶ 少額な返還インボイスの交付義務の免除（恒久的措置）

○　振込手数料相当額を値引きとして処理する場合等の事務負担を軽減する観点から、少額の返還インボイスについて交付義務が免除されます。

| | |
|---|---|
| 適用時期 | ・令和５年10月１日以後の課税資産の譲渡等につき行う売上げに係る対価の返還等について適用されます。 |
| 内容 | ・売上げに係る対価の返還等※に係る税込価額が１万円未満である場合には、その適格返還請求書の交付義務が免除されます。（すべての事業者が対象）<br>※返品又は値引き若しくは割戻しなどをいいます。 |



### ⑷ 適格請求書発行事業者登録手続きの見直し

○　令和５年３月31日の登録申請の期限について柔軟な対応を行い、その上で、令和５年10月のインボイス制度移行後においても弾力的な対応に努めるとされました。

| | |
|---|---|
| ①免税事業者が課税期間の初日から適格請求書発行事業者の登録を受けようとする場合の登録申請書の提出期限 | 課税期間の初日から起算して15日前の日（改正前：課税期間の初日の前日から起算して１月前の日）までに登録申請書を提出しなければならないこととされました。（その課税期間の初日後に登録がされたときは、その初日に登録を受けたものとみなされます。） |
| ②適格請求書発行事業者が翌課税期間の初日から登録を取り消そうとする場合の登録の取消しを求める届出書の提出期限 | 翌課税期間の初日から起算して15日前の日（改正前：その提出があった課税期間の末日から起算して30日前の日の前日）までに届出書を提出しなければならないこととされました。 |
| ③適格請求書発行事業者の登録等に関する経過措置の適用により、令和５年10月１日後に登録を受けようとする免税事業者は、登録申請書に、提出日から15日を経過する日以後の日を登録希望日として記載するものとされました。（登録希望日後に登録が完了した場合でも、その登録希望日に登録を受けたものとみなされます。） | |
| ④令和５年10月１日から登録を受けようとする事業者が、その申請期限（令和５年３月31日）後に提出する登録申請書には、期限までの提出ができなかった『困難な事情』を記載する必要がありましたが、運用上、その記載を求めないこととされました。 | |

# 相続税・贈与税関係（相続税法／租税特別措置法）

## 1．相続時精算課税制度の見直し

| 改 正 の 概 要 | 参考法令等 |
| --- | --- |
| • 相続時精算課税制度について、110万円の基礎控除（現行の暦年課税の基礎控除とは別途）が創設（(1)）されるとともに、贈与を受けた土地・建物が災害により一定以上の被害を受けた場合に相続時にその課税価格を再計算する見直し（(2)）が行われました。 | 相法21の11の2、21の15、21の16、措法70の3の2、70の3の3 |
| ▶(1)は令和6年1月1日以後に贈与により取得する財産に係る相続税又は贈与税について、(2)は令和6年1月1日以後に生ずる災害により被害を受ける場合について適用 | |

(1)　相続時精算課税をいったん選択した場合の特定贈与者からの贈与については、暦年課税に係る贈与税の110万円基礎控除の適用を受けることはできませんので、特定贈与者からの贈与により取得した財産については、その金額の多寡にかかわらず、全て贈与税の申告をしなければなりませんでしたが、令和5年度改正により下記の通り見直しが行われました。

| |
| --- |
| ①相続時精算課税適用者が特定贈与者から贈与により取得した財産に係るその年分の贈与税については、現行の基礎控除110万円とは別に、課税価格から基礎控除110万円を控除できることとされました。 |
| ②また、特定贈与者の死亡に係る相続税の課税価格に加算等をされるその特定贈与者から贈与により取得した財産の価額は、上記の基礎控除をした後の残額とされます。 |

(2)　特定贈与者が死亡した場合の相続税額の計算において、相続時精算課税の適用を受ける財産は贈与時の価額が相続税の課税価格とされます。

しかし、相続時精算課税適用者が特定贈与者から贈与により取得した一定の土地又は建物がその贈与の日からその特定贈与者の死亡に係る相続税の申告書の提出期限までの間に災害によって一定の被害を受けた場合（贈与の日からその災害発生日まで引き続き所有していた場合に限ります。）には、その相続税の課税価格への加算等の基礎となるその土地又は建物の価額は、その贈与の時における価額からその価額のうちその災害によって被害を受けた部分に相当する額を控除した残額とされることになりました。

## 2．暦年課税における相続前贈与の加算期間等の見直し

| 改 正 の 概 要 | 参考法令等 |
| --- | --- |
| • 改正前は、相続又は遺贈により財産を取得した者が、その相続の開始前3年以内にその相続に係る被相続人から財産を贈与によって取得したことがある場合、その贈与により取得した財産の価額を相続税の課税価格に加算し、贈与を受けた財産に課せられた贈与税額は、その者の相続税額から控除することとされていました。<br>①令和5年度改正において、生前贈与加算の期間が相続の開始前3年以内から7年以内とされました。<br>②相続税の課税価格に加算する贈与財産の価額から、その財産のうち相続の開始前3年以内に贈与により取得した財産以外の財産（＝改正により延長された4年間に受けた贈与財産）については、その財産の価額の合計額から100万円を控除することとされました。 | 相法19 |
| ▶令和6年1月1日以後に贈与により取得する財産に係る相続税について適用 | |

〈改正のイメージ図〉

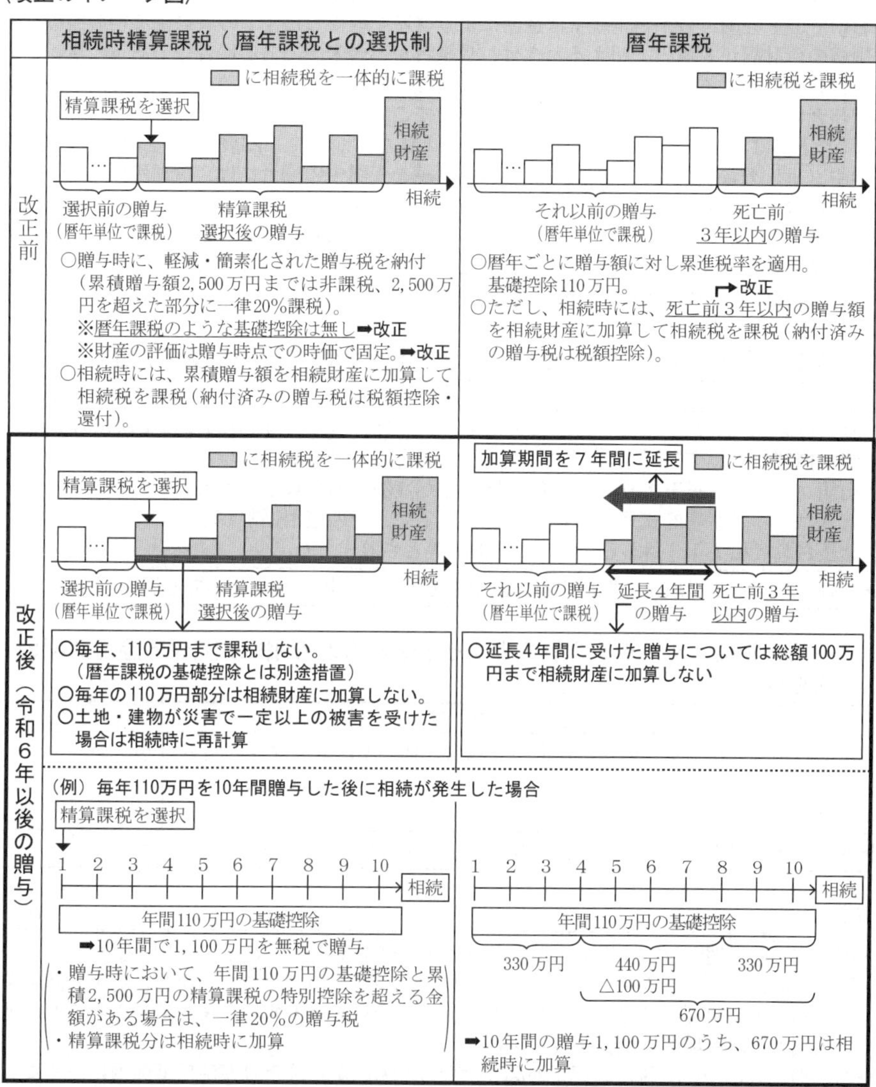


## 3．教育資金の一括贈与の場合の贈与税の非課税措置の見直し

| 改正の概要 | 参考法令等 |
|---|---|
| ・直系尊属から教育資金の一括贈与を受けた場合の贈与税の非課税措置について、次の措置が講じられた上、その適用期限が３年延長され、令和８年３月31日までの教育資金口座の開設等とされました。 | 措法70の２の２ |
| ▶令和５年４月１日以後に取得する信託受益権等に係る相続税（(2)については贈与税）について適用 | |

⑴　信託等があった日から教育資金管理契約の終了の日までの間に贈与者が死亡した場合において、その贈与者から相続又は遺贈により財産を取得した全ての者に係る相続税の課税価格の合計額が５億円を超えるときは、受贈者が23歳未満である場合等であっても、その死亡の日における非課税拠出額から教育資金支出額を控除した残額を、その受贈者がその贈与者から相続等により取得したものとみなすこととされました。

（改正前は、贈与者の死亡日において、子・孫などが（ⅰ）23歳未満（ⅱ）学校等に在学中（ⅲ）教育訓練給付金支給対象の教育訓練を受講中の場合には、管理残額について課税関係はありませんでした。）

⑵　受贈者が30歳に達した場合等において、非課税拠出額から教育資金支出額を控除した残額に贈与税が課されるときは、一般税率を適用することとされました。

（改正前は、直系尊属からの贈与として特例税率が適用されていました。）

## ４．結婚・子育て資金の一括贈与の場合の贈与税の非課税措置の見直し

| 改　正　の　概　要 | 参考法令等 |
|---|---|
| ・直系尊属から結婚・子育て資金の一括贈与を受けた場合の贈与税の非課税措置について、受贈者が50歳に達した場合等において、非課税拠出額から結婚・子育て資金支出額を控除した残額に贈与税が課されるときは、一般税率を適用することとされた上で、その適用期限が２年延長され令和７年３月31日までの口座開設等とされました。 | 措法70の２の３ |
| ▶令和５年４月１日以後に取得する信託受益権等に係る贈与税について適用 | |

## ５．一部の相続人から更正の請求があった場合の他の相続人に係る除斥期間の見直し

| 改　正　の　概　要 | 参考法令等 |
|---|---|
| ・一部の相続人から更正の請求があった場合、他の相続人の除斥期間も、更正の請求があった日から６か月を経過する日まで延長することとされました。 | 相法36 |
| ▶令和５年４月１日以後に申告書の提出期限が到来する相続税について適用 | |

〈改正前〉

・相続税の除斥期間は、法定申告期限から５年を経過する日までとされている。
・除斥期間満了日前６か月以内に、一部の相続人が更正の請求をした場合、更正の請求をした相続人の除斥期間は請求のあった日から６か月を経過する日まで延長されるが、他の相続人の除斥期間は延長されない。
→他の相続人について税額の更正が必要となっても、更正決定等が除斥期間内にできない場合がある。

**〈改正後〉**

・更正をすることができないこととなる日前６月以内に相続税の更正の請求がされた場合において、その請求に係る更正に伴いその請求をした者の被相続人から相続等により財産を取得した他の者に係る課税価格等に異動を生ずるとき（その他の者に係る通常の更正決定等の除斥期間が満了する日以前にその請求がされた場合に限ります。）は、その他の者の相続税に係る更正若しくは決定又はそれに伴う加算税の賦課決定は、その請求があった日から６月を経過する日まで行うことができることとされました。

# 地方税関係

## 1．認定先端設備等導入計画に基づく固定資産税の軽減

| 改　正　の　概　要 | 参考法令等 |
| --- | --- |
| • 中小事業者等の生産性向上や賃上げの促進に資する機械・装置等の償却資産が導入された場合に、固定資産税を軽減する特例措置が創設されました。 | 地法附則15㊺ |
| ▶令和５年４月１日から令和７年３月31日まで | |

⑴　中小企業等経営強化法に規定する市町村の導入促進基本計画に適合し、かつ、労働生産性を年平均３％以上向上させるものとして認定を受けた一定の機械・装置等※であって、生産・販売活動等の用に直接供されるものに係る固定資産税について、課税標準を最初の３年間価格の２分の１とする特例措置が令和７年３月31日まで講じられました。

※一定の機械・装置等とは、次の全てを満たすものとされています。

| ① | 年平均の投資利益率が５％以上となることが見込まれる投資計画に記載されたもの |
| --- | --- |
| ② | 次に掲げる資産の区分に応じ、１台又は１基の取得価額がそれぞれ次に定める額以上であるもの<br>イ　機械・装置　→160万円<br>ロ　測定工具及び検査工具　→30万円<br>ハ　器具・備品　→30万円<br>ニ　建物附属設備（家屋と一体となって効用を果たすものを除く。）→60万円 |

⑵　ただし、中小事業者等が国内雇用者に対して給与等を支給する場合において、同計画の認定の申請日の属する事業年度（令和５年４月１日以後に開始する事業年度に限ります。）又はその申請日の属する事業年度の翌事業年度の雇用者給与等支給額の増加割合を、その申請日の属する事業年度の直前の事業年度における雇用者給与等支給額の実績と比較して1.5％以上とすることを同計画に位置付けるとともに、これを労働者に表明したことを証明する書類を同計画に添付して市町村の認定を受けた場合には、課税標準は次のとおりとされます。

| ① 令和５年４月１日から令和６年３月31日までの間に取得されるもの | 最初の５年間は価格の３分の１ |
| --- | --- |
| ② 令和６年４月１日から令和７年３月31日までの間に取得されるもの | 最初の４年間は価格の３分の１ |



## 2．長寿命化に資する大規模修繕工事を行ったマンションに係る固定資産税の減額

| 改　正　の　概　要 | 参考法令等 |
| --- | --- |
| • 一定の要件を満たすマンションのうち、長寿命化に資する一定の大規模修繕工事を行ったマンションに係る翌年度の固定資産税額が減額される措置が講じられました。 | 地法附則15の9の3 |
| ▶令和５年４月１日から令和７年３月31日まで | |

⑴　マンションの管理の適正化の推進に関する法律に基づき、マンションの管理に関する計画が、マンション管理適正化推進計画を作成した都道府県等の長により認定（修繕積立金の額の引上げにより認定基準に適合した場合に限ります。）され、又は都道府県等からマンションの管理の適正化を図るために必要な助言若しくは指導を受けて長期修繕計画を適

切に見直した場合において、その認定又は助言若しくは指導に係るマンションのうち一定のものについて、令和５年４月１日から令和７年３月31日までの間に長寿命化に資する一定の大規模修繕工事を行い、その旨をそのマンションの区分所有者が市町村に申告した場合に限り、大規模修繕工事が完了した年の翌年度分のそのマンションの家屋に係る固定資産税について、そのマンションの家屋に係る固定資産税額（１戸当たり100$m^2$相当分までに限ります。）の３分の１を参酌して６分の１以上２分の１以下の範囲内において市町村の条例で定める割合に相当する金額が減額されます。

(2) 減額を受けようとする対象マンションの区分所有者は、そのマンションにおいて行われた大規模修繕工事が上記長寿命化に資する一定の大規模修繕工事であること等につき、マンション管理士等が発行した証明書等を添付して、大規模修繕工事後３月以内に市町村に申告しなければなりません。

# 納税環境整備

## １．電子帳簿等保存制度の見直し

| 改　正　の　概　要 | 参考法令等 |
|---|---|
| • 国税関係帳簿書類の電子化を一層進めるため、事業者等における経理の電子化の実施状況や対応可能性、適正な課税の確保の観点での必要性当を考慮しつつ必要な見直しが行われます。 | 電帳規２、４、５ |

### (1) 電子取引の取引情報に係る電磁的記録の保存制度の見直し

○ 電子取引の取引情報に係る電磁的記録（電子取引データ）の保存制度については、原則として保存要件（「改ざん防止」、「検索機能の確保」、「見読可能装置の備付」等）に従って、電子取引データを保存しなければならないこととされています。

○ 令和５年度改正では、検索機能の確保要件の見直しとともに、電子取引データを保存要件に従って保存することができなかったことにつき相当の理由がある事業者等に対する新たな猶予措置が講じられました。

▶(1)は令和６年１月１日以後に行う電子取引の取引情報に係る電磁的記録について適用

**〈検索機能の確保要件の見直し〉**

<table>
<tr><td rowspan="3">改正前</td><td>原則として、右の要件を充足した検索機能の確保が必要</td><td colspan="2">① 取引年月日その他の日付、取引金額及び取引先（記録項目）を検索の条件として設定することができること。<br>② 日付又は金額に係る記録項目については、その範囲を指定して条件を設定することができること。<br>③ ２以上の任意の記録項目を組み合わせて条件を設定することができること。</td></tr>
<tr><td rowspan="2">国税庁等の職員の質問検査権にもとづくダウンロードの求めに応じることができる場合</td><td>売上高1,000万円超の事業者</td><td>②③の要件は不要</td></tr>
<tr><td>売上高1,000万円以下の事業者</td><td>①②③の要件はすべて不要</td></tr>
<tr><td rowspan="2">改正後</td><td rowspan="2">国税庁等の職員の質問検査権にもとづくダウンロードの求めに応じることができる場合</td><td>電磁的記録の出力書面※の提示又は提出の求めに応じることができるようにしている場合</td><td rowspan="2">①②③の要件はすべて不要</td></tr>
<tr><td>売上高5,000万円以下の事業者</td></tr>
</table>

※　整然とした形式及び明瞭な状態で出力され、取引年月日その他の日付及び取引先ごとに整理されたものに限ります。

〈システム対応が間に合わなかった事業者等への対応〉

電子取引の取引情報に係る電磁的記録を保存要件に従って保存をすることができなかったことについて相当の理由がある保存義務者に対する猶予措置として、申告所得税及び法人税に係る保存義務者が行う電子取引につき、納税地等の所轄税務署長がその電子取引の取引情報に係る電磁的記録を保存要件に従って保存をすることができなかったことについて相当の理由があると認め、かつ、その保存義務者が質問検査権に基づくその電磁的記録のダウンロードの求め及びその電磁的記録の出力書面（整然とした形式及び明瞭な状態で出力されたものに限ります。）の提示又は提出の求めに応じることができるようにしている場合には、その保存要件にかかわらず、その電磁的記録の保存をすることができることとされます。

| | 改正前 | **改正後** |
|---|---|---|
| 位置づけ | 令和５年12月31日までの経過措置 | 本則（新たな猶予措置） |
| 配慮 | 事実上、出力書面による保存が可能 | なし（データ保存必要） |
| 適用要件 | ・税務署長がやむを得ない事情があると認める場合（事業者からの手続きは不要）<br>・出力書面の提示・提出の求めに応じることができるようにしておくこと | ・税務署長が相当の理由があると認める場合（事業者からの手続きは不要）<br>・出力書面の提示・提出及びデータのダウンロードの求めに応じることができるようにしておくこと |

※　電子取引データの保存義務に係る令和５年12月31日までの宥恕措置は適用期限の到来をもって廃止されます。

### ⑵　スキャナ保存制度の見直し

①　スキャナで読み取った際の解像度、階調及び大きさに関する情報の保存要件が廃止されました。
②　記録事項の入力者等に関する情報の確認要件が廃止されました。
③　帳簿との相互関連性を求める書類が重要書類（資金や物の移動に直結・連動する書類（契約書、領収書、請求書等））に限定されました。

▶⑵は、令和６年１月１日以後に保存が行われる国税関係書類について適用

### ⑶　優良な電子帳簿に係る過少申告加算税の軽減措置の対象帳簿の範囲の見直し

○　優良な電子帳簿の要件（トレーサビリティ確保の要件、帳簿間の相互関連性確保の要件、検索機能の確保の要件）が満たされて保存等がされている場合、次の帳簿の記録された事項に関し申告漏れがあったときは、その申告漏れに課される過少申告加算税が５％軽減されることとされています。

| 改正前 | **改正後** |
|---|---|
| 仕訳帳、総勘定元帳その他必要な帳簿全て | 「その他必要な帳簿」の範囲が明確化されました。<br>〈具体例〉<br>売上帳、仕入帳、経費帳（賃金台帳を除きます）、売掛帳、買掛帳、受取手形記入帳、支払手形記入帳、貸付帳、借入帳、有価証券受払い簿、固定資産台帳、繰延資産台帳　等 |

▶⑶は、令和６年１月１日以後に法定申告期限等が到来する国税について適用

## 2．加算税制度の見直し

| 改　正　の　概　要 | 参考法令等 |
| --- | --- |
| ・納税額が300万円を超える部分に係る無申告加算税の割合について、20%から30%に引き上げられました。<br>・また、前年度及び前々年度の国税について無申告加算税等を課される者が行う更なる無申告行為に対する無申告加算税等を10%加重する措置が講じられました。 | 通法66、68 |
| ▶令和６年１月１日以後に法定申告期限が到来する国税について適用 | |

### ⑴　高額な無申告に対する無申告加算税の割合の引上げ

○　社会通念に照らして申告義務を認識していなかったとは言い難い規模の高額無申告について、次のとおり無申告加算税の割合が引き上げられました。

| 増差税額 | 改正前 | **改正後** |
| --- | --- | --- |
| 50万円以下の部分 | 15% | 15% |
| 50万円超　300万円以下の部分 | 20% | 20% |
| 300万円超の部分 | | **30%** |

①調査通知以後に、かつ、その調査があることにより更正又は決定があるべきことを予知する前にされた期限後申告又は修正申告に基づく無申告加算税の割合も次のとおり引き上げられました。

| 増差税額 | 改正前 | **改正後** |
| --- | --- | --- |
| 50万円以下の部分 | 10% | 10% |
| 50万円超　300万円以下の部分 | 15% | 15% |
| 300万円超の部分 | | **25%** |

②納税者の責めに帰すべき事由がないと認められる事実に基づく税額（例えば、相続人が一定の確認をしたにもかかわらず、他の相続人の財産が事後的に発覚した場合において、その相続財産について課される税額）については、上記の300万円超の判定からは除外されます。

### ⑵　一定期間繰り返し行われる無申告行為に対する無申告加算税等の加重措置の整備

○　前年度及び前々年度の国税について、無申告加算税又は重加算税（無申告）を課される者が行う更なる無申告行為に対して課される無申告加算税又は重加算税（無申告）を10%加重することとされました。

（注）　上記の無申告加算税については、調査通知前、かつ、更正・決定予知前の無申告加算税は除かれます。

| | | 改正前 | **改正後** |
| --- | --- | --- | --- |
| 無申告の場合 | 無申告加算税 | 15%（20%） | **25%（30%）** |
| | 調査通知後・更正等予知前の申告の無申告加算税 | 10%（15%） | **20%（25%）** |
| 仮装・隠蔽の場合 | 重加算税（無申告） | 40% | **50%** |

（　　）は増差税額50万円を超える部分に対するもの

※　過少申告加算税、源泉徴収等による国税に係る不納付加算税及び重加算税（無申告加算税に代えて課されるものを除きます。）については、上記の見直しの対象ではありません。

## 3．ダイレクト納付の利便性の向上

| 改　正　の　概　要 | 参考法令等 |
| --- | --- |
| ・e-Taxにより行われる期限内申告等と併せてダイレクト納付の手続が法定納期限に行われた場合（その税額が1億円以下である場合に限ります。）において、法定納期限の翌日にその納付がされたときは、法定納期限に納付があったものとみなして、延滞税等に関する規定が適用されます。 | 通法34 |
| ▶令和6年4月1日以後に行うダイレクト納付の手続について適用 | |

## 4．税理士試験合格者の公告方法等の見直し

| 改　正　の　概　要 | 参考法令等 |
| --- | --- |
| ・税理士試験合格者等の公告及び税理士試験実施の日時等の公告は、国税審議会会長が、公告事項を、相当と認める期間、インターネットを利用する方法により不特定多数の者が閲覧することができる状態に置く措置をとるとともに、官報をもって公告する方法により行うこととされます（国税審議会が行う公認会計士の税法に関する研修の公告、試験科目の一部の免除の認定基準の公告及び税理士試験免除に係る指定研修の公告についても同様）。<br>・税理士試験合格者等の公告について、公告事項が受験番号（改正前：氏名）とされ、税理士試験全科目免除者の公告が廃止されます。 | 税理士法施行規則7 |
| ▶令和6年4月1日から施行 | |

## 税理士への損害賠償の主な事例

| 項　目 | 説　明 |
| --- | --- |
| 1. 選択可能な税制についての選択誤り・届出失念による過大納付又は還付不能<br>(1)消費税 | 選択可能な税制について一定期限までの選択を失念したために、過大納付又は還付不能となる類型<br>**①課税事業者選択届出書の期限内提出の失念による過大納付等**<br>免税事業者が設備投資に係る消費税の還付を受けるには、原則課税の課税事業者でなければなりません。課税事業者になるには、その還付を受けようとする課税期間の初日の前日までに「課税事業者選択届出書」を提出しなければなりません。(ただし、課税資産の譲渡等に係る事業を開始した日の属する課税期間の場合には、その事業を開始した日の属する課税期間の末日までに「課税事業者選択届出書」を提出すれば、課税事業者を選択することができます。) なお、届出後2年間は課税事業者を継続しなければなりません。<br>**②特定期間中の課税売上高での納税義務免除の判定誤りによる過大納付**<br>基準期間における課税売上高が1,000万円以下であっても、特定期間（個人事業者は前年1月1日から6月30日までの期間、法人は前事業年度開始の日以後6月の期間）の課税売上高が1,000万円を超えるときは、納税義務は免除されません。また、特定期間における課税売上高は、特定期間中に支払った給与等の金額の合計額とすることができます。<br>**③簡易課税制度選択不適用届出書の期限内提出の失念による過大納付等**<br>多額の設備投資が予定されている場合など、簡易課税制度の適用を受けている事業者が簡易課税の選択をやめようとするときは、適用をやめようとする課税期間の初日の前日までに「簡易課税選択不適用届出書」を提出しなければなりません。(ただし、簡易課税制度の適用を受けることとなった課税期間の初日から2年を経過する日の属する課税期間の初日以後でなければ提出することはできません。)<br>**④簡易課税制度選択届出書の期限内提出の失念による過大納付**<br>簡易課税制度の適用を受けるためには、その適用を受けようとする課税期間の初日の前日までに「簡易課税制度選択届出書」を提出しなければなりません。(簡易課税制度を選択すると、2年間継続適用しなければなりません。)<br>**⑤個別対応方式と一括比例配分方式の選択誤りによる過大納付**<br>課税売上高が5億円超又は課税売上割合95%未満の事業者は、原則課税における仕入税額控除につき、個別対応方式と一括比例配分方式のいずれかを選択することができます。なお、一括比例配分方式は、2年間継続して適用しなければなりません。 |
| (2)法人税 | **①青色申告の承認申請書の期限内提出の失念による過大納付**<br>法人の設立初年度の「青色申告の承認申請書」は、設立の日以後3か月を経過した日と事業年度終了の日とのいずれか早い日の前日までに提出しなければなりません。提出のない場合には、青色欠損金の繰越し・租税特別措置法に規定されている特別償却及び特別控除などの適用が受けられません。<br>**②事前確定届出給与に関する届出書の提出失念による過大納付**<br>役員に対し所定の時期に確定額を支給する旨の定めに基づき支給する給与を損金算入するためには、(ア)株主総会等の日から1か月を経過する日と(イ)会計期間開始の日から4月を経過する日の、いずれか早い日までに事前確定届出の必要があります。<br>**③特別控除の適用忘れによる過大納付**<br>中小企業者等が機械等を取得した場合の法人税額の特別控除の適用が受けられたにもかかわらず、これを適用せずに申告し、過大納付となってしまった。 |

| | |
|---|---|
| ⑶所得税 | **①青色申告承認申請書の提出失念**<br>　個人事業者の青色申告の承認申請は、承認を受けようとする年の３月15日（その年の１月16日以後新規に業務を開始した場合には、業務を開始した日から２か月以内）までに行わなければなりません。これを失念すると白色申告となり、青色申告特別控除、青色事業専従者給与などの適用を受けることができません。<br>**②上場株式等に係る配当の申告についての選択誤り**<br>　上場株式等の配当につき、確定申告不要、総合課税、申告分離課税の３つの選択肢がありますので、納税者ごとに有利不利を判断する必要があります。<br>**③確定申告書付表の添付漏れによる譲渡損失の繰越控除の不適用**<br>　確定申告書に付表（上場株式等に係る譲渡損失の損益通算及び繰越控除用）の添付を失念した場合、翌年分以後の所得税及び住民税が過大となります。 |
| ⑷相続税 | **①遺産が未分割である場合の分割見込書の提出失念**<br>　相続税の配偶者の税額軽減及び小規模宅地等の課税価格の特例は、未分割遺産には適用がないため、当初の申告時に「申告期限後３年以内の分割見込書」を提出し、３年以内に遺産分割が完了すれば同規定を適用して更正の請求をすることになります。３年を経過しても分割できない場合には、「遺産が未分割であることについてやむを得ない事由がある旨の承認申請書」を提出します。これら申請書を提出しない場合には税額軽減及び特例の適用を受けることはできません。<br>**②小規模宅地等の課税価格の特例の対象地の選択ミスによる過大納付**<br>　小規模宅地等の特例の対象地は、税額等を考慮したうえで当初申告において選択することとされ、これを更正の請求で選択替えをすることはできません。<br>**③相続時精算課税制度による年齢要件の確認漏れ**<br>　贈与者の年齢を確認することを怠ったまま、相続時精算課税の適用ができると助言し、依頼者がこれに基づき贈与を実行したことにより、過大納付贈与税額が発生した。 |
| **2. 優遇規定の適用ミス** | 　確定申告時に適用申請すべき優遇規定について、申請が漏れたために過大納付となる類型<br>**①所得拡大促進税制の適用失念による過大納付**<br>　所得拡大促進税制の適用要件を満たしていたにもかかわらず、これを適用せずに申告した場合には税額控除が受けられません。また、特別控除の申告は、確定申告書（期限後申告書を含みます。）に控除を受ける金額の記載があり、かつ、その金額の計算に関する明細書の添付がある場合に限られていますので、更正の請求は認められません。<br>**②試験研究費に係る税額控除の適用失念による過大納付**<br>　試験研究を行った場合の法人税額の特別控除が適用できたにもかかわらず、この適用を失念したため過大納付が発生した。上記同様、更正の請求は認められません。 |
| **3. 更正の請求の期限徒過** | 　法定申告期限後でも更正の請求が認められる場合において、更正の請求の期限を徒過した類型<br>**①誤った耐用年数で減価償却費を過少に計算したことによる過大納付**<br>　所得税法上、減価償却は強制償却とされており、法人税法のように後日に償却不足額を償却できることはできません。建物など耐用年数の長い資産の減価償却を誤ると、更正の請求の期間（５年）を経過してしまう部分が多くなり過大納付額が生じることになります。 |

# 国　税　関　係

## 国税の通則等に関する事項

### ■国税通則法による申告・納付、申告期限と附帯税

| 項　目 | 説　明 |
|---|---|
| 1. 国税通則法と申告手続<br>（通法1、4） | • 国税通則法は、国税についての基本的な事項及び共通的な事項を定め、税法の体系的な構成を整備し、かつ、国税に関する法律関係を明確にするとともに、税務行政の公正な運営を図り、もって国民の納税義務の適正かつ円滑な履行に資することを目的として、国税についての一般法として規定されています。 |
| （通法21） | ⑴　納税申告書の提出先<br>納税申告書は、その提出の際における納税地を所轄する税務署長に提出しなければなりません。 |
| （通法22） | ⑵　郵送された納税申告書等の効力発生時期<br>納税申告書（当該申告書に添付すべき書類その他当該申告書に関連して提出するものとされている書類を含みます。）その他国税庁長官が定めた書類が郵便又は信書便※により提出された場合には、いわゆる「発信主義」が適用され、その郵便物のスタンプにより表示された日に、その提出がなされたものとみなされます。この場合、通信日付印による表示がない又は不明瞭なときは、その郵便物について通常要する郵送日数から逆算して発送したと認められる日に提出されたものとみなされます。<br>※郵　便⇨小包郵便物（ゆうパック等）は郵便物に該当しません。（レターパックは信書も送れます）<br>信書便⇨民間事業者による信書の送達に関する法律に規定する一般信書便事業者又は特定信書便事業者による信書便をいいます。 |
| （通法11） | ⑶　災害等の場合の申告書の提出期限の延長<br>税務署長等は、災害その他やむをえない理由により国税に関する法律に基づく申告、申請、請求、届出、その他書類の提出をその期限までに行うことができない場合は、その理由のやんだ日から２か月以内に限り、その提出期限を延長することができることになっています。 |
| 2. 納付の方法<br>（通法34、相法43）<br>（通法34の2、通令7） | 納付すべき税額が確定したときは、その納期限までに金銭により納付しなければなりません。印紙で納付すべき国税は印紙により、物納の許可があった場合は、物納により納付しなければなりません。<br>▷口座振替による納付も可能です。口座振替による納付で、一定の要件を満たす場合、納期限後であっても納期限内納付とみなされます。<br>▷ e-tax による電子申告送信後に、事前に届出をした預貯金口座から即時または期日を指定できる「ダイレクト納付」による納付も可能です。 |
| （通法34の3） | ▷納付税額30万円以下の国税は、コンビニ・スマホアプリで納付することが可能です。<br>▷クレジットカードによる納付も可能です。（上限は1,000万円未満） |
| （通法34の3） | ▷納付税額が確定した国税でその納期限の到来していないもの（例えば、7月1日から10月31日までの間の第2期分の所得税）や近日中に納付税額が確定すると見込まれるもの（税務調査があったが修正申告書提出前のもの）は、予納申出書を提出すれば、あらかじめ納付可能です。 |

**3. 期間及び期限**
（通法2、37①）
**●納期限**

■**法定申告期限**：各税法の規定による納税申告書を提出すべき期限
■**法定納期限**：各税法の規定による本来納付すべきであるとされている期限
①期限内申告書を提出した者⇨法定納期限
②期限後申告書・修正申告書を提出した者⇨その提出の日
③更正・決定を受けた者⇨その通知書が発せられた日の１月後の日
④納税告知を受けた者⇨告知書に記載された納期限

**4. 延滞税･利子税**
（通法60～、通令25～）

・**延滞税が課税される場合**
① 期限内申告による税額を法定納期限（延納・物納許可の取消しがあった場合はその書類の発信日）までに完納しないとき
② 期限後申告書若しくは修正申告書を提出し、又は更正若しくは決定を受けたため、納付税額が生じたとき
③ 予定納税による所得税、源泉徴収による国税をその法定納期限までに完納しないとき
※延滞税は本税についてのみ計算されます（延滞税には延滞税が課されません。）。

一般的な延滞税の計算
（P.34参照）

［納付すべき本税の額（１万円未満切捨て）× 延滞税の割合 × 法定納期限の翌日から完納の日までの日数］÷365＝延滞税の額（百円未満切捨）

主な延滞税等の割合
（措法93、94①、95）

| | 内容 | 本則 | 令4.1.1～ |
|---|---|---|---|
| 1延滞税 | 納期限の翌日から２月を経過する日の翌日以後 | 14.6% | 8.7% |
| | 納期限までの期間及び納期限の翌日から２月を経過する日までの期間 | 7.3% | 2.4% |
| | 納税の猶予等の適用を受けた場合（全額が免除された場合を除く） | 3.6% | 0.9% |
| 2利子税（主なもの） | 所得税法･相続税法の規定による延納等､一定の手続を踏んだ納税者に課されるもの（相続税･贈与税はP.227） | 7.3% | 0.9% |
| 3還付加算金 | 国から納税者への還付金等に付される利息 | 7.3% | 0.9% |

※延滞税の割合⇨平均貸付割合＋１％＋7.3％（２か月以内は１％）
※納税の猶予等の適用を受けた場合（延滞税の全額が免除される場合を除く。）の延滞税の割合⇨平均貸付割合＋0.5％
※利子税・還付加算金の割合⇨平均貸付割合＋0.5％
※平均貸付割合とは「前々年９月から前年８月における国内銀行の貸出約定平均金利の平均」として、各年の前年11月30日までに財務大臣が告示する割合（令和４年11月30日に翌年は年0.4％と告示されています。）をいいます。

過去の延滞税の割合

| 期間 | （延滞税）特例基準割合 | 延滞税 | |
|---|---|---|---|
| | | ２か月以内 | ２か月以後 |
| 令３.1.1～令３.12.31 | 1.5% | 2.5% | 8.8% |
| 平30.1.1～令２.12.31 | 1.6% | 2.6% | 8.9% |
| 平29.1.1～平29.12.31 | 1.7% | 2.7% | 9.0% |
| 平27.1.1～平28.12.31 | 1.8% | 2.8% | 9.1% |

**5. 加算税**

（通法65、通令27）
- 過少申告加算税…………10%
  但し更正を予知したものでなく、調査通知前に提出された修正申告には課されません（通法65⑥）
  （※期限内申告税額と50万円のいずれか多い金額を超える増差税額については15%（5,000円未満不徴収））

（通法66、通令27の2）
- 無申告加算税……15%（納付すべき税額が、50万円を超える部分は20%、令和6年1月1日以後は300万円超の部分は30%）
  （※調査があったことにより決定があるべきことを予知して提出されたものでない期限後申告書で法定申告期限から1か月以内に提出され、かつ、その申告書に係る納付すべき税額の全額が法定納付期限に納付されている等の場合は無申告加算税は課されません。（通法66）
  ※決定又は更正を予知したものでないときは、15%ではなく5%とされます。）

（通法65④、66④）
- 令和6年1月1日以後、帳簿の不提出等があった場合には、過少申告加算税又は無申告加算税が5%又は10%加算されます。

（通法67）
- 源泉徴収に係る不納付加算税……10%（納税告知を予告しない期限後納付は5%、正当な理由があるときは課税されません。）

（通法68、通令28）
- 重加算税
  - 過少申告加算税が課される場合の隠ぺい仮装 ……………… 35%
  - 無申告加算税が課される場合の隠ぺい仮装 ………………… 40%
  - 不納付加算税が課される場合の隠ぺい仮装 ………………… 35%

**6. 事前通知後の修正申告等**

（通法65）
- 調査の事前通知からその調査により更正等があるべきことを予知する前に修正申告書等が提出された場合の過少申告加算税・無申告加算税

法定申告期限 → 事前通知 → 更正予知 →

| | | | |
|---|---|---|---|
| 過少申告加算税 | 0% | 5%（10%） | 10%（15%） |
| 無申告加算税 | 5% | 10%（15%）〈25%〉 | 15%（20%）〈30%〉 |

（※）修正税額が期限内申告税額と50万円のいずれか多い額を超える場合や納付すべき税額が50万円を超える無申告があった場合の、その超える部分については（　）内の割合となります。
さらに、令和6年1月1日以後、300万円を超える部分の無申告加算税は〈　〉内の割合となります。

**7. 無申告・重加算の繰返し**

（通法66）
- 更正等の予知による期限後申告・修正申告又は更正・決定等があった日の前日から起算して5年前の日までの間に、同じ税目について無申告加算税又は重加算税を課されたことがある場合や、令和6年1月1日以後は前年度及び前々年度について無申告加算税又は重加算税(無申告)を課される者が行う更なる無申告行為に対しても、その割合が10%加算されます。

| | | 通常 | 5年内の繰返しなど |
|---|---|---|---|
| 無申告加算税 | | 15%（20%） | 25%（30%） |
| 重加算税 | 過少申告 | 35% | 45% |
| | 無申告 | 40% | 50% |
| | 不納付 | 35% | 45% |

（※）（　）内の割合は、上記6.（※）参照。

**8. まとめ**

<table>
<tr><th rowspan="2"></th><th rowspan="2">増差本税に対する課税割合</th><th colspan="2">不適用・軽減</th></tr>
<tr><th>要件</th><th>割合等</th></tr>
<tr><td>過少申告加算税<br>(注1～3)</td><td>10%<br>（期限内申告税額と50万円のいずれか多い金額を超える部分…15%）</td><td>・正当な理由あり<br>・更正を予知しない(注4)</td><td>不適用</td></tr>
<tr><td rowspan="2">無申告加算税<br>(注1、3、5)</td><td rowspan="2">15%(注5)<br>（50万円～300万円の部分…20%(注5)<br>300万円超の部分…30%(注5、★)）</td><td>・正当な理由あり<br>・申告期限から1月以内</td><td>不適用</td></tr>
<tr><td>・更正・決定を予知しない(注4)</td><td>5％</td></tr>
<tr><td rowspan="2">不納付加算税</td><td rowspan="2">10%</td><td>・正当な理由あり<br>・納期限から1月以内</td><td>不適用</td></tr>
<tr><td>・納税の告知を予知しない</td><td>5％</td></tr>
<tr><td rowspan="2">重加算税<br>(注5、6)</td><td>過少申告加算税・不納付加算税に代えて35%</td><td colspan="2" rowspan="2"></td></tr>
<tr><td>無申告加算税に代えて 40%</td></tr>
</table>

（注１）国外財産調書・財産債務調書の提出あり→５％軽減（所得税・相続税）、提出なし→５％加算（所得税・相続税（財産債務調書については所得税））、税務調査時の国外財産の関連資料の不提出→さらに５％加算

（注２）優良な電子帳簿→過少申告加算税５％軽減（所得税・法人税・消費税）。重加算税対象には適用なし

（注３）令和６年１月１日以後、帳簿の不提出等があった場合には過少申告加算税又は無申告加算税を５％又は10%加算。

（注４）調査通知後、更正・決定予知前の修正申告に基づく過少申告加算税は10%→５％、15%→10%、無申告加算税は15%→10%、20%→15%、30%→25%★

（注５）過去５年内に無申告加算税又は重加算税があるときや、無申告行為の繰返し★には10%加算

（注６）電磁的記録に記録された事項に関し仮装隠ぺいがあった場合には、重加算税を10%加算

★令和６年１月１日以後に法定申告期限が到来する国税について適用

## ●延滞税の計算方法（令和４年１月１日～令和５年12月31日）

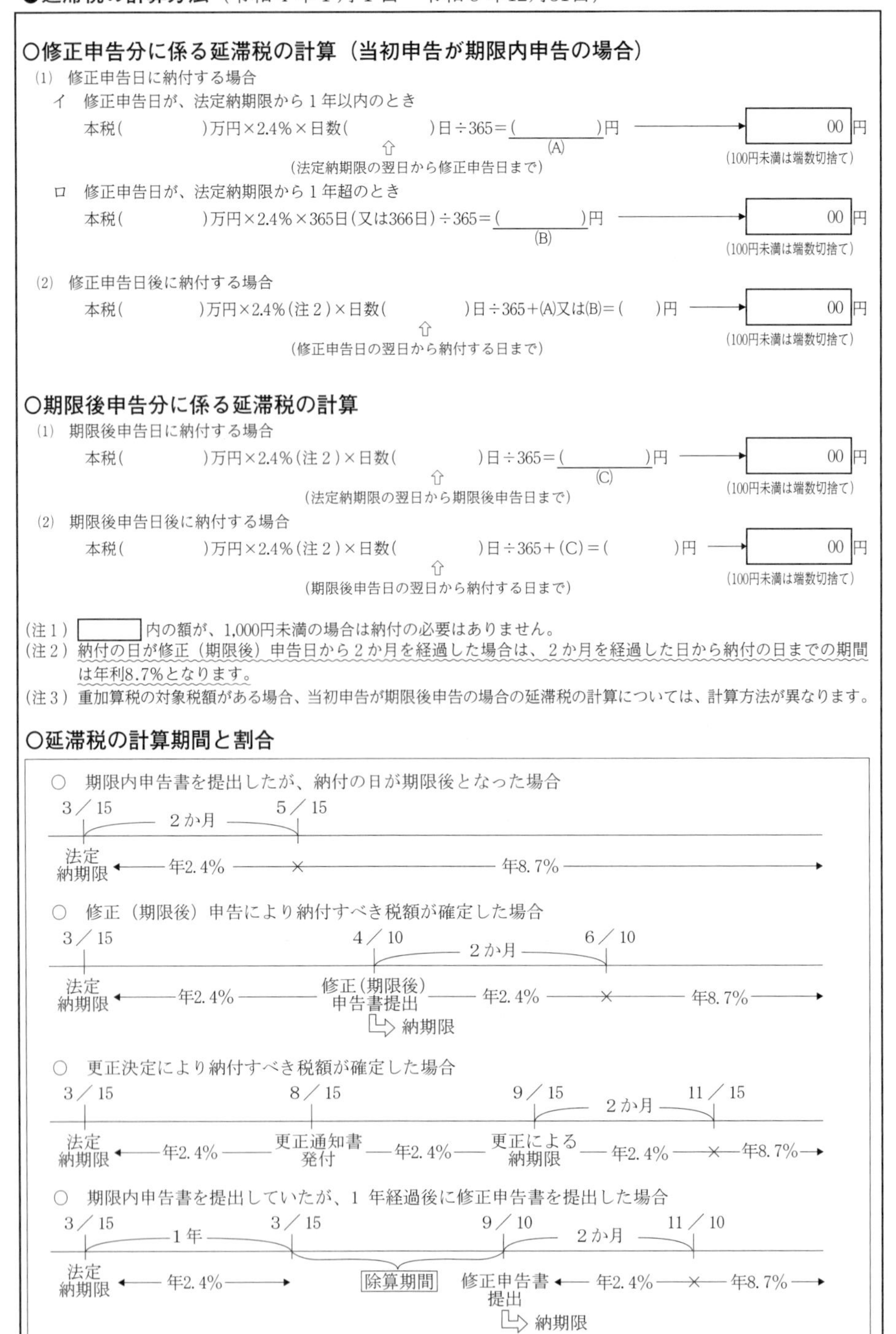

### ○修正申告分に係る延滞税の計算（当初申告が期限内申告の場合）

(1)　修正申告日に納付する場合

イ　修正申告日が、法定納期限から１年以内のとき

本税(　　　　)万円×2.4％×日数(　　　　)日÷365＝(　　　　)円 (A) → □00円（100円未満は端数切捨て）

⇧（法定納期限の翌日から修正申告日まで）

ロ　修正申告日が、法定納期限から１年超のとき

本税(　　　　)万円×2.4％×365日(又は366日)÷365＝(　　　　)円 (B) → □00円（100円未満は端数切捨て）

(2)　修正申告日後に納付する場合

本税(　　　　)万円×2.4％(注２)×日数(　　　　)日÷365＋(A)又は(B)＝(　　)円 → □00円（100円未満は端数切捨て）

⇧（修正申告日の翌日から納付する日まで）

### ○期限後申告分に係る延滞税の計算

(1)　期限後申告日に納付する場合

本税(　　　　)万円×2.4％(注２)×日数(　　　　)日÷365＝(　　　　)円 (C) → □00円（100円未満は端数切捨て）

⇧（法定納期限の翌日から期限後申告日まで）

(2)　期限後申告日後に納付する場合

本税(　　　　)万円×2.4％(注２)×日数(　　　　)日÷365＋(C)＝(　　　　)円 → □00円（100円未満は端数切捨て）

⇧（期限後申告日の翌日から納付する日まで）

（注１）□内の額が、1,000円未満の場合は納付の必要はありません。

（注２）納付の日が修正（期限後）申告日から２か月を経過した場合は、２か月を経過した日から納付の日までの期間は年利8.7％となります。

（注３）重加算税の対象税額がある場合、当初申告が期限後申告の場合の延滞税の計算については、計算方法が異なります。

### ○延滞税の計算期間と割合

○　期限内申告書を提出したが、納付の日が期限後となった場合

3／15　2か月　5／15

法定納期限 ←― 年2.4％ ―×― 年8.7％ ―→

○　修正（期限後）申告により納付すべき税額が確定した場合

3／15　4／10　2か月　6／10

法定納期限 ←― 年2.4％ ― 修正(期限後)申告書提出 ― 年2.4％ ―×― 年8.7％ ―→

⇨ 納期限

○　更正決定により納付すべき税額が確定した場合

3／15　8／15　9／15　2か月　11／15

法定納期限 ←― 年2.4％ ― 更正通知書発付 ― 年2.4％ ― 更正による納期限 ― 年2.4％ ―×― 年8.7％ ―→

○　期限内申告書を提出していたが、１年経過後に修正申告書を提出した場合

3／15　1年　3／15　9／10　2か月　11／10

法定納期限 ←― 年2.4％ ―→　除算期間　修正申告書提出 ←― 年2.4％ ―×― 年8.7％ ―→

⇨ 納期限

## ●日数速算表

| 日＼月 | 1 | 2 | 3 | 4 | 5 | 6 | 7 | 8 | 9 | 10 | 11 | 12 |
|---|---|---|---|---|---|---|---|---|---|---|---|---|
| 1 | 365 | 334 | 306 | 275 | 245 | 214 | 184 | 153 | 122 | 92 | 61 | 31 |
| 2 | 364 | 333 | 305 | 274 | 244 | 213 | 183 | 152 | 121 | 91 | 60 | 30 |
| 3 | 363 | 332 | 304 | 273 | 243 | 212 | 182 | 151 | 120 | 90 | 59 | 29 |
| 4 | 362 | 331 | 303 | 272 | 242 | 211 | 181 | 150 | 119 | 89 | 58 | 28 |
| 5 | 361 | 330 | 302 | 271 | 241 | 210 | 180 | 149 | 118 | 88 | 57 | 27 |
| 6 | 360 | 329 | 301 | 270 | 240 | 209 | 179 | 148 | 117 | 87 | 56 | 26 |
| 7 | 359 | 328 | 300 | 269 | 239 | 208 | 178 | 147 | 116 | 86 | 55 | 25 |
| 8 | 358 | 327 | 299 | 268 | 238 | 207 | 177 | 146 | 115 | 85 | 54 | 24 |
| 9 | 357 | 326 | 298 | 267 | 237 | 206 | 176 | 145 | 114 | 84 | 53 | 23 |
| 10 | 356 | 325 | 297 | 266 | 236 | 205 | 175 | 144 | 113 | 83 | 52 | 22 |
| 11 | 355 | 324 | 296 | 265 | 235 | 204 | 174 | 143 | 112 | 82 | 51 | 21 |
| 12 | 354 | 323 | 295 | 264 | 234 | 203 | 173 | 142 | 111 | 81 | 50 | 20 |
| 13 | 353 | 322 | 294 | 263 | 233 | 202 | 172 | 141 | 110 | 80 | 49 | 19 |
| 14 | 352 | 321 | 293 | 262 | 232 | 201 | 171 | 140 | 109 | 79 | 48 | 18 |
| 15 | 351 | 320 | 292 | 261 | 231 | 200 | 170 | 139 | 108 | 78 | 47 | 17 |
| 16 | 350 | 319 | 291 | 260 | 230 | 199 | 169 | 138 | 107 | 77 | 46 | 16 |
| 17 | 349 | 318 | 290 | 259 | 229 | 198 | 168 | 137 | 106 | 76 | 45 | 15 |
| 18 | 348 | 317 | 289 | 258 | 228 | 197 | 167 | 136 | 105 | 75 | 44 | 14 |
| 19 | 347 | 316 | 288 | 257 | 227 | 196 | 166 | 135 | 104 | 74 | 43 | 13 |
| 20 | 346 | 315 | 287 | 256 | 226 | 195 | 165 | 134 | 103 | 73 | 42 | 12 |
| 21 | 345 | 314 | 286 | 255 | 225 | 194 | 164 | 133 | 102 | 72 | 41 | 11 |
| 22 | 344 | 313 | 285 | 254 | 224 | 193 | 163 | 132 | 101 | 71 | 40 | 10 |
| 23 | 343 | 312 | 284 | 253 | 223 | 192 | 162 | 131 | 100 | 70 | 39 | 9 |
| 24 | 342 | 311 | 283 | 252 | 222 | 191 | 161 | 130 | 99 | 69 | 38 | 8 |
| 25 | 341 | 310 | 282 | 251 | 221 | 190 | 160 | 129 | 98 | 68 | 37 | 7 |
| 26 | 340 | 309 | 281 | 250 | 220 | 189 | 159 | 128 | 97 | 67 | 36 | 6 |
| 27 | 339 | 308 | 280 | 249 | 219 | 188 | 158 | 127 | 96 | 66 | 35 | 5 |
| 28 | 338 | 307 | 279 | 248 | 218 | 187 | 157 | 126 | 95 | 65 | 34 | 4 |
| 29 | 337 |  | 278 | 247 | 217 | 186 | 156 | 125 | 94 | 64 | 33 | 3 |
| 30 | 336 |  | 277 | 246 | 216 | 185 | 155 | 124 | 93 | 63 | 32 | 2 |
| 31 | 335 |  | 276 |  | 215 |  | 154 | 123 |  | 62 |  | 1 |

1．始期～終期の年が同じとき

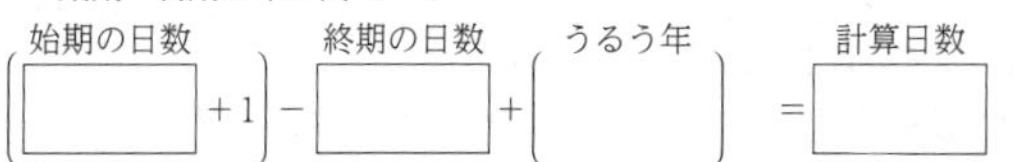


始期の日数…法定納期限の翌日
終期の日数…納付の日
うるう年　…始期～終期に２/29があるときは、１を加算する。（令和２年・令和６年・令和10年）

（計算例）法定納期限　令5.3.15　納付の日　令5.8.31

（始期の日数［２９１］＋１）－終期の日数［１２３］＋うるう年［－］＝計算日数［１６９］

2．始期～終期の年が異なるとき

（始期の日数［　　］＋１）＋（365（※1）－終期の日数［　　］）＋（うるう年（※2）［　　］）＝計算日数［　　］

（※１）異なる年数に応じて次の整数倍数を加算する。（２年異なるときは730、３年は1095、４年は1460）
（※２）始期～終期に２/29があるときは、その回数を加算する。

（計算例）法定納期限　令5.3.15　納付の日　令6.8.31　（注）除算期間を考慮していません。

（始期の日数［２９１］＋１）＋（365－終期の日数［１２３］）＋うるう年［－］＝計算日数［５３４］

## ■更正の請求・更正決定等の期間制限・国税の調査・不服申立制度

| 項　目 | 説　明 |
|---|---|
| **1. 更正の請求**<br>（通法23、通令6、相法32②） | **〔原則〕**<br>• 納税申告書を提出した者が、その申告書に記載した課税標準等若しくは税額等の計算が国税に関する法律の規定に従っていないこと又はその計算に誤りがあったことにより次の①～③に該当する場合、その申告書の法定申告期限から５年（②のうち法人税については10年、贈与税については６年）以内に限り、納税地の所轄税務署長に対して更正の請求書を提出することができます。<br>①　その申告書の提出により納付すべき税額（更正があったときは、更正後の税額）が過大であるとき<br>②　その申告書に記載した純損失の金額又は雑損失の金額（更正があったときは、更正後の金額）が過少であるとき又はその記載（更正のときは更正通知書への記載）がなかったとき<br>③　その申告書に記載した還付金の額に相当する税額（更正があったときは、更正後の税額）が過少であるとき又はその記載（更正のときは更正通知書への記載）がなかったとき<br>**〔特例〕**<br>納税申告書を提出した者又は決定を受けた者に次の①②③に掲げる事実があるときは、その事実が確定した日の翌日から起算して２か月以内に更正の請求ができます。<br>①　その課税標準等又は税額等の計算の基礎となった事実に関する訴えについての判決により、その事実が計算の基礎としたところと異なることが確定したとき<br>②　所得又は課税物件の帰属が変わる更正又は決定があったとき<br>③　国税庁長官の法令の解釈が、判決等に伴って変更され、変更後の解釈が公表されたことにより、その課税標準等又は税額等が異なることとなる取扱いを受けることとなったことを知った場合 |
| **2. 更正決定等の期限制限**<br>（通法70、通令29） | **〔原則〕**<br>更正や賦課決定は、次のそれぞれに掲げる期間を経過した日以後には、することができません。<br>①　更正……その更正に係る法定申告期限（還付請求申告書に係る更正については、その申告書の提出日）から５年<br>②　課税標準申告書の提出を要する国税で、その申告書の提出があったものに係る賦課決定……その申告書の提出期限から３年<br>**〔例外〕**<br>次のものについては、更正や賦課決定の期間は５年（①に係るものは７年、法人税に係る③・④の純損失等の金額に係るものは10年）となります。<br>①　偽りその他不正の行為によりその全部もしくは一部の税額を免れ、もしくはその全部もしくは一部の税額の還付を受けた金額についての更正又は賦課決定<br>②　納付すべき税額を減少させる更正又は賦課決定<br>③　純損失等の金額でその課税期間に生じたもの、もしくは還付金の額を増加させる更正又はこれらの金額があるものとする更正<br>④　純損失等の金額で、その課税期間において生じたものを減少させる更正<br>⑤　①～④以外の、法定申告期限から５年を経過した日以後に期限後申告書の提出があった国税についての更正 |

(通法70④三)

| | 過少申告・無申告 | 脱税の場合 |
|---|---|---|
| 更正・決定 | 5年 | 7年 |
| 国外転出等の特例がある場合 | 7年 | |
| 移転価格税制に係る法人税 | 7年（注） | |
| 贈与税 | 6年 | |
| 純損失等の金額に係る更正 | 5年 | |
| 法人税 | 10年 | |

(通法70③)

※　更正の除斥期間終了の6月以内になされた更正の請求に係る更正又はその更正に伴って行われる加算税の賦課決定については、その更正の請求があった日から6月を経過する日まですることができます（相続税については、令5改正参照（P.22））。

（注）令2.3.31以前開始事業年度分の法人税については、6年

**3. 更正、決定等の期間制限の特例**
（通法71①一～三）

**2.** にかかわらず、次のような場合、次の期間においては更正、決定ができます。

① 争訟等に伴う場合……その裁決等又は更正のあった日から6月間
② 経済的成果の消滅等に伴う場合……その理由が生じた日から3年間
③ 災害による期限延長等の場合…その更正の請求があった日から6月間

**4. 消滅時効**
（通法72、73）

国税の徴収権は、法定納期限又は徴収権を行使することができる日（裁決等又は更正があった日）等から5年間行使しないことにより、時効により消滅します。この消滅時効は、更正・決定、納税の告知、督促等の処分により完成猶予されます。なお、脱税にあたる国税にあたっては、最長2年の範囲内で更正、決定等の日まで時効は進行しません。

**5. 国税の調査**
（通法74の2～12）

・国税に関する調査等に係る質問検査権

税務職員は、所得税等に関する調査等について必要があるときは、納税義務者等に質問し、帳簿書類その他の物件を検査し、又は当該物件（その写しを含む）の提示若しくは提出を求めることができます。

・納税地の異動があった場合の質問検査権の管轄

令和3年7月1日以後新たに法人税等についての調査通知があった後にその納税地に異動があった場合、その異動前の納税地の所轄国税局長又は税務署長が必要があると認めたときは、その異動前の納税地の所轄国税局又は税務署の職員が質問検査権を行使することができます。

・提出物件の留置き

税務職員は、国税の調査について必要があるときは、当該調査において提出された物件を留め置くことができます。

・納税義務者に対する調査の事前通知等

税務署長等は、税務職員に実地の調査において質問検査等を行わせる場合には、あらかじめ、納税義務者（税務代理人を含む）に対し、その旨及び調査を開始する日時等を通知します。

なお、税務代理権限証書に納税義務者の同意についての記載がある場合には、上記の通知は、当該税務代理人に対してすれば足ります。

ただし、税務署長等が違法又は不当な行為を容易にし、正確な課税標準等又は税額等の把握を困難にするおそれ、その他国税に関する調査の適正な遂行に支障を及ぼすおそれがあると認める場合には、この通知を要しません。

・調査終了の際の手続

① 税務署長等は、実地の調査を行った結果、更正決定等をすべきと認められない場合には、当該調査において質問検査等の相手方となった納税義務者に対し、その時点において更正決定等をすべきと認められ

| | |
|---|---|
| | ない旨を書面により通知します。<br>② 調査の結果、更正決定等をすべきと認める場合には、税務職員は、納税義務者に対し、調査結果の内容を説明します。<br>③ ②の説明をする場合において、当該職員は、当該納税義務者に対し修正申告等を勧奨することができます。この場合において、当該調査結果に関し納税申告書を提出した場合には不服申立てをすることはできないが更正の請求をすることはできる旨を説明するとともに、その旨を記載した書面を交付しなければなりません。 |
| ・団体に対する諮問及び官公署等への協力要請 | ① 税務職員は、所得税等に関する調査について必要があるときは、団体に、参考となるべき事項を諮問することができます。<br>② 税務職員は、国税に関する調査について必要があるときは、官公署又は政府関係機関に対し、その調査に関し参考となるべき帳簿書類その他の物件の閲覧又は提供その他の協力を求めることができます。 |
| **6. 国税の不服申立制度の概要** | 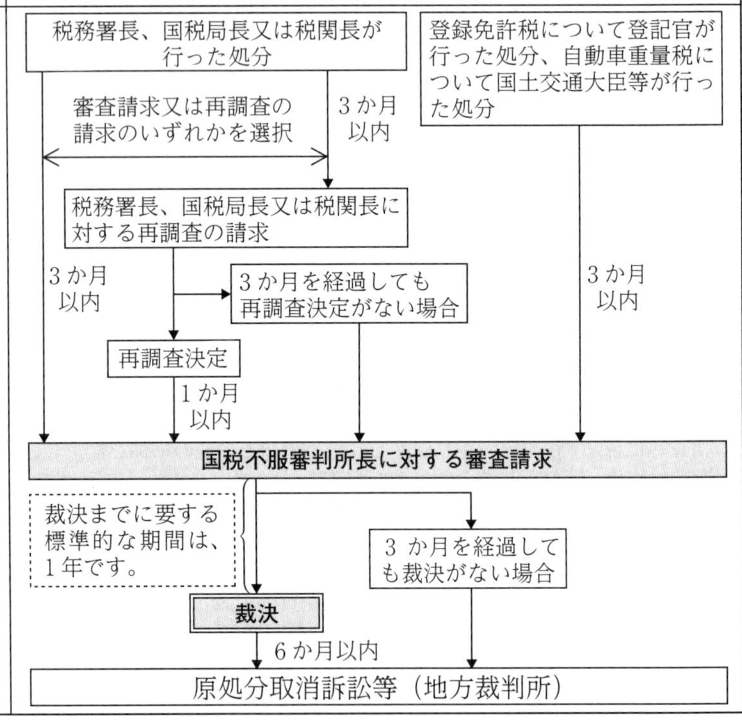 |

## （参考）電子帳簿保存法

| 項　　目 | 説　　　明 |
| --- | --- |
| 1. 電子データのまま保存（電子帳簿等保存） | • 自己が電子的に作成した帳簿や書類（仕訳帳、総勘定元帳、売上帳、仕入帳、経費帳、手形帳など）は、電子データのまま保存できます。<br>• 書面を前提とした各税法による保存義務について、見読可能装置の備付け等の最低限の要件を充足すれば、原本である電子データをもって保存義務を履行できます。この場合、帳簿等の印刷は不要です。 |
| 2. 電子データ化して保存（スキャナ保存） | • 取引先から書面で受領した請求書・領収書や取引先へ書面で交付した請求書・領収書の控え等は、電子データ化して保存できます。<br>• 書面を前提とした各税法による保存義務について、一定の要件を充足すれば、スマホやスキャナ等で読み取った電子データをもって保存義務を履行できます。この場合、原本である書面を廃棄できます。<br>• なお、本制度を利用せず、書面のまま保存することも可能です。 |
| 3. 電子取引データの保存義務<br>令和6年1月1日以後は本則として、新たな猶予措置が講じられています。 | • 取引先から電子データで受領した請求書・領収書や取引先へ電子データで交付した請求書・領収書の控え等については、電子取引に該当し、電子データのまま保存が必要です。<br>• 電子帳簿保存法において、申告所得税・法人税に係る保存義務者は、電子取引（請求書・領収書等の授受を電子データで行う取引をいいます。）を行った場合の電子データ（原本）の保存義務が定められています。なお、電子データを印刷する行為自体を禁止するものではありません。<br>• 令和5年以後に行う電子取引については電子データのまま保存しなければなりません。 |
| | • 令和4年1月1日から令和5年12月31日までの間に行われた電子取引データは、保存要件にしたがって保存できなかったことについてやむを得ない事情がある場合には、引き続きその出力書面による保存が可能とされます。<br>• この宥恕措置の適用にあたって、納税者から税務署長への手続などは要しません。<br>• 宥恕措置期間中における納税者の具体的な対応としては、「電子取引の取引情報（請求書、領収書など）の電子データを、従前と同様に書面に出力して保存しておく」、「税務調査があった際、税務職員に対して「社内のワークフロー整備が間に合わなかった」や「今後、保存に係るシステム整備の意向は有している（現時点で未整備）」など、その事情を口頭で回答する」等とされています。 |
| 猶予措置 | • 令和6年1月1日以後は、税務署長が相当の理由があると認める場合（納税者からの手続きは不要です。）には、出力書面の提示・提出及びデータのダウンロードの求めに応じることができるようにしておけば、電子取引データの保存要件が不要となる猶予措置が講じられました。 |

# 耐用年数

## ■法定耐用年数の基本的事項

| 項　目 | 説　明 |
|---|---|
| **1.二以上の用途**<br>(耐通1-1-1) | ・すべての減価償却資産は、原則として、一の耐用年数を適用します。<br>・一の減価償却資産が二以上の用途に共通して使用されているときは、使用目的、使用状況から合理的にその主たる用途を判定し、これに対応する耐用年数を適用します（一物一用途による判定）。 |
| **2.資本的支出後の耐用年数**<br>(耐通1-1-2) | ・資本的支出に係る部分の減価償却資産については、本体に現に適用している耐用年数によります。 |
| **3.他人の建物にした内部造作等**<br>(耐通1-1-3) | (原則)　・建物に対する造作…その建物の耐用年数、その造作の種類、用途、使用材質等を勘案して、合理的に見積もった耐用年数<br>・建物附属設備に対する造作…建物附属設備の耐用年数<br>(建物の賃借期間の定めがあり、その期間終了の場合には更新できないもので、かつ、有益費の請求又は買取請求ができないもの）…その賃借期間を耐用年数として償却することができます。 |
| **4.3以外の他人の資産の改良費**<br>(耐通1-1-4) | ・他人が所有する、建物及び建物附属設備に対する造作以外について支出した資本的支出は、次の耐用年数により償却します。<br>①　賃借期間の満了とともにその資本的支出の利益を失う場合…その賃借期間<br>②　①以外の場合…その本体である減価償却資産の耐用年数 |
| **5.貸与資産の耐用年数**<br>(耐通1-1-5) | ・貸与している減価償却資産の耐用年数は別表において貸付業用として特掲されているもの（貸自動車業用の車両、貸付業用の植物など）を除き、原則として、貸与を受けている者のその資産の用途等に応じて判定します。 |
| **6.前掲の区分によらないもの**<br>(耐通1-1-6、1-1-7) | ・耐用年数省令別表第一、別表第二のうち、細目が個々に定められているもの…細目別耐用年数<br>・異なる区分のものをすべて含めて耐用年数を適用する場合…包括的耐用年数（前掲の区分によらないもの）<br>・器具及び備品以外…包括的耐用年数を適用し、一部の資産についてだけ包括的耐用年数より短い細目別耐用年数を適用することはできません。<br>・器具及び備品…細目別耐用年数と包括的耐用年数を選択的に適用することができます（同じ品目のものについては統一適用しかできません。)。 |

# ●機械及び装置以外の有形減価償却資産の耐用年数表（抜粋）

（「減価償却資産の耐用年数等に関する省令」別表第一）

| | 細目（一物一用途が原則）<br>・構造は主要部分で判定<br>・二以上の構造の建物はそれぞれに区分して適用<br>・内部造作は建物本体の耐用年数を適用 | 構造別総合又は個別耐用年数（年）<br>鉄骨鉄筋コンクリート造又は鉄筋コンクリート造 | れんが造・石造・ブロック造 | 金属造 骨格材の肉厚 4ミリ超 | 金属造 骨格材の肉厚 3ミリ超4ミリ以下 | 金属造 骨格材の肉厚 3ミリ以下 | 木造又は合成樹脂造 | 木骨モルタル造 | 簡易建物 |
|---|---|---|---|---|---|---|---|---|---|
| (1) 建物 | 事務所又は美術館用のもの・下記以外のもの | 50 | 41 | 38 | 30 | 22 | 24 | 22 | |
| | 住宅、寄宿舎、宿泊所、学校又は体育館用のもの | 47 | 38 | 34 | 27 | 19 | 22 | 20 | |
| | 飲食店、貸席、劇場、演奏場、映画館又は舞踏場用のもの | — | 38 | 31 | 25 | 19 | 20 | 19 | |
| | 飲食店又は貸席用のもので、延べ面積のうちに占める木造内装部分の面積が３割を超えるもの | 34 | — | — | — | — | — | — | |
| | その他のもの | 41 | — | — | — | — | — | — | |
| | 旅館用又はホテル用のもの | — | 36 | 29 | 24 | 17 | 17 | 15 | |
| | 延べ面積のうちに占める木造内装部分の面積が３割を超えるもの | 31 | — | — | — | — | — | — | |
| | その他のもの | 39 | — | — | — | — | — | — | |
| | 店舗用のもの | 39 | 38 | 34 | 27 | 19 | 22 | 20 | |
| | 病院用のもの | 39 | 36 | 29 | 24 | 17 | 17 | 15 | |
| | 変電所、発電所、送受信所、停車場、車庫、格納庫、荷扱所、映画製作ステージ、屋内スケート場、魚市場又はと畜場用のもの | 38 | 34 | 31 | 25 | 19 | 17 | 15 | |
| | 公衆浴場用のもの | 31 | 30 | 27 | 19 | 15 | 12 | 11 | |
| | 工場（作業場を含みます。）又は倉庫用のもの | | | | | | | | |
| | 塩素、塩酸、硫酸、硝酸、その他の著しい腐食性を有する液体又は気体の影響を直接全面的に受けるもの、冷蔵倉庫用のもの（＊1、＊2、＊3については倉庫事業の倉庫用のものを除きます。）、放射性同位元素の放射線を直接受けるもの（＊1、＊3に限ります。） | 24 ＊1 | 22 ＊2 | 20 ＊3 | 15 | 12 | 9 | 7 | |
| | 塩、チリ硝石その他の著しい潮解性を有する固体を常時蔵置するためのもの及び著しい蒸気の影響を直接全面的に受けるもの | 31 | 28 | 25 | 19 | 14 | 11 | 10 | |
| | その他のもの | — | — | — | 24 | 17 | 15 | 14 | |
| | 倉庫事業の倉庫用のもの | | | | | | | | |
| | 冷蔵倉庫用のもの | 21 | 20 | 19 | — | — | — | — | |
| | その他のもの | 31 | 30 | 26 | — | — | — | — | |
| | その他のもの | 38 | 34 | 31 | — | — | — | — | |
| | 木製主要柱が10cm 角以下のもので、土居ぶき、杉皮ぶき、ルーフィングぶき又はトタンぶきのもの | | | | | | | | 10 |
| | 掘立造のもの及び仮設のもの | | | | | | | | 7 |

| | 構造用途 | 細目 | 耐用年数 | 構造用途 | 細目 | 耐用年数 |
|---|---|---|---|---|---|---|
| (2)建物附属設備 | 電気設備（照明設備を含む。） | 蓄電池電源設備 | 6 | 特殊ドアー設備 | エヤーカーテン又はドアー自動開閉設備 | 12 |
| | | その他のもの | 15 | アーケード、日よけ | 主として金属製 | 15 |
| | 給排水、衛生、ガス設備 | | 15 | | その他のもの | 8 |
| | 冷房、暖房、通風又はボイラー設備 | 冷暖房設備（冷凍機の出力22KW以下） | 13 | 店用簡易装備 | | 3 |
| | | その他のもの | 15 | 可動間仕切り | 簡易なもの | 3 |
| | 昇降機設備 | エレベーター | 17 | | その他のもの | 15 |
| | | エスカレーター | 15 | 前掲のもの以外のもの及び前掲の区分によらないもの | 主として金属製 | 18 |
| | 消火、排煙、災害報知設備及び格納式避難設備 | | 8 | | その他のもの | 10 |

| | 構造用途 | 細目 | 耐用年数 | 構造用途 | 細目 | 耐用年数 |
|---|---|---|---|---|---|---|
| (3)構築物 | 発電用 | 小水力発電用（農山漁村電気導入促進法による） | 30 | 競技場用、運動場用、遊園地用又は学校用のもの | 主として鉄骨造のもの | 30 |
| | | その他の水力発電用（貯水池、調整池、水路） | 57 | | 主として木造のもの | 10 |
| | | 汽力発電用（岩壁、さん橋、堤防、防波堤、煙突、その他） | 41 | | 競輪場用競走路 | |
| | 送電用 | 地中電線路 | 25 | | コンクリート敷のもの | 15 |
| | | 塔、柱、がい子、送電線、地線、添加電話線 | 36 | | その他のもの | 10 |
| | 配電用 | 鉄塔、鉄柱 | 50 | | ネット設備 | 15 |
| | | 鉄筋コンクリート柱 | 42 | | 野球場、陸上競技場、ゴルフコースその他のスポーツ場の排水その他の土工施設 | 30 |
| | | 木柱 | 15 | | 水泳プール | 30 |
| | | 配電線 | 30 | | その他のもの | |
| | | 引込線 | 20 | | 児童用のもの | |
| | | 添架電話線 | 30 | | すべり台、ぶらんこ、ジャングルジムその他の遊戯用のもの | 10 |
| | | 地中電線路 | 25 | | その他のもの | 15 |
| | 電気通信事業用のもの | 通信ケーブル | | | その他のもの | |
| | | 光ファイバー製のもの | 10 | | 主として木造のもの | 15 |
| | | その他のもの | 13 | | その他のもの | 30 |
| | | 地中電線路 | 27 | 舗装道路・路面 | コンクリート、ブロック、れんが、石敷 | 15 |
| | | その他の線路設備 | 21 | | アスファルト、木れんが敷 | 10 |
| | 放送・無線通信用 | 鉄塔、鉄柱 | | | ビチューマルス敷 | 3 |
| | | 円筒空中線式 | 30 | 農林業用のもの | 主としてコンクリート造、れんが造、石造、又はブロック造のもの | |
| | | その他のもの | 40 | | 果樹又はホップ棚 | 14 |
| | | 鉄筋コンクリート柱 | 42 | | その他のもの | 17 |
| | | 木塔・木柱 | 10 | | 主として金属造のもの | 14 |
| | | アンテナ、接地線及び放送用配線 | 10 | | 主として木造のもの | 5 |
| | 広告用 | 金属造のもの | 20 | | 土管を主としたもの | 10 |
| | | その他のもの | 10 | | その他のもの | 8 |
| | 緑化施設及び庭園 | 工場緑化施設 | 7 | 鉄骨鉄筋コンクリート造、鉄筋コンクリート造 | 水道用ダム | 80 |
| | | その他の緑化施設及び庭園（工場緑化施設に含まれるものを除く。） | 20 | | トンネル | 75 |
| | 競技場用、運動場用、遊園地用又は学校用のもの | スタンド | | | 橋 | 60 |
| | | 主として鉄骨鉄筋コンクリート造、鉄筋コンクリート造 | 45 | | 岸壁、さん橋、防壁、防波堤、塔、やぐら、上水道、水そう、用水用ダム | 50 |
| | | | | | 乾ドック | 45 |

| | 構造用途 | 細目 | 耐用年数 |
|---|---|---|---|
| (3)構築物 | 鉄骨鉄筋コンクリート造、鉄筋コンクリート造 | サイロ | 35 |
| | | 下水道、煙突及び焼却炉 | 35 |
| | | 高架道路、飼育場及びへい | 30 |
| | | 爆発物用防壁及び防油堤 | 25 |
| | | 造船台 | 24 |
| | | 放射性同位元素の放射線を直接受けるもの | 15 |
| | | その他のもの | 60 |
| | コンクリート造・コンクリートブロック造 | やぐら及び用水池 | 40 |
| | | サイロ | 34 |
| | | 岸壁、さん橋、防壁、堤防、防波堤、トンネル、上水道、水そう | 30 |
| | | 下水道、飼育場、へい | 15 |
| | | 爆発物用防壁 | 13 |
| | | 引湯管 | 10 |
| | | 鉱業用廃石捨場 | 5 |
| | | その他のもの | 40 |
| | れんが造 | 防壁、堤防、防波堤、トンネル | 50 |
| | | 煙突、煙道、焼却炉、へい、爆発物用防壁 | |
| | | 　塩素等著しい腐食性を有する気体の影響を受けるもの | 7 |
| | | 　その他のもの | 25 |
| | | その他のもの | 40 |
| | 石造 | 岸壁、さん橋、防壁、堤防、防波堤、上水道及び用水池 | 50 |
| | | 乾ドック | 45 |
| | | 下水道、へい及び爆発物用防壁 | 35 |
| | | その他のもの | 50 |
| | 土造 | 防壁、防波堤及び自動車道 | 40 |
| | | 上水道及び用水池 | 30 |
| | | 下水道 | 15 |
| | | へい | 20 |

| 構造用途 | 細目 | 耐用年数 |
|---|---|---|
| 土造 | 爆発物用防壁、防油堤 | 17 |
| | その他のもの | 40 |
| 金属造 | 橋（はね上げ橋を除く。） | 45 |
| | はね上げ橋及び鋼矢板岸壁 | 25 |
| | サイロ | 22 |
| | 送配管 | |
| | 　鋳鉄製のもの | 30 |
| | 　鋼鉄製のもの | 15 |
| | ガス貯そう | |
| | 　液化ガス用のもの | 10 |
| | 　その他のもの | 20 |
| | 薬品貯そう | |
| | 　塩酸等発煙性を有する無機酸用のもの | 8 |
| | 　有機酸用又は硫酸、硝酸その他前掲のもの以外の無機酸用のもの | 10 |
| | 　アルカリ類用、塩水用、アルコール用その他のもの | 15 |
| | 水そう・油そう | |
| | 　鋳鉄製のもの | 25 |
| | 　鋼鉄製のもの | 15 |
| | 浮きドック | 20 |
| | 飼育場 | 15 |
| | つり橋、煙突、焼却炉、打込み井戸、へい、街路灯、ガードレール | 10 |
| | 露天式立体駐車設備 | 15 |
| | その他のもの | 45 |
| 合成樹脂造 | | 10 |
| 木造 | 橋、塔、やぐら及びドック | 15 |
| | 岸壁、桟橋、防壁、防波堤、トンネル、水そう及びへい | 10 |
| | 飼育場 | 7 |
| | その他のもの | 15 |
| 前掲のもの以外のもの及び前掲の区分によらないもの | 主として木造のもの | 15 |
| | その他のもの | 50 |

| | 構造用途 | 細目 | 耐用年数 |
|---|---|---|---|
| (4)車両及び運搬具 | 特殊自動車 | 消防車、救急車、レントゲン車、散水車、放送宣伝車、移動無線車、チップ製造車 | 5 |
| | | モータースイーパー及び除雪車 | 4 |
| | | タンク車、じんかい車、し尿車、寝台車、霊きゅう車、トラックミキサー、レッカーその他特殊車体を架装したもの | |

| 構造用途 | 細目 | 耐用年数 |
|---|---|---|
| 特殊自動車 | 　小型車（じんかい車及びし尿車にあっては積載量が2t以下、その他のものにあっては総排気量が2ℓ以下のもの） | 3 |
| | 　その他のもの | 4 |

（ここには、別表第二の減価償却資産に含まれるブルドーザー、パワーショベル等並びにトラクター及び農林業用運搬機具は含まれません。）

耐用年数

| 種類 | 構造用途 | 細目 | 耐用年数 |
|---|---|---|---|
| (4)車両及び運搬具 | 運送事業用・貸自動車業用・自動車教習所用の車両・運搬具 | 自動車（二輪又は三輪自動車を含み、乗合自動車を除く。） | |
| | | 　小型車（貨物自動車にあっては積載量が2t以下、その他のものにあっては総排気量が2ℓ以下。） | 3 |
| | | 　その他のもの | |
| | | 　　大型乗用車（総排気量が3ℓ以上） | 5 |
| | | 　　その他のもの | 4 |
| | | 乗合自動車 | 5 |
| | | 自転車及びリヤカー | 2 |
| | | 被けん引車その他のもの | 4 |
| | 前掲のもの以外のもの | 自動車（二輪・三輪自動車を除く。） | |
| | | 　小型車（総排気量が0.66ℓ以下） | 4 |
| | | 　その他のもの | |
| | | 　　貨物自動車 | |
| | | 　　　ダンプ式 | 4 |
| | | 　　　その他 | 5 |
| | | 　　報道通信用のもの | 5 |
| | | 　　その他のもの | 6 |
| | | 二輪又は三輪自動車 | 3 |
| | | 自転車 | 2 |
| | | 鉱山用人車、炭車、鉱車及び台車 | |
| | | 　金属製のもの | 7 |
| | | 　その他のもの | 4 |
| | | フォークリフト | 4 |
| | | トロッコ | |
| | | 　金属製のもの | 5 |
| | | 　その他のもの | 3 |
| | | その他 | |
| | | 　自走能力を有するもの | 7 |
| | | 　その他のもの | 4 |

| 種類 | 構造用途 | 細目 | 耐用年数 |
|---|---|---|---|
| (5)工具 | 測定・検査工具 | | 5 |
| | 治具・取付工具 | | 3 |
| | ロール | 金属圧延用のもの | 4 |
| | | なつ染ロール、粉砕ロール、混練ロールその他のもの | 3 |
| | 型（型枠を含む）、鍛圧及び打抜工具 | プレスその他の金属加工用金型、合成樹脂、ゴム又はガラス成型用金型及び鋳造用型 | 2 |
| | | その他のもの | 3 |
| | 切削工具 | | 2 |
| | 柱等 | 金属製柱・カッペ | 3 |
| | 活字及び活字に常用される金属 | 購入活字（活字の形状のまま反復使用するものに限ります。） | 2 |
| | | 自製活字等に常用される金属 | 8 |
| | 前掲のもの以外のもの | 白金ノズル | 13 |
| | | その他のもの | 3 |
| | 前掲の区分によらないもの | 白金ノズル | 13 |
| | | その他の主として金属製 | 8 |
| | | その他のもの | 4 |

| 種類 | 構造用途 | 細目 | 耐用年数 |
|---|---|---|---|
| (6)器具及び備品 | 1家具、電気機器・ガス機器及び家庭用品（他の項に掲げるものを除く） | 事務机・いす、キャビネット | |
| | | 　主として金属製のもの | 15 |
| | | 　その他のもの | 8 |
| | | 応接セット | |
| | | 　接客業用のもの | 5 |
| | | 　その他のもの | 8 |
| | | ベッド | 8 |
| | | 児童用机及びいす | 5 |
| | | 陳列だな、陳列ケース | |
| | | 　冷凍・冷蔵機付のもの | 6 |
| | | 　その他のもの | 8 |
| | | その他の家具 | |
| | | 　接客業用のもの | 5 |
| | | 　その他のもの | |
| | | 　　主として金属製 | 15 |
| | | 　　その他のもの | 8 |
| | 1家具、電気機器・ガス機器及び家庭用品（他の項に掲げるものを除く） | ラジオ、テレビジョン、テープレコーダーその他音響機器 | 5 |
| | | 冷房用又は暖房用機器 | 6 |
| | | 電気冷蔵庫、電気洗濯機その他類似の電気又はガス機器 | 6 |
| | | 氷冷蔵庫及び冷蔵ストッカー（電気式を除く。） | 4 |
| | | カーテン、座ぶとん、寝具、丹前その他類似の繊維製品 | 3 |
| | | じゅうたんその他床用敷物 | |
| | | 　小売業用、接客業用、放送用、レコード吹込用又は劇場用のもの | 3 |
| | | 　その他のもの | 6 |

| | 構造用途 | 細目 | 耐用年数 |
|---|---|---|---|
| (6)器具及び備品 | 1家具、電気機器・ガス機器及び家庭用品（他の項に掲げるものを除く） | 室内装飾品 | |
| | | 主として金属製のもの | 15 |
| | | その他のもの | 8 |
| | | 食事又はちゅう房用品 | |
| | | 陶磁器製又はガラス製のもの | 2 |
| | | その他のもの | 5 |
| | | その他のもの | |
| | | 主として金属製のもの | 15 |
| | | その他のもの | 8 |
| | 2事務機器及び通信機器 | 謄写機器、タイプライター | |
| | | 孔版印刷又は印書業用のもの | 3 |
| | | その他のもの | 5 |
| | | 電子計算機 | |
| | | パーソナルコンピュータ（サーバ用のものを除く。） | 4 |
| | | その他のもの | 5 |
| | | 複写機、計算機（電子計算機を除く。）、金銭登録機、タイムレコーダーその他類似のもの | 5 |
| | | その他の事務機器 | 5 |
| | | テレタイプライター及びファクシミリ | 5 |
| | | インターホン及び放送用設備 | 6 |
| | | 電話設備その他の通信機器 | |
| | | デジタル構内交換設備及びデジタルボタン電話設備 | 6 |
| | | その他のもの | 10 |
| | 3時計、試験機器及び測定機器 | 時計 | 10 |
| | | 度量衡器 | 5 |
| | | 試験又は測定機器 | 5 |
| | 4光学機器及び写真製作機器 | オペラグラス | 2 |
| | | カメラ、映画撮影機、映写機及び望遠鏡 | 5 |
| | | 引伸機、焼付機、乾燥機、顕微鏡その他の機器 | 8 |
| | 5看板及び広告器具 | 看板、ネオンサイン及び気球 | 3 |
| | | マネキン人形及び模型 | 2 |
| | | その他のもの | |
| | | 主として金属製のもの | 10 |
| | | その他のもの | 5 |
| | 6容器及び金庫 | ボンベ | |
| | | 溶接製 | 6 |
| | | 鍛造製 | |
| | | 塩素用のもの | 8 |
| | | その他のもの | 10 |
| | 6容器及び金庫 | ドラムかん、コンテナーその他の容器 | |
| | | 大型コンテナー（長さ6m以上のものに限ります。） | 7 |
| | | その他のもの | |
| | | 金属製のもの | 3 |
| | | その他のもの | 2 |
| | | 金庫 | |
| | | 手さげ金庫 | 5 |
| | | その他のもの | 20 |
| | 7理容又は美容機器 | | 5 |
| | 8医療機器 | 消毒殺菌用機器 | 4 |
| | | 手術機器 | 5 |
| | | 血液透析又は血しょう交換用機器 | 7 |
| | | ハバードタンクその他の作動部分を有する機能回復訓練機器 | 6 |
| | | 調剤機器 | 6 |
| | | 歯科診療用ユニット | 7 |
| | | 光学検査機器 | |
| | | ファイバースコープ | 6 |
| | | その他のもの | 8 |
| | | その他のもの | |
| | | レントゲンその他の電子装置使用の機器 | |
| | | 移動式のもの、救急医療用のもの及び自動血液分析器 | 4 |
| | | その他のもの | 6 |
| | | その他のもの | |
| | | 陶磁器製、ガラス製のもの | 3 |
| | | 主として金属製のもの | 10 |
| | | その他のもの | 5 |
| | 9娯楽又はスポーツ器具及び興行又は演劇用具 | たまつき用具 | 8 |
| | | パチンコ器、ビンゴ器その他類似の球戯用具及び射的用具 | 2 |
| | | ご・しょうぎ・まあじゃんその他の遊戯具 | 5 |
| | | スポーツ具 | 3 |
| | | 劇場用観客椅子 | 3 |
| | | どんちょう及び幕 | 5 |
| | | 衣しょう、かつら、小道具及び大道具 | 2 |
| | | その他のもの | |
| | | 主として金属製 | 10 |
| | | その他のもの | 5 |
| | 10生物 | 植物 | |
| | | 貸付業用のもの | 2 |
| | | その他のもの | 15 |

| | 構造用途 | 細目 | 耐用年数 |
|---|---|---|---|
| (6)器具及び備品 | 10生物 | 動物 | |
| | | 魚類 | 2 |
| | | 鳥類 | 4 |
| | | その他のもの | 8 |
| | 11前掲のもの以外のもの | 映画フィルム（スライドを含む。）、磁気テープ、レコード | 2 |
| | | シート及びロープ | 2 |
| | | きのこ栽培用ほだ木 | 3 |
| | | 漁具 | 3 |
| | | 葬儀用具 | 3 |
| | | 楽器 | 5 |
| | | 自動販売機（手動を含む。） | 5 |
| | | 無人駐車管理装置 | 5 |
| | | 焼却炉 | 5 |
| | | その他のもの | |
| | | 主として金属製 | 10 |
| | | その他のもの | 5 |
| | 12前掲の耐用年数によるもの以外のもの及び前掲の区分によらないもの | 主として金属製のもの | 15 |
| | | その他のもの | 8 |

## ●機械及び装置の耐用年数表（「減価償却の耐用年数等に関する省令」別表第二）

| 番号 | 用途 | 細目 | 耐用年数 |
|---|---|---|---|
| 1 | 食料品製造業用設備 | | 10 |
| 2 | 飲料・たばこ・飼料製造業用設備 | | 10 |
| 3 | 繊維工業用設備 | 炭素繊維製造設備 | |
| | | 黒鉛化炉 | 3 |
| | | その他の設備 | 7 |
| | | その他の設備 | 7 |
| 4 | 木材・木製品(家具を除きます。)製造業用設備 | | 8 |
| 5 | 家具・装備品製造業用設備 | | 11 |
| 6 | パルプ・紙・紙加工品製造業用設備 | | 12 |
| 7 | 印刷・同関連業用設備 | デジタル印刷システム設備 | 4 |
| | | 製本業用設備 | 7 |
| | | 新聞業用設備 | |
| | | モノタイプ、写真又は通信設備 | 3 |
| | | その他の設備 | 10 |
| | | その他の設備 | 10 |
| 8 | 化学工業用設備 | 臭素、よう素又は塩素、臭素若しくはよう素化合物製造設備 | 5 |
| | | 塩化りん製造設備 | 4 |
| | | 活性炭製造設備 | 5 |
| | | ゼラチン又はにかわ製造設備 | 5 |
| | | 半導体用フォトレジスト製造設備 | 5 |
| | | フラットパネル用カラーフィルター、偏光板又は偏光板用フィルム製造設備 | 5 |
| | | その他の設備 | 8 |
| 9 | 石油製品・石炭製品製造業用設備 | | 7 |
| 10 | プラスチック製品製造業用設備（他の号に掲げるものを除きます。） | | 8 |
| 11 | ゴム製品製造業用設備 | | 9 |
| 12 | なめし革・同製品・毛皮製造業用設備 | | 9 |
| 13 | 窯業・土石製品製造業用設備 | | 9 |
| 14 | 鉄鋼業用設備 | 表面処理鋼材若しくは鉄粉製造業又は鉄スクラップ加工処理業用設備 | 5 |
| | | 純鉄、原鉄、ベースメタル、フェロアロイ、鉄素形材又は鋳鉄管製造業用設備 | 9 |
| | | その他の設備 | 14 |
| 15 | 非鉄金属製造業用設備 | 核燃料物質加工設備 | 11 |
| | | その他の設備 | 7 |
| 16 | 金属製品製造業用設備 | 金属被覆及び彫刻業又は打はく及び金属製ネームプレート製造業用設備 | 6 |
| | | その他の設備 | 10 |
| 17 | はん用機械器具製造業用設備 | | 12 |
| 18 | 生産用機械器具製造業用設備 | 金属加工機械製造設備 | 9 |
| | | その他の設備 | 12 |
| 19 | 業務用機械器具製造業用設備 | | 7 |
| 20 | 電子部品・デバイス・電子回路製造業用設備 | 光ディスク（追記型又は書換え型のものに限ります。）製造設備 | 6 |
| | | プリント配線基板製造設備 | 6 |

| 番号 | 用途 | 細目 | 耐用年数 |
|---|---|---|---|
| 20 | 電子部品・デバイス・電子回路製造業用設備 | フラットパネルディスプレイ、半導体集積回路又は半導体素子製造設備 | 5 |
| | | その他の設備 | 8 |
| 21 | 電気機械器具製造業用設備 | | 7 |
| 22 | 情報通信機械器具製造業用設備 | | 8 |
| 23 | 輸送用機械器具製造業用設備 | | 9 |
| 24 | その他の製造業用設備 | | 9 |
| 25 | 農業用設備 | | 7 |
| 26 | 林業用設備 | | 5 |
| 27 | 漁業用設備（次号に掲げるものを除きます。） | | 5 |
| 28 | 水産養殖業用設備 | | 5 |
| 29 | 鉱業、採石業、砂利採取業用設備 | 石油又は天然ガス鉱業設備 | |
| | | 　坑井設備 | 3 |
| | | 　堀さく設備 | 6 |
| | | 　その他の設備 | 12 |
| | | その他の設備 | 6 |
| 30 | 総合工事業用設備 | | 6 |
| 31 | 電気業用設備 | 電気業用水力発電設備 | 22 |
| | | その他の水力発電設備 | 20 |
| | | 汽力発電設備 | 15 |
| | | 内燃力又はガスタービン発電設備 | 15 |
| | | 送電又は電気業用変電若しくは配電設備 | |
| | | 　需要者用計器 | 15 |
| | | 　柱上変圧器 | 18 |
| | | 　その他の設備 | 22 |
| | | 鉄道又は軌道業用変電設備 | 15 |
| | | その他の設備 | |
| | | 　主として金属製のもの | 17 |
| | | 　その他のもの | 8 |
| 32 | ガス業用設備 | 製造用設備 | 10 |
| | | 供給用設備 | |
| | | 　鋳鉄製導管 | 22 |
| | | 　鋳鉄製導管以外の導管 | 13 |
| | | 　需要者用計量器 | 13 |
| | | 　その他の設備 | 15 |
| | | その他の設備 | |
| | | 　主として金属製のもの | 17 |
| | | 　その他のもの | 8 |
| 33 | 熱供給業用設備 | | 17 |
| 34 | 水道業用設備 | | 18 |
| 35 | 通信業用設備 | | 9 |
| 36 | 放送業用設備 | | 6 |
| 37 | 映像・音声・文字情報制作業用設備 | | 8 |
| 38 | 鉄道業用設備 | 自動改札装置 | 5 |
| | | その他の設備 | 12 |
| 39 | 道路貨物運送業用設備 | | 12 |
| 40 | 倉庫業用設備 | | 12 |
| 41 | 運輸に附帯するサービス業用設備 | | 10 |
| 42 | 飲食料品卸売業用設備 | | 10 |
| 43 | 建築材料、鉱物・金属材料等卸売業用設備 | 石油又は液化石油ガス卸売用設備（貯そうを除く。） | 13 |
| | | その他の設備 | 8 |
| 44 | 飲食料品小売業用設備 | | 9 |
| 45 | その他の小売業用設備 | ガソリン又は液化石油ガススタンド設備 | 8 |
| | | その他の設備 | |
| | | 　主として金属製のもの | 17 |
| | | 　その他のもの | 8 |
| 46 | 技術サービス業（他に分類されないもの）用設備 | 計量証明業用設備 | 8 |
| | | その他の設備 | 14 |
| 47 | 宿泊業用設備 | | 10 |
| 48 | 飲食店業用設備 | | 8 |
| 49 | 洗濯・理容・美容・浴場業用設備 | | 13 |
| 50 | その他の生活関連サービス業用設備 | | 6 |
| 51 | 娯楽業用設備 | 映画館又は劇場用設備 | 11 |
| | | 遊園地用設備 | 7 |
| | | ボウリング場用設備 | 13 |
| | | その他の設備 | |
| | | 　主として金属製のもの | 17 |
| | | 　その他のもの | 8 |
| 52 | その他の教育、学習支援業用設備 | 教習用運転シミュレータ設備 | 5 |
| | | その他の設備 | |
| | | 　主として金属製のもの | 17 |
| | | 　その他のもの | 8 |
| 53 | 自動車整備業用設備 | | 15 |
| 54 | その他のサービス業用設備 | | 12 |
| 55 | 前掲の機械及び装置以外のもの並びに前掲の区分によらないもの | 機械式駐車設備 | 10 |
| | | ブルドーザー、パワーショベルその他の自走式作業用機械設備 | 8 |
| | | その他の設備 | |
| | | 　主として金属製のもの | 17 |
| | | 　その他のもの | 8 |

## ●無形減価償却資産の耐用年数表

（「減価償却資産の耐用年数等に関する省令」別表第三（抜粋））

| 種類 | | 耐用年数 | 種類 | | 耐用年数 |
|---|---|---|---|---|---|
| 漁業権 | | 10 | 育成者権 | (種苗法４②) 規定分 | 10 |
| ダム使用権 | | 55 | | その他の育成者権 | 8 |
| 水利権 | | 20 | 営業権 | | 5 |
| 特許権 | | 8 | 専用側線利用権 | | 30 |
| 実用新案権 | | 5 | 電気ガス供給施設利用権 | | 15 |
| 意匠権 | | 7 | 熱供給施設利用権 | | 15 |
| 商標権 | | 10 | 水道施設利用権 | | 15 |
| ソフトウエア | 複写販売用原本 | 3 | 工業用水道施設利用権 | | 15 |
| | その他のもの | 5 | 電気通信施設利用権 | | 20 |

## ●生物の耐用年数表

（「減価償却資産の耐用年数等に関する省令」別表第四）

| 種類 | 細目 | 耐用年数 |
|---|---|---|
| 牛 | 繁殖用（種付け証明書のあるものに限る。） | |
| | 役肉用牛 | 6 |
| | 乳用牛 | 4 |
| | 種付用（種おす牛に限る。） | 4 |
| | その他用 | 6 |
| 馬 | 繁殖用（種付け証明書のあるものに限る。） | 6 |
| | 種付用（種おす馬に限る。） | 6 |
| | 競走用 | 4 |
| | その他用 | 8 |
| 豚 | | 3 |
| 綿羊及びやぎ | 種付用 | 4 |
| | その他用 | 6 |
| かんきつ樹 | 温州みかん | 28 |
| | その他 | 30 |
| リンゴ樹 | わい化リンゴ | 20 |
| | その他 | 29 |
| ぶどう樹 | 温室ぶどう | 12 |
| | その他 | 15 |
| なし樹 | | 26 |
| 桃樹 | | 15 |
| 桜桃樹 | | 21 |

| 種類 | 細目 | 耐用年数 |
|---|---|---|
| びわ樹 | | 30 |
| くり樹 | | 25 |
| 梅樹 | | 25 |
| かき樹 | | 36 |
| あんず樹 | | 25 |
| すもも樹 | | 16 |
| いちじく樹 | | 11 |
| キウイフルーツ樹 | | 22 |
| ブルーベリー樹 | | 25 |
| パイナップル | | 3 |
| 茶樹 | | 34 |
| オリーブ樹 | | 25 |
| つばき樹 | | 25 |
| 桑樹 | 立て通し | 18 |
| | 根刈り、中刈り、高刈り | 9 |
| こりやなぎ | | 10 |
| みつまた | | 5 |
| こうぞ | | 9 |
| もう宗竹 | | 20 |
| アスパラガス | | 11 |
| ラミー | | 8 |
| まおらん | | 10 |
| ホップ | | 9 |

## ●公害防止用減価償却資産の耐用年数表

（「減価償却資産の耐用年数等に関する省令」別表第五）

| 種類 | 耐用年数 |
|---|---|
| 構築物 | 18 |
| 機械及び装置 | 5 |

## ●開発研究用減価償却資産の耐用年数表

（「減価償却資産の耐用年数等に関する省令」別表第六（抜粋））

| 種類 | 細目 | 耐用年数 |
|---|---|---|
| 建物及び建物附属設備 | 建物の全部又は一部を低温室、恒温室、無響室、電磁しゃへい室、放射性同位元素取扱室その他の特殊室にするために特に施設した内部造作又は建物附属設備 | 5 |
| 構築物 | 風どう、試験水そう及び防壁 | 5 |
| | ガス又は工業薬品貯そう、アンテナ、鉄塔及び特殊用途に使用するもの | 7 |
| 工具 | | 4 |
| 器具及び備品 | 試験又は測定機器、計算機器、撮影機及び顕微鏡 | 4 |
| 機械及び装置 | 汎用ポンプ、汎用モーター、汎用金属工作機械、汎用金属加工機械その他これらに類するもの | 7 |
| | その他のもの | 4 |
| ソフトウエア | | 3 |

## ●平成19年3月31日以前に取得された減価償却資産の残存割合表

（「減価償却資産の耐用年数等に関する省令」別表第十一）

| 種類 | 細目 | | 残存割合 |
|---|---|---|---|
| 別表第一、別表第二、別表第五及び別表第六に掲げる減価償却資産（同表に掲げるソフトウエアを除く。） | | | 10/100 |
| 別表第三に掲げる無形減価償却資産、別表第六に掲げるソフトウエア並びに鉱業権及び坑道 | | | 0 |
| 別表第四に掲げる生物 | 牛 | 繁殖用の乳用牛及び種付用の役肉用牛 | 20/100 |
| | | 種付用の乳用牛 | 10/100 |
| | | その他用のもの | 50/100 |
| | 馬 | 繁殖用及び競走用のもの | 20/100 |
| | | 種付用のもの | 10/100 |
| | | その他用のもの | 30/100 |
| | 豚 | | 30/100 |
| | 綿羊及びやぎ | | 5 /100 |
| | 果樹その他の植物 | | 5 /100 |

## ■減価償却資産の償却率表（別表第七・八・九・十）その1（耐用年数2年～50年）

| 耐用年数 | 平19.4.1以後取得分［別表第八］ | 平成24年4月1日以後取得分 償却率、改定償却率及び保証率［別表第十］ | | | 平成19年4月1日～平成24年3月31日取得分 償却率、改定償却率及び保証率［別表第九］ | | | 平19.3.31以前取得分［別表第七］ |
|---|---|---|---|---|---|---|---|---|
| | 定額法の償却率 | 定率法の償却率 | 改定償却率 | 保証率 | 定率法の償却率 | 改定償却率 | 保証率 | 旧定率法の償却率 |
| 年<br>2 | 0.500 | 1.000 | | | 1.000 | | | 0.684 |
| 3 | 0.334 | 0.667 | 1.000 | 0.11089 | 0.833 | 1.000 | 0.02789 | 0.536 |
| 4 | 0.250 | 0.500 | 1.000 | 0.12499 | 0.625 | 1.000 | 0.05274 | 0.438 |
| 5 | 0.200 | 0.400 | 0.500 | 0.10800 | 0.500 | 1.000 | 0.06249 | 0.369 |
| 6 | 0.167 | 0.333 | 0.334 | 0.09911 | 0.417 | 0.500 | 0.05776 | 0.319 |
| 7 | 0.143 | 0.286 | 0.334 | 0.08680 | 0.357 | 0.500 | 0.05496 | 0.280 |
| 8 | 0.125 | 0.250 | 0.334 | 0.07909 | 0.313 | 0.334 | 0.05111 | 0.250 |
| 9 | 0.112 | 0.222 | 0.250 | 0.07126 | 0.278 | 0.334 | 0.04731 | 0.226 |
| 10 | 0.100 | 0.200 | 0.250 | 0.06552 | 0.250 | 0.334 | 0.04448 | 0.206 |
| 11 | 0.091 | 0.182 | 0.200 | 0.05992 | 0.227 | 0.250 | 0.04123 | 0.189 |
| 12 | 0.084 | 0.167 | 0.200 | 0.05566 | 0.208 | 0.250 | 0.03870 | 0.175 |
| 13 | 0.077 | 0.154 | 0.167 | 0.05180 | 0.192 | 0.200 | 0.03633 | 0.162 |
| 14 | 0.072 | 0.143 | 0.167 | 0.04854 | 0.179 | 0.200 | 0.03389 | 0.152 |
| 15 | 0.067 | 0.133 | 0.143 | 0.04565 | 0.167 | 0.200 | 0.03217 | 0.142 |
| 16 | 0.063 | 0.125 | 0.143 | 0.04294 | 0.156 | 0.167 | 0.03063 | 0.134 |
| 17 | 0.059 | 0.118 | 0.125 | 0.04038 | 0.147 | 0.167 | 0.02905 | 0.127 |
| 18 | 0.056 | 0.111 | 0.112 | 0.03884 | 0.139 | 0.143 | 0.02757 | 0.120 |
| 19 | 0.053 | 0.105 | 0.112 | 0.03693 | 0.132 | 0.143 | 0.02616 | 0.114 |
| 20 | 0.050 | 0.100 | 0.112 | 0.03486 | 0.125 | 0.143 | 0.02517 | 0.109 |
| 21 | 0.048 | 0.095 | 0.100 | 0.03335 | 0.119 | 0.125 | 0.02408 | 0.104 |
| 22 | 0.046 | 0.091 | 0.100 | 0.03182 | 0.114 | 0.125 | 0.02296 | 0.099 |
| 23 | 0.044 | 0.087 | 0.091 | 0.03052 | 0.109 | 0.112 | 0.02226 | 0.095 |
| 24 | 0.042 | 0.083 | 0.084 | 0.02969 | 0.104 | 0.112 | 0.02157 | 0.092 |
| 25 | 0.040 | 0.080 | 0.084 | 0.02841 | 0.100 | 0.112 | 0.02058 | 0.088 |
| 26 | 0.039 | 0.077 | 0.084 | 0.02716 | 0.096 | 0.100 | 0.01989 | 0.085 |
| 27 | 0.038 | 0.074 | 0.077 | 0.02624 | 0.093 | 0.100 | 0.01902 | 0.082 |
| 28 | 0.036 | 0.071 | 0.072 | 0.02568 | 0.089 | 0.091 | 0.01866 | 0.079 |
| 29 | 0.035 | 0.069 | 0.072 | 0.02463 | 0.086 | 0.091 | 0.01803 | 0.076 |
| 30 | 0.034 | 0.067 | 0.072 | 0.02366 | 0.083 | 0.084 | 0.01766 | 0.074 |
| 31 | 0.033 | 0.065 | 0.067 | 0.02286 | 0.081 | 0.084 | 0.01688 | 0.072 |
| 32 | 0.032 | 0.063 | 0.067 | 0.02216 | 0.078 | 0.084 | 0.01655 | 0.069 |
| 33 | 0.031 | 0.061 | 0.063 | 0.02161 | 0.076 | 0.077 | 0.01585 | 0.067 |
| 34 | 0.030 | 0.059 | 0.063 | 0.02097 | 0.074 | 0.077 | 0.01532 | 0.066 |
| 35 | 0.029 | 0.057 | 0.059 | 0.02051 | 0.071 | 0.072 | 0.01532 | 0.064 |
| 36 | 0.028 | 0.056 | 0.059 | 0.01974 | 0.069 | 0.072 | 0.01494 | 0.062 |
| 37 | 0.028 | 0.054 | 0.056 | 0.01950 | 0.068 | 0.072 | 0.01425 | 0.060 |
| 38 | 0.027 | 0.053 | 0.056 | 0.01882 | 0.066 | 0.067 | 0.01393 | 0.059 |
| 39 | 0.026 | 0.051 | 0.053 | 0.01860 | 0.064 | 0.067 | 0.01370 | 0.057 |
| 40 | 0.025 | 0.050 | 0.053 | 0.01791 | 0.063 | 0.067 | 0.01317 | 0.056 |
| 41 | 0.025 | 0.049 | 0.050 | 0.01741 | 0.061 | 0.063 | 0.01306 | 0.055 |
| 42 | 0.024 | 0.048 | 0.050 | 0.01694 | 0.060 | 0.063 | 0.01261 | 0.053 |
| 43 | 0.024 | 0.047 | 0.048 | 0.01664 | 0.058 | 0.059 | 0.01248 | 0.052 |
| 44 | 0.023 | 0.045 | 0.046 | 0.01664 | 0.057 | 0.059 | 0.01210 | 0.051 |
| 45 | 0.023 | 0.044 | 0.046 | 0.01634 | 0.056 | 0.059 | 0.01175 | 0.050 |
| 46 | 0.022 | 0.043 | 0.044 | 0.01601 | 0.054 | 0.056 | 0.01175 | 0.049 |
| 47 | 0.022 | 0.043 | 0.044 | 0.01532 | 0.053 | 0.056 | 0.01153 | 0.048 |
| 48 | 0.021 | 0.042 | 0.044 | 0.01499 | 0.052 | 0.053 | 0.01126 | 0.047 |
| 49 | 0.021 | 0.041 | 0.042 | 0.01475 | 0.051 | 0.053 | 0.01102 | 0.046 |
| 50 | 0.020 | 0.040 | 0.042 | 0.01440 | 0.050 | 0.053 | 0.01072 | 0.045 |

## ■減価償却資産の償却率表（別表第七・八・九・十）その2（耐用年数51年～100年）

| 耐用年数 | 平19.4.1以後取得分［別表第八］ | 平成24年4月1日以後取得分 償却率、改定償却率及び保証率［別表第十］ | | | 平成19年4月1日～平成24年3月31日取得分 償却率、改定償却率及び保証率［別表第九］ | | | 平19.3.31以前取得分［別表第七］ |
|---|---|---|---|---|---|---|---|---|
| | 定額法の償却率 | 定率法の償却率 | 改定償却率 | 保証率 | 定率法の償却率 | 改定償却率 | 保証率 | 旧定率法の償却率 |
| 51 | 0.020 | 0.039 | 0.040 | 0.01422 | 0.049 | 0.050 | 0.01053 | 0.044 |
| 52 | 0.020 | 0.038 | 0.039 | 0.01422 | 0.048 | 0.050 | 0.01036 | 0.043 |
| 53 | 0.019 | 0.038 | 0.039 | 0.01370 | 0.047 | 0.048 | 0.01028 | 0.043 |
| 54 | 0.019 | 0.037 | 0.038 | 0.01370 | 0.046 | 0.048 | 0.01015 | 0.042 |
| 55 | 0.019 | 0.036 | 0.038 | 0.01337 | 0.045 | 0.046 | 0.01007 | 0.041 |
| 56 | 0.018 | 0.036 | 0.038 | 0.01288 | 0.045 | 0.046 | 0.00961 | 0.040 |
| 57 | 0.018 | 0.035 | 0.036 | 0.01281 | 0.044 | 0.046 | 0.00952 | 0.040 |
| 58 | 0.018 | 0.034 | 0.035 | 0.01281 | 0.043 | 0.044 | 0.00945 | 0.039 |
| 59 | 0.017 | 0.034 | 0.035 | 0.01240 | 0.042 | 0.044 | 0.00934 | 0.038 |
| 60 | 0.017 | 0.033 | 0.034 | 0.01240 | 0.042 | 0.044 | 0.00895 | 0.038 |
| 61 | 0.017 | 0.033 | 0.034 | 0.01201 | 0.041 | 0.042 | 0.00892 | 0.037 |
| 62 | 0.017 | 0.032 | 0.033 | 0.01201 | 0.040 | 0.042 | 0.00882 | 0.036 |
| 63 | 0.016 | 0.032 | 0.033 | 0.01165 | 0.040 | 0.042 | 0.00847 | 0.036 |
| 64 | 0.016 | 0.031 | 0.032 | 0.01165 | 0.039 | 0.040 | 0.00847 | 0.035 |
| 65 | 0.016 | 0.031 | 0.032 | 0.01130 | 0.038 | 0.039 | 0.00847 | 0.035 |
| 66 | 0.016 | 0.030 | 0.031 | 0.01130 | 0.038 | 0.039 | 0.00828 | 0.034 |
| 67 | 0.015 | 0.030 | 0.031 | 0.01097 | 0.037 | 0.038 | 0.00828 | 0.034 |
| 68 | 0.015 | 0.029 | 0.030 | 0.01097 | 0.037 | 0.038 | 0.00810 | 0.033 |
| 69 | 0.015 | 0.029 | 0.030 | 0.01065 | 0.036 | 0.038 | 0.00800 | 0.033 |
| 70 | 0.015 | 0.029 | 0.030 | 0.01034 | 0.036 | 0.038 | 0.00771 | 0.032 |
| 71 | 0.015 | 0.028 | 0.029 | 0.01034 | 0.035 | 0.036 | 0.00771 | 0.032 |
| 72 | 0.014 | 0.028 | 0.029 | 0.01006 | 0.035 | 0.036 | 0.00751 | 0.032 |
| 73 | 0.014 | 0.027 | 0.027 | 0.01063 | 0.034 | 0.035 | 0.00751 | 0.031 |
| 74 | 0.014 | 0.027 | 0.027 | 0.01035 | 0.034 | 0.035 | 0.00738 | 0.031 |
| 75 | 0.014 | 0.027 | 0.027 | 0.01007 | 0.033 | 0.034 | 0.00738 | 0.030 |
| 76 | 0.014 | 0.026 | 0.027 | 0.00980 | 0.033 | 0.034 | 0.00726 | 0.030 |
| 77 | 0.013 | 0.026 | 0.027 | 0.00954 | 0.032 | 0.033 | 0.00726 | 0.030 |
| 78 | 0.013 | 0.026 | 0.027 | 0.00929 | 0.032 | 0.033 | 0.00716 | 0.029 |
| 79 | 0.013 | 0.025 | 0.026 | 0.00929 | 0.032 | 0.033 | 0.00693 | 0.029 |
| 80 | 0.013 | 0.025 | 0.026 | 0.00907 | 0.031 | 0.032 | 0.00693 | 0.028 |
| 81 | 0.013 | 0.025 | 0.026 | 0.00884 | 0.031 | 0.032 | 0.00683 | 0.028 |
| 82 | 0.013 | 0.024 | 0.024 | 0.00929 | 0.030 | 0.031 | 0.00683 | 0.028 |
| 83 | 0.013 | 0.024 | 0.024 | 0.00907 | 0.030 | 0.031 | 0.00673 | 0.027 |
| 84 | 0.012 | 0.024 | 0.024 | 0.00885 | 0.030 | 0.031 | 0.00653 | 0.027 |
| 85 | 0.012 | 0.024 | 0.024 | 0.00864 | 0.029 | 0.030 | 0.00653 | 0.026 |
| 86 | 0.012 | 0.023 | 0.023 | 0.00885 | 0.029 | 0.030 | 0.00645 | 0.026 |
| 87 | 0.012 | 0.023 | 0.023 | 0.00864 | 0.029 | 0.030 | 0.00627 | 0.026 |
| 88 | 0.012 | 0.023 | 0.023 | 0.00844 | 0.028 | 0.029 | 0.00627 | 0.026 |
| 89 | 0.012 | 0.022 | 0.022 | 0.00863 | 0.028 | 0.029 | 0.00620 | 0.026 |
| 90 | 0.012 | 0.022 | 0.022 | 0.00844 | 0.028 | 0.029 | 0.00603 | 0.025 |
| 91 | 0.011 | 0.022 | 0.022 | 0.00825 | 0.027 | 0.027 | 0.00649 | 0.025 |
| 92 | 0.011 | 0.022 | 0.022 | 0.00807 | 0.027 | 0.027 | 0.00632 | 0.025 |
| 93 | 0.011 | 0.022 | 0.022 | 0.00790 | 0.027 | 0.027 | 0.00615 | 0.025 |
| 94 | 0.011 | 0.021 | 0.021 | 0.00807 | 0.027 | 0.027 | 0.00598 | 0.024 |
| 95 | 0.011 | 0.021 | 0.021 | 0.00790 | 0.026 | 0.027 | 0.00594 | 0.024 |
| 96 | 0.011 | 0.021 | 0.021 | 0.00773 | 0.026 | 0.027 | 0.00578 | 0.024 |
| 97 | 0.011 | 0.021 | 0.021 | 0.00757 | 0.026 | 0.027 | 0.00563 | 0.023 |
| 98 | 0.011 | 0.020 | 0.020 | 0.00773 | 0.026 | 0.027 | 0.00549 | 0.023 |
| 99 | 0.011 | 0.020 | 0.020 | 0.00757 | 0.025 | 0.026 | 0.00549 | 0.023 |
| 100 | 0.010 | 0.020 | 0.020 | 0.00742 | 0.025 | 0.026 | 0.00546 | 0.023 |

# 法 人 税

## ■法人設立の場合の届出等

○会社設立の基本的事項⇨・商号・本店所在地・事業目的・発行可能株式総数・設立時発行株式数・資本金・株券発行の有無・株式譲渡制限の有無・事業年度・設立日・取締役の任期（２年、４年、５年、10年）・取締役会設置の有無・監査役会設置の有無・払込先銀行支店・発起人の住所氏名等

| 提出先 | 提出書類 | 添付書類等 | 提出期限 | 根拠法令等 |
|---|---|---|---|---|
| 税務署 | 設立届出書（納税地・事業目的、設立日等） | ・定款等の写 | 設立登記の日から２か月以内 | 法法148<br>法規63 |
| | 青色申告の承認申請書 | | 最初の事業年度終了の日又は設立の日から３か月を経過した日の何れか早い方の日の前日 | 法法122①、② |
| | 棚卸資産の評価方法の届出書 | 法定評価方法………最終仕入原価法 | 設立後最初に到来する確定申告期限（仮決算による中間申告書を提出する場合はその申告期限） | 法令29、30、31 |
| | 有価証券の評価方法の届出書 | 法定評価方法………移動平均法 | | 法令119の5、119の7 |
| | 減価償却資産の償却方法の届出書 | ○平成10年４月１日以後取得の建物及び平成28年４月１日以後取得の建物附属設備・構築物…定額法<br>○上記以外の有形減価償却資産…定額法又は定率法（法定償却方法は定率法） | | 法令51、53 |
| | 給与支払事務所等の開設届出書 | | 事務所開設日から１か月以内 | 所法230 |
| 道府県<br>市町村 | 設立届出書 | ・定款等の写<br>・登記事項証明書<br>（株主名簿の写等） | | |

（注）　上記の他、消費税関係については別途届出書の提出が必要な場合があります。消費税の届出にあたっては、特に届出時期と適用期間の関係に留意してください。（P.218、219参照）

## ■法人税の主な申請・届出等

| 申請等の内容 | 提出書類等 | 提出期限 | 根拠法令 | 備考 |
|---|---|---|---|---|
| ・納税地・事業年度の変更等 | 「事業年度納税地その他」の変更異動届出書 | 異動後遅滞なく | 法法15、20 | 納税地の異動時は、異動前の税務署に提出 |
| ・棚卸資産の評価方法の変更 | 棚卸資産の評価方法の変更承認申請書 | 評価方法を変更しようとする事業年度開始の日の前日 | 法令30 | 6か月でみなし承認 |
| （有価証券（法令119の6）の変更についても上記に同じです。） | | | | |
| ・減価償却資産の償却方法の変更 | 減価償却資産の償却方法の変更承認申請書 | 評価方法を変更しようとする事業年度開始の日の前日 | 法令52 | 6か月でみなし承認 |
| ・特定資産買換えの場合の圧縮記帳の期間延長 | 特定資産の買換えの場合の特別勘定設定期間延長の承認申請書 | 資産譲渡の日を含む事業年度の翌事業年度開始の日から2か月以内 | 措法65の8①、措令39の7㊲～㊴ | |
| ・期限延長の関係 | 申告、申請、届出その他の書類の提出期限延長申請書 | 災害等やむを得ない事情がやんだ日から相当の期間内 | 通法11<br>通令3 | |
| | 申告期限延長承認申請書 | ①災害等の時：事業年度終了の日の翌日から45日以内 | 法法75 | |
| | | ②決算が確定しない場合：はじめて延長の承認を受けようとする事業年度終了の日まで | 法法75の2① | |
| ・還付関係 | 所得税の還付請求 | 確定申告書に記載 | 法法78～法法80<br>法令154の3 | 解散等の時は1年以内 |
| | 欠損金の繰戻しによる還付請求書 | 確定申告書と同時に提出 | | |
| | 注. 平成4年4月1日から令和6年3月31日の間に終了する各事業年度において生じた中小企業者等（公益法人等、人格のない社団等を含みます。）の、欠損金額（解散・事業の全部譲渡等一定の事実が生じた日前1年以内に終了した事業年度又は同日の属する事業年度の欠損金額は含みます。）について欠損金額の繰戻しによる還付の規定が適用されます。**ただし、資本金等の額が5億円以上の法人又は相互会社等の100％子会社は、その子法人の資本金の額が1億円以下であっても「中小企業者等」に該当せず、法法80（欠損金の繰戻しによる還付制度）の適用はありません。**（措法66の12①）（P.99参照） | | | |
| ・その他 | 事前確定届出給与に関する届出書<br>（申告期限の延長のない場合） | 次のいずれか早い日<br>①株主総会決議日から1か月を経過する日<br>②期首から4か月を経過する日 | 法令69② | |
| ・源泉所得税の納期の特例 | 納期の特例の申請<br>（給与等の受給者が常時10人未満の場合） | ・1～6月分 →7/10納期限<br>・7～12月分 →翌年1/20納期限 | 所法216、217 | |

## ■企業会計の利益と税法上の利益（所得金額）

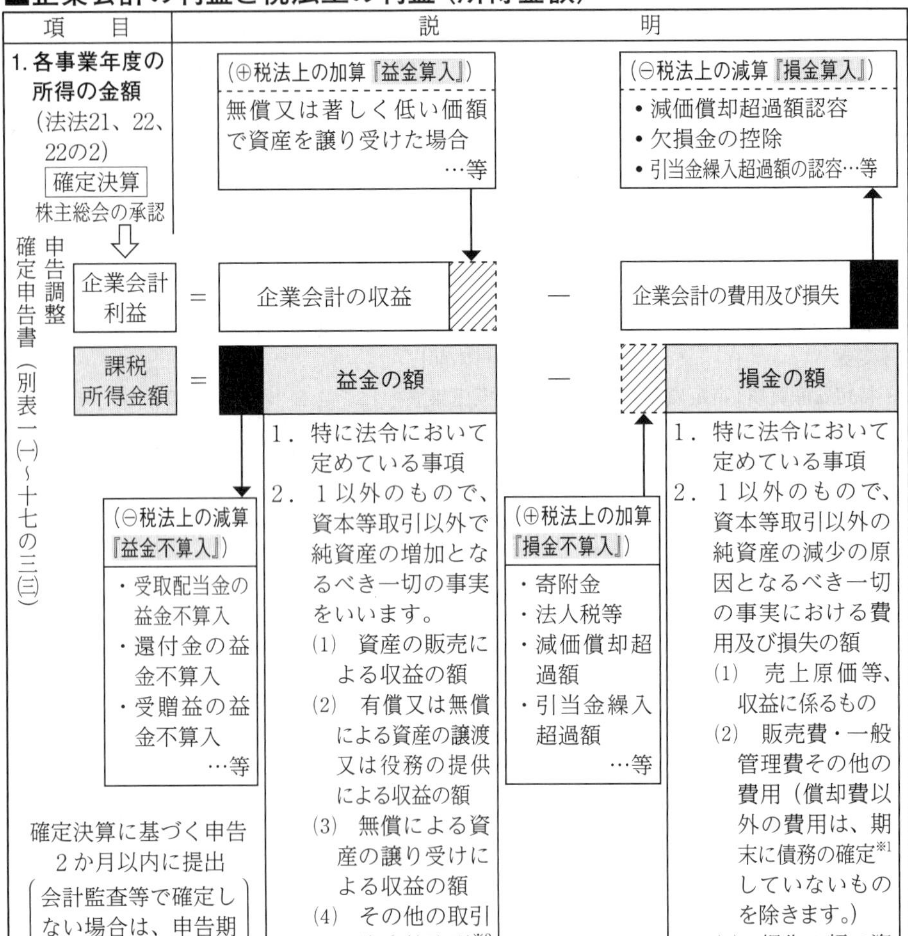


※１　**債務の確定要件**（法基通2-2-12）…引当金、損害賠償金等を除き、次のすべてに該当することが必要です。

①　その事業年度終了の日までにその費用について債務が成立していること。

②　その事業年度終了の日までにその債務に基づいて具体的な給付をすべき原因となる事実が発生していること。

③　その事業年度終了の日までにその金額が合理的に算定可能なこと。

※２　**資本等取引**とは、①法人の資本金等の額の増加又は減少を生ずる取引並びに②法人が行う利益又は剰余金の分配（金銭の分配を含みます。）及び残余財産の分配又は引渡しをいいます。（法法22⑤）

| 項目 | 説明 |
| --- | --- |
| **2. 税務調整**<br>（決算調整と申告調整） | • 税務調整を行うべき事項として**1. 決算調整事項**と**2. 申告調整事項**があります。<br>**1．決算調整事項**<br>**会社の決算での経理処理又は積立金経理等を要するもの** |

① 引当金の繰入れ・準備金の積み立て
② 国庫補助金・収用換地などの圧縮記帳による圧縮損
③ 減価償却費、繰延資産の償却費、未払使用人賞与、未払租税、貸倒損失の計上等会社の意思で計上可能なもの等

(法法2二十五)

※**損金経理**とは、法人が確定した決算において費用又は損失として経理することをいいます。

**2. 申告調整事項**

1.の決算調整事項を織り込んで計算された企業会計に申告書の上で調整を加えるものをいい、その主なものは次の通りです。

① 売上除外等事実に反した計算
② 役員給与の損金不算入、特殊関係使用人の過大給与等法令による損金不算入項目
③ 減価償却費の償却超過額、超過額の当該認容額
④ 損金経理をした納税充当金
⑤ 納税充当金から支出の事業税等法令による損金算入項目
⑥ 法人税の還付金等法令による益金不算入項目
⑦ 内国法人からの受取配当等の益金不算入等の減算項目
⑧ 所得税額の控除等

**3. 企業会計と税法の関係**

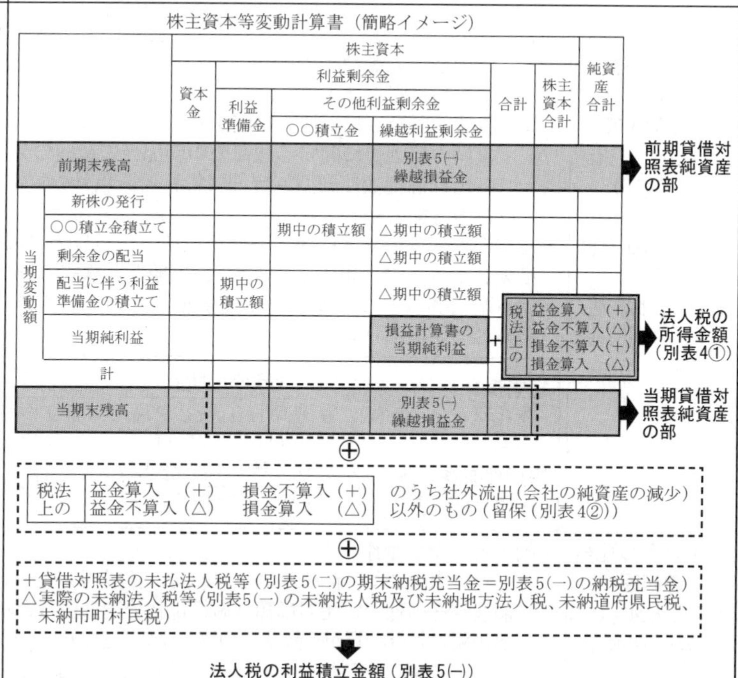

## ■受取配当等の益金不算入

| 項目 | 説明 |
|---|---|

**1. 受取配当等の益金不算入**

**(1)益金不算入額の計算**
(法法23、23の2、法令19、20、22の2、22の3、措法66の8)

• 内国法人が受ける配当等の額のうち、次に掲げる額に相当する金額は、その内国法人の各事業年度の所得の金額の計算上、益金の額に算入されません。

| 区分 | 株式保有割合等 |
|---|---|
| ①完全子法人株式等 | 配当等の計算期間中継続して完全支配関係有 |
| ②関連法人株式等 | 配当等の計算期間中継続して$\frac{1}{3}$超を保有 |
| ③その他の株式等 | ①②④以外（保有割合５％超$\frac{1}{3}$以下） |
| ④非支配目的株式等 | 配当等の基準日に**保有割合５％以下** |

※令和４年４月１日以後開始事業年度から、②及び④の判定については完全支配関係がある他の法人が有する株式等を含めて判定します。

$$
\begin{aligned}
\text{益金不算入額}=\{&(\text{上記①の配当等})\times 100\%\}\\
&+\left(\begin{matrix}\text{上記②の}\\\text{配当等}\end{matrix}\right)-\left(\begin{matrix}\text{②に係る短期所有株}\\\text{式等に係る配当等}\end{matrix}\right)-\left(\begin{matrix}\text{②に係る}\\\text{負債利子}\end{matrix}\right)\\
&+\left\{\left(\begin{matrix}\text{上記③の}\\\text{配当等}\end{matrix}\right)-\left(\begin{matrix}\text{③に係る短期所有株}\\\text{式等に係る配当等}\end{matrix}\right)\right\}\times 50\%\\
&+\left\{\left(\begin{matrix}\text{上記④の}\\\text{配当等}\end{matrix}\right)-\left(\begin{matrix}\text{④に係る短期所有株}\\\text{式等に係る配当等}\end{matrix}\right)\right\}\times \mathbf{20\%}
\end{aligned}
$$

**(2)益金不算入の対象となる配当等**
(法法23、措法67の6)

① 内国法人の剰余金の配当、利益の配当又は剰余金の分配（出資に係るものに限ります。）
② 投資信託及び投資法人に関する法律の金銭の分配の額
③ 資産の流動化に関する法律の中間配当の金銭の分配の額
④ 外国株価指数連動型特定株式投資信託以外の特定株式投資信託の収益の分配の額

**(3)短期保有株式等**
(法法23、法令20、法基通3-1-5)

• 元本を配当等の支払に係る基準日以前１か月以内に取得し、その基準日後２か月以内に譲渡した場合（**[短期保有株式]**）には、その元本に係る配当等（みなし配当を除きます。）については、益金不算入の取扱いの適用はありません。

$$
\textbf{短期保有株式数}=\begin{matrix}\text{後２か月}\\\text{譲渡}\end{matrix}\times\frac{\text{基準日所有}}{\begin{matrix}\text{基準日}\\\text{所有}\end{matrix}+\begin{matrix}\text{後２か月}\\\text{取得}\end{matrix}}\times\frac{\text{前１か月取得}}{\begin{matrix}\text{前１か月}\\\text{取得}\end{matrix}+\begin{matrix}\text{１か月前}\\\text{所有}\end{matrix}}
$$

$$
\textbf{短期保有株式等に係る配当等}=\frac{\text{その株式等に係る配当等}}{\text{基準日所有株式数}}\times\text{短期保有株式数}
$$

**(4)みなし配当の範囲**
(法法24①、②、法令23①～⑤)

• 配当とみなす金額

(1) 次の事由により金銭その他の資産の交付を受けた場合で、その金銭の額及びその他の資産の価額（適格現物分割に係る資産はその直前の帳簿価額）の合計額が当該法人の資本金等の額のうちその交付の基因となった株式等に対応する部分の金額を超えるときは、その超える部分の金額は、剰余金の配当若しくは利益の配当又は剰余金の分配とみなされます。

① 合併（適格合併を除きます。）
② 分割型分割（適格分割型分割を除きます。）
③ 株式分配（適格株式分配を除きます。）
④ 資本の払戻し（資本剰余金の額の減少に伴う剰余金の配当のうち、分割型分割によるもの及び株式分配以外のもの並びに出資等減少分配をいいます。）又は解散による残余財産の分配
⑤ 自己の株式又は出資の取得

| | |
|---|---|
| | ⑥　株式の消却（取得した株式について行うものを除きます。）<br>⑦　組織変更（組織変更に際して、組織変更した法人の株式又は出資以外の資産を交付したものに限ります。）<br>(2)　合併法人に対し合併による株式その他の資産の交付をしなかった場合においても、株式その他の資産の交付を受けたものとみなして、(1)を適用します。 |
| **(5)自己株式に係るみなし配当の不適用** | • 自己株式として取得されることを予定して取得した株式が自己株式として取得された際に生ずるみなし配当については、益金不算入の取扱いの適用はありません（法法23③）。 |
| **(6)株式等に係る負債利子の控除**<br>（法令19） | • 関連法人株式等に係る配当等についてのみ、負債利子の控除をします。<br>**〈令和4年4月1日以後に開始する事業年度〉**<br>関連法人株式等に係る配当等の額の4％<br>（その事業年度における負債利子の額の10%を上限とします。）<br>**〈令和4年3月31日までに開始する事業年度〉**<br>次の(1)**原則法**又は(2)**簡便法**により計算します。 |
| （旧法法23④、旧法令22） | (1)　**原則法**<br>$\left(\text{負債利子}^{※1}\text{の総額}\right)\times\dfrac{\left(\text{前期末「関連法人株式等」の簿価}\right)+\left(\text{当期末「関連法人株式等」の簿価}\right)}{\text{総資産の帳簿価額Ⓐ}}=\left(\text{「関連法人株式等」に係る配当等から控除する負債利子の額}\right)$<br>$\text{Ⓐ}=\left(\text{前期末総資産簿価}^{※2}\right)-\left[\text{前期末圧縮記帳積立金、特別償却準備金等}\right]+\left(\text{当期末総資産簿価}^{※2}\right)-\left[\text{当期末圧縮記帳積立金、特別償却準備金等}\right]$ |
| ※1負債利子<br>（旧法令21） | ①通常の支払利子、②手形の割引料、③社債発行差金、④経済的性質が利子に準ずるもの |
| ※2総資産の帳簿価額<br>（旧法令22）<br><br>（法基通3-2-6、7） | 確定決算に基づく貸借対照表に計上されている帳簿価額によります。<br>ただし、次のものは総資産から控除します。<br>①　簿価の減額に代えて計上した圧縮引当金、圧縮積立金<br>②　特別償却準備金（措法52の3）<br>③　資産の部に計上した繰越欠損金<br>④　両建経理した対照勘定相当額<br>⑤　両建経理した割引手形相当額<br>なお、貸倒引当金を資産から控除しているときは、その金額を加算します。<br>また、税効果会計を適用している場合に「繰延税金資産」の額があるときは、その額は総資産の帳簿価額に含まれ、貸借対照表に計上されている圧縮積立金勘定又は特別償却準備金勘定の金額とこれらの勘定に係る「繰延税金負債」の合計額は総資産の帳簿価額から控除します。 |
| （旧法令22④、旧措令39の13㉚） | (2)　**簡便法**（簡便法の適用は平27.4.1に存する法人に限ります。）<br>$\text{支払利子}\times\dfrac{\left[\text{分母の各事業年度において原則法で計算した控除負債利子額}\right]}{\text{平成27年4月1日から平成29年3月31日に開始した各事業年度において支払った負債利子等の額の合計額}}\left(\text{小数点以下3位未満の端数切り捨て}\right)$ |
| **2.外国子会社から受ける配当等の益金不算入**<br>（法法23の2、39の2、法令22の4） | • 内国法人が外国子会社から受ける剰余金の配当等の額の95%相当額は、益金の額に算入されません。<br>• 対象となる外国子会社は、外国法人の発行済株式等の25%以上又は議決権の25%以上を、配当等の額の支払義務が確定する日以前6月以上継続しているものなど<br>• 内国法人が外国子会社から受ける配当等の益金不算入の規定の適用を受ける場合は、その配当等に係る外国源泉税等の額は損金の額に算入されません。 |

## ■資産の評価益・受贈益・還付金等

<table>
<tr><th>項　目</th><th>説　明</th></tr>
<tr><td>1. 資産の評価益<br>（法法25①、②、③、法令24、24の2）<br>〔特例〕</td><td>資産の評価換えにより帳簿価額を増額した場合には、その増額した部分の金額は、益金の額に算入しません。<br>なお、その増額された金額が益金の額に算入されなかった資産については、その資産の帳簿価額は、増額されなかったものとみなされます。<br>次の場合は評価益を計上することができます。<br>①　更生計画認可の決定により行う評価換え<br>②　保険会社が保険業法の規定に従って行う株式の評価換え<br>③　再生計画認可の決定等が生じた場合において、政令で定める評定を行っているときの評価換え</td></tr>
<tr><td>2. 受贈益の益金算入<br>（法法25の2）</td><td><table><tr><th colspan="2"></th><th>受贈益等の益金算入</th><th>相手方法人</th></tr><tr><td colspan="2">無償又は低額での資産の取得</td><td>その資産の時価と譲受価額の差額</td><td>寄附金</td></tr><tr><td colspan="2">債務の免除</td><td>債務免除益</td><td>寄附金又は貸倒損失</td></tr><tr><td rowspan="2">広告宣伝用資産の受贈</td><td>看板・ネオンサイン等</td><td>受贈益なし</td><td>繰延資産</td></tr><tr><td>陳列棚・陳列ケース等</td><td>相手方法人の取得価額× $\frac{2}{3}$ －当社負担額＝受贈益（30万円以下の場合はゼロ）</td><td>繰延資産</td></tr></table>・完全子会社（法人による完全支配に限ります。）である内国法人から受けた受贈益の金額（寄附金の損金不算入に対応するものに限ります。）は、受領法人の各事業年度の所得の計算において益金の額に算入されません。</td></tr>
<tr><td>3. 還付金等<br>〔益金不算入〕<br>（法法26、法令25）<br><br>〔益金算入〕<br>（平9年課法2-1）</td><td>(1)　次に掲げる税額の還付を受け、又は還付を受けるべき金額を未納の国税等に充当した金額は益金の額に算入されません。<br>①　法人税（法人が納付するとき又は徴収されるとき損金の額に算入されたものを除きます。）<br>②　相続税、贈与税<br>③　法人税以外の国税に係る附帯税<br>④　都道府県民税、市町村民税、地方税法の規定による延滞金等<br>⑤　欠損金の繰戻しによる還付法人税<br>⑥　法人税額から控除できなかった所得税及び外国法人税額の還付金額<br>(2)　罰金及び科料（通告処分による罰金又は科料に相当するものを含みます。）、並びに過料、国民生活安定緊急措置法の課徴金及び独占禁止法に基づく課徴金（その延滞金を含みます。）<br>(3)　外国税額の控除を受けた後において、その控除されるべき金額の計算の基礎となった外国法人税の額が減額された場合、その減額された金額のうち控除対象外国法人税の額が減額された部分の金額は益金の額に算入されません。<br>※　法人税の課税所得金額の計算に当たり、税込経理方式を適用している法人が還付を受ける消費税は、申告額についてはその納税申告書が提出された日の属する事業年度の益金の額に算入し、更正に係る税額についてはその更正があった日の属する事業年度の益金の額に算入します。ただし、その法人がその還付を受ける消費税の額を収益の額として未収入金に計上した金額については、収益に計上した事業年度の益金の額に算入されます。<br>※　還付加算金は益金の額に算入されます。</td></tr>
</table>

# ■外貨建取引の換算等

| 項　　目 | 説　　　　　明 |
|---|---|
| **1. 外貨建取引の換算**<br>（法法61の8①、法基通13の2-1-2） | ［外貨建取引の定義］<br>　外国通貨で支払が行われる①資産の販売及び購入、②役務の提供、③金銭の貸付及び借入、④剰余金の配当、⑤その他の取引をいいます。<br>⑴　外貨建取引の発生時の換算<br>　その外貨建取引日の外国為替の売買相場により円換算します。（取引日に相場がないときは前日以前の直近相場によります。）<br>⑵　先物外国為替契約等がある場合の換算<br>　先物外国為替契約等により外貨建資産又は外貨建負債の円換算額を確定させ、その先物外国為替契約等の締結の日にその旨等を帳簿書類に記載したときは、その外貨建資産又は外貨建負債は、その確定させた円換算額により換算します。 |
| **2. 外貨建資産等の期末換算**<br>（法法61の9①、法令122の4） | 外貨建資産等の期末換算は次のように行います。 |

| 区分 | | | 換算方法※2 | |
|---|---|---|---|---|
| | | | 発生時換算法 | 期末時換算法 |
| ①外貨建債権債務 | | 短期※1 | ○ | ○ |
| | | 長期 | ○ | ○ |
| ②外貨建有価証券 | 売買目的有価証券 | | | ○ |
| | 売買目的外有価証券 | 満期保有目的有価証券 | ○ | ○ |
| | | 償還有価証券 | ○ | ○ |
| | | 上記以外のもの | ○ | |
| ③外貨預金 | | 短期※1 | ○ | ○ |
| | | 長期 | ○ | ○ |
| ④外国通貨 | | | | ○ |

※1　「区分」欄の短期は、決済日が当期末の翌日から1年を経過した日の前日までに到来するものをいいます。
※2　「換算方法」欄の［網掛け］は法定換算方法です。

| 項　　目 | 説　　　　　明 |
|---|---|
| **3. 期末換算方法の選定**<br>（法令122の4、法令122の7） | 期末換算方法の選定<br>　発生時換算法又は期末時換算法のいずれかによる換算が認められている外貨建資産等のその期末換算の方法は、外国通貨の種類ごとに、かつ、上記2. の区分ごとに選定しなければなりません。なお、この選定は、事業所ごとに行うこともできます。 |
| **4. 外国為替相場が著しく変動した場合の円換算**<br>（法令122の3、法基通13の2-2-10） | • 期末に有する外貨建資産等について、外国為替相場が著しく変動した場合には、期末にその外貨建取引を行ったものとして換算をやり直すことができます。なお、この規定の適用を受ける場合には、同通貨の外貨建資産等は、著しく変動したものすべてについて換算のやり直しをしなければなりません。<br>※　著しく変動した場合の基準<br>$\dfrac{〔\text{期末の為替相場による円換算額}-\text{帳簿価額}〕}{（\text{期末の為替相場による円換算額}）} \geqq \text{概ね}15\%$ |
| **5. 為替換算差額の益金又は損金算入等**<br>（法法61の9②、法令122の8） | 　内国法人が事業年度終了の時において外貨建資産等を有する場合には、当該外貨建資産等の金額を期末時換算法により換算した金額と当該外貨建資産等のその時の帳簿価額との差額に相当する金額は、当該事業年度の所得の金額の計算上、益金の額又は損金の額に算入します。<br>　なお、内国法人が法人税法第61条の9第2項（為替換算差額の益金又は損金算入）の規定により当該事業年度の益金の額又は損金の額に算入した同項の差額に相当する金額は、翌事業年度の損金の額又は益金の額に算入し、洗替え処理を行います。 |

## ■有価証券の譲渡損益の額の計算等

| 項　目 | 説　明 |
|---|---|

**1. 有価証券の定義**
（法法2二十一、法令11）

・金融商品取引法２①に規定する有価証券その他これに準ずるものをいい、具体例としては次のようなものがあります。（自己株式及びデリバティブ取引に係るものを除きます。）

| 具体例 |
|---|
| (1)国債、地方債、社債券 |
| (2)株券、新株予約権証券、投資信託・貸付信託の受益証券 |
| (3)合名会社、合資会社又は合同会社の社員の持分 |
| (4)協同組合等の組合員又は会員の持分その他法人の出資者の持分 |

**2. 譲渡損益の額の計算及び計上時期**
（法法61の2①、法令119の2）

**1. 譲渡損益の計算**

譲渡対価の額※1－譲渡原価の額※2＝譲渡損益の額

※1　譲渡の時における有償によるその有価証券の譲渡により通常得べき対価の額（みなし配当がある場合は、譲渡対価の額はみなし配当を除いて算出します。）

※2　譲渡原価の額＝
［（移動平均法又は総平均法で算出した１単位当たりの帳簿価額）×（有価証券の数）］

**2. 有価証券の譲渡損益の額**
（法基通2-1-22）

有価証券の譲渡損益は、その譲渡契約をした日の属する事業年度の益金又は損金に算入します。譲渡契約をした日とは次の通りです。

| 取引の形態 | 約定日 |
|---|---|
| 証券業者等に委託している場合 | 取引が成立した日 |
| 相対取引の場合 | 相対取引の約定日 |
| 合併等の場合 | 合併等の効力発生日<br>（新設の場合は設立登記の日） |

**3. 有価証券の区分・帳簿価額・取得価額**
（法令119、119の2、119の5）
（法基通2-3-8）

・有価証券の帳簿価額は、有価証券を次の区分ごとに、かつ、銘柄ごとに①移動平均法（法定算出方法）又は②総平均法により計算します。

**○有価証券区分**

| 区分 | 保有の目的 |
|---|---|
| 売買目的有価証券 | ・短期的な価格の変動を利用して利益を得る目的で取得し保有する有価証券 |
| 満期保有目的等有価証券 | ・償還期限の定めのある有価証券のうち、償還期限まで所有する目的で取得し保有する有価証券 |
| | ・企業支配株式等<br>（特殊関係株主等で20％以上所有） |
| その他有価証券 | ・上記以外の有価証券 |

**○有価証券の取得価額**

| 区分 | 取得価額 |
|---|---|
| ①購入によるもの | 購入代価＋取得のために要した費用※ |
| ②金銭の払込によるもの | 払込金額＋取得のために要した費用※ |
| ③株式等無償交付（株主割当） | ゼロ |
| ④有利発行によるもの | 取得時の時価（差額は受贈益課税） |
| ⑤交換、贈与等によるもの | 取得時の時価（差額は受贈益課税） |

※取得のために要した費用
（法基通2-3-5）

| 取得価額に算入 | 取得価額に算入しないことができる |
|---|---|
| ①購入手数料　②委託手数料 | ①通信費　②名義書換料<br>③有価証券取得税（外国有価証券） |

**4. 一単位当たりの帳簿価額**
（法令119の5①②、119の6、119の7①）

- 有価証券の区分ごとに、かつ、その銘柄を同じくするごとに移動平均法（法定評価方法）又は総平均法を選定します。
- 新しい区分又は新しい種類の有価証券を取得した場合に、その取得した事業年度の申告期限までに選定して届け出ます。
  なお、届け出なかった場合には移動平均法によります。

$$\text{移動平均法}=\frac{\text{取得直前の帳簿価額}+\text{新たに取得した取得価額}}{\text{取得直前の株式数}+\text{新たに取得した株式数}}$$

$$\text{総平均法}=\frac{\text{期首帳簿価額}+\text{期中に取得した取得価額}}{\text{期首株式数}+\text{期中に取得した株式数}}$$

**5. 有価証券の期末評価及びその評価損益の額の計算等**
（法法61の3①）

**(1)　有価証券の期末評価**

<table>
<tr><th colspan="3">区分</th><th>期末評価（期末時価）</th></tr>
<tr><td rowspan="3">売買目的有価証券</td><td rowspan="3">時価法</td><td>①　取引所売買有価証券<br>②　店頭売買有価証券<br>③　その他価格公表有価証券</td><td>期末日における公表最終売買価格（最終売買価格がない場合には、最終気配相場）</td></tr>
<tr><td>④　①～③以外の有価証券（株式・出資を除く）</td><td>類似有価証券の価格公表者の公表最終売買価格</td></tr>
<tr><td>⑤　①～④以外の有価証券</td><td>期末日における帳簿価額</td></tr>
<tr><td>売買目的外有価証券</td><td>満期保有目的等有価証券<br>その他有価証券</td><td>原価法</td><td>・期末日における帳簿価額<br>・償還有価証券については償却原価法（帳簿価額に調整差損益を加減算する方法）</td></tr>
</table>

**(2)評価損益の益金又は損金算入**
（法法61の3②、法令119の15）

事業年度終了の時において売買目的有価証券を有する場合には、その売買目的有価証券に係る評価益又は評価損は、その事業年度の益金又は損金に算入し、翌事業年度に洗替え処理を行います。

**○有価証券の評価損**
（令68①二）
（市場有価証券）
（法基通9-1-7）
平21.4.3「上場有価証券評価損に関するQ&A」（国税庁）

法人の有する有価証券について、以下の事実が生じた場合には評価損の損金算入が認められます。

「有価証券の事業年度終了時における価額が、その時の帳簿価額のおおむね50％相当額を下廻ることになり、かつ、将来その価値の回復が見込まれないこと」

なお、それらの状況は次で判定します。

| | | |
|---|---|---|
| ① | 株価の回復可能性の判断基準 | ・回復可能性がないことについて、法人が用いた合理的な判断基準が尊重され、法人独自の合理的な判断が困難な場合には、証券アナリストなどの分析や見通し、株式発行法人に関する企業情報などを根拠とすることも認められます。<br>・株価が過去２年間にわたり50％程度以上下落した状況でなければ損金算入が認められないということではありません。 |

法人税

| | | |
|---|---|---|
| ② | 監査法人のチェックを受けて継続的に使用される形式的な判断基準 | • 株価の回復可能性の判断をするための形式基準が監査法人のチェックを受けたものであり、それが継続的に使用されているのであれば、税法上の損金算入の判断をしても合理的と認められます。 |
| ③ | 回復可能性の判断の時期 | • 株価の回復可能性の判断は、各事業年度末日において行います。<br>• 翌事業年度以降に株価の上昇などがあった場合でも、損金算入額の是正は不必要です。 |
| ④ | 前期以前の評価損否認金 | • 前期以前における評価損否認金〔別表5計上額〕について、その後の事業年度において、損金算入の要件を満たすこととなった場合には、その評価損否認金の額も含めて、損金の額に算入することが認められます。 |

(市場有価証券等以外)

• 発生した事実
① 発行法人の資産状態が著しく悪化したことによる、価額の著しい低下
② その他上記に準ずる特別の事実

**(3)市場有価証券等以外の株式の価額**
(法基通9-1-13)

市場有価証券以外の株式について資産の評価損の規定（法法33②）を適用する場合の株式の価額は、次によります。
① 売買実例のあるもの→事業年度終了の日前6月間において売買の行われたもののうち適正と認められるものの価額
② 公開途上にある株式で公募等が行われるもの（①に該当するものを除く。）→金融商品取引所の内規によって行われる入札により決定される入札後の公募等の価格等を参酌して通常取引されると認められる価額
③ 売買実例のないものでその株式を発行する法人と事業の種類、規模、収益の状況等が類似する他の法人の株式の価額があるもの（②に該当するものを除きます。）→当該価額に比準して推定した価額
④ ①から③までに該当しないもの→事業年度終了の日又は同日に最も近い日におけるその株式の発行法人の事業年度終了の時における1株当たりの純資産価額等を参酌して通常取引されると認められる価額

**(4)市場有価証券等以外の株式の価額の特例**
(法基通9-1-14)
これをいわゆる「法人税法上の時価」とすることができます。

法人が、市場有価証券等以外の株式（(3)の①及び②に該当するものを除きます。）について資産の評価損の損金算入の規定を適用する場合において、事業年度終了の時における当該株式の価額につき評基通178から189-7まで《取引相場のない株式の評価》の例によって算定した価額によっているときは、課税上弊害がない限り、次によることを条件としてこれが認められます。

| | |
|---|---|
| (1) | その株式の価額につき評基通179又は同189-3の(1)により算定する場合において、その法人が「中心的な同族株主」に該当するときは、当該発行会社は常に同178に定める「小会社」に該当するものとしてその例によること。 |
| (2) | その株式の発行会社が土地等又は市場有価証券を有しているときは、1株当たりの純資産価額の計算に当たり、これらの資産については事業年度終了の時における価額によること。 |
| (3) | 1株当たりの純資産価額の計算に当たり、評価差額に対する法人税額等に相当する金額は控除しないこと。 |

## ■棚卸資産

<table>
<tr><th>項　目</th><th>説　明</th></tr>
<tr><td>1. 棚卸資産の範囲<br>（法法2二十）</td><td>• 棚卸資産とは、商品又は製品（副産物及び作業屑を含みます。）、半製品、仕掛品（半成工事を含みます。）、主要原材料、補助原材料、消耗品で貯蔵中のもの、その他これらに準ずるもの（仕損じ品、修理用資材、包装荷造用資材等を含みます。）で棚卸しをすべきものをいいます。（有価証券及び短期売買商品等を除きます。）</td></tr>
<tr><td>2. 棚卸資産の評価方法<br>（法法29①②、法令28、29）</td><td>• 期末棚卸資産の価額は、棚卸資産の取得価額の平均額をもって事業年度終了の時において有する棚卸資産の評価額とする方法、その他の政令で定める評価方法のうちから選定した評価の方法によります。<br>1　原価法<br>次のいずれかの方法によってその取得価額を算定し、その額を期末棚卸資産の評価額とします。
<table>
<tr><td>(イ) 個別法</td><td>期末棚卸資産の全部について、その個々の取得価額を期末評価額とする方法<br>※大量に取引され、かつ、規格に応じて価額が定められているようなものには適用できません。</td></tr>
<tr><td>(ロ) 先入先出法（FIFO）</td><td>期末棚卸資産が、期末近くに取得（適格合併又は適格分割型分割による被合併法人又は分割法人からの引継ぎを含みます。）したものから順次構成されているものとみなし、そのみなされた棚卸資産の取得価額を期末評価額とする方法</td></tr>
<tr><td>(ハ) 総平均法</td><td>期首棚卸資産の取得価額の総額と期中に取得した棚卸資産の取得価額の総額との合計額を、それらの総数量で除した単価によって期末棚卸資産を評価する方法</td></tr>
<tr><td>(ニ) 移動平均法</td><td>同じ種類等に属する棚卸資産を取得した都度、その取得価額とその時において有する棚卸資産の取得価額とを平均して帳簿価額を定め、この繰り返しにより順次期末まで移動して期末評価額を定める方法<br>※６か月ごとの移動平均法は、法人税法上の移動平均法に該当しません。</td></tr>
<tr><td>(ホ) 最終仕入原価法（法定評価方法）</td><td>事業年度の最後に取得したものの単価で、期末棚卸資産を評価する方法（計算は簡単ですが、期末時価によっては評価額が大きく変動します。）</td></tr>
<tr><td>(ヘ) 売価還元法</td><td>期末棚卸資産の通常の販売価額の総額に原価率を乗じて期末棚卸資産を評価する方法<br>※この計算は、種類等を同じくする資産又は通常の差益率を同じくする資産ごとに行います。<br>なお、その種類の著しく異なるものを除き、通常の差益の率がおおむね同じものは計算上の一区分とすることができます。<br>$$\text{原価率}=\frac{\text{期首棚卸資産の取得価額の総額}+\text{取得した棚卸資産の取得価額の総額}}{\text{期末棚卸資産の通常の販売価額の総額}+\text{販売した棚卸資産の対価の総額}}$$</td></tr>
</table>
（注）個別法以外の原価法は、すべて棚卸資産をその種類、品質及び型の異なるごとに区分して、その種類等の同じものを１グループとして計算します。<br>2　低価法<br>１の原価法による評価額とその事業年度末における時価（一般的な</td></tr>
</table>

| | |
|---|---|
| （法令28の2） | 時価（正味売却価額等））のいずれか低い価額で棚卸資産を評価する方法をいいます。<br>• 低価法により計上した評価損は、翌期に戻入れて益金算入します。<br>• 特別な評価方法<br>上記**1**、**2**以外に税務署長に「棚卸資産の特別な評価方法の承認申請書」を提出し、その承認を受けた場合、その承認の日の属する事業年度以後の事業年度からその方法によって評価することができます。 |
| **3. 評価方法の選定と変更**<br>（法法29①、法令28、30）<br><br><br><br><br><br><br><br><br><br><br><br>（法令30） | 1　評価方法の選定の届出期限は、次の日の属する事業年度の確定申告書の提出期限です。<br>①新設法人…設立の日<br>②公益法人等及び人格のない社団等が新たに収益事業を開始したとき…新たに収益事業を開始した日<br>③公益法人等（収益事業を行っていないものに限ります。）に該当していた普通法人又は協同組合等…普通法人又は協同組合等に該当することとなった日<br>④他の種類の事業を開始し又は事業の種類を変更したとき…開始又は変更した日<br>• なお、届出をしなかった場合には、最終仕入原価法による原価法（法定評価方法）となります。<br>2　評価方法の変更<br>変更しようとする事業年度開始の日の前日までに変更の承認申請書を税務署長に提出し、承認を受けることが必要です。<br>［変更が却下された場合の事由例］<br>• 現評価方法を採用した後、3年を経過していないときや変更後の評価方法では適正な所得金額が算定できないと認められる場合等は、評価方法の変更が却下されることがあります。 |
| **○棚卸資産の取得価額**<br>**1. 他から購入したもの**<br>（法令32①一）<br>〔取得価額に算入しないことができる費用〕<br>（法基通5-1-1、5-1-1の2） | ⑴　その資産の購入代価（引取運賃、荷役費、運送保険料、購入手数料、関税その他その資産の購入のために要した費用がある場合には、その費用の額を加算した金額）<br>⑵　その資産を消費し又は販売の用に供するために直接要した費用の額（例．⑶の①②③等の費用）<br>⑶　次に掲げる費用は、これらの費用の額の合計額が少額（その棚卸資産の購入の代価のおおむね3％以内の金額）である場合には、購入した棚卸資産の取得価額に算入しないことができます。<br>①　買入事務、検収、整理、選別、手入れ等に要した費用の額<br>②　販売所等から販売所等へ移管するために要した運賃、荷造費等の費用の額<br>③　特別の時期に販売する等のため長期にわたって保管するために要した費用の額<br>⑷　次の費用は取得価額に含めないことができます。<br>①　不動産取得税の額<br>②　固定資産税及び都市計画税の額<br>③　特別土地保有税の額<br>④　登録免許税その他登記又は登録のために要する費用の額<br>⑤　借入金の利子の額 |

| | |
|---|---|
| **2. 自己製造等**<br>(製造、採掘、採取、栽培、養殖、その他これらに準ずる行為をいいます。) **したもの**<br>(法令32①二) | (1) 製造等のために要した原材料費、労務費及び経費の額<br>(2) その資産を消費し、又は販売の用に供するために直接要した費用の額<br>**〔製造間接費の製造原価への配賦〕**<br>自己の製造等した棚卸資産の製造原価には直接材料費、直接労務費及び直接経費のほか製造間接費を算入します。この場合製造間接費は適正な基準により製品、半製品又は仕掛品等の製造原価に配賦しますが法人の事業規模が小規模である等のため製造間接費を製品、半製品又は仕掛品に配賦することが困難である場合には、その製造間接費を半製品及び仕掛品の製造原価に配賦しないで製品の製造原価だけに配賦することができます。 |
| **・取得価額に算入しないことができる費用**<br>(法基通5-1-3) | ・次に掲げる費用は、これらの費用の額の合計額が少額（その棚卸資産の製造原価のおおむね３％以内の金額）である場合には、製造等に係る棚卸資産の取得価額に算入しないことができます。<br>① 製造等の後において要した検査、検定、整理、選別、手入れ等の費用の額<br>② 製造場等から販売所へ移管するために要した運賃、荷造費等の費用の額<br>③ 特別の時期に販売する等のため長期にわたって保管するために要した費用の額 |
| **・製造原価に算入しないことができる費用**<br>(法基通5-1-4) | ・次の費用は製造原価に算入しないことができます。<br>① 従業員賞与のうち、創業何周年記念等の特別賞与の額<br>② 試験研究費のうち、基礎研究及び応用研究の費用の額並びに工業化研究に該当することが明らかでないものの費用の額<br>③ 租税特別措置法に定める特別償却費<br>④ 工業所有権等の使用料で売上高に応じて支払うもの及びその工業所有権等の頭金の償却費<br>⑤ 工業所有権等の使用料で生産量に基づくほか最低使用料が定められているものは、その支払使用料のうち生産数量に応じて計算される額を超える部分の金額<br>⑥ 複写して販売するための原本となるソフトウエアの償却額<br>⑦ 事業税及び特別法人事業税の額<br>⑧ 事業の閉鎖、事業規模の縮小等のため大量に整理した使用人分の退職給与額<br>⑨ 生産を相当期間にわたり休止した場合のその休止期間に対応する費用<br>⑩ 償却超過額その他税務計算上の否認金額<br>⑪ 障がい者雇用納付金の額<br>⑫ 工場等が支出した寄附金の額<br>⑬ 借入金利子の額 |
| **3. 合併又は出資により受け入れた棚卸資産**<br>(法令32①一) | (1) その資産の受入額（引取運賃、荷役費、運送保険料、関税その他その資産の受入れのために要した費用がある場合には、その費用の額を加算した金額とし、その受入価額が時価を超える場合には時価が限度）<br>(2) その資産を消費し又は販売の用に供するために直接要した費用の額 |
| **4. 1～３以外の方法による取得**<br>(法令32①三) | (1) その取得の時の時価<br>(2) その資産を消費し又は販売の用に供するために直接要した費用の額 |

## ■減価償却資産と償却費の計算

| 項目 | 説明 |
|---|---|
| 1. 減価償却資産<br>（法法2二十三、法令13） | • 棚卸資産、有価証券及び繰延資産以外の資産のうち次に掲げるものをいい、事業の用に供していないもの及び時の経過によりその価値が減少しないものを除きます。<br>①建物及びその附属設備　②構築物　③機械及び装置　④船舶　⑤航空機　⑥車両及び運搬具　⑦工具・器具及び備品（観賞用、興行用その他これらに準ずる用に供する生物を含みます。）　⑧特許権等の無形減価償却資産　⑨生物<br>（注）　1点100万円以上である美術品等のように時の経過あるいは使用によって価値の減少しないもの及び稼働休止、建設中により事業の用に供していないものは減価償却資産に該当しません。 |

**(1)少額減価償却資産・(2)一括償却資産・(3)中小企業者等の特例**
（法令133、133の2、措法67の5）

［貸付け（主要な事業を除く。）の用に供された資産を対象外］

| 区分 | 取得価額 | 損金算入方法 | 償却限度額（年間） |
|---|---|---|---|
| 少額減価償却資産 | 10万円未満 | 一時損金可 | |
| 一括償却資産 | 20万円未満 | 3年償却可 | 一括償却資産の取得価額の合計額 × $\frac{\text{その事業年度の月数}}{36}$ |
| 中小企業者等の特例（※）（(1)、(2)の適用を受けた資産を除く） | 30万円未満 | 一時損金可 | 合計300万円が限度 |

（※）中小企業者等（P.106参照）のうち常時使用する従業員数が500人以下（令和2年3月31日までの取得等については1,000人以下）の法人が**令和6年3月31日までの間**に、**取得価額30万円未満**の減価償却資産を取得した場合には、それを事業供用した年度において取得価額の全額（**年間300万円を限度**とします。）を損金算入することができます。

• 中小企業者等の特例の適用を受けた資産は、全額損金算入をしていても、固定資産税では課税対象になります。

**■修繕費と資本的支出**
（法令132、法基通7-8-2）

| | |
|---|---|
| **修繕費** | 固定資産の通常の維持管理のため、又はき損した固定資産についてその原状を回復するために要した費用の額をいい、資本的支出となるものは除きます。 |
| **資本的支出** | 固定資産に対して支出する金額のうち、次のいずれか多い方の金額は資本的支出とし、その固定資産の取得価額を構成します。<br>①その資産の通常の管理又は修理をした場合に予測されるその資産の使用可能期間を延長させる部分の金額<br>②その資産の通常の管理又は修理をした場合に予測されるその資産の価額を増加させる部分の金額 |

**○資本的支出の取得価額の特例**
（法令55）

**（原則）** 資本的支出を行った場合は、その金額を取得価額として、その対象資産と同じ種類・耐用年数の資産を新たに取得したものとします（別個の資産を取得したものとして償却）。

**（特例）** ①平19.3.31以前に取得した減価償却資産に対する資本的支出
→支出事業年度において既存資産の簿価に加算することができます。
②200％定率法適用資産に対する資本的支出
→支出事業年度は**（原則）**と同様に償却し、翌事業年度開始のときに、既存資産の簿価に資本的支出部分の簿価を加算することができます。

（注）既存の減価償却資産と資本的支出が、同じ定率法の償却率250％又は200％の場合に限り合算することができます。

# ●資本的支出と修繕費の区分判定（法令132、法基通7-8-1～6）

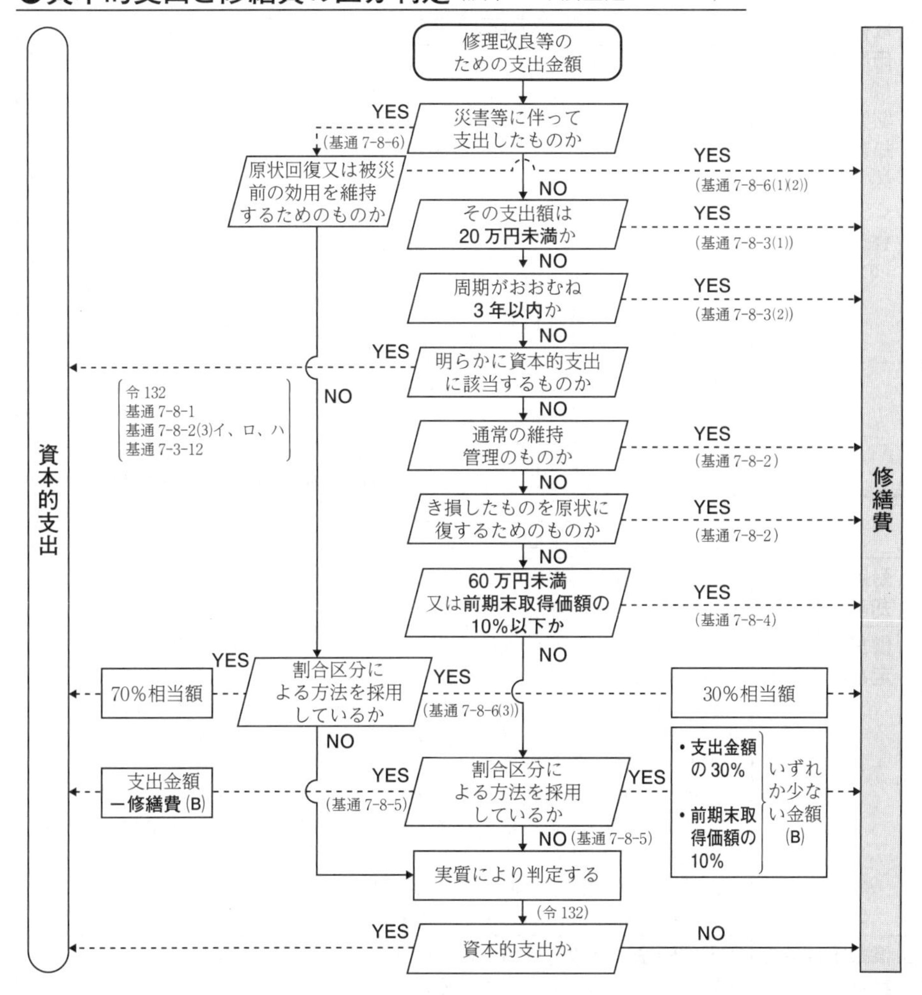


- 災害等によりき損した固定資産について支出した費用の額のうちに資本的支出と修繕費の区分が明らかでないものがある場合において、その金額の30％相当額を修繕費とし、残額を資本的支出とすることができます。（法基通7-8-6）
- 明らかに資本的支出に該当するもの（法基通7-8-1、7-8-6の2）
  - ① 建物の避難階段の取付け等物理的に付加されたことが明らかな部分に対応する額
  - ② 用途変更のための模様替え等改造又は改装に直接要した額
  - ③ 機械の部分品を特に品質又は性質の良いものに取替えた場合のその取替えに要した額のうち通常の取替えに要すると認められる費用の額を超える部分の額
  - ④ ソフトウェアのプログラム修正等が新たな機能の追加、機能の向上等に該当するときのその修正等に要した額

  （注）建物の増築、構造物の拡張、延長等は建物等の取得に該当します。
- 資本的支出と修繕費の区分の特例として、法人が継続して一の修理等による支出額のうち区分が明らかでない金額について、支出額の30％相当額または修理等対象資産の前期末取得価額の10％相当額のいずれか少ない金額を、修繕費とし、残額を資本的支出とする経理をしているときは、これが認められます。（法基通7-8-5）

<table>
<tr>
<td>2. 取得時期と減価償却の方法<br>（鉱業権及び鉱業用減価償却資産・リース資産を除く。）<br>（法令48、48の2、51）</td>
<td>
<table>
<tr><th></th><th>取得時期</th><th>減価償却の方法</th></tr>
<tr><td rowspan="3">建物</td><td>～平10.3.31</td><td>①旧定額法（所得税の法定方法）<br>②旧定率法（法人税の法定方法）</td></tr>
<tr><td>平10.4.1 ～平19.3.31</td><td>旧定額法</td></tr>
<tr><td>平19.4.1 ～</td><td>定額法</td></tr>
<tr><td rowspan="4">建物附属設備及び構築物</td><td>～平19.3.31</td><td>①旧定額法（所得税の法定方法）<br>②旧定率法（法人税の法定方法）</td></tr>
<tr><td>平19.4.1 ～平24.3.31</td><td>①定額法（所得税の法定方法）<br>②250％定率法（法人税の法定方法）</td></tr>
<tr><td>平24.4.1 ～平28.3.31</td><td>①定額法（所得税の法定方法）<br>②200％定率法（法人税の法定方法）</td></tr>
<tr><td>平28.4.1～</td><td>定額法</td></tr>
<tr><td rowspan="3">上記以外の有形減価償却資産（機械装置、車両、器具備品等）</td><td>～平19.3.31</td><td>①旧定額法（所得税の法定方法）<br>②旧定率法（法人税の法定方法）</td></tr>
<tr><td>平19.4.1 ～平24.3.31</td><td>①定額法（所得税の法定方法）<br>②250％定率法（法人税の法定方法）</td></tr>
<tr><td>平24.4.1 ～</td><td>①定額法（所得税の法定方法）<br>②200％定率法（法人税の法定方法）</td></tr>
<tr><td rowspan="2">無形減価償却資産</td><td>～平19.3.31</td><td>旧定額法</td></tr>
<tr><td>平19.4.1 ～</td><td>定額法</td></tr>
</table>
</td>
</tr>
<tr>
<td>3. 耐用年数と償却率（耐令1）</td>
<td>「減価償却資産の耐用年数等に関する省令別表」（P.41～51参照）において、資産の種類、構造、用途等に応じて定められています。</td>
</tr>
<tr>
<td>4. 償却方法の選定と変更手続<br>（法令51、52）</td>
<td>1．新たに設立した法人は、その設立の日の属する事業年度の確定申告書の提出期限までにその選定した償却方法を納税地の所轄税務署長に届け出るとともに、その償却方法を継続して適用する必要があります。<br>2．①既に償却方法を選定した減価償却資産と異なる減価償却資産を取得した場合、②新たに事業所を設けた法人で、既に選定した償却方法以外の償却方法を選定しようとする場合には、①の取得した日又は②の設けた日の属する事業年度の確定申告書の提出期限までに届け出なければなりません。<br>3．償却方法を変更する場合には、新たな償却の方法を採用しようとする事業年度の開始の日の前日までに申請書を提出し承認を受けることが必要です。</td>
</tr>
<tr>
<td>5. 償却限度額の計算<br>（法令58、61、耐令5）<br><br>※期中供用資産については、（事業の用に供した当期の月数／12）を乗じます。<br><br>償却率表<br>（P.50、51）<br>参照</td>
<td>①旧定額法⇨（取得価額－残存価額）×旧定額法の償却率<br>・残存価額⇨(1) 有形減価償却資産　取得価額×10％<br>　　(2) 無形減価償却資産　0<br>・償却可能限度額⇨(1) 有形減価償却資産　取得価額×95％<br>　　(2) その他　残存価額<br>②定額法⇨取得価額×定額法の償却率<br>※平成19年度税制改正で、残存価額が廃止され1円（備忘価額）まで償却できることになりました。<br>③旧定率法⇨（取得価額－既償却額）×旧定率法の償却率<br>・償却可能限度額⇨(1) 有形減価償却資産　取得価額×95％<br>　　(2) その他　残存価額<br>④定率法⇨(i)（取得価額－既償却額）×定率法の償却率(注)＝調整前償却額<br>（注）平19.4.1～平24.3.31取得分は、250％定率法<br>平24.4.1以後取得分は、200％定率法<br>(ii) 取得価額×保証率（耐令別表第九、十）＝償却保証額<br>(iii) (i)≧(ii)の場合には、</td>
</tr>
</table>

調整前償却額が償却限度額となります。
(i)<(ii)の場合には、
改定取得価額×改定償却率（耐令別表第九、十）＝償却限度額　となります。
（注）改定取得価額とは、調整前償却額が最初に償却保証額に満たなくなる事業年度の期首未償却残高をいいます。

**⑤平成19年３月31日以前に取得した資産で償却可能限度額に達した減価償却資産の５年均等償却**

$$償却限度額＝\frac{取得価額－(取得価額×95\%＋1円)}{60}×その事業年度の月数$$

（注）生物の場合

$$\frac{取得価額－((取得価額－残存価額)＋1円)}{60}×その事業年度の月数$$

**■減価償却の方法の概要**

※n：耐用年数

| | 取得時期 |
|---|---|
| | ～平19.3.31 |
| 定額法 | $\left(取得価額－残存価額\right)×\frac{1}{n}$（償却率）<br>※残存価額＝取得価額×10%（無形固定資産は０） |
| 定率法 | 未償却残高×$(1－\sqrt[n]{10\%})$（償却率）<br>※未償却残高＝取得価額－前期末までの償却累計額 |
| 償却可能限度額 | 取得価額×95%まで償却可能<br>(無形減価償却資産は100%) |

| | 取得時期 | |
|---|---|---|
| | 平19.4.1～平24.3.31 | 平24.4.1～ |
| 定額法 | 取得価額×$\frac{1}{n}$（償却率）<br>→残存価額なし | |
| 定率法 | 未償却残高×$\left(\frac{1}{n}×2.5\right)$（償却率）<br>耐用年数の中途で均等償却に乗り換え | 未償却残高×$\left(\frac{1}{n}×2.0\right)$（償却率）<br>耐用年数の中途で均等償却に乗り換え |
| 償却可能限度額 | 耐用年数経過時点に１円（備忘価額）まで償却可能<br>(無形減価償却資産は０円まで) | |

**6. 中古資産の耐用年数**
（耐令3）
（耐通1-5-2～4）

**【原則】** 中古資産を取得した場合の耐用年数は原則として〔合理的に見積った耐用年数〕によります。

**【簡便法】**

1　法定耐用年数の全部が経過しているもの
　法定耐用年数×0.2

2　法定耐用年数の一部が経過しているもの
（法定耐用年数－経過年数）＋経過年数×0.2

3　取得価額×$\frac{1}{2}$＜中古資産に支出した改良費≦再調達価額×$\frac{1}{2}$のとき

$$\text{改良費を含む取得価額} \div \left( \frac{\text{取得価額（除改良費）}}{\text{簡便法による耐用年数}} + \frac{\text{改良費}}{\text{法定耐用年数}} \right)$$

4　中古資産に支出した改良費＞再調達価額×$\frac{1}{2}$のとき
法定耐用年数

**（注）**①**再調達価額**⇨現在、新品として買入れるときの価額
②計算した年数に１年未満の端数があるときは切捨て、２年に満たない場合は２年とします。

**7. 耐用年数の短縮**
（法令57）

⑴　要件

○当該資産が、法令で定められた短縮事由のいずれかの事由に該当すること。（短縮事由）申請の対象となる短縮事由等については法令57①一～六を参考にしてください。

○当該資産の使用可能期間が法定耐用年数よりおおむね10%以上短くなること。

○耐用年数の短縮の承認申請書を納税地の所轄税務署長を経由して所轄国税局長に提出し、承認を受けること。

（注）国税局長の承認を受けた未経過使用可能期間をもって耐用年数とみなし償却限度額の計算基礎となる取得価額等を調整します。

⑵　申請の対象資産の単位
（法基通7-3-19）

・　耐用年数の短縮の対象となる資産の単位は、原則として、減価償却資産の種類ごと、かつ、耐用年数の異なるものごと。

ただし、種類が同じでも、構造若しくは用途、細目又は設備の種類の区分が定められているものについては、その構造若しくは用途、細目又は設備の種類の区分ごと。なお、次の資産は、それぞれ次の単位によることができます（注１）。

| 申請対象資産 | 申請の対象となる資産の単位 |
|---|---|
| 機械及び装置<br>（２以上の工場に同一の種類に属する設備を有するとき。（注2）） | 工場ごと |
| 建物、建物附属設備、構築物、船舶、航空機又は無形減価償却資産 | 個々の資産ごと |
| 他に貸与している減価償却資産 | 貸与している個々の資産ごと<br>（借主における一の設備を構成する機械及び装置の中に個々の貸与資産が２以上含まれているときは、その２以上の貸与資産を一単位とします。） |

（注）１　一の設備を構成する機械及び装置の中に他から貸与を受けている資産があるときは、その資産を含めません。
２　２以上の工場の機械及び装置を合わせて一の設備の種類が構成されているときを除きます。

## ■減価償却資産の取得価額

| 項　目 | 説　　明 |
| --- | --- |
| **1. 購入した場合**<br>(法令54①一)<br><br>(法基通7-3-1の2) | ①　購入代価の額（引取運賃、荷役費、運送保険料、購入手数料、関税（附帯税を除きます。）その他その資産の購入のために要した費用がある場合には、その費用の額を加算した金額）<br>②　その資産を事業の用に供するために直接要した費用の額<br>(注) 固定資産使用開始前の期間に係る借入金利子であっても、取得価額に含めないことができます。 |
| **2. 自己が生産（建設、製作又は製造）した場合**(法令54①二､54②) | ①　その資産の建設等のために要した原材料費、労務費及び経費の額<br>②　その資産を事業の用に供するために直接要した費用の額<br>(注) 建設等の原価の額が適正な原価計算に基づいて算定されているときは、その原価の額の相当する金額をもってその資産の取得価額とします。 |
| **3. 自己が成育させた、牛馬等の生物の場合**<br>(法令54①三) | ①　購入価額（引取費用等を含みます）又は種付費及び出産費の額並びにその取得した牛馬等の成育のために要した飼料費、労務費及び経費の額<br>②　成育させた牛馬等を事業の用に供するため直接要した費用の額 |
| **4. 自己が成熟させた果樹等の場合**<br>(法令54①四) | ①　購入価額（引取費用等を含みます）又は種苗費の額並びに取得した果樹等の成熟のために要した肥料費、労務費及び経費の額<br>②　成熟した果樹等を事業の用に供するために直接要した費用の額 |
| **5. 適格合併又は適格現物分配により移転を受けた場合**<br>(法令54①五イ) | ①　被合併法人又は現物分配法人がその適格合併の日の前日又は残余財産の確定の日の属する事業年度において、その資産の償却限度額の計算の基礎とすべき取得価額<br>②　合併法人又は被現物分配法人が事業の用に供するために直接要した費用の額 |
| **6. 適格分割、適格現物出資又は適格現物分配により移転を受けた場合**<br>(法令54①五ロ) | ①　分割法人、現物出資法人又は現物分配法人がその適格分割等の日の前日を事業年度終了の日とした場合にその事業年度において、その資産の償却限度額の計算の基礎とすべき取得価額<br>②　分割承継法人、被現物出資法人又は被現物分配法人が事業の用に供するために直接要した費用の額 |
| **7. その他の場合（贈与、交換又は債務の弁済等）**<br>(法令54①六)<br>• 圧縮記帳のある場合<br>(法令54③)<br><br>• 資本的支出があった場合<br>(法令55)<br>• 高価買い入れの場合<br>(法基通7-3-1) | 次の①②の合計額が取得価額となります。<br>①　取得の時におけるその資産の取得のために通常要する価額<br>②　その資産を事業の用に供するために直接要した費用の額<br>• 減価償却資産について圧縮記帳の特例の規定により損金に算入された金額がある場合には、圧縮後の帳簿価額（圧縮額を特別勘定に計上している場合には、その特別勘定の金額の控除後のもの）による金額をその取得価額とみなします。<br>• 減価償却資産について資本的支出があった場合には、その額を加算した金額を取得価額とします。<br>• 不当に高価で買い入れた固定資産については、実質的に贈与したものと認められた金額を控除した金額を取得価額とします。 |

| | |
|---|---|
| ・借入金の利子（法基通7-3-1の2） | ・固定資産を取得するための借入金の利子は、その資産の使用開始前の期間に係るものであっても、取得価額に算入しないことができます。 |
| ・割賦販売契約等の場合（法基通7-3-2） | ・割賦販売契約等によって購入した固定資産の取得価額には、契約において購入代価と割賦期間分の利息及び売手側の代金回収のための費用等と区分されている場合のその利息及び費用相当額を含めないことができます。 |
| ・土地の造成・改良費を支出した場合（法基通7-3-4） | ・埋立て、地盛り、地ならし、切土、防壁工事その他土地の造成又は改良のために要した費用の額はその土地の取得価額に算入します。ただし、土地についてした防壁、石垣積み等であっても、その規模、構造等からみて土地と区分して構築物とすることが適当と認められる費用の額は、土地の取得価額に算入しないで構築物の取得価額とすることができます。上水道又は下水道の工事に要した費用の額についても同様です。<br>**(注)** 専ら建物、構築物の建設のために行う地質調査、地盤強化、地盛り、特殊な切土等土地の改良のためのものでない工事に要した費用の額は、その建物、構築物等の取得価額に算入します。 |
| ・立退料を支出した場合（法基通7-3-5） | ・土地、建物等の取得に際し、その土地、建物等の使用者等に支払う立退料その他立退きのために要した金額は、その土地、建物等の取得価額に算入します。 |
| ・建物等の取壊費等（法基通7-3-6） | ・当初から取り壊すつもりで建物付き土地等を取得し、その後おおむね１年以内に建物の取壊しに着手した場合は、その建物の帳簿価額と取壊費用の合計額は、土地の取得価額に算入します。 |
| **8. 取得価額に算入しないことができる費用**（法基通7-3-1の2、7-3-2、7-3-3の2） | ① 不動産取得税、自動車取得税。<br>② 特別土地保有税のうち土地の取得に課すもの。<br>③ 新増設に係る事業所税。<br>④ 登録免許税その他登記登録に要する費用。<br>⑤ 建物建設のための調査、測量、設計等で建設変更により不要になったものに係る費用。<br>⑥ 契約解除をして他の固定資産を取得することとした場合の違約金。<br>⑦ 固定資産を取得するための借入金の利子（使用を開始するまでの期間に係る部分）<br>※使用を開始した後の期間に係る借入金の利子は、期間の経過に応じて損金の額に算入します。<br>⑧ 割賦販売契約などにより購入した固定資産の取得価額のうち、契約で購入代価と割賦期間分の利息や売手側の代金回収費用等が明らかに区分されている場合のその利息や費用 |

## ■主な特別償却制度

| 特別償却の名称 | 適用要件・対象資産等 |
|---|---|

**1. 中小企業者等が機械等を取得した場合の特別償却**
**（中小企業投資促進税制）**
（措法42の6、10の3、措令27の6）
税額控除と選択適用
（P.107 **5.** 参照）
※ P.109の適用除外事業者参照

青色申告書を提出する中小企業者等（資本金3,000万円超も含みます。）が令和７年３月31日までに新品の特定機械装置等を取得し、製造業・建設業等一定の事業の用に供したとき。

| 特定機械装置等 | | |
|---|---|---|
| | 機械及び装置 | １台160万円以上（コインランドリー業用のもので管理委託するものを除く。） |
| | 測定工具・検査工具 | １台120万円以上、又は１台30万円以上のものの年度合計額が120万円以上の場合 |
| | ソフトウェア（複写用原本・試験研究用等を除く） | １式70万円以上、又は年度合計額が70万円以上の場合 |
| | 貨物運送用普通自動車（車両総重量3.5トン以上） | |
| | 内航海運業用の船舶（500トン以上の船舶は一定のものに限る。） | |

| 特別償却限度額 | 基準取得価額(※)×30%<br>（※船舶は取得価額×75%） |
|---|---|

（注）従業員500人以下の中小企業者等が令和６年３月31日までの間に取得価額30万円未満の少額減価償却資産を取得した場合には、全額（年間限度額300万円）を即時償却できます。（措法67の5、P.66参照）

**2. 中小企業者等が特定経営力向上設備等を取得した場合の特別償却**
**（中小企業経営強化税制）**
（措法42の12の4、10の5の3）
税額控除と選択適用
（P.108 **6.** 参照）
※ P.109の適用除外事業者参照

青色申告中小企業者等で中小企業等経営強化法の経営力向上計画の認定を受けたものが、令和７年３月31日までに、生産等設備を構成する機械装置、工具、器具備品、建物附属設備及びソフトウエアのうち、特定経営力向上設備等※（経営力向上設備等に該当するもののうち、一定の規模以上のもの）を国内で法人の指定事業の用に供した場合

| | 生産性向上設備（A類型） | 収益力強化設備（B類型） | デジタル化設備（C類型） |
|---|---|---|---|
| 要件 | 生産性が旧モデル比平均１%以上向上 | 投資収益率年平均５%以上の投資計画 | 遠隔操作、可視化、自動制御化のいずれかを可能にする |
| 確認者 | 工業会等 | 経済産業局 | |
| 対象設備 | 機械装置　160万円以上（10年以内のモデル） | 機械装置　160万円以上 | |
| | 測定工具・検査工具　30万円以上（５年以内モデル） | 工具　30万円以上 | |
| | 器具備品　30万円以上（６年以内モデル） | 器具備品　30万円以上 | |
| | 建物附属設備　60万円以上（14年以内モデル） | 建物附属設備　60万円以上 | |
| | 一定のソフトウェア　70万円以上（５年以内モデル） | ソフトウェア　70万円以上 | |
| その他 | •生産等設備を構成するものであること　•国内への投資であること<br>•中古資産・貸付資産でないこと<br>•コインランドリー業用又は暗号資産マイニング業用で一定のものを除きます | | |
| 令3.4.1から | 経営資源集約化設備（D類型）が追加（確認者、対象設備はB・C類型に同じ）。要件：修正ROA又は有形固定資産回転率が一定以上上昇する設備 | | |

| 特別償却限度額 | 即時償却 |
|---|---|

※上記の「経営力向上設備等」とは、中小企業等経営強化法に規定する次の設備をいい、「特定経営力向上設備等」とは、経営力向上設備

<table>
<tr><td></td><td>等のうち経営力向上に著しく資する一定のもので、その法人の認定を受けた経営力向上計画に記載されたものをいいます。</td></tr>
<tr><td>3. デジタルトランスフォーメーション投資促進税制<br>（措法42の12の7）</td><td>青色申告法人で認定事業適応事業者が指定期間内（令和３年８月２日から令和７年３月31日まで）に、産業競争力強化法に規定する情報技術事業適応の用に供するために特定ソフトウエアの新設若しくは増設、又は実施するためにソフトウエアの利用に係る費用を支出する場合に、対象設備であるソフトウエア、繰延資産、機械装置、器具備品を取得等し事業の用に供した場合<br><table><tr><td>特別償却限度額</td><td>（取得価額（合計300億円を限度））×30％</td></tr></table>※特別償却に代えて、取得価額の３％の税額控除を選択することもできます。</td></tr>
<tr><td>4. 医療用機器等を取得した場合の特別償却<br>（措法45の2、措令28の10）</td><td><table><tr><th>令和７年３月31日までに<br>次の対象資産を取得・事業供用</th><th>特別償却限度額</th></tr><tr><td>医療用機器（１台500万円以上）</td><td>取得価額×12％</td></tr><tr><td>勤務時間短縮用設備等（１台30万円以上）</td><td>取得価額×15％</td></tr><tr><td>構想適合病院用建物等</td><td>取得価額×８％</td></tr></table></td></tr>
</table>

**（注）** ① 特別償却・割増償却について償却不足額がある場合には、１年間の繰越しが認められます。（措法52の２）

② 特別償却・割増償却の適用を受けることに代えて、それぞれの特別償却限度額以下の金額を、損金経理の方法（決算の確定日までに剰余金の処分により積み立てる方法を含みます。）により、特別償却準備金を積み立てることができ、積立不足額がある場合には、１年間の繰越しが認められます。（措法52の３①②）この特別償却準備金は７年間（対象資産の耐用年数等が10年未満の場合は［耐用年数×12］と60か月の少ない方）で益金に戻入れます。（措法52の３⑤）

③ 特別償却等（税額又は所得の金額を減少等される規定をいいます。）の適用を受ける場合は、「適用額明細書」（P.100参照）を申告書に添付する必要があります。（措透法３①②）

## ■リース取引

| 項目 | 説明 |
|---|---|
| **・リース取引の分類** | 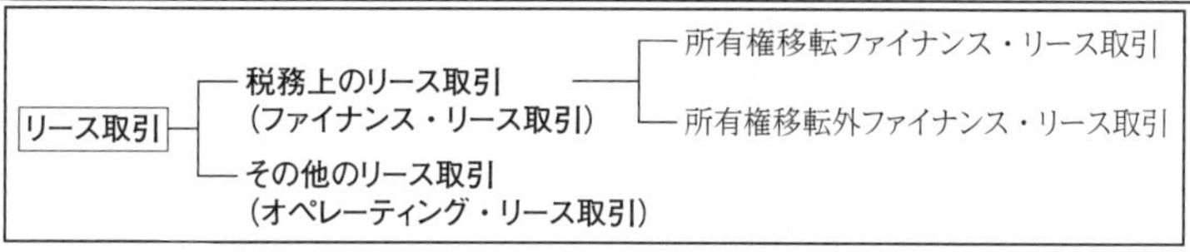 リース取引<br>├ 税務上のリース取引（ファイナンス・リース取引）<br>│　├ 所有権移転ファイナンス・リース取引<br>│　└ 所有権移転外ファイナンス・リース取引<br>└ その他のリース取引（オペレーティング・リース取引） |
| **・税務上のリース取引**<br>（法法64の2、法基通12の5-1-1） | ・資産の賃貸借（所有権が移転しない土地の賃貸借等を除きます。）で次の要件を満たすものをいいます。<br>(1)リース期間中の中途解約禁止、又は中途解約の場合は未経過期間リース料のおおむね90%以上を支払うこととされていること。<br>(2)賃借人がリース資産からの経済的利益を実質的に享受することができ、かつ、その使用に伴って生ずる費用を実質的に負担すべきこととされていること。<br>※〔上記以外のもの（オペレーティング・リース取引）は賃貸借処理になります。〕 |
| **・所有権移転外リース取引**<br>（法令48の2⑤五） | ・税務上のリース取引に該当するもののうち、①から⑥のいずれにも該当しない取引をいいます。①から⑥のいずれかに該当する取引は、所有権移転リース取引といいます。<br>①　リース期間の終了時又は中途において、リース資産が無償又は名目的な対価の額で賃借人に譲渡されるもの<br>②　リース期間終了後、無償同様の名目的な再リース料によって再リースできる契約であるもの<br>③　リース期間の終了時又は中途において、リース資産を著しく有利な価額で買い取る権利が賃借人に与えられているもの<br>④　リース資産がその使用可能期間中その賃借人によってのみ使用されると見込まれるもの又はリース資産の識別が困難であると認められるもの<br>⑤　賃貸人にリース資産の取得資金を貸し付けている金融機関等が、賃借人から資金を受け入れ、その資金が賃借人のリース取引等借入金の元利に対応するもの<br>⑥　リース期間がリース資産の法定耐用年数に比して相当短いもの（賃借人の法人税の負担を著しく軽減することになると認められるものに限ります。）<br>リース期間＜耐用年数×0.6（耐用年数10年未満のときは、0.7） |

**○賃借人における会計・税務処理**
（法令48の2①六、131の2③、法基通7-6の2-9）

| | | 会計上の処理 | 税務上の取扱い |
|---|---|---|---|
| 償却方法 | | 定額法・級数法・生産高比例法等の選択適用 | 定額法（リース期間定額法） |
| | 耐用年数（償却期間） | （原則）リース期間 | リース期間 |
| | 残存価額 | （原則）ゼロ | ゼロ |
| 支払利息の配分 | | （原則）利息法（例外）定額法等 | 利息法又は定額法 |
| 中小企業の特例 | 少額リース（原則300万円以下） | 賃貸借処理可 | 賃借料（リース料）を償却費として取り扱う |
| | 短期リース（原則１年以内） | | |

〔**リース資産の償却限度額の計算**〕

平成20年４月１日以後に締結する所有権移転外リース取引（法令48の2⑤五）の契約によって、その賃借人である法人が取得したものと

| | |
|---|---|
| | される「リース資産」については、次の「リース期間定額法」により償却限度額を計算します。<br>(リース期間定額法)<br>$\left[\text{リース資産の取得価額}^{\text{注1}} - \text{残価保証額}^{\text{注2}}\right] \times \dfrac{\text{その事業年度におけるリース資産のリース期間の月数}}{\text{リース資産のリース期間の月数}}$<br>(注) 1．リース資産の取得価額は、残価保証額がない場合には、リース料の総額となります。ただし、法人がその一部を利息相当額として区分した場合には、その区分した利息相当額を控除した金額となります。<br>2．残価保証額とは、リース期間終了の時に、リース資産の処分価額が所有権移転外リース取引に係る契約において定められている保証額に満たない場合に、その満たない部分の金額を当該取引に係る賃借人が、その賃貸人に支払うこととされている場合における、当該保証額をいいます。<br>3．月数は、暦に従って計算し、1月に満たない端数は1月とします。<br>※1 税法は企業会計とは異なり、すべての所有権移転外リース取引について売買があったものとして取り扱われ、賃借人に賃貸借処理を認める例外的取扱いはありません。<br>※2 消費税においても「取得」として、全額を仕入税額控除の対象とします。<br>※3 賃借人が賃借料として損金経理をしたとしても、その金額は償却費として損金経理をした金額に含まれるものとされていますので、リース料がリース期間の経過に比例して発生するものであれば、企業会計上、賃貸借処理をしたとしても、原則として、申告調整は不要です。また、この場合には、法人税申告書別表十六「減価償却資産に係る償却額の計算に関する明細書」への記載も不要です。 |
| **・金銭の貸借として処理をする場合（金融取引）**<br>(法法64の2②)<br><br>**・賃借人の処理方法（金融取引）**<br>(法基通12の5-2-2) | ①及び②のいずれにも該当するリース取引については、その資産の売買取引はなかったものとし、譲受人から譲渡人に対する金銭の貸付けがあったものとして処理します。<br>① 譲受人から譲渡人に対するリース取引を条件に行った資産の売買であるとき（セール・アンド・リースバック取引）<br>② 資産の種類、売買及び賃貸に至るまでの事情等に照らし、これら一連の取引が実質的に金銭の貸借と認められるとき<br>・譲渡資産<br>資産の譲渡はなかったものとして処理します。(譲渡損益は益金の額又は損金の額に算入しません。)<br>・譲渡代金<br>譲受人からの借入金の額として処理します。<br>・リース料<br>借入金の元本返済と利息相当額の支払として処理します。<br>・減価償却<br>自己所有の固定資産に適用する減価償却方法と同一の方法により引き続きリース資産の減価償却費を算定します。 |

# ■繰延資産の償却額

| 項　目 | 説　明 |
|---|---|
| 1. 繰延資産の意義（法法2二十四、法令14） | 〔会計上の繰延資産〕<br>①創立費　②開業費　③開発費　④株式交付費　⑤社債等発行費<br>〔税務上の繰延資産〕<br>2. の費用で支出の効果が1年以上に及ぶもの（税務上の繰延資産：長期前払費用等） |

## 2. 税務上の繰延資産の償却期間（法基通8-2-3）

（注）支出額が20万円未満の少額な場合は一時の損金とすることができます。（法令134）

| 区分 | 繰延資産の種類（法令14） | 繰延資産となる費用の範囲 | 償却期間（法令64、法基通8-2-1、3） |
|---|---|---|---|
| 1. 公共的施設等の負担金 | 1　公共的施設の設置又は改良のために支出する費用（法基通8-1-3） | ㈠　その施設等を負担者が専用する場合 | その施設の耐用年数の$\frac{7}{10}$相当年数 |
| | | ㈡　㈠以外のもの | その施設の耐用年数の$\frac{4}{10}$相当年数 |
| | 2　共同的施設の設置又は改良のために支出する費用（法基通8-1-4） | ㈠　負担者が専ら利用する共同展示場、共同宿泊所など | その施設の耐用年数の$\frac{7}{10}$相当年数（土地の場合は45年） |
| | | ㈡　一般公衆も利用できる商店街のアーケード、日よけ、すずらん灯など | 5年（その施設等の耐用年数が5年未満のときは、その年数） |
| 2. 資産を賃借するための権利金等 | 3　建物を賃借するために支出した権利金等（法基通8-1-5(1)） | ㈠　賃借建物の新築の際に支払った権利金等で、その額が建築費の大部分を占め、建物の存続期間中賃借できるもの | その建物の耐用年数の$\frac{7}{10}$相当年数 |
| | | ㈡　㈠以外の権利金で、契約・慣習等によって明渡しの際、借家権として転売できるもの | その建物の賃借後の見積残存耐用年数の$\frac{7}{10}$相当年数 |
| | | ㈢　㈠・㈡以外のもの | 5年（賃借期間が5年未満で、契約の更新に際し再び権利金等の支払を要することが明らかなときは、その賃借期間） |
| | 4　電子計算機その他の機器の賃借に伴って支出する費用（法基通8-1-5(2)） | | その機器の耐用年数の$\frac{7}{10}$相当年数（その年数が契約による年数を超えるときは、その賃借期間） |
| 3. 役務の提供を受けるための権利金等 | 5　ノウハウの頭金等（法基通8-1-6） | | 5年（設定契約の有効期間が5年未満で、契約の更新に際し再び頭金等の支払を要することが明らかなときは、その有効期間） |
| 4. 広告宣伝用資産を贈与した費用 | 6　広告宣伝用資産の贈与費用（法基通8-1-8） | | その資産の耐用年数の$\frac{7}{10}$相当年数（5年を最高とします。） |
| 5. その他自己が便益を受けるための費用 | 7　スキー場のゲレンデ整備費用（法基通8-1-9） | | 12年 |
| | 8　出版権の設定の対価（法基通8-1-10） | | 設定契約に定める存続期間（設定契約に存続期間の定めがない場合には、3年） |
| | 9　同業者団体等の加入金（法基通8-1-11） | | 5年 |
| | 10　職業運動選手等の契約金等（法基通8-1-12） | | 契約期間（契約期間の定めがない場合には、3年） |

（注）1　償却年数に1年未満の端数が生じたときは、その端数を切捨てます。
2　1の㈠に該当する道路用地又は道路として舗装の上、国等へ提供した土地（舗装費を含みます。）の価額の償却期間は、「その施設の耐用年数」を15年として計算します。

# ■役員の給与

<table>
<tr><th>項　　目</th><th>説　　　　　明</th></tr>
<tr><td>1. 役員の範囲<br>（法法2十五、34⑥、法令7、71、法基通9-2-1、9-2-6）</td><td>役員とは、①法人の取締役、執行役、会計参与、監査役、理事、監事及び清算人、②使用人以外の者（相談役・顧問等）又は③同族会社の使用人のうち特定株主に該当する者で、法人の経営に従事している者をいいます。<br>・使用人兼務役員：役員のうち、部長、課長、その他法人の使用人としての職制上の地位を有し、常時使用人としての職務に従事するものをいいます。代表取締役、会計参与、監査役、特定株主等は使用人兼務役員とはなりません。</td></tr>
</table>

<table>
<tr><td rowspan="5">取締役・執行役・会計参与・監査役・理事・監事・清算人</td><td colspan="4">1① 社長、理事長、代表取締役、代表理事及び清算人<br>② 副社長、専務、常務その他これらに準ずる職制上の地位を有する役員<br>③ 合名会社・合資会社及び合同会社の業務を執行する社員<br>④ 委員会設置会社の取締役、指名委員会等設置会社の取締役及び監査等委員である取締役、会計参与・監査役・監事</td><td rowspan="3">使用人兼務役員とされない役員</td><td rowspan="5">法人税法上の役員</td></tr>
<tr><td rowspan="4">1以外の役員<br>（例）平取締役</td><td colspan="3">次の2以外</td></tr>
<tr><td rowspan="3">2 部長、課長、支店長、工場長、営業所長、支配人、主任等の使用人としての職制上の地位を有し、かつ常勤である</td><td rowspan="2">3 同族会社の役員である</td><td>4 50%超、10%超、5％超基準（注）のすべてを満たす</td></tr>
<tr><td>4 上記以外</td><td rowspan="2">使用人兼務役員</td></tr>
<tr><td colspan="2">3以外</td></tr>
<tr><td rowspan="2">法人の使用人以外の者</td><td colspan="3">次の5以外　取締役でない会長、理事長、相談役、顧問等</td><td colspan="3">法人税法上の役員でも使用人でもない者</td></tr>
<tr><td colspan="4">5 法人の経営に従事している</td><td rowspan="2">みなし役員</td><td rowspan="2">法人税法上の役員</td></tr>
<tr><td rowspan="3">同族会社の使用人</td><td colspan="2" rowspan="2">6 法人の経営に従事している</td><td colspan="2">7 50%超基準、10%超基準、5％超基準のすべてを満たす</td></tr>
<tr><td colspan="2">7以外</td><td colspan="2" rowspan="2">法人税法上の使用人</td></tr>
<tr><td colspan="4">6以外</td></tr>
</table>

（注） 50%超・10%超・5％超基準の内容は次の通りです。これらをすべて満たすと特定株主となります。

○50%超基準……所有割合が最も大きい株主グループから順次順位を付し、上位3位以内の株主グループのうち、上位から所有割合が初めて50%超となる株主グループにその者が属していること。

○10%超基準……その者の属する株主グループの所有割合が10%を超えていること。

○5％超基準……その者（その配偶者及びこれらの者の所有割合が50%を超える他の会社を含みます。）の所有割合が5％を超えていること。

<table>
<tr><td>2. 役員の給与の損金不算入<br>（法法34、法令69、法基通9-2-12～13）</td><td>・役員に対する給与（債務免除等による経済的利益を含みます。）で、①②③のいずれにも該当しないものの額は損金の額に算入されません。<br>① 定期同額給与（手取額同額も含みます。）<br>② 事前確定届出給与※（①定期同額給与及び③業績連動給与を除く）<br>※事前確定届出給与⇨所定の時期に確定額を支給する旨の定めに基づき支給する給与（事前確定届出が必要（事前確定届出給与の届出期限は、申告期限の延長のない場合、①株主総会等の日から1か月を経過する日②会計期間（事業年度）開始の日から4月を経過する日のいずれか早い日※役員の職務執行期間は「法基通9-2-16」参考））（法法34①二）<br>※同族会社でない法人が定期給与の支給をしない役員に対して支給する給与は「事前確定届出」は不要です。（法法34①二）<br>③ 業績連動給与（非同族会社（完全支配関係がある同族会社を含む。）が業務執行役員に対して支給する給与で次の要件を充たす業績連動型の役員給与）<br>1．算定方法が利益の状況を示す指標、株式の市場価格を示す指標、</td></tr>
</table>

| | 売上高の状況を示す指標で有価証券報告書等に記載され、開示されているものを基礎とするもの<br>2．その算定方法について報酬委員会における決定等適正な手続が執られていること<br>3．損金経理していること<br>4．その他一定の要件を満たすもの |
|---|---|

○役員給与の損金算入範囲等（法令69、法基通9-2-12、13）

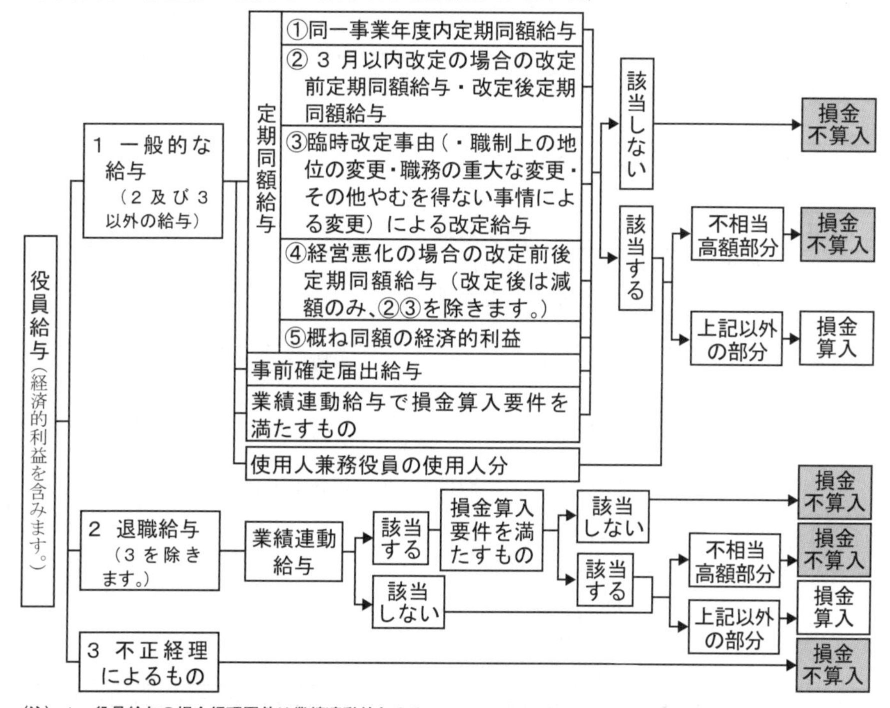


（注）1．役員給与の損金経理要件は業績連動給与のみ
　　2．役員退職給与は損金経理とは関係なく、期末までの退職金債務の成立、退職事実（分掌変更により、①常勤役員→非常勤役員、②取締役→監査役、③役員給与が50%以上の激減など実質的に退職したのと同様の事情のあるときを含む。）の有無、合理的金額算定（最終報酬月額×勤続年数×功績倍率などにより算定されます。）により、損金算入されます。

## ■過大な使用人給与等

| 項　目 | 説　　　明 |
|---|---|
| 1. 特殊の関係のある使用人の範囲(法令72) | 特殊の関係のある使用人とは、役員の親族、役員と事実上婚姻関係と同様の関係にある者、役員から生計の支援を受けている者及びこれらの者と生計を一にするこれらの者の親族をいいます。 |
| 2. 過大な使用人給与の損金不算入（法法36、法令72の2、72の3) | 役員と特殊の関係のある使用人に対して支給する給与（退職給与を含みます。）の額のうち、その使用人の職務の内容、法人の収益及び他の使用人に対する給与の支給状況等に照らし、その使用人の職務に対価として不相当に高額な部分の金額は損金の額に算入されません。 |

## ■経済的な利益と給与（法基通9-2-9、9-2-10）

| 経済的利益の項目 | 給与に加算される金額 | 給与にならない金額 |
|---|---|---|
| ① 金銭、物品、その他の資産の贈与 | • 金銭、物品、その他の資産の価額 | ① 葬祭料、香典、災害等の見舞金及び雇用契約等に基づき支給される結婚・出産等の祝金品 【所基通9-23、28-5】<br>② 1万円以下の創業記念品等 【所基通36-22】 |
| ② 低額譲渡 | • 資産の価額と譲渡時価との差額 | 自己取扱商品の原価販売（転売目的及び多額の差額は除く）【所基通36-23】 |
| ③ 高価買入 | • 資産の時価と買入価額との差額 | |
| ④ 債権放棄、債務免除 | • 放棄、免除（貸倒に該当する場合を除きます。）の金額 | |
| ⑤ 債務の無償引受 | • 引き受けた債務の金額 | |
| ⑥ 土地、家屋の無償・低額提供 | • 通常取得すべき賃貸料の額と実際徴収した賃貸料の額との差額 | |
| ⑦ 無償・低金利貸付 | • 通常取得すべき利率の利息と実際徴収した利息との差額<br>（注）通常利率とは<br>① 他から借入れた時はその利率<br>② 上記以外の時は貸付けを行った日の属する年の措法93②に規定する利子税特例基準割合による利率【所基通36-49】 | ① 実質的に法人業務用分として利用した分<br>② 臨時的に必要な生活・災害・疾病等の資金<br>③ 年5千円以下の利息 【所基通36-28】 |
| ⑧ 用役の無償・低額提供 | • 収入すべき対価と取得した対価との差額 | 自己の営む事業に属する用役の提供<br>但し役員のみを対象とするものを除きます。 【所基通36-29】 |
| ⑨ 機密費、接待費、交際費、旅費等 | • 機密費等のうち、業務に使用したことが明らかでない費途不明の額、渡切交際費 | |
| ⑩ 個人的費用の負担 | • 費用負担額 | |
| ⑪ 社交団体の費用負担 | • 費用負担額 | 業務上の交際を目的とするものは交際費 |
| ⑫ 生命保険料、損害保険料等の負担 | • 負担する保険料 | 使用人とともに行われ、各月の合計額が300円以下<br>【所基通36-31～36-31の8、36-32】 |

（注） 法人が役員に対し、上記経済的な利益の供与をした場合でも、それが、所得税法上経済的な利益として課税されないものであり、かつ、法人がその役員に対する給与として経理しなかったものであるときは、給与として取扱われません。【法基通9-2-10】

## ■租税公課・不正経費等の損金不算入

| 損金不算入の租税公課（法法38、39の2、40、41、55） | 損金算入の租税公課 |
| --- | --- |
| ○法人税の所得課税としての性格によるもの（法法38）<br>1．法人税及び地方法人税（利子税額に相当するものを除きます。）<br>2．受益者等が存しない信託等の特例、人格のない社団等又は特定の一般社団法人等が納付する贈与税及び相続税<br>3．地方税法の規定による都道府県民税及び市町村民税（利子割・均等割・都民税を含みます。）<br>4．法人税額から控除する所得税額・外国税額等（法法40、41、41の２）<br>5．益金不算入とする外国子会社配当等の外国源泉税額等（法法39の2）<br>○租税政策等の要請によるもの（法法55①～⑥）<br>1．法人税等の脱税経費<br>2．隠ぺい仮装行為に基づく確定申告書に記載した原価、費用及び損失の額（帳簿書類によりこれらの額が明らかである場合等を除きます。）（令和５年１月１日以後開始事業年度から適用）<br>3．延滞税及び加算税並びに印紙税法の過怠税<br>4．地方税法等の規定による延滞金、過少申告加算金、不申告加算金及び重加算金（延滞金の内、徴収猶予された期間について徴収されるものを除きます。）（法令111の４）<br>5．罰金、科料及び過料等<br>6．公務員（外国公務員を含みます。）に対する賄賂 | 1．事業税（特別法人事業税を含みます。）<br>2．税込処理をした消費税<br>3．酒税等の個別消費税<br>4．固定資産税・都市計画税<br>5．事業所税<br>6．利子税及び徴収猶予期間に係る延滞金<br>7．強制徴収に係る源泉所得税<br>8．その他の租税（第２次納税義務による納付税額は除きます。） |

## ■租税公課の損金算入時期（法基通9-5-1、9-5-2）

| 租税公課の区分 | 損金算入時期 |
| --- | --- |
| **1. 申告納税方式による租税**<br>（事業税（特別法人事業税を含みます。）、消費税、地方消費税、事業所税、酒税等） | 申告書が提出された日（地方税は申告期間開始の日）、更正又は決定があった日の属する事業年度の損金に算入されます。ただし、酒税又は事業所税で申告期限未到来のものが製造原価等に含まれているときは未払計上が認められます。（消費税等の損金算入時期等はP.95 **3.** 参照）<br>なお、事業税は、特例として申告等がされていない場合であっても、翌期の損金の額に算入されます（法基通9-5-2)。ただし、直前年度分の事業税（特別法人事業税を含みます。）の額の損金算入だけを内容とする更正は、原則として行われません。（法基通9-5-2（注）３） |
| **2. 賦課課税方式による租税**<br>（固定資産税・都市計画税、不動産取得税、自動車税等） | 賦課決定のあった日の属する事業年度の損金に算入されます。ただし、納期開始日又は実際納付日でも認められます。 |
| **3. 特別徴収方式による租税**<br>（ゴルフ場利用税等） | 申告の日、又は、更正又は決定があった日の属する事業年度の損金に算入されます。ただし、申告期限未到来のものを収入金額に含めている場合には、未払計上が認められます。 |
| **4. 利子税及び徴収猶予等に係る延滞金** | 納付の日の属する事業年度の損金に算入されます。ただし、その事業年度の期間に係る未納額を未払計上することができます。 |

## ■交際費等

<table>
<tr><th>項　　目</th><th>説　　　　　　明</th></tr>
<tr><td>1. 交際費の損金不算入額<br>（措法61の4①②）<br>令6.3.31までに開始する各事業年度について適用</td><td>
<table>
<tr><td rowspan="3">期末資本金の額又は出資金の額</td><td>1億円以下</td><td>・支出交際費等の金額のうち定額控除限度額（年800万円）までの額<br>・接待飲食費の額×50%</td><td>いずれかの額を損金算入</td></tr>
<tr><td>1億円超<br>100億円以下</td><td colspan="2">接待飲食費の額×50%が損金算入</td></tr>
<tr><td>100億円超</td><td colspan="2">支出交際費等の額全額が損金不算入</td></tr>
</table>
資本金の額又は出資金の額が5億円以上の法人の完全支配会社等は、中小法人から除かれます。（法法66⑤、67①、措法57の9①）</td></tr>
<tr><td>2. 範囲<br>（措法61の4④、措令37の5）</td><td>交際費とは、交際費、接待費（1人当たり5,000円以下の飲食費を除きます。）、機密費、その他の費用で、法人が得意先・仕入先その他事業に関係ある者等に対する接待、供応、慰安、贈答その他これらに類する行為のために支出するものをいいます。</td></tr>
<tr><td>3. 交際費に含まれる主な費用<br>（措通61の4(1)-1他）</td><td>(1)会社の周年記念又は社屋新築記念における宴会費、交通費及び記念品代並びに土木建築等における起工式、落成式等における費用（福利厚生費に該当する費用を除きます。）<br>(2)下請け工場等になるため又はするための運動費等の費用<br>(3)社外の者の慶弔、禍福に際し支出する金品等の費用<br>(4)得意先、仕入先等を旅行、観劇等に招待する費用<br>(5)得意先、仕入先等の従業員に対して取引の謝礼等として支出する金品の費用（特約店等の従業員に対する報奨金品に該当するものを除きます。）</td></tr>
<tr><td>4. 交際費に含まれない主な費用</td><td>(1)専ら従業員の慰安のために行われる運動会、演芸会、旅行等のために通常要する費用<br>(2)1人当たり5,000円以下（役職員間の飲食費は除きます。）の飲食費⇨得意先・仕入先等業務の遂行や行事の開催に際して、得意先等の従業員等によって飲食されることが想定される弁当等の差入れは含まれます（措通61の4(1)-15の2）<br>(3)次の費用：①社会事業団体等への寄附金、②広告宣伝のための費用、③売上割戻し等、④福利厚生費、⑤従業員に対する昼食等の費用、⑥カレンダー、手帳、扇子、うちわ等を贈与するための費用、⑦会議（来客との商談、打合せ等を含む。）に関連して通常要する茶菓、弁当等、昼食の程度を超えない飲食物等の接待に要する費用、（5,000円基準上記(2)には含まれません。）　⑧不動産業者の現地案内、新製品・季節商品等の展示会等への招待、商品知識普及のための工場見学時の交通・宿泊・食事に要する通常の費用。</td></tr>
</table>

## ■使途秘匿金

| 項　　目 | 説　　　　　　明 |
|---|---|
| 1. 意義<br>（措法62） | 使途秘匿金とは、法人（公益法人等の収益事業に係わるもの等以外を除きます。）がした金銭の支出のうち、相当の理由がなく、その相手方の氏名等がその法人の帳簿に記載していないもの等をいいます。 |
| 2. 法人税額の計算<br>（措法62） | 使途秘匿金については、［**（使途秘匿金の額）×40%**］の金額が通常計算される法人税額に加算して、法人税額を計算します。 |

## ■寄附金

| 項　目 | 説　明 |
|---|---|
| 1. 範囲<br>（法法37①②） | 寄附金とは、寄附金、拠出金、見舞金その他いずれの名義をもってするかを問わず、法人が金銭その他の資産又は経済的利益の贈与又は無償の供与をした場合（広告宣伝費及び見本品費並びに交際費、接待費及び福利厚生費等は除きます。）のその価額をいいます。また、低額譲渡等した場合における実質的な贈与部分の金額も寄附金になります。<br>• 特定公益信託の信託財産とするために支出した金銭の額は、寄附金の額とみなされます。<br>• 法人による完全支配関係がある内国法人間で支出した寄附金の額（受贈益の益金不算入等の適用を受けたものに限ります。）は、その全額が損金不算入とされます。 |
| （個人的寄附金） | ○法人の役員等が個人として負担すべきものと認められるものは、その負担すべき者の給与とされます。（法基通9-4-2の2） |
| 2. 一般寄附金の損金算入限度額<br>（法令73、73の2、77、77の2、77の3） | (1)　損金算入限度額（普通法人・協同組合等（資本金を有するもの））<br>$\left[\left\{(\text{期末資本金と資本準備金の合計額又は出資金の額})\times\frac{\text{事業年度の月数}}{12}\times 0.25\%\right\}+\left(\text{別表四「仮計」25の金額}+\text{支出寄附金}\right)\times 2.5\%\right]\times\frac{1}{4}$<br>（注）令和４年３月31日以前開始事業年度は、上記「資本金と資本準備金の合計額又は出資金の額」は、「資本金等の額（零以下は０）」で計算します（(2)についても同様です）。<br>※１普通法人、協同組合等及び人格のない社団等のうち、資本又は出資を有しないもの、一定のみなし公益法人等及び非営利型法人の場合は［所得の金額×1.25％］<br>※２公益社団法人、公益財団法人は、［所得の金額×50％相当額］<br>学校法人、社会福祉法人、更生保護法人又は社会医療法人等は、<br>［所得の金額×50％相当額と年200万円のいずれか大きい金額］<br>その他の公益法人等は、［所得の金額×20％相当額］<br>(2)　特定公益増進法人等（民法法人を除きます。）に対する寄附金の特別損金算入限度額<br>$\left[\left(\begin{array}{l}\text{期末資本金と資本準備金}\\\text{の合計額又は出資金の額}\end{array}\right)\times\frac{\text{事業年度の月数}}{12}\times 0.375\%+(\text{所得の金額}\times 6.25\%)\right]\times\frac{1}{2}$<br>※３特定公益増進法人等で資本等を有しないものは「(所得の金額×6.25％)」 |
| （法法37③④） | (3)　国、地方公共団体、公益法人等特定の者に対する寄附金は、損金算入限度額の寄附金には含まれません。（証明書類を保存します。）<br>　また、企業版ふるさと納税により、関連する寄附金につき一定の税額控除ができます。 |
| （措法66の4③） | (4)　国外関連者に対する寄附金は、その支払額の全額が損金不算入となります。 |
| 3. 寄附金の損金算入の時期<br>（法令78） | 寄附金の損金算入は現金主義によります。<br>(1)　未払寄附金（期日未到来分の手形未払分を含みます。）⇨損金の不算入（別表四で「加算」、実際支出時に別表四で「減算」します。）<br>(2)　仮払寄附金⇨寄附金の額に含めます。（別表四で「減算」、消去時には損金不算入とし、別表四で「加算」します。） |

# ■貸倒損失・引当金

<table>
<tr><th>項　目</th><th>説　明</th></tr>
<tr><td>1. 貸倒損失<br>(法基通9-6-1~3)</td><td>

**(1) 法律等による貸倒れ**<br>
以下の事実発生事業年度で、切捨又は債務免除した金額が損金算入。<br>
①会社更生法、金融機関等の更正手続の特例等に関する法律の規定による更生計画認可の決定による切捨て<br>
②民事再生法の規定による再生計画認可の決定による切捨て<br>
③会社法の規定による特別清算に係る協定の認可の決定による切捨て<br>
④関係者の協議決定による切捨て<br>
(i) 債権者集会の協議決定で合理的な基準により債務者の負債整理を定めたもの<br>
(ii) 行政機関、金融機関その他第三者のあっせんによる当事者間の協議により締結された契約で合理的な基準によるもの<br>
⑤債務者に対し書面による債務免除（債務超過の状態が相当期間継続し、金銭債権の弁済が不可能と認められる場合）<br>
**(2) 事実上の貸倒れ**<br>
債務者の資産状況、支払能力等からみて全額の回収ができないことが明らかとなった場合（担保物の処分後に限るものとし、保証債務については履行した後によります。）には、その金銭債権の全額が回収不能が明らかとなった事業年度において、損金算入されます。（貸倒損失として損金経理が必要です。）<br>
**(3) 形式上の貸倒れ**（売掛債権に限ります。）<br>
次の場合には、売掛債権から備忘価額を控除した残額を貸倒損失として損金経理したときには、それぞれの事業年度において損金算入されます。<br>
①継続的取引のあった債務者との取引停止以後1年以上経過した場合（担保物のない場合に限ります。）、取引停止後1年以上経過した日以後の事業年度<br>
②同一地域の売掛債権の総額が取立旅費その他の費用に満たない場合に、支払督促したが弁済がない場合に、その弁済がないとき以後の事業年度</td></tr>
<tr><td>2. 貸倒引当金<br>(法法52①、法令96①、法基通11-2-6、11-2-7)</td><td>

**(1) 適用法人と設定条件**<br>
• 適用法人は次の法人に限定されています。<br>
① 期末資本金（出資金）の額が1億円以下の普通法人<br>
（資本金が5億円以上の法人等の100%子会社及び完全支配関係がある複数の大法人に発行済株式等の全部を保有されている法人を除きます。）<br>
② 資本又は出資を有しない普通法人<br>
③ 公益法人等又は協同組合等、人格のない社団等<br>
④ 銀行・保険会社その他これらに準ずる法人<br>
⑤ 上記以外の法人で、売買があったものとされるリース資産の対価の額に係る金銭債権を有する法人、その他一定の法人<br>
• 繰入額を損金経理し、別表十一（一）及び（一の二）を添付すること。<br>
**(2) 繰入限度額**<br>
**（個別評価による金銭債権の繰入限度額）＋（期末一括評価金銭債権の帳簿価額の合計額×繰入率）**<br>
※令和4年4月1日以後開始する事業年度から、100%グループ内の法人間の金銭債権は設定対象となる金銭債権から除外されます。</td></tr>
</table>

(法基通11-2-1、11-2-2～4、11-2-13)

**個別評価による金銭債権に係る貸倒引当金の繰入限度額**

(この繰入額があるときは、別表十一(一)を添付します。)

**[繰入限度額]＝[(①＋②)＋(③＋④)×50%]**

①②③については、担保権の実行などにより取立ての見込みがある金額を除きます。

①個別評価金銭債権が次の事由によりその弁済を猶予され、又は賦払により弁済される場合で、その事由が生じた事業年度終了の日の翌日から5年を経過する日までの弁済予定額を除きます。
(イ)更生計画認可の決定
(ロ)再生計画認可の決定
(ハ)特別清算に係る協定の認可の決定
(ニ)法令の規定による整理手続によらない関係者の協議決定で
　㋑. 債権者集会の協議決定で合理的な基準により債務者の負債整理を定めているもの
　㋺. 行政機関、金融機関その他第三者のあっせんによる当事者間の協議により締結された契約でその内容が㋑に準ずるもの

②金銭債権に係る債務者について、債務超過が継続し、かつ、その事業好転の見込がない場合及びその債務者が天災、経済事情の急変等に多大の損失を被った場合

③金銭債権に係る債務者について次の事実が生じた場合(①②の適用分を除きます。債務者から受け入れた金額を除きます。)
(イ)更生手続開始の申立て　(ロ)再生手続の開始の申立て　(ハ)破産手続開始の申立て　(ニ)特別清算開始の申立て　(ホ)手形交換所等の取引停止処分

④外国の政府中央銀行又は地方公共団体に対する金銭債権で長期にわたる債務の履行遅滞により経済的な価値が著しく減少し、かつ、その弁済を受けることが著しく困難であると認められる金銭債権の額

(法法52②、法基通11-2-16～20)

**一括評価による評価金銭債権に係る貸倒引当金の繰入限度額**

(別表十一(一の二)を添付します。)

**①原則⇨ 期末一括評価金銭債権の帳簿価額の合計額×貸倒実績率(次ページ(3))**

(措法57の9)

**②中小企業等の特例⇨ (期末一括評価金銭債権の帳簿価額の合計額－実質的に債権とみられないものの金額)×法定繰入率**

| (イ)売掛金、貸付金(税務上のものを含む)<br>(ロ)(イ)について取得した受取手形、電子記録債権<br>(ハ)注記表示の裏書手形、割引手形<br>(ニ)益金算入した未収譲渡代金、未収損害賠償金など<br>(ホ)立替金(将来精算されるものを除く)<br>(ヘ)保証債務の履行に伴う求償権　など | － | 個別評価による貸倒引当金の対象となった金銭債権 | ＝ | 一括評価金銭債権 |
|---|---|---|---|---|

※資本金の額又は出資金の額が1億円以下の普通法人(適用除外事業者(P.109参照)である普通法人を除きます。)又は公益法人・協同組合等は、①と②の選択適用が認められています。

(旧措法57の9③)

※公益法人等や協同組合等についての一括評価貸倒引当金繰入限度額の10%割増の特例は、平成31年3月31日までに開始する事業年度をもって廃止されました。

なお、平成31年4月1日から令和5年3月31日までの間に開始する各事業年度については、割増率10%を1年ごとに2%ずつ縮小した率による経過措置があります。

| 平31.4.1～令2.3.31 | 108% | 令3.4.1～令4.3.31 | 104% |
|---|---|---|---|
| 令2.4.1～令3.3.31 | 106% | 令4.4.1～令5.3.31 | 102% |

・貸倒実績率（法令96⑥）

**(3)実績による貸倒れの発生割合**

貸倒実績率は次の算式により計算します。（小数点4位未満切上げ）

$$\text{貸倒実績率}=\frac{\left(\begin{array}{l}\text{その事業年度開始の日前3年以内に開始した各事業年度の売掛債権等の貸倒損失の額}\end{array}\ (+)\ \text{左の各事業年度の個別評価分の引当金繰入額}\ (-)\ \text{左の各事業年度の個別評価分の引当金戻入額}\right)\times\frac{12}{\text{各事業年度の月数の合計数}}}{\left(\text{分子の各事業年度終了の時の一括評価金銭債権の帳簿価額の合計額}\right)\div\text{左の各事業年度の数}}$$

・法定繰入率（措令33の7、39の86）

**(4)中小企業等の特例の法定繰入率**

| 卸売業および小売業（飲食店業および料理店業を含みます。） | 製造業 | 金融業および保険業 | 割賦販売小売業 | その他 |
|---|---|---|---|---|
| $\frac{10}{1000}$ | $\frac{8}{1000}$ | $\frac{3}{1000}$ | $\frac{7}{1000}$ ※ | $\frac{6}{1000}$ |

※令3.3.31以前開始事業年度は$\frac{13}{1000}$

**(5)中小企業等の特例の実質的に債権とみられない金額**は、同一人に対して売掛金又は受取手形と買掛金又は支払手形を有しているなど、債権と債務を相殺していい状態にある場合などに、債権と債務のいずれか少ない方の金額をいいます。（原則）

（措令33の7③）

なお、平成27年4月1日に存在していた法人は、（原則）に代えて次の簡便計算が認められます。

$$\left(\text{期末一括評価金銭債権の額}\right)\times\left[\frac{\text{(A)のうち実質的に債権とみられないものの合計額}}{\text{平成27年4月1日から平成29年3月31日までの間に開始した各期末の一括評価金銭債権の額の合計(A)}}\right]^{※}$$

※小数点以下3位未満切捨て

**3. 返品調整引当金**

（旧法法53、旧法令99、100、101、平30改正法附則25、32）

・平成30年4月1日において返品調整引当金制度の対象事業を営む法人について、令和3年3月31日までに開始する各事業年度については、従来の規定による引当てが認められます。
その後、令和3年4月1日から令和12年3月31日までに開始する各事業年度について、次ページの従来の規定による繰入限度額が1年ごとに10%ずつ縮小されます。

| 年度 | 令3 | 令4 | 令5 | 令6 | 令7 | 令8 | 令9 | 令10 | 令11 |
|---|---|---|---|---|---|---|---|---|---|
| 縮小率 | 90% | 80% | 70% | 60% | 50% | 40% | 30% | 20% | 10% |

<table>
<tr><td></td><td>

**設定条件**

(1) 次の事業（指定事業といいます。）を営むこと
①出版業、②出版に係る取次業、③医薬品（医薬部外品を含みます。）・農薬・化粧品・既製服・蓄音機用レコード・磁気音声再生機用レコード・デジタル式音声再生機用レコードの製造業、④③の卸売業を営む法人

(2) 棚卸資産の大部分について、次の①、②の特約があること
① 販売先の求めに応じ、その商品を当初の販売価額で買戻すこと。
② 販売先では注文の有無にかかわらず商品を購入する旨の特約を締結していること。

(3) 割賦販売業とした棚卸資産について、割賦基準により経理している場合はその割賦販売に係る売上げについてはこの引当金の設定対象外とします。

(4) 繰入額を損金経理し、別表十一(二)を添付すること。

**繰入限度額の計算**

指定事業の種類ごとに、次の①及び②のいずれかの方法により計算し、その金額の合計額</td></tr>
<tr><td>(旧法令101①一)</td><td>

**①期末売掛金基準**

繰入限度額＝（事業年度終了の日の指定事業に係る売掛金の簿価合計額）×[返品率]※1×[売買利益率]※2</td></tr>
<tr><td>(旧法令101①二)</td><td>

**②販売高基準**

繰入限度額＝（事業年度終了日以前2か月間の指定事業に係る棚卸資産の対価の合計額）×[返品率]※1×[売買利益率]※2

※1 返品率＝$\dfrac{\text{その事業年度とその事業年度前1年間の指定事業の棚卸資産の買戻し対価の合計額}}{\text{同上の期間の指定事業の棚卸資産の販売対価の合計額}}$

※2 売買利益率＝$\dfrac{\text{(A)}-\{\text{(A)に係る売上原価}+\text{販売手数料}\}}{\text{その事業年度の指定事業に係る棚卸資産の販売対価の合計額から特約に基づく棚卸資産の買戻しに係る対価の合計額を控除した残額(A)}}$

**戻入額**

翌期全額戻し入れ</td></tr>
</table>

## ■返品債権特別勘定

| 項　目 | 説　明 |
|---|---|
| 1. 設定要件<br>(法基通9-6-4～9-6-8) | • 返品調整引当金勘定の設定ができる法人（上記3.(1)参照）で雑誌（週刊誌、旬刊誌、月刊誌等の定期刊行物をいいます。）の販売について、一定要件の特約を締結している法人が行うものは取扱通達により返品債権特別勘定を設定できます。 |

法人税

## ■圧縮記帳

| 項　目 | 説　　明 |
|---|---|
| 1.法人税法上の圧縮記帳 | 1　国庫補助金等で取得した固定資産の圧縮額の損金算入（法法42～44、法令80）<br>2　工事負担金で取得した固定資産の圧縮額の損金算入（法法45、法令83）<br>3　非出資組合が賦課金で取得した固定資産の圧縮額の損金算入（法法46①）<br>4　保険金等で取得した固定資産の圧縮額の損金算入（法法47～49、法令86、87の2）<br>5　交換により取得した資産の圧縮額の損金算入（法法50） |
| ・経理要件 | ・圧縮記帳による損金算入は確定した決算において一定の経理（①損金経理により帳簿価額を減額する方法、②確定決算で積立金として積み立てる方法、③決算の確定の日までの剰余金処分により積立金として積み立てる方法）をすることが要件となっています。 |
| ・国庫補助金等の圧縮記帳<br>（法法42、法令79、82）<br>（圧縮限度額） | ・国又は地方公共団体等から固定資産の取得又は改良に充てるための補助金、助成金又は給付金の交付を受け、その交付の目的に適合した固定資産の取得又は改良を行った場合に、原則として国庫補助金等の額に相当する額の範囲内で圧縮記帳が認められます。<br>**(1)　返還不要確定の日の属する事業年度前に固定資産を取得等した場合**<br>次のいずれか少ない金額が圧縮限度額<br>①　特別勘定（仮受金勘定等を含む）の金額<br>②　$\left(\text{返還を要しないことが確定した日における固定資産の帳簿価額}\right) \times \dfrac{\left(\text{返還を要しない補助金等の額}\right)}{\left(\text{固定資産の取得等のために要した金額}\right)}$<br>**(2)　返還不要確定の日の属する事業年度以後に固定資産を取得等した場合**<br>その固定資産の取得等に充てた補助金等の額が圧縮限度額 |
| ・交換により取得した資産の圧縮記帳<br>（法法50、法基通10-6-7）<br><br><br><br><br><br><br><br><br><br>（圧縮限度額） | 交換による圧縮記帳は次の３つの適用要件を全てを満たすことが必要です。<br>**①交換譲渡資産**<br>１年以上所有の固定資産で次に掲げるもの<br>①土地等、②建物（建物附属設備、構築物を含みます。）、③機械及び装置、④船舶、⑤鉱業権<br>**②交換取得資産**<br>(i)１年以上所有の固定資産で譲渡資産と同一種類の資産であること<br>(ii)譲渡資産の用途と同一の用途に供すること<br>（注）取得資産を譲渡資産の用途と同一の用途に供したかどうかは、その譲渡資産の種類に応じ、おおむね次に掲げる区分により判定することとされています。<br>土地 ― 宅地、田畑、鉱泉地、池沼、山林、牧場又は原野、その他<br>建物 ― 居住用、店舗又は事務所用、工場用、倉庫用、その他の用<br>機械及び装置 ― 旧耐用年数省令別表第二に掲げる設備の種類の区分<br>船舶 ― 漁船、運送船、作業船、その他<br>(iii)交換の相手方が交換のために取得したものでないこと<br>**③交換差金等の要件**<br>交換差金等の金額が、譲渡資産の時価と取得資産の時価のいずれか多い方の20%以下であること<br>**①交換差金等がない場合**<br>$\left(\text{取得資産の価額}\right) - \left(\text{譲渡資産の譲渡直前の帳簿価額} + \text{譲渡経費}\right)$ |

<table>
<tr>
<td></td>
<td>
②交換差金等を取得した場合<br>
$\left(\text{取得資産の価額}\right)-\left(\text{譲渡資産の譲渡直前の帳簿価額}+\text{譲渡経費}\right)\times\dfrac{\text{取得資産の価額}}{\text{取得資産の価額}+\text{交換差金等}}$<br>
③交換差金等を支払った場合<br>
$\left(\text{取得資産の価額}\right)-\left(\text{譲渡資産の譲渡直前の帳簿価額}+\text{譲渡経費}+\text{交換差金等}\right)$
</td>
</tr>
<tr>
<td>
2. 租税特別措置法上の圧縮記帳<br>
(措法65の7～9)<br><br>
(圧縮限度額)
</td>
<td>
1　特定の資産の買換えの場合の課税の特例<br>
令和８年３月31日までに特定の資産を譲渡してその事業年度内にこれに代わる買換資産を取得し、その取得後１年以内の事業の用に供した場合には、その買換資産の帳簿価額を圧縮限度額の範囲内で減額した損金の額に算入することができます。<br>
2　特定の資産の譲渡に伴い特別勘定を設けた場合にも課税の特例が適用されることがあります（措法65の８）。交換した場合も同様です（措法65の９）。<br>
{ • 買換資産の取得価額　• 譲渡資産の譲渡対価の額 } いずれか少ない金額 ×（差益割合※）×80％<br>
※　差益割合＝$\dfrac{\left(\text{譲渡資産の対価の額}\right)-\left(\text{譲渡資産の譲渡直前の帳簿価額}+\text{譲渡経費}\right)}{\left(\text{譲渡資産の対価の額}\right)}$<br>
• 譲渡資産及び買換資産の範囲については、P.90参照
</td>
</tr>
<tr>
<td>
• 特定の長期所有土地等の所得の特別控除<br>
(措法65の5の2)
</td>
<td>
• 平成21年１月１日から平成22年12月31日までの間に取得した土地等で、その所有期間が５年を超えるものを譲渡した場合に、その譲渡益の金額と1,000万円のいずれか少ない金額を損金の額に算入することができます。
</td>
</tr>
<tr>
<td>
• その他の圧縮記帳
</td>
<td>
<table>
<tr><th>その他の租税特別措置法における圧縮記帳</th><th>根拠法令</th></tr>
<tr><td>収用又は換地処分等に伴い資産を取得した場合の課税の特例</td><td>措法64、64の2、65</td></tr>
<tr><td>転廃業助成金等で固定資産を取得する場合</td><td>措法67の4</td></tr>
<tr><td>農業経営基盤強化準備金を有する法人が農用地等を取得する場合</td><td>措法61の3</td></tr>
<tr><td>特定の交換分合により土地等を取得した場合</td><td>措法65の10</td></tr>
<tr><td>特定普通財産とその隣接する土地等の交換</td><td>措法66</td></tr>
</table>
</td>
</tr>
</table>

・**譲渡資産及び買換資産の範囲**（措法65の7～65の9、(37～37の4)）

| 譲渡資産 | 買換資産 |
|---|---|
| ※令和5年4月1日以後、既成市街地等の内から外への買換えは適用対象から除外されました。 | |
| 既成市街地等内にある次に掲げる資産で、所有期間が10年超のもの<br>イ　事務所、工場、作業場、研究所、営業所、倉庫その他これらに類する福利厚生施設を除く施設の用に供されている建物（その附属設備を含みます。）<br>ロ　上記建物等の敷地の用に供されている土地等 | 既成市街地等以外の地域内にある土地等、建物（その附属設備を含みます。）、構築物、機械及び装置<br>※農林業用以外のものにあっては、一定の区域内にあるものに限るものとし、農林業用のものにあっては、市街化区域以外の地域内にあるものに限ります。 |
| 1．航空機騒音障害防止区域内にある土地等、建物又は構築物<br>※特定空港周辺航空機騒音対策措置法等の規定により譲渡されたものに限ります（一定のものを除きます。）。 | 航空機騒音障害区域外にある特定の資産（農・林業の用に供されるものにあっては、市街化区域以外の地域内にあるものに限ります。）<br>（一定区域内の譲渡資産については課税繰延割合70％） |
| 2．既成市街地等及びこれに類する区域内にある土地等、建物又は構築物 | 左の区域内にある土地等、建物、構築物又は機械及び装置で土地の計画的かつ効率的な利用に資する特定の施策（5,000$m^2$以上の面積の土地を対象とした市街地再開発事業）の実施に伴い、当該施策に従って取得をされるもの（地上4階以上の中高層耐火建築物以外の建物及び住宅用部分の建物並びにこれらの敷地の用に供される土地等所定のものを除く。） |
| 3．国内にある土地等、建物又は構築物で、その法人により取得をされた日から引き続き所有され、その所有期間が10年を超えるもの | 国内にある土地等（事務所、工場、作業場、研究所、営業所、店舗、倉庫、住宅その他これらに類する施設（福利厚生施設を除きます。）の敷地の用に供されるもの又は一定の駐車場の用に供されるもので、その面積が300$m^2$以上のもの）、建物又は構築物（措令39の7⑤）<br>（一定区域内の譲渡資産については課税繰延割合90％・75％・70％・60％） |
| 4．船舶（日本船舶に限る。）のうちその進水の日からその譲渡の日までの期間が次の期間に満たないもの(注)<br>イ　海洋運輸業又は沿海運輸業に供されている船舶 ………… 25年<br>外航船舶 … 20年、内航船舶 … 23年<br>ロ　建設業又はひき船業用の船舶 … 35年 | 譲渡資産と同一用途の船舶（新建造船舶のうち環境への負荷の低減に資するもので措令39の7⑦に規定する一定の買換船舶に限ります。）<br>(注) 左の譲渡資産は平成23年1月1日以後に建造された建設業その他一定の事業の用に供されるものを除きます。 |

※上の表で所有期間とは、その取得をされた日の翌日から譲渡された日の属する年の1月1日までの所有期間をいいます。

※土地を買換資産とする場合、譲渡した土地の面積の5倍を超える部分は買換資産となりません。

# ■その他の経費

| 項　目 | 説　明 |
|---|---|
| **1. ゴルフクラブ等の入会金等**<br>(1)入会金<br>(法基通9-7-11、9-7-12)<br>(2)会費等<br>(法基通9-7-13) | **(1) ゴルフクラブ・レジャークラブの入会金・年会費等の取扱い** |

| | 項目 | 入会金 | 年会費等 | プレー料金 |
|---|---|---|---|---|
| ゴルフクラブ | 法人会員として入会 | 資産計上 | 交際費 | ① 業務遂行上<br>↓<br>交際費<br>② ①以外<br>↓<br>給与 |
| | | 個人が負担すべきもの→給与 | 給与 | |
| | 個人として入会 | 給与 | | |
| | | 法人が負担すべきもの<br>→資産計上経理可能 | 交際費 | |
| レジャークラブ(法基通9-7-13の2) | 法人会員として入会 | ゴルフクラブに同じ<br>ただし<br>イ　有効期限あり<br>ロ　脱退に際し入会金が返還されない<br>↓<br>繰延資産計上 | 使途に応じて<br>↓<br>交際費<br>福利厚生費<br>給与 | |

(法基通9-7-14、15)

**(2) 社交団体の入会金・年会費等の取扱い**

| 項目 | 入会金 | 経常会費 | その他の費用 |
|---|---|---|---|
| 法人会員として入会 | 交際費 | 交際費 | ① 業務遂行上<br>↓<br>交際費<br>② ①以外<br>↓<br>給与 |
| 個人会員として入会 | 給与 | 給与 | |
| | 法人会員制度がないため個人会員として入会→交際費 | 交際費 | |

(法基通9-7-15の2)

**(3) ライオンズ・ロータリークラブの入会金等の取扱い**

| 項目 | 入会金・経常会費 | その他の費用 |
|---|---|---|
| ライオンズ・ロータリークラブ | 交際費 | その支出目的に応じて寄附金又は交際費となる。ただし会員たる特定の役員又は使用人の負担すべきものは給与 |

**2. 海外渡航費**
(法基通9-7-6～10、平12.10.11課法2-15、課所4-24)

同業者団体等の海外視察旅行等の損金算入額の処理基準

> 原則的な損金算入額 ＝(その旅行に通常要する費用)×業務従事割合を基礎とした損金算入割合
>
> ※損金算入割合＝業務従事割合の10%未満の端数を四捨五入して、10%単位で区分した割合

$$\text{業務従事割合} = \frac{\text{「視察等の業務に従事したと認められる日数」}\boxed{A}}{\text{「}\boxed{A}\text{」＋「観光を行ったと認められる日数」}}$$

①日数区分の単位は通常の業務時間（おおよそ８時間）を１日とし0.25日単位で算出します。このとき、夜間において業務に従事している場合はⒶに加算します。

②［視察等の日数］
・工場、店舗等の視察、見学又は訪問、・展示会・見本市等への参加等、・市場・流通機構等の調査研究等、・国際会議への出席、・海外セミナーへの参加、・同業者団体又は関係官庁等の訪問、懇談

［観光の日数］
・自由行動時間での私的な外出、・観光に附随して行った簡易な見学、儀礼的な訪問、・ロータリークラブ等の会議で私的地位で出席したもの

> 例外①　業務従事割合が50%以上の場合
> 損金算入額⇨「往復の交通費の額」＋「その他の費用×損金算入割合」
>
> 例外②　「損金算入割合」　①90%以上のとき…全額損金算入
> ②10%以下のとき…全額損金不算入

法人税

## ■法人契約の定期保険等に係る保険料

| | |
|---|---|
| **養老保険** | 被保険者の死亡又は生存を保険事故とする生命保険<br>(定期付養老保険等を除きます。) |
| **定期保険** | 一定期間内における被保険者の死亡を保険事故とする生命保険 |
| **第三分野保険** | 第一分野（終身保険、定期保険、養老保険、個人年金保険など生命保険固有分野のもの）にも第二分野（火災保険、賠償責任保険など損害保険固有分野のもの）にも属さない疾病・傷害分野の保険<br>(例：医療保険・がん保険・介護保険・傷害保険など) |
| **定期付養老保険** | 養老保険に、定期保険又は第三分野保険を付した保険 |

(1) **養老保険**(法基通9-3-4、9-3-6の2、9-3-8)

<table>
<tr><th colspan="2">保険金受取人</th><th rowspan="2">主契約保険料</th><th rowspan="2">特約保険料</th><th rowspan="2">契約者配当</th></tr>
<tr><th>死亡保険金</th><th>生存保険金</th></tr>
<tr><td>法人</td><td>法人</td><td>資産計上</td><td rowspan="3">損金算入<br>(特定の者だけが対象のときは、給与)</td><td>益金算入<br>(資産計上額から控除可)</td></tr>
<tr><td>役員・使用人の遺族</td><td>役員・使用人</td><td>役員・使用人の給与</td><td rowspan="2">益金算入</td></tr>
<tr><td>役員・使用人の遺族</td><td>法人</td><td>$\frac{1}{2}$は資産計上<br>$\frac{1}{2}$は損金算入<br>(特定の者だけが対象のときは、給与)</td></tr>
</table>

(2) **定期保険及び第三分野保険**(法基通9-3-5、9-3-6の2、9-3-8)

(保険料に(3)**相当多額の前払部分**が含まれる場合を除きます。)

<table>
<tr><th>死亡保険金又は給付金の受取人</th><th>主契約保険料</th><th>特約保険料</th><th>契約者配当</th></tr>
<tr><td>法人</td><td>期間の経過に応じて損金算入</td><td rowspan="2">損金算入<br>(特定の者だけが対象のときは、給与)</td><td rowspan="2">益金算入</td></tr>
<tr><td>役員・使用人又はその遺族</td><td>期間の経過に応じて損金算入<br>(特定の者だけが対象のときは、給与)</td></tr>
</table>

- 保険料払込期間中は、払込保険料×(保険料払込期間／保険期間)を損金算入し、残額は資産計上されます。
  なお、保険期間が終身の第三分野保険については、保険期間開始日から被保険者が116歳に達する日までが上記計算上の保険期間とされます。
- **解約返戻金相当額のない短期払の定期保険又は第三分野保険**（令元.10.8以後契約分）
  （解約返戻金がない、又はごく少額であり、保険料払込期間が保険期間より短いものに限ります。）
  ⇒被保険者１人当たりの事業年度中の払込保険料（複数の契約がある場合には、その合計額）が30万円以下であるものについては、全額損金算入

(3) **相当多額の前払部分の保険料のある定期保険及び第三分野保険**（法基通9-3-5の2）

役員・使用人を被保険者とする①保険期間が３年以上の定期保険及び第三分野保険で、②最高解約返戻率が50％を超えるものの支払保険料の取扱いは、次のとおりです。

なお、(i)(ii)(iii)のものについては、前記（定期保険及び第三分野保険）の取扱いとなります。

| | | |
|---|---|---|
| (i) | 保険期間３年未満 | ⇒**法基通9-3-5** |
| (ii) | 最高解約返戻率50％以下 | |
| (iii) | 最高解約返戻率70％以下で、かつ、年換算保険料相当額30万円以下 | |

- 最高解約返戻率➡保険期間の最も高い解約返戻率（契約者に示された解約返戻金額÷返戻金受取時までの支払保険料累計額）
- 当期分支払保険料➡支払保険料のうち、その事業年度対応部分の金額
- 年換算保険料相当額➡保険料総額÷保険期間の年数
- 保険期間➡保険契約に定められている契約日から満了日までの期間（保険期間が終身である第三分野保険については、保険期間開始日から被保険者が116歳に達する日までが保険期間とされます。）



**最高解約返戻率が50％超70％以下の場合**

| 資産計上期間 | 4割から7.5割までの期間 | 取崩期間 |
|---|---|---|
| 保険期間の当初４割の期間 | | 保険期間の7.5割経過後から終了日まで |
| 支払保険料×40％→資産計上<br>支払保険料×60％→損金算入 | 支払保険料全額損金 | 資産計上保険料を均等取崩し損金算入<br>支払保険料全額損金 |

資産計上分均等取崩

支払保険料

40％　資産計上

60％　損金算入

100％

100％

←4割期間→←3.5割期間→←2.5割期間→

**最高解約返戻率が70％超85％以下の場合**

| 資産計上期間 | 4割から7.5割までの期間 | 取崩期間 |
|---|---|---|
| 保険期間の当初４割の期間 | | 保険期間の7.5割経過後から終了日まで |
| 支払保険料×60％→資産計上<br>支払保険料×40％→損金算入 | 支払保険料全額損金 | 資産計上保険料を均等取崩し損金算入<br>支払保険料全額損金 |

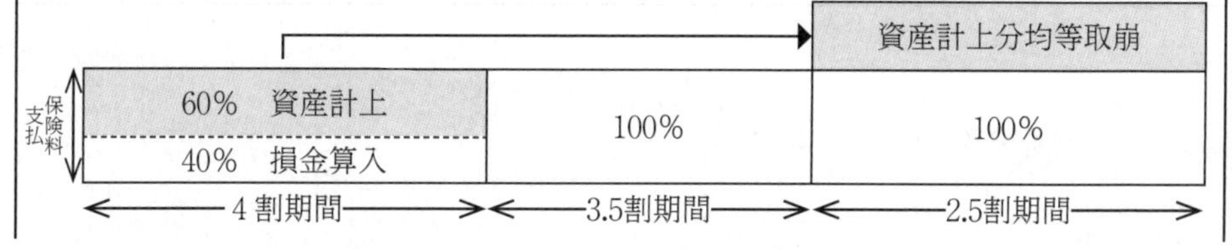

**最高解約返戻率が85%超**

<table>
<tr><th>資産計上期間</th><th rowspan="3">支払保険料全額損金</th><th>取崩期間</th></tr>
<tr><td>次のいずれかの期間<br>①保険開始日から最高解約返戻率となるまでの期間<br>②①の期間経過後において、(その期間の解約返戻金増加額÷年換算保険料相当額）が70%超となる期間があるときは、保険開始日からその期間終了までの期間<br>③①又は②が５年未満の場合は、当初５年間（保険期間が10年未満の場合は、保険期間の当初$\frac{1}{2}$の期間）</td><td>解約返戻金相当額（注：返戻率ではない。）が最も高くなる期間経過後から保険期間の終了の日まで<br>ただし、資産計上期間が③の場合は、③の期間経過後から保険期間の終了の日まで</td></tr>
<tr><td>当初10年間…支払保険料×最高解約返戻率×0.9<br>11年目以降…支払保険料×最高解約返戻率×0.7</td><td>資産計上保険料を均等取崩し損金算入<br>支払保険料全額損金</td></tr>
</table>

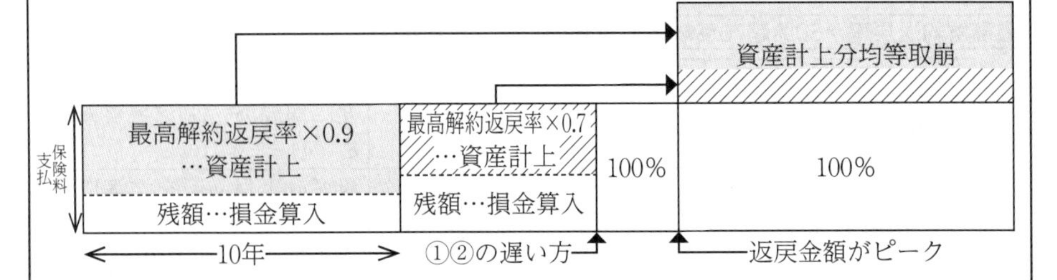


(4) **定期付養老保険等**（法基通9-3-6）

| 区分 | 取扱い |
|---|---|
| 保険料の額が養老保険に係るものと定期保険又は第三分野保険に係るものに区分されている場合 | それぞれの保険料について、(1)(2)(3)の例によります。 |
| 上記以外の場合 | その保険料について(1)の例によります。 |

(5) **適用時期**

① (2)(3)(4)については、令和元年７月８日以後の契約に係る保険料から適用され、(2)の解約返戻金相当額のない短期払の定期保険又は第三分野保険に係る保険料については、令和元年10月８日以後の契約に係る保険料から適用されます。

② ①以前の契約に係る保険料については、改正前通達及び廃止前個別通達の取扱いによるものとされていますので、従来の経理処理を引き続き行います。

# ■消費税等に係る会計処理

<table>
<tr><th>項　目</th><th colspan="3">説　明</th></tr>
<tr><td>1. 会計処理の種類</td><td colspan="3">経理方式<br>├ 税抜経理方式 → 消費税等の額と当該消費税に係る取引の対価の額とを区分して経理する方式（法令139の4⑤）<br>└ 税込経理方式 → 消費税等の額と当該消費税に係る取引の対価の額とを区分しないで経理する方式<br>• 法人が行う経理処理は、税抜経理方式又は税込経理方式のいずれの方式によってもよいが、その選択した方式は、原則として全ての取引について適用する必要があります。<br>• 免税事業者は税込経理しか適用できません。</td></tr>
<tr><td rowspan="3">2. 控除対象外消費税額等の処理方法<br>（法令139の4①、②）</td><td>その事業年度の課税売上割合<br>控除対象外消費税額等の区分</td><td>80% 未満</td><td>80% 以上</td></tr>
<tr><td>① 棚卸資産以外の資産（固定資産等）に係るもので一の資産に係るものの金額が20万円以上であるもの。<br>（特定課税仕入れに係るものを除きます）</td><td>その合計額を繰延消費税額等として繰延べ、償却します。<br>$\text{繰延消費税額等} \times \frac{\text{その事業年度の月数}}{60}$<br>＝損金算入限度額<br>（控除対象外消費税額等が生じた事業年度は上記の$\frac{1}{2}$）</td><td rowspan="2">損金経理を要件として損金の額に算入することが認められます。</td></tr>
<tr><td>② ①以外のもの（経費、棚卸資産に係るもの及び固定資産等に係るもので一の資産に係るものの金額が20万円未満であるもの又は特定課税仕入れに係るもの）。</td><td>損金経理を要件として損金の額に算入することが認められます。</td></tr>
<tr><td>3. 消費税等の損金算入時期等<br>（平元直法2-1⑥、⑦）</td><td colspan="3">(1) 税込経理方式を適用している法人が納付すべき消費税等は、申告税額についてはその納税申告書が提出された日の属する事業年度の損金の額に算入し、更正又は決定に係る税額についてはその更正又は決定があった日の属する事業年度の損金の額に算入します。<br>※その法人が申告期限未到来の消費税等の額を損金経理により未払金に計上したときのその金額については、その損金経理をした事業年度の損金の額に算入します。<br>(2) 税抜経理方式を適用している法人が、課税期間の終了の時における仮受消費税等の金額から仮払消費税等の金額（控除対象外消費税額等に相当する金額を除きます。）を控除した金額とその課税期間に係る納付すべき消費税等の額又は還付を受ける消費税等の額とに差額が生じたときは、その差額については、その課税期間を含む事業年度において益金の額又は損金の額に算入します。</td></tr>
</table>

## ■グループ法人税制

<table>
<tr><th>項　目</th><th colspan="3">説　　明</th></tr>
<tr><td>1. グループ法人単体課税制度</td><td colspan="3">当事者間の完全支配の関係（親会社と100％子会社など）、又は一の者との間に当事者間の完全支配の関係がある法人相互の関係（兄弟会社相互間など）がある場合には、グループ法人税制が適用されます。</td></tr>
<tr><td>2. 資産の譲渡損益の繰延<br>（法法61の13①、法令122の14）</td><td colspan="3">• 完全支配関係にある内国法人間で、譲渡損益調整資産（固定資産・土地等・有価証券・金銭債権及び繰延資産で一定のもの）の移転を行ったことにより生ずる譲渡損益は、譲受法人がグループ内外問わずその資産を譲渡するまで、譲渡利益の益金算入・譲渡損失の損金算入が繰り延べられます。</td></tr>
<tr><td>3. 完全支配関係がある法人間の寄附金<br>（法法37②、25の2、法令9①七、119の3⑥）</td><td colspan="3">• 完全支配関係（法人による完全支配関係に限ります。）にある内国法人間の寄附金・受贈益に関して、寄附金を支出する法人においては全額損金不算入、寄附を受ける法人においてはその受贈益の全額が益金不算入とされます。<br>なお、法人との間に完全支配関係がある他の法人（子法人）がこの取扱いの適用を受ける場合には、その子法人の株式を保有する親法人は、その子法人の株式の帳簿価額を修正し、利益積立金を増加又は減少させます。</td></tr>
<tr><td rowspan="4">4. 完全支配関係法人間の資本関係取引の取扱い<br>（法法2十二の六、23②、24、61の2⑰、62の5③④、81の4③法令8①十九）</td><td colspan="3">• 完全支配関係にある法人間の資本関係取引の取扱いは次の通りです。</td></tr>
<tr><td>①</td><td>現物分配</td><td>完全支配関係にある内国法人間の現物分配（みなし配当を含みます。）又は株式分配について、組織再編税制の一環として位置づけ、譲渡損益の計上を繰り延べる等の措置が講じられます。この場合、源泉徴収は行いません。</td></tr>
<tr><td>②</td><td>受取配当等の益金不算入制度</td><td>完全支配関係にある内国法人からの受取配当について益金不算入制度を適用する場合には、負債利子控除が適用されず、その全額が益金不算入となります。</td></tr>
<tr><td>③</td><td>グループ内法人の株式譲渡損益不計上</td><td>完全支配関係にある内国法人の株式を発行法人に対して譲渡する等の場合には、その譲渡損益が計上されません。<br>金銭不交付の合併及び分割型分割及び株式分配の場合を除きます。<br>譲渡損益不計上相当額は資本等の増減とします。</td></tr>
<tr><td rowspan="8">5. 中小企業特例措置の制限<br>（法法66⑤、67①、52①、57⑪、措法57の9①、66の13①、61の4の①）</td><td colspan="3">次の①及び②の法人については、資本金の額又は出資金の額が1億円以下の法人に認められる(i)～(vi)の制度は適用されません。<br>①　大法人との間にその大法人による完全支配関係がある普通法人<br>（注）大法人とは次の法人をいいます。<br>• 資本金の額又は出資金の額が5億円以上の法人<br>• 相互会社、受託法人<br>②　グループ法人内の複数の大法人による完全支配関係のある普通法人</td></tr>
<tr><td></td><td colspan="2">適用制限を受ける制度</td></tr>
<tr><td>(i)</td><td colspan="2">所得金額年800万円までの法人税軽減税率</td></tr>
<tr><td>(ii)</td><td colspan="2">特定同族会社の特別税率（留保金課税）の不適用措置</td></tr>
<tr><td>(iii)</td><td colspan="2">貸倒引当金の損金算入制度及び当該制度における法定繰入率の適用</td></tr>
<tr><td>(iv)</td><td colspan="2">欠損金繰越控除制度の所得金額の一定割合を控除限度額とする措置の不適用</td></tr>
<tr><td>(v)</td><td colspan="2">欠損金の繰戻しによる還付制度の不適用の除外措置</td></tr>
<tr><td>(vi)</td><td colspan="2">交際費等の損金不算入制度における定額控除制度</td></tr>
</table>

## ■繰越欠損金の損金算入

<table>
<tr><th>項　目</th><th>説　明</th></tr>
<tr><td>1. 青色欠損金の繰越控除<br>(法法57①⑩、58)<br><br><br><br><br><br><br><br><br><br><br><br><br><br><br><br><br><br><br>(法法57⑪)<br><br><br><br><br><br><br><br><br><br><br>(法法59①)<br><br><br><br><br>(法基通12-1-1)<br>(法基通12-3-2)</td><td>(1)　適用要件<br>①　欠損を生じた事業年度において青色申告法人であること。<br>②　その事業年度開始の日前10年（平成30年3月31日以前開始事業年度分は9年）以内に開始した事業年度において生じた欠損金額であること（すでに所得の計算上損金に算入された金額及び欠損繰戻しの対象となった金額は除きます。）<br>③　欠損金の生じた事業年度から損金算入の適用を受ける事業年度まで引き続いて確定申告書を提出し、その明細を記載していること。<br>(2)　損金算入額<br>①　事業年度開始の日前10年（平成30年3月31日以前開始事業年度分は9年）以内に開始した事業年度に生じた欠損金額が損金の額に算入されますが、適用を受けようとする事業年度の所得金額（この欠損金等の損金算入の規定を適用しないものとした場合の所得金額）の50%相当額が限度となります。<br><table><tr><th>(例)</th><th>Ⅰ</th><th>→Ⅱ</th><th>→Ⅲ</th><th>→Ⅳ</th><th>→Ⅴ</th></tr><tr><td>控除前所得金額</td><td>△1,000</td><td>300</td><td>400</td><td>800</td><td>700</td></tr><tr><td>欠損金控除</td><td></td><td>△150</td><td>△200</td><td>△400</td><td>△250</td></tr><tr><td>繰越欠損金</td><td>1,000</td><td>850</td><td>650</td><td>250</td><td>0</td></tr></table>50%<br>　ただし、各事業年度終了の時において次の(イ)から(ハ)に掲げる法人に該当する場合には、100%相当額が限度とされます。<br>(イ)　中小法人等　普通法人のうち、資本金の額若しくは出資金の額が1億円以下であるもの（大法人との間に大法人による完全支配関係がある普通法人又は複数の完全支配関係がある大法人に発行済株式等の全部を保有されている普通法人を除きます。）又は資本若しくは出資を有しないもの（保険業法に規定する相互会社を除きます。）<br>(ロ)　公益法人等又は協同組合等<br>(ハ)　人格のない社団等<br>　また、更生手続開始の決定があった法人等については、以後7年間は控除限度は100%、設立後7年以内の法人や特定目的会社などの控除限度も100%とされます。<br>　会社更生手続開始の決定があった場合において、適用年度前の各事業年度において生じた欠損金額に相当する金額のうち、更生債権等について債務の免除を受けた金額や役員等から贈与を受けた金銭の額等、会社更生法等の規定に従って行う資産の評価換えによる評価益の額の合計額に達するまでの金額を損金の額に算入します。<br>②　損金算入額は、適用を受ける欠損金額のうち最も古い事業年度から生じた欠損金から順次損金に算入します。<br>③　各事業年度の欠損金額は、損金の額の合計額が益金の額の合計額を超える場合のその超える金額をいい、資本積立金又は利益積立金を取りくずし、繰越欠損金として表示していない場合でもその欠損金額は損金算入の対象となります。</td></tr>
</table>

| | |
|---|---|
| **2. 特定株主等によって支配された欠損等法人の欠損金の繰越しの不適用**<br>（法法57の2、60の3） | • 青色欠損金又は評価損資産を有する法人を買収して欠損金を利用する租税回避行為は規制されています。<br>**［対象法人］** 特定の株主により、発行済株式総数の50％超を直接又は間接に保有された欠損法人<br>**［該当事由］** 50％超保有した日から５年以内に従前から営む事業を廃止し、かつ、その事業規模を大幅に超える事業を開始したこと等、一定の事由に該当する場合<br>**［規制内容］**<br>⑴ 該当事由が発生した日の属する事業年度前の欠損金は繰越控除できません。<br>⑵ 該当事由が発生した日の属する事業年度から３年内（50％超保有した日から５年を限度とします。）の資産の譲渡損失は損金に算入されません。 |
| **3. 災害損失金**<br>（法法58①、法令115）<br><br><br><br><br>（法令114）<br><br><br><br>（法令116）<br><br><br><br><br><br><br>（法法80⑤）<br><br><br><br>（法法58①） | **⑴ 適用要件**<br>① 欠損金額が震災、風水害、火災、冷害、雪害、干害、落雷、噴火その他の自然現象の異変による災害及び鉱害、火薬類の爆発その他の人為による異常な災害並びに害虫、害獣その他生物による異常な災害により生じたものであること。ただし、青色申告事業年度に生じた欠損金又は欠損金の繰戻しによる還付適用した欠損金は除かれます。<br>② その欠損金額が、棚卸資産、固定資産又は繰延資産（他の者の有する固定資産を利用するために支出されたものに限ります。）について次により生じた損失の額（保険金、損害賠償金で補てんされたものを除きます。）であること。<br>イ 資産の滅失又は損壊により、その資産の帳簿価額を減額したことにより生じた損失の額（滅失、損壊又は価値の減少によるその資産の取りこわし又は除去の費用等を含みます。）<br>ロ 損壊資産を事業の用に供するため、その災害のやんだ日の翌日から一年を経過した日の前日までに原状回復のため支出する修繕費用、土砂その他の障害物の除去費用（損壊又は価値の減少を防止する費用を含みます。）<br>③ 災害損失欠損金額の生じた事業年度の確定申告書、修正申告書又は更正請求書に損失の額に関する明細を記載した書類を添付し、かつ、その後において連続して確定申告書を提出している場合であって、災害損失欠損金額が生じた事業年度に係る帳簿書類を保存しているときは、この適用が認められます。<br>**⑵ 損金算入額**<br>災害損失金の損金算入額は、**1.** の損金算入額と同じです。 |
| **4. 青色欠損金の繰越期間の延長に伴う措置**<br>（法法57⑩、80⑤）<br><br>（通法70②）<br><br>（通法23①） | • 青色欠損金の繰越期間・災害損失欠損金の繰越期間が平成30年４月１日以後開始事業年度より10年（改正前９年）に延長されたことに伴い、次の措置が講じられました。<br>イ 青色欠損金の繰越控除制度・災害損失欠損金の繰越控除制度の適用に係る帳簿書類の保存要件について、保存期間が10年（改正前９年）とされます。<br>ロ 法人税の欠損金額に係る更正の期間制限が10年（改正前９年）に延長されます。<br>ハ 法人税の欠損金額に係る更正の請求期間が10年（改正前９年）とされます。 |

# ■欠損金の繰戻し還付制度

| 項　　目 | 説　　　　明 |
|---|---|
| ○**欠損金の繰戻し還付**<br>（法法80①④⑤、法令156）<br><br><br><br><br><br><br><br><br>（措法66の12、措令39の24） | • 次の事実が生じた場合に、その事実が生じた日前1年以内に終了したいずれかの事業年度又は同日を含む事業年度の欠損金額（青色申告事業年度の繰越欠損金又は災害損失金として所得の計算上損金に算入されたものを除きます。）がある場合に、その事実の生じた日以後1年以内にその欠損金の繰戻しによる還付請求ができます。<br>⑴解散したとき<br>⑵事業の全部を譲渡したとき<br>⑶会社更生法の規定による更生手続の開始等があったとき<br>⑷営業の全部の相当期間の休止又は営業の重要部分の譲渡で、これらの事実が生じたことにより欠損金額について青色申告事業年度の繰越欠損金の控除の規定の適用を受けることが困難となると認められるとき<br>⑸一定の災害損失欠損金額並びに設備廃棄等欠損金額（令和2年4月1日以後、特例廃止）があるとき<br>（注）中小法人等以外の法人の青色申告書である確定申告書を提出する事業年度で平成4年4月1日から令和6年3月31日までの間に終了する事業年度において生じた欠損金額については、繰戻しによる還付は認められません。（上記⑴から⑸までに該当する場合は除きます。） |
| ○**中小法人等の欠損金の繰戻し還付**<br>（措法66の12、68の97）<br><br><br><br><br><br><br>［適用要件］<br>（法法80③⑨） | • 中小法人等の平成4年4月1日から令和6年3月31日の間に終了する事業年度において生じた欠損金額について、欠損金の繰戻しによる還付制度（法法80①）の適用ができます。（還付金額の計算式は次の通りです。）<br>$\left\{\left(\text{欠損事業年度開始の日前1年以内に開始したいずれかの事業年度の所得に対する法人税額}\right)+\left(\text{所得税額の控除額}\right)\right\}\times\frac{\left(\text{欠損事業年度の欠損金額}\right)}{\left(\text{還付所得事業年度の所得金額}\right)}$<br>⑴　次の中小法人等であること<br>①普通法人のうち事業年度終了の時において資本金の額又は出資金の額が1億円以下であるもの又は資本若しくは出資を有しないもの（相互会社等を除きます。）<br>ただし、上記法人のうち各事業年度終了の時において大法人（資本金の額又は出資金の額が5億円以上である法人、相互会社又は外国相互会社、法人課税信託の受託法人をいいます。）との間にその大法人による完全支配関係がある法人及び複数の完全支配関係がある大法人に発行済株式等の全部を保有されている法人は除かれます。<br>②公益法人等、協同組合等<br>③認可地縁団体、管理組合法人など法人税法以外の法律によって公益法人等とみなされているもの<br>④人格のない社団等<br>⑵　還付所得事業年度から欠損事業年度の前事業年度まで連続して青色申告である確定申告書を提出していること<br>⑶　欠損事業年度の確定申告書を青色申告により提出期限内に提出していること<br>⑷　欠損事業年度の確定申告書の提出と同時に「繰戻しによる還付請求書」を提出していること |

## ■適用額明細書の添付が必要となる主な特別措置一覧表（抜粋）

法人税関係特別措置を適用する場合には、租税特別措置の適用状況の透明化等に関する法律により、申告書に**「適用額明細書」（適用される法律の条項、区分番号、適用額等）**を記載して添付することが必要です。

**●主な法人税関係の特別措置と租税特別措置法の条項**

| 法人税関係の特別措置 | 租税特別措置法の条項 |
|---|---|
| □中小企業者等の法人税率の特例 | 措法42の3の2①の表の一 |
| □試験研究を行った場合の法人税額の特別控除 | 措法42の4① |
| □中小企業者等が機械等を取得した場合の特別償却又は法人税額の特別控除 | 措法42の6①又は② |
| □地域経済牽引事業の促進区域内において特定事業用機械等を取得した場合の特別償却又は法人税額の特別控除 | 措法42の11の2①又は② |
| □地方活力向上地域等において雇用者の数が増加した場合の法人税額の特別控除 | 措法42の12① |
| □中小企業者等が特定経営力向上設備等を取得した場合の特別償却又は法人税額の特別控除 | 措法42の12の4①又は② |
| □給与等の支給額が増加した場合の法人税額の特別控除 | 措法42の12の5①又は② |
| □事業適応設備を取得した場合等の特別償却又は法人税額の特別控除 | 措法42の12の7①又は④、③又は⑥ |
| □医療用機器等の特別償却 | 措法45の2①（償却費） |
| □中小企業事業再編投資損失準備金 | 措法56① |
| □特定船舶に係る特別修繕準備金 | 措法57の8①又は⑨ |
| □中小企業者等の貸倒引当金の特例 | 平成31年旧措法57の9③ |
| □収用等に伴い代替資産を取得した場合等の課税の特例 | 措法64、64の2、65、65の2 |
| □特定土地区画整理事業等のために土地等を譲渡した場合の所得の特別控除 | 措法65の3① |
| □特定の資産の買換えの場合等の課税の特例 | 措法65の7、65の8、65の9 |
| □認定特定非営利活動法人に対する寄附金の損金算入等の特例 | 措法66の11の3① |
| □社会保険診療報酬の所得の計算の特例 | 措法67① |
| □特定の医療法人の法人税率の特例 | 措法67の2① |
| □転廃業助成金等に係る課税の特例 | 措法67の4① |
| □中小企業者等の少額減価償却資産の取得価額の損金算入の特例 | 措法67の5① |

## ■特定同族会社と留保金課税

<table>
<tr><th>項　　目</th><th>説　　　　　明</th></tr>
<tr><td>⑴意義<br>（法法2十、法基通1-3-1、法法2十四、法令4①、②）<br>（法法67①）</td><td>• 同族会社とは、株主等の３人以下並びにこれらの同族関係者が、その会社の発行済株式総数又は出資の総額（その会社が有する自己の株式及び出資を除きます。）の50％超を保有している会社をいいます。<br>• 同族会社のうち１株主グループの持株保有割合50％超である会社を「特定同族会社」といいます。<br>• 特定同族会社とは、被支配会社で、被支配会社であることについての判定の基礎となった株主等のうちに被支配会社でない法人がある場合には、その法人をその判定の基礎となる株主等から除外して判定するとした場合においても被支配会社となるものをいいます。（被支配会社とは、その会社の株主等（その親族等を含みます。）がその会社の株式等の50％超を有している場合のその会社をいいます。）<br>• 特定同族会社には留保金課税が適用されますが、資本金の額又は出資金の額が１億円以下の同族会社は適用対象除外です。ただし、①資本金の額等が５億円以上の法人、相互会社、法法4の3の受託法人の完全支配子会社、②100％グループ内の複数の大法人に発行済株式の全部を保有されている法人、③投資法人、④特定目的会社、⑤受託法人は適用対象とされます。</td></tr>
<tr><td>⑵計算方法<br>（法法67①）</td><td>• 課税留保所得金額（千円未満切捨て）＝当期留保金額－留保控除額<br>• 税額＝課税留保所得金額×特別税率</td></tr>
<tr><td>⑶当期留保金額の計算<br>（法法67③）</td><td>〔課税所得金額＋(i)－(ii)〕＝留保金額<br><table><tr><td>(i)<br>加算する項目</td><td>①　受取配当の益金不算入額<br>②　外国子会社から受ける配当等の益金不算入額<br>③　完全支配関係がある法人の間の受贈益の益金不算入額<br>④　還付金等の益金不算入額<br>⑤　繰越欠損金の損金算入額<br>⑥　収用換地等の場合の特別控除額等　　など</td></tr><tr><td>(ii)<br>減算する項目</td><td>①　剰余金の配当又は利益の配当<br>②　損金経理した費用で社外に流出したもののうち所得の計算上損金不算入額（例えば、寄附金、交際費等及び役員給与の損金不算入額、法人税の延滞税等の損金不算入額）<br>③　所得に係る法人税額及び地方法人税額<br>④　道府県民税及び市町村民税又は都民税の額　　など</td></tr></table></td></tr>
<tr><td>⑷留保控除額の計算<br>（法法67⑤）</td><td>①、②、③のうち最も多い金額<br>①　（課税所得金額＋上記(i)の加算する項目の合計額）×40％<br>②　年2,000万円×$\frac{\text{事業年度の月数（１か月未満は１か月）}}{12}$<br>③　期末資本金額×25％－（期末利益積立金額－当期の利益のうち積み立てたものの額※）<br>※　原則として期首積立金額（別表五(一)の合計）によります。（法基通16-1-6）</td></tr>
<tr><td>⑸特別税率<br>（法法67）</td><td><table><tr><th>課税留保金額Ⓐ</th><th>税率</th></tr><tr><td>(1)　Ⓐ≦年3,000万円の部分</td><td>10％</td></tr><tr><td>(2)　年3,000万円＜Ⓐ≦１億円の部分</td><td>15％</td></tr><tr><td>(3)　Ⓐ＞１億円の部分</td><td>20％</td></tr></table></td></tr>
</table>

# ■法人の税率表

## ○法人の税率（法法66、措法42の3の2①）

| 区分 | | | | 税率 |
|---|---|---|---|---|
| 普通法人 | 資本金１億円以下（※１） | | 年800万円以下 | 15% |
| | | | 年800万円超 | 23.2% |
| | 資本金１億円超及び相互会社 | | | 23.2% |
| 協同組合等 | | | 年800万円以下 | 15% |
| | | | 年800万円超 | 19% |
| 公益法人等 | 公益社団法人及び公益財団法人並びに非営利型法人 | 収益事業から生じた所得 | 年800万円以下 | 15% |
| | | | 年800万円超 | 23.2% |
| | 管理組合法人等の一定の公益法人等 | | 年800万円以下 | 15% |
| | | | 年800万円超 | 23.2% |
| | 上記以外の公益法人等 | | 年800万円以下 | 15% |
| | | | 年800万円超 | 19% |
| 人格のない社団等 | | | 年800万円以下 | 15% |
| | | | 年800万円超 | 23.2% |
| 特定の医療法人 | | | 年800万円以下 | 15% |
| | | | 年800万円超 | 19% |

※１　資本金５億円以上である法人等による完全支配関係がある法人等を除きます。また、平成31年４月１日以後は適用除外事業者（※P.109参照）を除きます。

※２　「年800万円相当額」$\left(800万円\times\frac{事業年度の月数}{12}\right)$に千円未満の端数があるときは切捨てます。但し、所得金額（別表１(1)[1]）の切捨てられる端数が年800万円相当額の端数より小さいときは、これを切上げます。（措通42の3の2-1）

※３　特定の協同組合等の年10億円を超える所得に対しては、19%が22%となります。

### 参考　法人実効税率　※外形標準課税適用法人（標準税率）

| 税区分＼開始事業年度 | | | 令4.4.1以後 | |
|---|---|---|---|---|
| 法人税 | | | 23.2% | |
| 地方法人税 | | | 2.3896%（23.2%×10.3%） | |
| 事業税（標準税率） | 付加価値割 | | 1.2% | |
| | 資本割 | | 0.5% | |
| | 所得割 | 年400万円以下 | 1.0% | （令元.10.1～令4.3.31）0.4% |
| | | 年400万円超800万円以下 | | 0.7% |
| | | 年800万円超 | | 1.0% |
| 特別法人事業税 | | | 2.60%（1.0%×260%） | |
| 住民税（標準税率） | | | 1.624%（23.2%×7.0%） | |
| 実効税率 | | | 29.74% | |

※事業税、住民税は超過税率が設けられている場合があります。

$$実効税率=\frac{法人税率\times\left(1+地方法人税率+住民税率\right)+事業税率+事業税の標準税率\times特別法人事業税率}{1+事業税率+事業税の標準税率\times特別法人事業税率}$$

$$\frac{23.2\%\times(1+10.3\%+7.0\%)+1.0\%+(1.0\%\times260\%)}{1+1.0\%+(1.0\%\times260\%)}=29.74\%$$

## ■税額控除

| 項　　目 | 説　　　　　　明 |
|---|---|
| **1. 所得税額の控除**<br>（法法68①）<br><br><br><br><br>（法令140の2②）<br><br><br><br>（法令140の2③） | ⑴　①剰余金の配当、利益の配当、剰余金の分配、②集団投資信託（合同運用信託、公社債投資信託及び公社債等運用投資信託を除く）の収益の分配、③割引債の償還差益、④定期積金の給付補填金、抵当証券の利息などのグループごとに統一して、㋐又は㋑の計算により所有期間に対応する控除税額とします。（下記算式中、分数部分は小数点以下3位未満切上げ）<br>**㋐原則法**<br>$\left(\text{利子配当等に対する所得税額}\right) \times \frac{\text{分母の期間のうちの元本所有期間の月数}}{\text{利子配当等の計算期間の基礎となった期間の月数}}$<br>（元本の銘柄ごと、所有期間の月数ごとに計算します。）<br>**㋑簡便法**<br>$\left(\text{利子配当等に対する所得税額}\right) \times \frac{\text{配当計算期間開始時所有元本数}\boxed{A} + (\boxed{B} - \boxed{A}) \times \frac{1}{2}}{\text{配当計算期間終了時所有元本の数}\boxed{B}}$<br>㊟　①　$\boxed{B}$＜$\boxed{A}$の時は1とします。<br>　　②　利子配当等の計算期間1年超の場合$\frac{1}{2}$を$\frac{1}{12}$とします。<br>⑵　公社債及び預貯金の利子、合同運用信託の収益の分配等に係る所得税……その全額が控除されます（按分計算は不要です。） |
| **2. 外国税額の控除**<br>（法法69、法令142～150）<br>**［控除限度額］**<br><br><br><br>**［留意事項］**<br>（法法41、41の2）<br><br>（法令142の2①⑤）<br><br>（法令142③） | 外国で法人税に相当する税を課された場合、その外国法人税の額のうち一定の方法で計算した金額を控除できます。<br><br>**次のいずれか小さい方の額が控除限度額とされます。**<br>①当期に納付した控除対象外国法人税額<br>②$\text{当期の全世界所得に対する法人税額} \times \frac{\text{当期の調整国外所得金額}}{\text{当期の全世界所得金額}}$<br><br>・控除対象外国法人税額及び分配時調整外国税相当額は、法人の所得の計算上、損金の額に算入されません。<br>・税額控除を受けないときは、損金として所得から控除できます。<br>・控除対象外国法人税額とは、その外国法人税の額のうち税率が35%を超える部分及び通常行われる取引と認められない取引に基因して生じた所得に対して課されるものを除いたものをいいます。<br>・調整国外所得金額とは、国外所得金額から、外国法人税が課されない国内源泉所得にかかる所得の金額を控除した金額をいいます。ただし、この金額が所得金額の90%を超える場合には、その90%に相当する金額とされます。 |
| **3. 仮装経理の場合の更正に伴う法人税額の控除**<br>（法法70） | ⑴　仮装経理で過大申告を行った場合の更正に伴う減少税額は、法人がその確定申告に係る法人税額として納付した金額のうち、その更正により減少する部分の金額で、仮装経理した金額に係るものは、更正の日の属する前1年間の各事業年度の法人税額だけを還付し、残額はその更正のあった事業年度から5年以内に開始する各事業年度法人税額から順次控除します。<br>⑵　仮装経理の法人税額控除は、**1.** 所得税額の控除、**2.** 外国税額の控除の適用前に控除します。 |

**4. 試験研究を行った場合の税額控除**
(措法42の4)

試験研究を行った場合等の各税額控除は次の適用要件に該当することが必要です。

① 青色申告法人の各事業年度において、損金の額に算入された試験研究費の額があること。

② 確定申告書等に控除額及び計算の明細を記載すること。

**(試験研究費の範囲)**

製品の製造又は技術の改良、考案若しくは発明に係る試験研究のために要する費用で次のものをいい、その試験研究費に充てるため他の者から支払を受けた金額がある場合には、その金額を除きます。

① その試験研究を行うために要する原材料、人件費(専門的知識をもってその業務に専ら従事する者のものに限ります。)及び経費

② 他の者に委託して試験研究を行う法人のその試験研究のためにその委託を受けた者に対して支払う費用

③ 技術研究組合法の規定により賦課された費用

※令和3年4月1日以後開始事業年度から「研究開発費として損金経理した金額で非試験研究用資産の取得価額に含まれるもの」が加えられ、自社利用ソフトウエアの製作に要した試験研究費が対象とされています。

**[概要]**

| | | |
|---|---|---|
| **①試験研究費の総額に係る税額控除** | 措法42の4① | |
| **②特別試験研究費に係る税額控除** | 措法42の4⑦ | ①③の適用を受けた試験研究費を除く |
| **③中小企業技術基盤強化税制** | 措法42の4④ | 中小企業者等のみ①との選択適用 |
| **④税額控除の上限上乗せ・控除割合の加算** | 措法42の4③ | ①③は上乗せ特例あり |

**①試験研究費の総額に係る税額控除**

令5.4.1から令8.3.31までの開始事業年度

- 比較試験研究費の額→適用年度の前3期分の損金算入された試験研究費の年平均額
- 増減試験研究費割合＝$\frac{\text{当期の試験研究費の額}-\text{比較試験研究費の額}}{\text{比較試験研究費の額}}$
- 試験研究費割合＝当期の試験研究費÷当期及び直前3期の年平均売上高

**試験研究費の額*×税額控除割合＝税額控除限度額**

*②特別試験研究費に係る税額控除の適用を受けたものを除く。

**○税額控除割合**

| 増減試験研究費割合 | 税額控除割合 | 限度割合 |
|---|---|---|
| 12%超 | 11.5%＋(増減試験研究費割合−12%)×0.375 | 上限割合14% |
| 12%以下 | 11.5%−(12%−増減試験研究費割合)×0.25 | 下限割合1% |
| 設立事業年度又は比較試験研究費が零の場合の税額控除割合は、8.5% | | |

**〈試験研究費割合が10%超の場合の上乗せ特例〉**

- (試験研究費割合−10%)×0.5＝控除割増率(上限10%)
- (上記の税額控除割合×控除割増率)が税額控除割合に上乗せされます。

○**税額控除限度額→**法人税額の25%が上限
（設立後10年以内の法人のうち純損失等の金額があるもの（大法人の子会社等を除きます。）については、法人税額の40%が上限となります（下記の〈5%上乗せ〉の適用はなく、40%が上限））。
**〈試験研究費割合が10%超の場合の上乗せ特例〉**
- 法人税額×（試験研究費割合－10%）×2が上乗せされます（法人税額×10%が上限）。

**〈増減試験研究費割合が4%超の場合の控除上限の加算〉**
法人税額×（増減試験研究費割合－4%）×0.625%が上乗せされます（法人税額×5%が上限）。
※ただし、上記の試験研究費割合が10%超の場合の上乗せ特例といずれか大きい方とします。
**〈増減試験研究費割合が△4%超の場合（試験研究費割合10%超の事業年度を除きます。）の控除上限の減算〉**
法人税額×（－増減試験研究費割合－4%）×0.625%が控除限度から減額されます（法人税額×5%が上限）。

令3.4.1から令5.3.31までの開始事業年度

○**税額控除割合**

| 増減試験研究費割合 | 税額控除割合 | 限度割合 |
|---|---|---|
| 9.4%超 | 10.145%＋（増減試験研究費割合－9.4%）×0.35 | 上限割合14% |
| 9.4%以下 | 10.145%－（9.4%－増減試験研究費割合）×0.175 | 下限割合2% |
| 設立事業年度又は比較試験研究費が零の場合の税額控除割合は、8.5% | | |

**〈試験研究費割合が10%超の場合の上乗せ特例〉**
- （試験研究費割合－10%）×0.5＝控除割増率（上限10%）
- （上記の税額控除割合×控除割増率）が税額控除割合に上乗せされます。

○**税額控除限度額→**法人税額の25%が上限
（設立後10年以内の法人のうち純損失等の金額があるもの（大法人の子会社等を除きます。）については、法人税額の40%が上限となります（下記の〈5%上乗せ〉の適用はなく、40%が上限））。
**〈試験研究費割合が10%超の場合の上乗せ特例〉**
- 法人税額×（試験研究費割合－10%）×2が上乗せされます（法人税額×10%が上限）。

**〈税額控除限度の5%上乗せ〉**
次の①②を満たす場合には、法人税額×5%が上乗せされます。
①当期の売上金額が基準年度（令和2年2月1日前に最後に終了した事業年度）に比べて2%以上減少
②当期の試験研究費の額が基準年度より増加

**②特別試験研究費に係る税額控除**

**特別試験研究費の額×税額控除割合（20%*）＝特別研究税額控除限度額（法人税額の10%が上限）**

*特別研究機関等との共同研究など（下記①②⑦⑧）は、30%
*特定新事業開拓事業者などとの共同研究・委託研究（下記③④⑨）は、25%

法人税

特別試験研究費の額は、試験研究費の額のうち次のものなどをいいます。

| | |
|---|---|
| ① | 特別研究機関等（試験研究独立行政法人の範囲から国立研究開発法人以外の法人を除きます。人文系の研究機関を含みます。）と共同して行う試験研究で、その特別研究機関等との一定の契約又は協定に基づいて行われる試験研究に要した費用で、特別研究機関等の長等が試験研究に要した費用の額として認定した金額 |
| ② | 大学等と共同して行う試験研究で、その大学等との一定の契約又は協定に基づいて行われる試験研究に要した費用の額 |
| ③ | 特定新事業開拓事業者と共同して行う試験研究で、一定の契約又は協定に基づいて行われる試験研究に要した費用の額 |
| ④ | 国立研究開発法人の外部化法人との共同研究及び国立研究開発法人の外部化法人への委託研究に要する費用の額 |
| ⑤ | 他の者と共同して行う試験研究で、他の者との一定の契約又は協定に基づいて行われる試験研究に要した費用の額 |
| ⑥ | 技術研究組合の組合員が協同して行う技術研究組合法に規定する試験研究で、その技術研究組合の定款若しくは規約又は同法に規定する事業計画に基づいて行われる試験研究に要した費用の額 |
| ⑦ | 特別研究機関等に委託する試験研究で、その特別研究機関等との一定の契約又は協定に基づいて行われるもので、特別研究機関等の長等が試験研究に要した費用の額として認定した金額 |
| ⑧ | 大学等に委託する試験研究で、その大学等との一定の契約又は協定に基づいて行われる試験研究に要した費用の額 |
| ⑨ | 特定新事業開拓事業者に委託する試験研究のうち一定のもの |
| ⑩ | 特定中小企業者等（公益法人等、地方公共団体の機関、地方独立行政法人等を含みます。）に委託する試験研究で、その特定中小企業者等との一定の契約又は協定に基づいて行われる試験研究に要した費用の額 |
| ⑪ | 特定中小企業者等に支払う知的財産権の使用料 |
| ⑫ | 医薬品、医療機器等の品質、有効性及び安全性の確保等に関する法律に規定する希少疾病用医薬品、希少疾病用医療機器又は希少疾病用再生医療等製品に関する試験研究に係る費用で、独立行政法人医薬基盤研究所法の規定による助成金の交付の対象となった期間に行われ、独立行政法人医薬基盤研究所理事長が認定した金額 |

**③中小企業者等の試験研究費等の特別控除（中小企業技術基盤強化税制）**
（P.109の適用除外事業者参照）

令5.4.1から令8.3.31までの開始事業年度

中小企業者等とは、資本金の額もしくは出資金の額1億円以下の法人（資本金5億円以上の完全支配子会社は除きます。）又は常時使用する従業員の数が1,000人以下の法人及び農業協同組合等をいい、次の法人を除きます。

①発行済株式総数等の$\frac{1}{2}$以上が同一の大規模法人（中小企業投資育成会社を除きます。）の所有に属している法人

②①のほかその発行済株式等の$\frac{2}{3}$以上が大規模法人の所有に属している法人

**試験研究費の額＊×税額控除割合＝税額控除限度額**

↓

＊②特別試験研究費に係る税額控除の適用を受けたものを除く。

○**税額控除割合**

| 増減試験研究費割合 | 税額控除割合 | 限度割合 |
| --- | --- | --- |
| 12% 超 | 12%＋(増減試験研究費割合－12%)×0.375 | 上限17% |
| 12% 以下 | 12% | — |

**〈試験研究費割合が10%超の場合の上乗せ特例〉**

- (試験研究費割合－10%)×0.5＝控除割増率（上限10%）
- (上記の税額控除割合×控除割増率）が税額控除割合に上乗せされます。

○**税額控除限度額→**法人税額の25%が上限

**〈増減試験研究費割合が12%超の場合〉**

- 法人税額×10%が上乗せされます。

**〈試験研究費割合が10%超の場合の上乗せ特例〉**

（上記2つは、いずれかを適用）

- 法人税額×(試験研究費割合－10%)× 2 が上乗せされます（法人税額×10%が上限)。

令3.4.1から令5.3.31までの開始事業年度

○**税額控除割合**

| 増減試験研究費割合 | 税額控除割合 | 限度割合 |
| --- | --- | --- |
| 9.4% 超 | 12%＋(増減試験研究費割合－9.4%)×0.35 | 上限17% |
| 9.4% 以下 | 12% | — |

**〈試験研究費割合が10%超の場合の上乗せ特例〉**

- (試験研究費割合－10%)×0.5＝控除割増率（上限10%）
- (上記の税額控除割合×控除割増率）が税額控除割合に上乗せされます。

○**税額控除限度額→**法人税額の25%が上限

**〈増減試験研究費割合が9.4%超の場合〉**

- 法人税額×10%が上乗せされます。

**〈試験研究費割合が10%超の場合の上乗せ特例〉**

（上記2つは、いずれかを適用）

- 法人税額×(試験研究費割合－10%)× 2 が上乗せされます（法人税額×10%が上限)。

**〈税額控除限度の 5 %上乗せ〉**

次の①②を満たす場合には、法人税額× 5 %が上乗せされます。

①当期の売上金額が基準年度（令和 2 年 2 月 1 日前に最後に終了した事業年度）に比べて 2 %以上減少

②当期の試験研究費の額が基準年度より増加

**5. 中小企業者等が機械等を取得した場合の税額控除（中小企業投資促進税制）**（措法42の6）

特別償却と選択適用

- 青色申告法人のうち特定中小企業者等（資本金3,000万円以下）が令和 7 年 3 月31日までに特定機械装置等（P.73 **1.**(主な特別償却制度）参照）を取得等して対象事業の用に供した場合で、特別償却の適用を受けないときは、税額控除の適用があります。

基準取得価額（船舶は、取得価額×75%） × 7 %＝ 税額控除限度額(注)（法人税額×20%が控除上限）

(注) 特別税額控除額について、下記**6.** と合計して当期の税額の$\frac{20}{100}$相当額が限度とされます。また、P.109の適用除外事業者を参照。

<table>
<tr>
<td>6. 中小企業者等が特定経営力向上設備等を取得した場合の特別税額控除<br>（中小企業経営強化税制）<br>（措法42の12の4①②）<br>特別償却と選択適用</td>
<td>• 対象法人、対象資産、対象事業は特別償却（P.73 2. 参照）の場合と同様です。<br><br>取得価額×７％＝税額控除限度額（注）（法人税額×20％が控除上限）<br>※資本金の額等が3,000万円以下の特定中小企業者等の場合は、取得価額×10％<br><br>• 令和７年３月31日までの取得・事業供用<br>（注）特別税額控除額について、上記 5. と合計して当期の税額の$\frac{20}{100}$相当額が限度とされます。また、P.109の適用除外事業者を参照。</td>
</tr>
<tr>
<td>7. 給与等の支給額が増加した場合等の法人税額の特別控除<br>（措法42の12の5）<br>令4.4.1から令6.3.31までの開始事業年度</td>
<td>• 設立事業年度は除かれます。<br>• 青色申告書を提出する全ての法人が対象です。<br>
<table>
<tr><td>適用要件</td><td colspan="2">当期の継続雇用者給与等支給額≧前期の継続雇用者給与等支給額×103％<br>（資本金10億円以上かつ常時使用従業員数1,000人以上の企業については、給与等の引上げの方針、下請事業者等との適切な関係構築等の方針等を自社のウェブサイトに公表したことを経済産業大臣に届け出ていることが必要）</td></tr>
<tr><td rowspan="3">税額控除限度額（最大30％）</td><td colspan="2">（雇用者給与等支給額－前期の雇用者給与等支給額）×15％</td></tr>
<tr><td rowspan="2">上乗せ</td><td>当期の継続雇用者給与等支給額≧前期の継続雇用者給与等支給額×104％の場合は、<br>10％上乗せ（15％＋10％→25％）</td></tr>
<tr><td>当期の教育訓練費の額が比較教育訓練費の額より20％以上増加した場合は、<br>さらに５％上乗せ（15％＋５％→20％又は25％＋５％→30％）</td></tr>
<tr><td>控除上限額</td><td colspan="2">法人税額×20％</td></tr>
</table>
</td>
</tr>
<tr>
<td>（措法42の12の5③四）</td>
<td>• 継続雇用者給与等支給額→継続雇用者（法人の各事業年度（以下「適用年度」といいます。）及びその前事業年度の期間内の各月においてその法人の給与等の支給を受けた国内雇用者として一定のものをいいます。）に対するその適用年度の給与等の支給額（その給与等に充てるため他の者から支払を受ける金額（雇用安定助成金を除きます）がある場合にはその金額を控除した金額）として一定の金額をいいます。</td>
</tr>
<tr>
<td>（措法42の12の5③九）</td>
<td>• 雇用者給与等支給額→国内雇用者（法人の使用人（一定の者を除きます。）のうち国内の事業所に勤務する雇用者）に対する給与等の支給額をいいます。</td>
</tr>
<tr>
<td>（措法42の12の5③七）</td>
<td>• 教育訓練費→国内雇用者の職務に必要な技術又は知識を習得させ、又は向上させるための費用で、その法人が教育訓練費等を自ら行う場合の外部講師謝金、外部施設等使用料等の費用、他の者に委託して教育訓練等を行わせる場合の委託費、他の者が行う教育訓練等への参加費をいいます。</td>
</tr>
</table>

<table>
<tr>
<td>8. 中小企業向け賃上げ促進税制<br>（措法42の12の5②）<br>令4.4.1から令6.3.31までの開始事業年度</td>
<td>適用対象：青色申告書を提出する中小企業者等（P.106参照）で、平31.4.1以後開始事業年度については、前三事業年度の所得金額の平均が15億円を超える事業者を除きます。
<table>
<tr><td>適用要件</td><td colspan="2">当期の雇用者給与等支給額≧前期の雇用者給与等支給額×101.5%</td></tr>
<tr><td rowspan="3">税額控除限度額（最大40%）</td><td colspan="2">（当期の雇用者給与等支給額−前期の雇用者給与等支給額）×15%</td></tr>
<tr><td rowspan="2">上乗せ</td><td>当期の雇用者給与等支給額≧前期の雇用者給与等支給額×102.5%の場合は、上記15%に15%を上乗せして30%</td></tr>
<tr><td>当期の教育訓練費の額≧前期の教育訓練費の額×110%の場合は10%上乗せ</td></tr>
<tr><td>控除上限額</td><td colspan="2">法人税額×20%</td></tr>
</table>
</td>
</tr>
<tr>
<td>○中小企業者のうち適用除外事業者についての租税特別措置の適用停止<br>（措法42の4⑲八）</td>
<td>平成31年4月1日以後に開始する事業年度から、法人税関係の中小企業向けの各租税特別措置について、平均所得金額（前3事業年度の所得金額の平均）が年15億円を超える事業年度の適用が停止されています。<br>・対象となる中小企業向けの主な租税特別措置は、次の通りです。<br>①研究開発税制における総額型の税額控除率<br>②中小企業における所得拡大促進税制<br>③年800万円以下の部分の所得に係る軽減税率19%を、15%に引き下げる措置<br>④中小企業者等が機械等を取得した場合の特別償却・税額控除<br>⑤特定中小企業者等が経営改善設備を取得した場合の特別償却・税額控除<br>⑥中小企業者等が特定経営力向上設備等を取得した場合の特別償却・税額控除<br>⑦中小企業者等の少額減価償却資産の取得価額の損金算入の特例<br>⑧高度省エネ増進設備等を取得した場合の特別償却・税額控除<br>⑨中小企業者等の貸倒引当金の特例</td>
</tr>
<tr>
<td>○大企業に対する租税特別措置の適用要件の見直し<br>（措法42の13）</td>
<td>平成30年4月1日から令和6年3月31日までの間に開始する各事業年度において、所得が前事業年度より増加しているにもかかわらず、次に掲げる要件のいずれにも該当しない事業者（中小企業者等（適用除外事業者を除く）を除く）については、研究開発税制等、生産性の向上に関連する税額控除の適用が行われません。<br>イ　継続雇用者給与等支給額＞継続雇用者比較給与等支給額<br>ロ　国内設備投資額＞当期償却費総額の30%相当額（令和2年3月31日以前開始事業年度は10%相当額）<br>・令和4年4月1日以後開始する事業年度については、①資本金の額等が10億円以上、かつ、常時使用従業員数が1,000人以上、②前年度が黒字、③当期は前年度より所得金額が増加、のいずれにも該当する場合で、次のイ、ロのいずれにも該当しない事業者には、下記の税額控除制度は適用されません。<br>イ　継続雇用者給与等支給額≧継続雇用者比較給与等支給額×101%（令4.4.1から令5.3.31までに開始する事業年度については100.5%）<br>ロ　国内設備投資額＞当期償却費総額の30%相当額</td>
</tr>
</table>

| | |
|---|---|
| | • 適用されなくなる税額控除は、次の制度の税額控除です。<br>①研究開発税制<br>②地域未来投資促進税制<br>③５Ｇ投資促進税制<br>④カーボンニュートラル投資促進税制<br>⑤デジタルトランスフォーメーション投資促進税制 |

## ■申告・納付

| 項　　目 | 説　　　　　　明 |
|---|---|
| ○**申告及び納付**<br>（法法71、72、74、75の2、78、81の20）<br><br><br><br><br><br><br><br><br><br><br><br><br><br><br><br><br><br><br>※確定申告書等の添付書類<br><br>（法法75の4、消法46の2） | １．**中間申告**：事業年度が６か月を超える場合は６か月を経過した日から２か月以内に申告納付します。<br>①　**前年度実績による予定申告**<br>（前事業年度の法人税額）÷（前事業年度の月数）×６<br>前事業年度の法人税額とは、前事業年度の法人税額計より土地重課による税額及び税額控除額を差引いた後の金額です。（新設法人及び上記の税額が10万円以下の時は不要）<br>②　**仮決算による中間申告**<br>各事業年度開始の日から６か月の期間を一事業年度とみなして、所得金額及び法人税額又は欠損金額を計算します。この時、特定同族会社の留保金課税は計算しません。<br>なお、(ｲ)仮決算をした場合の中間申告書に記載すべき法人税の額（「中間申告予定額」）が前期基準額を超える場合及び(ﾛ)前期基準額が10万円以下である場合（前期基準額がない場合を含みます。）には、提出できません。<br>２．**確定申告**：各事業年度終了の日より２か月以内。但し、２か月以内に定時総会が招集されない常況のときは、提出期限を１か月間延長できます。また、会計監査人を置いている場合で、かつ、３か月以内に定時総会が招集されない常況のときは４か月を超えない範囲内において税務署長が指定する月数の期間延長することができます。<br>この延長申請の特例は以後の各事業年度において適用されます。この場合、通常、期末２か月以内に見込税額を納付します。<br>貸借対照表、損益計算書、株主資本等変動計算書、勘定科目内訳明細書、事業概況書、完全支配関係がある場合の法人との関係を系統的に示した図、措置法の適用を受ける場合には適用額明細書、など。<br>３．**大法人の電子申告の義務化**<br>令和２年４月１日以後開始事業年度より、大法人は、e-Taxによる申告が義務づけられています。<br>申告書の添付書類についても、e-Tax又は光ディスク等により提供しなければならないこととされています。 |

# 所　得　税

## ■所得税の主な申請・届出等

| 申請等の内容 | 提出書類等 | 提出期限 | 根拠法令 |
|---|---|---|---|
| **確定申告関係** | ○死亡の場合に相続人が行う確定申告書（準確定申告書）又は純損失の繰戻しによる還付請求書 | 死亡の日から4か月以内 | 所法124、125、141 |
| | ○申告義務のある者の還付申告期限（外国税額・源泉徴収税額・予納税額の還付申告は、翌年1月1日から5年後の応答日の前日（12月31日）まで） | 翌年1月1日～3月15日 | 所法120、122 |
| | ○①年の中途において出国する場合の確定申告書、②還付等を受けるための申告書、③確定損失申告書 | ①③は出国の時まで | 所法127 |
| | ○確定申告書、確定損失申告書<br>○純損失の繰戻しによる所得税の還付請求書 | 翌年3月15日 | 所法120、123<br>所法140 |
| | ○修正申告書 | 随時 | 通法19① |
| **予定納税関係** | ○6月30日の現況による所得税の予定納税額の減額申請書 | 7月15日 | 所法111①、112 |
| | ○10月31日の現況による所得税の予定納税額の減額申請書 | 11月15日 | 所法111②、112 |
| **青色申告関係** | ○青色申告承認申請書に関する届出書<br>○現金主義による所得計算の特例を受けることの届出書<br>○現金主義による所得計算の特例を受けることの取りやめ届出書 | 3月15日 | 所法144、166<br>所令197①<br>所令197② |
| | ○再び現金主義による所得計算の特例の適用を受けることの承認申請書 | 1月31日 | 所令195②<br>（所規39の2） |
| | ○所得税の（棚卸資産の評価方法／減価償却資産償却方法）の変更承認申請書<br>○所得税の有価証券の評価方法の変更承認申請書 | 3月15日 | 所令101②、124②<br>所令107② |
| | ○青色事業専従者給与に関する届出書 | 3月15日 | 所法57 |
| | ○源泉所得税の納期の特例の承認に関する申請書 | 随時 | 所法216、217 |
| | ○所得税の（棚卸資産の評価方法／減価償却資産償却方法）の届出書<br>○所得税の有価証券の評価方法の届出書<br>○所得税の増加償却の届出書<br>○所得税の青色申告の取りやめ届出書 | 翌年3月15日<br>※減価償却資産の償却方法の届出については、特例があります。 | 所令100②<br>所令123②<br>所令106②<br>所令133<br>所法151 |

| | | | |
|---|---|---|---|
| | ○純損失の繰戻しによる所得税の還付の請求書 | 前年分青色申告書を提出し、かつ、その年分の青色申告書提出の法定期限内 | |
| | ○青色事業専従者給与額を変更する場合の「青色事業専従者の給与に関する変更届出書」＊ | 遅滞なく | 所令164②<br>所規36の4② |
| **その他の届出** | ○代替資産（買換資産）を取得した場合の更正請求又は修正申告 | 4か月以内 | 措法33の5①、36の3①、37の2①、37の8① |
| | ○給与支払事務所等の開設・移転・廃止届出書 | 1か月以内 | 所法230 |
| | ○特別な場合の更正請求（譲渡代金の回収不能等所得金額の異動、更正・決定に伴うもの） | 2か月以内 | 所法152、153 |
| | ○一般の更正請求（計算誤り等） | 法定申告期限の5年後の3月15日 | 通法23① |

＊の提出期限は「到着主義」によります。
※消費税の課税事業者に該当する場合は、「消費税の各種届出書等」（P.218、219参照）により適宜届出等します。

## ■新規開業等の場合の届出等

| 申請等の内容 | 提出書類等 | 提出期限 | 根拠法令 |
|---|---|---|---|
| **事業所得、不動産所得、山林所得を生ずべき業務を開始等した場合の届出等** | ○開廃業等の届出書 | 開廃業の日から1か月以内 | 所法229 |
| | ○給与支払事務所等の開設・移転・廃止届出書 | 開設の日から1か月以内 | 所法230 |
| | ○青色申告の承認申請書（兼）現金主義の所得計算による旨の届出書<br>○青色申告承認申請書 | 業務を開始した日から2か月以内<br>（業務開始がその年の1月15日以前の場合は3月15日） | 所法144<br>所令197① |
| | ○青色事業専従者給与に関する届出書 | | 所法57 |
| | ○棚卸資産の評価方法の届出書<br>○減価償却資産の償却方法の届出書 | 業務を開始した日の属する年分の確定申告期限まで | 所令100②<br>所令123② |

## ■所得の種類と所得金額

| 所得の種類 | 所得金額 | 摘要 |
|---|---|---|
| **1. 利子所得**<br>（所法23①） | その年中に利払期の到来した利子の収入金額（無記名の場合はその年中に支払われた金額） | • 15%［15.315%］（他に住民税の特別徴収５％）の税率で源泉分離課税となります。 |
| **2. 配当所得**<br>（所法24①） | その年中の収入金額から、元本取得のための負債利子額を控除した金額 | • 総合課税の場合、配当控除の適用が有ります。 |
| **3. 不動産所得**<br>（所法26①） | その年中の総収入金額から、不動産貸付に係る必要経費を控除した金額 | • **4**、**7**と共に青色申告の特例の適用ができます。 |
| **4. 事業所得**<br>（所法27①） | その年中の総収入金額から、その事業の必要経費を控除した金額 | • 医師の場合はその年中の社会保険診療収入が5,000万円以下の場合、その収入区分に応じ一定率が必要経費として認められる場合があります。（措法26）（P.122参照） |
| **5. 給与所得**<br>（所法28①） | その年中の収入金額から、給与所得控除額を控除した残額 | • 給与の収入金額が2,000万円を超える場合及びその他の所得が20万円超ある場合以外は年末調整により精算し、確定申告は不要です。<br>※還付を受けるための確定申告をすることはできます。 |
| **6. 退職所得**<br>（所法30①） | その年中の収入金額から、退職所得控除額を控除したものを$\frac{1}{2}$（勤続年数５年以下の法人の役員等は除きます。）した金額（分離課税） | •「退職所得の受給に関する申告書」を提出しないときは20%［20.42%］が源泉徴収されます。 |
| **7. 山林所得**<br>（所法32①） | その年中の総収入金額から、植林費等の必要経費又は概算経費（概算経費控除割合50%（措法30④、措規12））を控除した金額から、最高50万円の特別控除をした金額（分離課税） | • 税額計算は５分５乗方式により、課税山林所得に係る所得税額を求めます。<br>•「課税山林所得金額×$\frac{1}{5}$×税率×５」＝税額 |
| **8. 譲渡所得**<br>（所法33①） | 総収入金額から、資産の取得費、譲渡費用を控除し、更に特別控除額を控除した金額 | • 土地建物等の譲渡・有価証券の譲渡による所得は分離課税となります。 |
| **9. 一時所得**<br>（所法34①） | 総収入金額から必要経費を控除した金額から最高50万円の特別控除をした金額<br>総所得金額に加算する一時所得の額は、特別控除後の金額の$\frac{1}{2}$ | • 生命保険契約等の満期返戻金等、法人からの贈与、競馬の馬券の払戻金等<br>※雑所得との区分については（P.154参照） |
| **10. 雑所得（公的年金等）**<br>（所法35①、③） | 収入金額から必要経費（公的年金等については公的年金等控除額）を控除した残額 | • 公的年金所得者で源泉徴収対象の公的年金等収入金額が400万円以下で、かつ、その年金以外の他の所得の金額が20万円以下の者は、確定申告不要です。（P.153の**3.**（注）参照） |

# ■主な非課税所得と免税所得

## ●非課税所得

### 利子所得

| 法令番号 | 説　　明 |
|---|---|
| 所法9(一) | 当座預金（利率１％以下）の利子 |
| 所法9(二) | 小、中、高校、特別支援学校などの児童、生徒のいわゆる子供銀行預貯金利子 |
| 所法10、所令31の2、措法3の4、4 | 遺族基礎年金受給者である被保険者の妻、寡婦年金受給者、身体障がい者手帳の交付を受けている者等の元本350万円以下の郵便貯金の利子及び少額預金の利子や収益の配分並びに少額公債の利子（金融機関への届出が必要） |
| 措法4の2、4の3 | 勤労者財産形成住宅貯蓄と勤労者財産形成年金貯蓄の元本合計550万円（一定の場合は385万円）以下の利子 |
| 措法4の5① | 特定寄附信託（平成23年６月30日以後締結分（所法等改正法附則24））の利子所得 |
| 措法5 | 納税準備預金の利子 |
| 措法5の2 | 振替国債の利子で一定の要件を満たす非居住者又は外国法人が受けるもの |
| 措法5の3 | 特定振替社債等の利子 |
| 措法6④ | 平成10年４月１日以後発行された一般民間国外貨債（償還期間が４年以上で、利子の支払が国外において支払われるものに限ります。）の利子のうち、非居住者や外国法人が受けるもの |
| 措法7 | 外国法人が平成10年４月１日以後に外国為替公認銀行に預入等をした預金等で特別国際金融取引勘定（いわゆるオフショア勘定）に経理されたものの利子 |
| 措法8 | 国内に営業所等を有する金融機関等が支払いを受ける公社債の利子若しくは預貯金の利子等 |

### 配当所得

| 法令番号 | 説　　明 |
|---|---|
| 所法9(十一) | オープン型投資信託の収益分配のうち、信託財産の元本の払戻しに相当する部分である収益調整金のみに係る収益として分配される特別分配金 |
| 措法9の8 | 非課税口座内の少額上場株式等に係る配当所得等の非課税（NISA） |
| 措法9の9 | 未成年者口座内の少額上場株式等に係る配当所得等の非課税（ジュニアNISA） |

### 給与所得

| 法令番号 | 説　　明 |
|---|---|
| 所法9(三) | 恩給、年金等の給付で次のもの<br>(1)恩給法に規定する増加恩給及び傷病賜金その他公務上などの事由による負傷、疾病で受ける給付<br>(2)遺族の受ける恩給及び年金<br>(3)心身障がい者が受ける心身障がい者扶養共済制度に基づく給付（脱退一時金を除きます。） |
| 所法9(四) | 給与所得者が受取る旅費で次のもの<br>(1)出張旅費、転任に伴う転居費用<br>(2)就職旅費<br>(3)退職者の帰郷旅費、死亡退職者の遺族が受ける転居費用 |
| 所法9(五) | 給与所得者が受取る通勤手当（P.126①参照） |
| 所法9(六) | 職務の性質上欠くことのできない船員の食料や守衛の制服その他身廻り品、いわゆる強制居住者の家賃等 |
| 所法9(七) | 国外勤務者の在外手当 |
| 所法9(八) | 外国政府や国際機関に勤務する特定の職員給与 |
| 措法29の2 | 特定の取締役等が受ける新株予約権の行使による株式を取得した場合（予約権の権利行使の価額等が1,200万円を超える場合は除きます。）の経済的利益 |
| 措法41の7 | 政府管掌健康保険又は船員保険の被保険者が受ける付加的給付 |

譲渡所得

| 法令番号 | 説　　明 |
|---|---|
| 所法9(九) | 生活のために使う１個又は１組が30万円以下の家具等生活に必要な動産の譲渡による所得 |
| 所法9(十) | 資力を喪失して債務の履行が著しく困難な場合の破産手続等強制換価手続等による資産譲渡による所得 |
| 所法57の4 | 株式交換等に係る譲渡所得等の特例 |
| 措法37の14 | 非課税口座内の少額上場株式等に係る譲渡所得等の非課税（NISA） |
| 措法37の14の2 | 未成年者口座内の少額上場株式等に係る譲渡所得等の非課税（ジュニアNISA） |
| 措法37の15① | 貸付信託の受益権等の譲渡による所得 |
| 措法40 | 国等に対して財産を寄附した場合の譲渡所得等の非課税 |
| 措法40の2 | 国等に対して重要文化財を譲渡した場合の譲渡所得の非課税 |
| 措法40の3 | 相続税の物納をしたことによる譲渡所得等の非課税 |
| 措法40の3の2 | 債務処理計画に基づき資産を贈与した場合の課税の特例 |

その他

| 法令番号 | 説　　明 |
|---|---|
| 所法9(十二) | 皇室の内廷費や皇族費 |
| 所法9(十三) | 文化功労者年金、日本学士院からの恩賜賞又は日本学士院賞、日本芸術院からの恩賜賞又は日本芸術院賞、ノーベル賞、財務大臣の指定する団体等からの学術・芸術の賞金又は学術奨励金品 |
| 所法9(十四) | オリンピック競技大会における成績優秀者を表彰するものとして(財)日本オリンピック委員会から交付される一定の金品及びパラリンピック競技大会における成績優秀者に交付される金品で財務大臣が指定するもの |
| 所法9(十五) | 学資金や法定扶養料 |
| 所法9(十六) | 国や地方自治体の実施する子育てに係る助成等 |
| 所法9(十七) | 相続や遺贈又は個人からの贈与により取得するもの　※（相続税又は贈与税は課税） |
| 所法9(十八) | 次にあげる保険金、損害賠償金など<br>(1)障がい保険金や慰謝料など<br>(2)資産の損害により支払を受ける損害保険金（いわゆる満期返戻金等は除く）など<br>(3)心身や資産に加えられた損害への相当の見舞金 |
| 所法9(十九) | 法人から贈与された選挙費用（選挙法の規定により報告されたものに限ります） |
| 所法11 | 社債等の振替に関する法律の加入者保護信託の信託財産につき生じる所得 |
| 措法41の8 | 都道府県、市町村又は特別区から給付される一定の給付金 |
| 措法41の13 | 非居住者が受ける振替国債の償還差益等 |
| 税法以外で規定 | 預貯金の割増金品や宝くじの当せん金品 |
|  | その他特定の社会保険や生活保護の給付など |

（注）非課税所得に係る損失はないものとみなされます。

●免税所得

| 法令番号 | 説　　明 |
|---|---|
| 措法25 | 令和８年までの各年に飼育した免税対象飼育肉用牛（売却価額80万円以上の交雑牛及び50万円以上の乳牛は除きます。）を家畜市場、中央卸売市場で売却した場合（売却頭数要件の上限年間1,500頭）などの農業所得 |

## ■所得税の確定申告

| | |
|---|---|
| 確定申告をしなければならない者 | ① その年中の所得の合計額（源泉分離課税とされる利子所得及び源泉分離課税を選択した配当所得、少額配当所得を除きます。）が、すべての**所得控除額の合計額を超え**、かつ、その超える金額に対する所得税額が配当控除額と年末調整の住宅借入金等特別控除額の合計額を超える者<br>（算出した税額が配当控除の額を超える場合であっても、控除しきれなかった外国税額控除の額、源泉徴収税額又は予納税額があるときは、確定申告書の提出は要しないこととされ、令和４年１月１日以後、申告書提出期間は翌年１月１日から５年間です。）<br>② 給与等の収入金額が、**2,000万円を超える者**<br>③ **同族会社の役員及びその親族等**で、その法人から給与等以外に**貸付金の利子や地代家賃等の支払**を受けている者<br>④ 災害を受けたため、給与等について災害減免法により源泉徴収税額の徴収猶予や還付を受けた者<br>⑤ 常時２人以下である場合の家事使用人や外国の在日公館に勤務する者など、給与等の支払を受ける際に所得税を源泉徴収されないこととなっている者<br>⑥ その年の所得について、**雑損控除、医療費控除、寄附金控除又は住宅取得等特別控除**の適用を受ける者<br>⑦ 退職手当等の支給者に対し退職する日までに「退職所得の受給に関する申告書」を提出しなかったため、20%［20.42%］の税率で所得税を源泉徴収された者で、その徴収された税額が正規の税額よりも少ない者 |
| 確定申告をしなくてもよい者 | ① その年中の所得の合計額が、すべての所得控除額の合計額より少ない者、もしくは所得控除額の合計額を超える所得金額に対する所得税が、配当控除額及び年末調整に係る住宅取得等特別控除の合計額以下の者<br>② その年中の給与等の収入金額が**2,000万円以下**で、次のⒶ又はⒷに該当する者（但し「確定申告をしなければならない者」の欄の③、④、⑤、⑥の各項に該当する者を除きます。）<br>Ⓐ 給与等を１か所から受けている者で、給与所得及び退職所得以外の所得の合計額が**20万円以下**の者<br>Ⓑ 給与等を**２か所以上から受けている者**で、次の㋑又は㋺に該当する者<br>㋑ 従たる給与等の収入金額と、給与所得及び退職所得以外の所得との**合計額が20万円以下**の者<br>㋺ **給与等の収入金額の合計額**が、社会保険料控除・小規模企業共済等掛金控除・生命保険料控除・地震保険料控除・障がい者控除・寡婦控除・ひとり親控除・勤労学生控除・配偶者控除・配偶者特別控除・扶養控除の**各控除額の合計額に150万円を加算した額以下の金額**で、かつ、**給与所得及び退職所得以外の所得の合計額が20万円以下**の者<br>（①及び②に該当する場合でも、源泉徴収税額が正規の税額より多い場合には、確定申告をすることにより還付されます。）<br>③ その年中の源泉徴収対象の**公的年金等の収入金額**が**400万円以下**で、かつ、**公的年金等に係る雑所得以外**の所得金額が**20万円以下**である者<br>※公的年金等以外の所得金額が20万円以下で所得税の**確定申告不要の者でも、住民税の申告は必要**です。 |

# ■各種所得金額の計算

## 1　利子所得

<table>
<tr><th>項　目</th><th colspan="3">説　明</th></tr>
<tr><td rowspan="7">1. 利子所得の意義・分離課税<br>(所法23)<br>(措法3①一、37の10②七、37の11②一、五～十四)<br><br>(措法3①)<br><br>(措法8の4、8の5)<br><br>(措法3①四)<br><br>(措法6②)</td><td colspan="3">• 利子所得とは、①公社債の利子②預貯金の利子③合同運用信託の収益の分配金④公社債投資信託の収益の分配金⑤公募公社債等運用投資信託の収益の分配金をいいます。<br>• 下表の特定公社債とは、次のものをいいます。<br>①国債、地方債、外国国債、外国地方債、②会社以外の法人が特別の法律により発行する債券、③公募公社債、上場公社債、④発行の日前9月以内（外国法人にあっては12月以内）に有価証券報告書等を内閣総理大臣に提出している法人が発行する社債、⑤金融商品取引所において公表された公社債情報に基づき発行する公社債、⑥国外において発行されたもので、(i)国内において売出しに応じて取得した公社債、又は、(ii)国内において売付け勧誘等に応じて取得した公社債で、その取得の日前9月以内（外国法人にあっては12月以内）に有価証券報告書等を提出している法人が発行するもの、⑦外国法人が発行し、又は保証する債券で一定のもの、⑧国内又は国外の法令に基づいて銀行業又は金融商品取引業を行う法人又はその法人との間に完全支配の関係にある法人等が発行する社債（その取得をした者が圧倒的に多数でないものを除く。）、⑨平成27年12月31日以前に発行された社債（発行時において同族法人が発行したものを除く。）</td></tr>
<tr><td rowspan="2">源泉分離課税</td><td colspan="2">15.315%の所得税及び復興特別所得税、5%の住民税の源泉徴収だけで、確定申告をすることができません。</td></tr>
<tr><td>対象</td><td>• 預貯金の利子<br>• 特定公社債以外の公社債の利子<br>• 合同運用信託及び私募公社債投資信託の収益の分配等</td></tr>
<tr><td rowspan="2">申告分離課税又は申告不要</td><td colspan="2">15.315%の所得税及び復興特別所得税、5%の住民税が源泉徴収され、原則として確定申告不要ですが、確定申告により申告分離課税を受けることができます。</td></tr>
<tr><td>対象</td><td>• 特定公社債の利子<br>• 公社債投資信託のうち、次のいずれかのものの収益の分配<br>①一定の公募によるもの、②金融商品取引所に上場されているもの、③外国金融商品市場において売買されているもの<br>• 公募公社債等運用投資信託の収益の分配</td></tr>
<tr><td rowspan="2">総合課税</td><td colspan="2">確定申告により総合課税を受けます。（ただし、給与所得者で給与所得以外の利子所得などの所得が20万円以下の人は確定申告は原則として不要です。）</td></tr>
<tr><td>対象</td><td>• 特定公社債以外の公社債の利子で、その利子の支払いをした法人が同族会社等で一定の株主及びその親族等が支払いを受けるもの<br>• 民間国外債の利子</td></tr>
<tr><td>2. 障がい者等の利子所得の非課税<br>(所法10、措法</td><td colspan="3">(1)　［対象者］遺族基礎年金受給者である被保険者の妻・寡婦年金受給者、身体障がい者手帳の交付を受けている者等。<br>［対象預金等］①元本350万円までの少額預貯金の利子（所法10）<br>②元本350万円までの少額国債等の利子（措法4）</td></tr>
</table>

| | |
|---|---|
| 3の4、4)(地法23①十四) | (2) 納税準備預金の利子(措法5)<br>(3) 非居住者・外国法人が受取る民間国外債等の利子(措法6)<br>(4) 特別国際金融取引勘定に経理された預貯金等の利子(措法7)<br>(5) 平成23年6月30日以後締結の特定寄附信託の利子所得(措法4の5) |
| **3.勤労者財産形成年金貯蓄等に係る利子等の特例**<br>(措法4の2、4の3) | • 年齢55歳未満の勤労者財産形成年金貯蓄契約及び勤労者財産形成住宅貯蓄契約に基づく元本550万円(但し、財形年金貯蓄(勤労者1人1契約)の生命保険、損害保険、生命共済、郵便貯金に係るものは385万円)までの預貯金等の利子等については非課税となります。 |
| **4.その他利子所得とならないもの**<br>(所基通23-1、35-1) | ①勤労者又は船員以外の人(例えば、退職者や会社の役員)が預けた勤務先預金の利子(注)金銭の貸付けによる利子は、事業所得又は雑所得です。<br>②学校債、組合債等の利子(雑所得)<br>③会社等に対する身元保証金に対する利子<br>④平成27年12月31日以前に発行された割引公社債の償還差益、同族会社が発行した社債の償還差益(雑所得)<br>⑤定期積立に係る契約又は銀行法第2条第4項の契約に基づく給付補てん金 |

(注) 1. 雑所得となる抵当証券、定期積金、相互掛金、金貯蓄口座、外貨建定期預金、一時払養老保険、一時払損害保険等の金融類似商品の収益については15% [15.315%] (住民税5%)の源泉分離課税となります。(措法41の10)

2. 贈与、相続又は遺贈により、1利子所得、2配当所得等の基因となる資産を取得した場合、その資産に係る利子所得の金額、配当所得の金額等の計算については、その者が引き続きその資産を所有していたものとみなして、所得税の規定を適用します。(所法67の4)

## 2 配当所得

| 項 目 | 説 明 |
|---|---|
| **1.意義**<br>(所法24、25、所令62)<br>**(1)通常の配当所得** | ①法人から受ける剰余金の配当(株式又は出資に係るものに限るものとし、資本剰余金の額の減少に伴うもの並びに分割型分割によるもの及び株式分配を除きます。)、②利益の配当(分割型分割によるもの及び株式分配を除きます。)、③剰余金の分配(出資に係るものに限ります。)、④投資信託及び投資法人に関する法律の金銭の分配、⑤基金利息、⑥投資信託(公社債投資信託及び公募公社債等運用投資信託を除きます。)及び特定受益証券発行信託(適格現物分配に係るものを除きます。)の収益の分配金 |
| **(2)みなし配当所得**<br>(i)株主等が資産の交付を受ける場合 | 法人の合併(適格合併を除きます。)、分割型分割(適格分割型分割を除きます。)、法人の株式分配(適格株式分配を除きます。)、資本の払戻し(株式に係る剰余金の配当のうち分割型分割によるもの及び株式分配以外のもの並びに出資等減少分配)、解散による残余財産の分配、自己の株式又は出資の取得、出資の消却、出資の払戻し、退社又は脱退による持分の払戻し、法人の株式又は出資の消滅、組織変更により受ける金銭等の額が、その法人の資本金等の額のうちその交付の基因となったその法人の株式等に対応する部分の金額を超える場合の、その超える部分の金額に係る金銭その他の資産などのいわゆる「みなし配当」となります。 |
| (ii)資産の交付のない場合 | 平成30年4月1日以後の合併法人又は分割承継法人の株式の交付が省略されたと認められる合併又は分割型分割のうち一定の場合で、交付を受けたとみなされる株式の価額が資本金等の額を超える部分。 |

<table>
<tr><td>2. 所得金額の計算<br>（所法24）</td><td>収入金額－（元本を取得のために要した負債の利子）＝配当所得の金額<br>※上場株式等に係る譲渡損失がある場合は、その年の前年以前３年間の各年に生じた譲渡損失の金額のうち、前年以前未控除額があるときは、一定の要件の下で申告分離課税を選択した上場株式等の配当所得の金額から控除できます。（措法37の12の2）</td></tr>
<tr><td>3. 非課税所得<br>（措法3の4、4の2、9の8、37の14）</td><td>⑴元本350万円までの障がい者等の一定の証券投資信託の収益の分配（1 利子所得の2. と合計します。）<br>⑵元本550万円までの財形住宅（年金）貯蓄に係る利子等（1 利子所得の3. と合計します。）<br>⑶非課税口座内の少額上場株式等に係る配当所得及び譲渡所得等</td></tr>
<tr><td>4. 配当金の課税<br>（措法8の4、8の5、9の3、9の3の2、平20改地法附1、3、8）<br><br>※所得税と住民税で異なる課税方式の選択が可能です。<br>（例えば所得税では総合課税、住民税では申告不要とするなど）<br>↓<br>令和６年度分以後の個人住民税については、所得税と個人住民税の課税方式を一致させます。</td><td>国内払いの配当所得に対する課税（P.137参照）
<table>
<tr><th colspan="2"></th><th>源泉徴収</th><th colspan="2">選択</th><th>申告</th></tr>
<tr><td rowspan="6">上場株式等の配当等</td><td rowspan="4">・内国法人から支払を受ける上場株式等の配当等（持株割合３％以上の株主を除きます。）<br>・内国法人から支払を受ける公募投資信託の収益の分配（特定株式投資信託を除きます。）<br>・特定投資法人から支払を受ける投資口の配当等</td><td rowspan="4">・所得税及び復興特別所得税<br>…15.315％<br>・住民税…５％</td><td colspan="2">確定申告しない</td><td>申告不要<br>（注）申告不要は１回に支払を受ける配当ごとに選択。ただし、源泉徴収選択口座内配当等については口座ごとに選択</td></tr>
<tr><td rowspan="3">確定申告する</td><td rowspan="2">選択</td><td>申告分離課税<br>（注）配当控除の適用不可。上場株式等の譲渡損失との損益通算可</td></tr>
<tr><td>総合課税<br>（注）配当控除可能。上場株式等の譲渡損失の損益通算不可</td></tr>
<tr><td colspan="2">（注）確定申告する場合は、申告する上場株式等の配当等の全てについて総合課税又は申告分離課税のいずれかを選択（一部を総合課税、残りを申告分離課税とするような選択はできません。）</td></tr>
<tr><td rowspan="2">・公募特定受益証券発行信託の収益の分配<br>・内国法人から支払を受ける公募特定目的信託の社債的受益権の剰余金の配当</td><td rowspan="2">・所得税及び復興特別所得税<br>…15.315％<br>・住民税…５％</td><td colspan="2">確定申告しない</td><td>申告不要<br>（注）申告不要は１回に支払を受ける配当ごとに選択。ただし、源泉徴収選択口座内配当等については口座ごとに選択</td></tr>
<tr><td colspan="2">確定申告する</td><td>申告分離課税<br>（注）配当控除の適用不可。上場株式等の譲渡損失との損益通算可</td></tr>
<tr><td colspan="2" rowspan="2">上記以外の配当等<br>（持株割合３％以上の上場株式等の株主を含みます。）</td><td rowspan="2">・所得税及び復興特別所得税<br>…20.42％<br>・住民税なし</td><td colspan="2">確定申告する</td><td>総合課税<br>（注）配当控除可。上場株式等の譲渡損失の損益通算不可</td></tr>
<tr><td colspan="2">確定申告しない</td><td>申告不要<br>（10万円×配当計算期間÷12月以下のもの）<br>（注）１回に支払を受ける配当ごとに選択</td></tr>
</table>
＊令和５年10月１日以後上記の持株割合３％以上は、その者とその者の同族会社の合計で判定します。</td></tr>
</table>

## 3　不動産所得

| 項　目 | 説　明 |
|---|---|
| **1. 意義**<br>（所法26、所令79、80）<br>（所基通26-4）<br><br>（所法33、所令79） | • 不動産所得とは、不動産、不動産上の権利、船舶（20トン以上）又は航空機の貸付け（地上権等の設定等を含みます）による所得で、事業所得又は譲渡所得に該当する次のものは除きます。<br>• **事業所得**となるもの…下宿等の経営による所得で食事付きのもの<br>※室のみの賃貸は不動産所得となります。<br>• **譲渡所得**となるもの…借地権又は地役権の設定による特定のもの<br>①（使用のため設定の対価（経済的利益を含みます））＞土地の価額×50%<br>②（地代年額×20）＜借地権等の設定対価 |
| **2. 所得金額の計算**<br>（所法26） | （総収入金額－必要経費）＝不動産所得の金額<br>※総収入金額→地代、家賃、共益費、権利金、名義書換料、更新料、礼金など<br>※青色申告者の場合は、青色申告特別控除（事業的規模の場合55万円、事業的規模であって期限内にe-Taxにより申告した場合等65万円、それ以外の場合10万円）が適用されます。 |
| **3. 収入の時期**<br>（所基通36-5、36-6、36-7） | ①契約、慣習により支払日が定められているもの→その定められた支払日<br>②ア．支払日が定められていないもので、請求があったときに支払うべきもの→請求の日<br>　イ．その他のもの→支払いを受けた日<br>③ア．礼金、権利金、名義書換料、更新料で、貸付資産の引渡しを要するもの→引渡しの日又は契約効力発生日<br>　イ．引渡しを要しないもの→契約効力発生日<br>④敷金、保証金<br>　ア．全額返還するもの→収入に計上しない<br>　イ．返還されない部分→引渡しの日又は契約効力発生日<br>　ウ．貸付期間の経過に応じて返還されない部分→返還を要しないこととなった日<br>　エ．貸付期間の終了とともに返還不要が確定する部分→貸付期間終了日 |
| **4. 臨時所得の平均課税** | • 不動産等を３年以上の期間、他に使用させることにより受ける権利金等の不動産所得は、**臨時所得**として平均課税（P.167参照）が受けられます。 |
| **5. 損益通算の特例**<br>（措法41の4、措令26の6）<br>〔土地の取得のための利子〕<br>（措令26の6②）<br><br>（措法41の4の3） | • **不動産所得の計算上生じた損失**のうち、土地等を取得するために要した負債の利子の額の相当部分のうち次の金額は、損益通算の対象となりません。<br>(1)〔土地等の負債利子相当額①〕＞〔不動産所得の損失額②〕のとき →②の金額<br>(2)　①≦②のとき →①の金額<br><br>（注）土地等と建物等を一括取得して借入金が区分されていないとき、その取得のための負債は、まず建物の取得に充てられ、次にその土地等に充てられたものとして、土地等の負債利子相当額を計算します。<br>• 令和３年分以後、国外不動産所得の損失の金額のうち国外中古建物の償却費に相当する部分の金額は生じなかったものとみなされます。 |

## 4　事業所得（減価償却資産の耐用年数表については、P.41参照）

| 項　目 | 説　明 |
| --- | --- |

**1. 事業所得**
（所法27①、所令63）

- 農業、漁業、製造業、卸売業、小売業、サービス業その他の事業で、経済的に行う事業から生じる所得をいいます。

（注）1　不動産の貸付業又は船舶、航空機の貸付業に該当する事業から生じる所得は不動産所得に該当
　　2　山林所得又は譲渡所得に該当する所得は除かれます
　　3　副業収入に係る所得区分（所基通35-1、35-2）

| 収入金額 | 記帳・帳簿書類の保存 | |
| --- | --- | --- |
| | あり | なし |
| 300万円超 | 概ね事業所得（注） | 概ね業務に係る雑所得 |
| 300万円以下 | 概ね事業所得（注） | 業務に係る雑所得 |

（注）次の場合は雑所得に区分
- 収入金額が僅少（300万円以下かつ主たる収入に対する割合10%未満）
- 所得を得る活動に営利性が認められない（毎年赤字など）

**2. 所得金額の計算**

- （総収入金額－必要経費）Ⓐ＝事業所得の金額

➡**白色申告者の場合…白色事業専従者控除**※1の適用を受ける場合には、（上記算式Ⓐ－事業専従者控除額）が所得金額となります。

・白色事業専従者控除（所法57③、所令166、167）

※1 白色事業専従者控除：次のうちいずれか低い方の額

| |
| --- |
| ①50万円（但し、事業専従者が配偶者であるときは86万円） |
| ②その年分の事業所得、不動産所得及び山林所得の金額（専従者控除前）の合計額 ÷（専従者の数＋1） |

（注）事業専従者は、控除対象配偶者又は扶養親族にはできません。

➡**青色申告者の場合…青色事業専従者**※2がいる場合、上記算式Ⓐに、青色事業専従者給与を必要経費としたうえで、**青色申告特別控除**※3を差引いたものが所得金額となります。

・青色事業専従者給与（所法57、所令165）

※2 青色事業専従者給与
「青色事業専従者給与に関する届出書」に記載している方法に従い、その記載されている範囲内で支払った専従者給与の額
（注）青色専従者は、控除対象配偶者又は扶養親族にはできません。
（注）年末において年齢15歳以上で、その年を通じて6か月を超える期間、事業に従事した者

・青色申告特別控除（措法25の2）

※3 青色申告特別控除（まず不動産所得から控除します。）

| 控除額 | 要件 |
| --- | --- |
| 55万円 | ①事業所得又は不動産所得を生ずべき事業を営んでいる<br>②①に係る取引について正規の簿記に従い記帳している<br>③②の帳簿書類を基に作成した貸借対照表、損益計算書を添付した確定申告書を提出期限までに提出している |
| 65万円 | 上記①②③に加えて、e-Taxにより申告している等 |
| 10万円 | 上記のいずれにも該当しない青色申告者 |

・減価償却（償却費の計算方法などは法人税を参照（P.68））

法法31は「償却費として損金経理をした金額のうち償却限度額に達するまでの金額」（任意償却）としているのに対し、所法49は「償却費として必要経費に算入する金額は、政令で定めるところにより計算した金額」（強制償却）としています。

所得税

| 3. 事業所得等の課税の特例 | • 事業所得等について次の課税の特例があります。<br>①土地の譲渡等に係る事業所得等の課税の特例（措法28の4）<br>※令和８年３月31日までの間の譲渡については適用停止<br>②社会保険診療報酬の所得計算の特例（措法26）⇨**下記参照**<br>③家内労働者等の事業所得等の所得計算の特例（措法27）<br>• 家内労働者等の必要経費が55万円未満のとき<br>（事業収入金額－最高55万円）＝所得金額<br>※事業所得と雑所得又は給与収入がある場合は特別の計算をします。<br>④肉用牛の売却による農業所得の課税の特例（措法25、措令17） |
|---|---|

## ●医師の社会保険診療報酬の特例

| 項　目 | 説　明 |
|---|---|
| • **特例の対象の内容**<br>（措法26、67、平25附則40、措令18） | ①医業又は歯科医業を営む個人が、その年に受ける**社会保険診療報酬が5,000万円以下**であり、かつ、②その医業又は歯科医業から生ずる事業所得に係る**収入金額が7,000万円以下**であるときは、その年の事業所得の金額の計算上、その社会保険診療報酬に係る費用として必要経費に算入する金額は、その社会保険診療報酬の額に次の速算式を適用して計算した金額とすることができます。 |

| 社会保険診療報酬 | 概算経費率の速算式 |
|---|---|
| 2,500万円以下の金額 | 社会保険診療報酬×72％ |
| 2,500万円超～3,000万円以下の金額 | 〃　×70％＋ 50万円 |
| 3,000万円超～4,000万円以下の金額 | 〃　×62％＋290万円 |
| 4,000万円超～5,000万円以下の金額 | 〃　×57％＋490万円 |

## ●事業所得と給与所得の区分（(参) 消基通1-1-1、最高裁昭56.4.24）

| 項　目 | 説　明 |
|---|---|
| • **大工・左官・とび職等の受ける報酬に係る所得区分**<br>（平21.12.17課個5-5）<br><br>**事業所得→**<br>自己の計算、独立、営利性、有償性、反復継続して遂行<br>**給与所得→**<br>使用者の指揮命令、空間的・時間的拘束 | **事業所得**⇨自己の計算において独立して行われる事業から生ずる所得、例えば、請負契約又はこれらに準ずる契約に基づく業務の遂行ないし役務の提供の対価<br>**給与所得**⇨雇用契約又はこれに準ずる契約に基づく役務の提供の対価<br>したがって、業務を遂行したこと等の対価として支払を受けた報酬に係る所得区分は、当該報酬が、請負契約若しくはこれに準ずる契約に基づく対価であるのか、又は、雇用契約若しくはこれらに準ずる契約に基づく対価であるのかにより判定します。この場合においてその区分が明らかでないときは、例えば、次の事項を総合勘案して判定します。<br>(1)　他人が代替して業務を遂行すること又は役務を提供することが認められるかどうか。<br>(2)　報酬の支払者から作業時間を指定されるなど時間的な拘束（業務の性質上当然に存在する拘束を除く。）を受けるかどうか。<br>(3)　作業の具体的な内容や方法について報酬の支払者から指揮監督（業務の性質上当然に存在する指揮監督を除く。）を受けるかどうか。<br>(4)　まだ引渡しを了しない完成品が不可抗力のため滅失するなどした場合において、自らの権利として既に遂行した業務又は提供した役務に係る報酬の支払を請求できるかどうか。<br>(5)　材料又は用具等（釘材等の軽微な材料や電動の手持ち工具程度の用具等を除く。）を報酬の支払者から供与されているかどうか。 |

## 5　給与所得

<table>
<tr><th>項　　目</th><th>説　　　　　明</th></tr>
<tr><td>1. 給与所得の意義</td><td>• 俸給、給料、賃金、歳費及び賞与並びにこれらの性質を有する給与<br>• 青色事業専従者給与、事業専従者控除額<br>(所法28①、所令64、65)</td></tr>
<tr><td>2. 給与所得金額<br>(所法28②)</td><td>• (その年中の給与等の収入金額)－(給与所得控除額)＝給与所得の金額<br>• 給与が2か所以上から支給されている場合の収入金額は、その合計額となります。<br>• 支給日が定められているものは支給日が収入の時期、定められていないものは支払日が収入の時期となります。</td></tr>
<tr><td>3. 給与所得控除額<br>(所法28③)</td><td>給与所得の収入金額に応じて差し引く一定金額を給与所得控除額といいます。
<table>
<tr><th rowspan="2">給与等の収入金額（A）</th><th colspan="2">給与所得控除額（令和2年分以降）</th></tr>
<tr><th>一般</th><th>子育て・介護世帯</th></tr>
<tr><td>162.5万円以下</td><td colspan="2">55万円</td></tr>
<tr><td>162.5万円超　180万円以下</td><td colspan="2">A×40%－ 10万円</td></tr>
<tr><td>180万円超　360万円以下</td><td colspan="2">A×30%＋ 8万円</td></tr>
<tr><td>360万円超　660万円以下</td><td colspan="2">A×20%＋ 44万円</td></tr>
<tr><td>660万円超　850万円以下</td><td colspan="2">A×10%＋110万円</td></tr>
<tr><td>850万円超　1,000万円以下</td><td>195万円</td><td>A×10%＋110万円</td></tr>
<tr><td>1,000万円超</td><td>195万円</td><td>210万円</td></tr>
</table></td></tr>
<tr><td>• 所得金額調整控除<br>(措法41の3の3①②)</td><td>①給与等の収入金額が850万円を超え、(ア) その者が特別障がい者、(イ) 23歳未満の扶養親族を有する、(ウ) 特別障がい者である同一生計配偶者又は扶養親族を有する場合には、次の金額を給与所得金額から控除します。<br>［(給与等の収入金額（1,000万円が上限）－850万円)×10%］<br>※①を加えた控除額は上表の「子育て・介護世帯」の金額となります。<br>②給与所得と公的年金等の雑所得の両方があり、給与所得金額（①の控除後）と公的年金等の雑所得の金額の合計額が10万円を超える場合には、次の金額を給与所得金額から控除します。<br>［給与所得控除後の給与等の金額（10万円上限）＋公的年金等に係る雑所得の金額（10万円上限）－10万円］</td></tr>
<tr><td>4. 給与所得者の特定支出控除<br>(所法57の2、所令167の3)</td><td>給与所得者について、次頁のような特定支出の額が給与所得控除額の$\frac{1}{2}$を超える場合には、確定申告によりその超える部分が控除されます。<br>[その年中の給与等収入金額]－(給与所得控除額)－([その年中の特定支出の合計額]－(給与所得控除額)×$\frac{1}{2}$)＝［給与所得の金額］</td></tr>
<tr><td>5. 給与所得と確定申告<br>(所法121①)</td><td>次の場合に該当すれば給与所得者は確定申告を要しません。<br>(1)　その年中の給与等の金額が2,000万円以下の場合（支払者による年末調整のみ）<br>(2)　一の給与の支払を受ける者のその他の所得の金額が20万円以下の場合<br>(3)　二以上の給与の支払を受ける者の従たる給与とその他の所得の合計金額が20万円以下の場合</td></tr>
</table>

# ●給与所得者の特定支出

| 項　　目 | 説　　　　　　　明 |
|---|---|
| **1. 通勤費**<br>（所法57の2②一、所令167の3①、所規36の5②） | （使用者の証明）<br>• 通勤の経路及び方法が運賃、時間、距離等に照らして最も経済的かつ合理的であること<br>（限度額）<br>①交通機関を利用する場合：その年中の運賃及び料金（航空機利用の支出やグリーン車等の特別車両料金等（寝台料金で（6,000円＋税）以下のものを除きます。）を除きます。）の額の合計額（ただし、その合計額が１月当たりの定期乗車券の合計額を超えるときは、その合計額）<br>②自動車その他の交通用具を使用する場合：給与等の支払者により証明がされた経路及び方法により交通用具を使用するために支出する燃料費及び有料道路の料金の額並びにその交通用具の修理のための支出（資本的支出に相当する部分及びその人の故意又は重大な過失により生じた事故に係るものを除きます。）でその人の通勤に係る部分の額のその年中の合計額（自動車の減価償却費や自動車税は含まれません。）<br>①と②を併用する場合は、①と②の合計額 |
| **2. 職務上の旅費**<br>（所法57の2②二、所令167の3②、所規36の5①二、③） | • 勤務する場所を離れて職務を遂行するために直接必要な旅行で、その旅行に要する運賃及び料金、その旅行に要する自動車その他の交通用具の使用に係る燃料費及び有料の道路の料金、その交通用具の修理のための支出 |
| **3. 転居費**<br>（所法57の2②三、所令167の3③、所規36の5①三、③） | • 転任に伴うものであることにつき給与等の支払者が証明した、転任の事実が生じた日以後１年以内にする自己又はその配偶者その他の親族に係る支出で次に掲げる金額に相当するもの<br>①その転居のための旅行に通常必要であると認められる運賃及び料金（特別車両料金等及び航空機のファーストクラス等の利用料金を除きます。）の額<br>②その転居のために自動車を使用することにより支出する燃料費及び有料道路の料金<br>③その転居に伴う宿泊費の額（通常必要であると認められる額を著しく超える部分を除きます。）<br>④その転居のための生活の用に供する家具その他の資産の運送に要した費用（これに付随するものを含みます。）の額 |
| **4. 研修費**<br>（所法57の2②四、所規36の5①四） | • 職務の遂行に直接必要な技術又は知識を習得することを目的として受講する研修（人の資格を取得するためのものを除きます。）であることにつき給与等の支払者により書面（教育訓練給付金の支給対象の場合は、キャリアコンサルタントによる特定支出に該当する旨の証明書類）で証明されたもののための支出 |
| **5. 資格取得費**<br>（所法57の2②五、所規36の5①五） | • 人の資格（弁護士、公認会計士、税理士その他の人の資格で、法令の規定に基づき、その資格を有する者に限り特定の業務を営むことができることとされているもの）を取得するための支出で、その支出がその者の職務の遂行に直接必要なものとして給与等の支払者により書面（上記4. 記載の証明書類）で証明されたもの |

<table>
<tr><td>6. 帰宅旅費<br>（所法57の2②六、所令167の3④⑤、所規36の5①六、④⑤）</td><td>（使用者の証明）<br>• 転任に伴い生計を一にする配偶者との別居を常況とすることとなった場合、又は配偶者と死別若しくは離婚した後結婚していない者等が転任に伴い生計を一にする所得金額48万円以下の子及び特別障がい者である子との別居を常況とすることとなった場合<br>（限度額）<br>• その者の勤務する場所又は居所とその配偶者等が居住する場所との間のその者の旅行に通常要する支出で、運賃、時間、距離その他の事情に照らし最も経済的かつ合理的と認められる経路及び方法によるその旅行に要する運賃及び料金（特別車両料金等及び航空機のファーストクラスの利用料金を除きます。）、また帰宅のために通常要する自動車等を使用することにより支出する燃料費及び有料道路の料金</td></tr>
<tr><td>7. 勤務必要経費（上限65万円）<br>（所法57の2②七、所令167の3⑥⑦、所規36の5①七～九）</td><td>• 次に掲げる支出（その支出の額の合計額が65万円を超える場合には、65万円までの支出に限ります。）で、その支出がその人の職務の遂行に直接必要なものであることについて給与等の支払者が証明したもの
<table>
<tr><td>(i)図書費</td><td>次に掲げる図書で職務に関連するものを購入するための支出<br>①専門書などの書籍、②専門紙・業界紙などの新聞、雑誌その他の定期刊行物、③ ①及び②に掲げるもののほか、不特定多数の方に販売することを目的として発行される図書で職務の参考とするためのもの</td></tr>
<tr><td>(ii)衣服費</td><td>次に掲げる衣服で勤務場所において着用することが必要とされるものを購入するための支出<br>制服、事務服、作業服等で、勤務場所において着用することが必要とされる衣服<br>いわゆる私服の着用が慣行であるときの、その私服を購入するための支出は特定支出とはなりません。</td></tr>
<tr><td>(iii)交際費等</td><td>交際費、接待費その他の費用で、使用者の得意先、仕入先その他職務上関係のある者に対する接待、供応、贈答等のための支出<br>（注）職場における同僚との親睦会や同僚の慶弔のための支出、労働組合の組合費等の支出は、特定支出となりません。</td></tr>
</table></td></tr>
</table>

## ●経済的利益（現物給与）の範囲

給与所得は金銭で支給されるのが普通ですが通常の給料賃金のほか、諸手当や食事等の現物支給や商品値引販売などのように物や権利その他の経済的利益（「現物給与」といいます。）も給与等に該当します。

**1通勤手当等**（所法9①五、所令20の2）

| 区分 | | | 課税されない金額 |
|---|---|---|---|
| ①　交通機関又は有料道路を利用している人に支給する通勤手当 | | | １か月当たりの合理的な運賃等の額（最高限度　150,000円） |
| ②　自転車や自動車などの交通用具を使用している人に支給する通勤手当 | 通勤距離（片道） | 55km 以上 | 31,600円 |
| | | 45km 以上　55km 未満 | 28,000円 |
| | | 35km 以上　45km 未満 | 24,400円 |
| | | 25km 以上　35km 未満 | 18,700円 |
| | | 15km 以上　25km 未満 | 12,900円 |
| | | 10km 以上　15km 未満 | 7,100円 |
| | | 2 km 以上　10km 未満 | 4,200円 |
| | | 2 km 未満 | （全額課税） |
| ③　交通機関を利用している人に支給する通勤用定期乗車券 | | | １か月当たりの合理的な運賃等の額（最高限度　150,000円） |
| ④　交通機関又は有料道路を利用するほか、交通用具も使用している人に支給する通勤手当や通勤用定期乗車券 | | | １か月当たりの合理的な運賃等の額と②の金額との合計額（最高限度　150,000円） |

**2特殊な給与等**

| 区分 | 取扱い |
|---|---|
| **1. 旅費**<br>（所法9①四、所基通9-3） | 給与所得を有する人の次に掲げる旅行に必要な支出に充てるため支給される金品でその旅行について通常必要と認められているものについては、課税されません。<br>①　勤務する場所を離れてその職務を遂行するために行う旅行<br>②　転任に伴う転居のために行う旅行 |
| **2. 宿日直料**<br>（所基通28-1） | 宿日直料は、宿日直を本来の職務とする人の宿日直料など一定のものを除き、１回の宿日直について支給される金額のうち4,000円（支給される食事がある場合には、4,000円からその食事の価額を控除した残額）までの部分については、課税されません。 |
| **3. 交際費等**<br>（所基通28-4） | 交際費や接待費などとして支給されるものは原則として給与等とされますが、使用者の業務のために使用したことの事績の明らかなものについては、課税されません。 |
| **4. 結婚祝金品等**<br>（所基通28-5） | 雇用契約等に基づいて支給される結婚、出産等の祝金品は、その金額が支給を受ける人の地位などに照らして社会通念上相当と認められるものであれば、課税されません。 |
| **5. 葬祭料、香典、見舞金等** | 葬祭料や香典、災害等の見舞金は、その金額が社会通念上相当と認められるものであれば、課税されません。（所基通9-23） |
| **6. 労働基準法等の規定による各種補償金** | 労働基準法や船員法の規定により受ける療養の給付や休業補償などについては、課税されません。（所法9①三イ、所令20①、所基通9-1） |
| **7. 学資金等**<br>（所基通9-14、9-15、9-16、36-29の2） | 給与に加算される学資金は非課税とされています（所法9①十五）が、使用者から就学中の子弟を有する使用人等に対し学資金の名目で支給される金品や使用者から使用人等に対しその使用人等の学資に充てるため支給される金品は、業務遂行上の必要に基づき技術の習得等をさせるために支給されるものなど一定の範囲内のものを除き、給与等とされます。 |

### 3 現物給与

| 区分 | 取扱い |
|---|---|
| **1. 食事の支給**<br>（所基通36-38の2、所基通36-38、平元直法6-1、平9課法8-1、平26課法9-1、所基通36-24） | • 使用者が支給する食事については、その支給を受ける人がその食事の価額の半額以上を負担すれば、原則として課税されません。ただし、その食事の価額からその人の負担した金額を控除した残額（使用者の負担額）が月額3,500円を超えるときは、その使用者の負担額（その食事の価額－その人の負担した金額）が給与所得とされます。<br>• 食事の価額は次によります。<br>⑴ 使用者が調理して支給する食事については、その食事の材料や調味料等に要した、いわゆる直接費の額（税抜き）<br>⑵ 飲食店等から購入して支給する食事については、その購入価額（税抜き）<br>• 通常の勤務時間外に宿日直又は残業をした人に対し、これらの勤務をすることにより支給する食事については、課税されません。 |
| **2. 制服等の支給**<br>（所法9①六、所令21二、三、所基通9-8） | 職務の性質上制服を着用しなければならない人に対して支給又は貸与する制服その他の身の回り品、事務服、作業服等については、課税されません。 |
| **3. 社宅等の貸与**<br>（所基通36-40～36-48、平7課法8-1） | 使用人等に対して社宅や寮等を貸与することにより使用人等が受ける経済的利益については、使用人等から一定の算式により求めた社宅等について通常支払うべき賃貸料の額以上の賃貸料を徴収していれば課税されませんが、徴収している賃貸料が通常支払うべき賃貸料の額を下回っている場合には、その差額が給与所得とされます。<br>なお、役員に貸与している社宅が、いわゆる豪華社宅である場合には、通常の賃貸料の額は実勢価格により評価されます。〔P.128参照〕 |
| **4. レクリエーションの費用の負担**<br>（所基通36-30、昭63直法6-9、平5課法8-1） | レクリエーションのために社会通念上一般的に行われていると認められる会食、旅行、演芸会、運動会等の行事の費用を使用者が負担することにより、行事参加者が受ける経済的利益については、自己都合による不参加者に対して金銭を支給する場合や役員だけを対象とする場合を除き、課税されません。<br>なお、レクリエーション旅行については、旅行期間が４泊５日（目的地が海外の場合は目的地における滞在日数）以内、全従業員の50%以上が参加しているなど一定の要件を満たしている場合には、原則として課税されません。 |
| **5. 永年勤続記念品等の支給**<br>（所基通36-21） | 永年にわたり勤務した人の表彰に当たり、その記念として旅行、観劇等に招待し、又は記念品を支給することによる経済的利益で、その表彰が、おおむね10年以上勤続した人を対象としたものであるなど一定の要件を満たすものについては、課税されません。 |
| **6. 創業記念品等の支給**<br>（所基通36-22、平元直法6-1、平9課法8-1） | 創業記念、工事完成記念等の記念品で、それが、社会通念上記念品としてふさわしいものであって、その価額（処分見込価額により評価した価額）が税抜き10,000円以下のものであるなど一定の要件を満たすものについては、建築業者、造船業者等が請負工事又は造船の完成等に際して支給するものでない限り、課税されません。 |
| **7. 商品、製品等の値引販売**<br>（所基通36-23） | 使用者が取り扱う商品、製品等（有価証券及び食事を除きます。）の値引販売をすることによる経済的利益については、値引販売の価額が、使用者の取得価額以上で、しかも、通常他に販売する価額のおおむね70%以上であるなど一定の要件を満たす場合には、課税されません。 |
| **8. 金銭の無利息貸付け等**<br>（所基通36-28） | 使用者が金銭を無利息又は低い金利で貸付けたことによる経済的利益については、⑴災害、疾病等に基因するものである場合、⑵使用者における借入金の平均調達金利など合理的と認められる貸付利率により利息を徴している場合、又は、⑶その供与される経済的利益の合計額が年間5,000円以下の場合には、課税されません。 |
| **9. 福利厚生施設の利用**<br>（所基通36-29） | 福利厚生施設の運営費などを使用者が負担することにより利用者が受ける経済的利益については、その額が著しく多額である場合や役員だけを対象としてその経済的利益が供与される場合を除き、課税されません。 |

## ●社宅家賃（月額）の計算一覧（所基通36-40～36-48）

<table>
<tr><th colspan="3">計算基準等</th></tr>
<tr><td rowspan="4">役員社宅</td><td>自己所有の社宅<br>（所基通36-40）</td><td>{（その年度の家屋の固定資産税の課税標準額）×12%（木造家屋以外の家屋については10%）＋（その年度の敷地の固定資産税の課税標準額）×６％}×$\frac{1}{12}$…A</td></tr>
<tr><td>借上げ社宅</td><td>上記Ａと実際の支払賃借料の50%相当額とのいずれか高い方の額…Ｂ</td></tr>
<tr><td>小規模住宅<br>（自己所有・借上げ）<br>（所基通36-41）</td><td>（その年度の家屋の固定資産税の課税標準額）×0.2%＋12円×$\frac{\text{その家屋の総床面積}(m^2)}{3.3(m^2)}$＋（その年度の敷地の固定資産税の課税標準額）×0.22%…Ｃ</td></tr>
<tr><td colspan="2">• 小規模住宅（マンション等では共用部分を含めて判定します。）<br>木造家屋…132$m^2$以下　　非木造家屋…99$m^2$以下<br>• 床面積が240$m^2$超の豪華な役員社宅にあっては内外装の状況等各種要素を総合勘案して時価（実勢価格）で評価します。<br>但し、地方都市のもの、築後相当年数経過のもの、共同娯楽施設等を付帯しているもので特定のもの等は対象外となる場合があります。<br>• 公的使用部分がある住宅<br>（Ａ、Ｂ又はＣの額）－（公的使用部分の割合又はＡ、Ｂ又はＣの額の30%）<br>• その住宅の一部を使用しているとき<br>（Ａ、Ｂ又はＣの額）×$\frac{50\ (m^2)}{\text{その家屋の総床面積}\ (m^2)}$</td></tr>
<tr><td rowspan="2">従業員社宅</td><td>自己所有・借上げ社宅<br>（所基通36-41、45）</td><td>（その年度の家屋の固定資産税の課税標準額）×0.2%＋12円×$\frac{\text{その家屋の総床面積}(m^2)}{3.3(m^2)}$＋（その年度の敷地の固定資産税の課税標準額）×0.22%</td></tr>
<tr><td colspan="2">• 上記計算額の50%相当額以上の賃貸料を徴収しているときは経済的利益（現物給与）はないものとして課税されません。</td></tr>
</table>

• 固定資産税の課税標準の改訂の場合

① 第１期分の納期限の属する月の翌月分から計算します。

② ただし、従業員社宅の場合には課税標準額が20%以内の増減のときは改訂計算を要しません。（所基通36-46）

**（プール計算）** 貸与を受けた役員あるいは従業員ごとに、それぞれ、そのすべてから徴収している家賃の額の合計額が、上記の計算による家賃相当額の合計額（従業員の場合はその50%）以上であるときは、そのすべての役員あるいは従業員について経済的利益（現物給与）はないものとします。

## 6　退職所得

| 項　　目 | 説　　　　明 |
|---|---|
| **1. 退職所得の範囲とその金額**<br>（所法30①、所令72） | • 退職手当・退職一時金・一時恩給、社会保険又は共済の各制度から受ける一時金（退職手当金を年金で受け取る場合は雑所得となります。）<br>① **（その年中の退職手当等の収入金額－退職所得控除額）×$\frac{1}{2}$**<br>②退職手当等が特定役員退職手当等である場合には、$\frac{1}{2}$課税は不適用です。<br>※特定役員とは、勤続年数５年以下の法人の役員等で（イ）法法２十五に規定する役員（P.78参照）、（ロ）国会議員及び地方議会議員、国家公務員及び地方公務員が該当します。<br>③**短期退職手当等**（②を除きます）：勤続年数が５年以下の従業員等については、令和４年分所得税から、退職所得控除額の控除後の残額が300万円を超える場合、**150万円＋{短期退職手当等の収入金額－（300万円＋退職所得控除額）}** で計算します（$\frac{1}{2}$課税が不適用に）。<br>• 被相続人の死亡によって、死亡後３年以内に支払が確定した退職金が相続人等に支払われた場合、その退職金は所得税の課税対象ではなく相続税が課税されます。 |
| **2. 退職所得控除額**<br>（所法30③） | （下表参照） |
| **3. 退職所得と確定申告**<br>（所法203①②） | 分離課税のため、原則として、源泉徴収により納税は終了。「退職所得の受給に関する申告書」を支払者に提出していないため、20%〔20.42%〕の税率で源泉徴収された人は、確定申告が必要です。 |

**2. 退職所得控除額**（所法30③）

| 勤続年数 | 退職所得控除額 |
|---|---|
| 20年以下 | 40万円×勤続年数※<br>（80万円未満（勤続年数２年未満）の場合は80万円） |
| 20年超 | 800万円＋{70万円×（勤続年数※－20年）} |

※１年未満の端数切上げ

（注１）障がい者となったことに直接基因して退職した場合
　上記により計算した金額＋100万円

（注２）特定役員退職所得控除額

$$40万円\times\left(\begin{matrix}特定役員等\\勤続年数\end{matrix}-\begin{matrix}重複\\勤続年数\end{matrix}\right)+20万円\times\begin{matrix}重複\\勤続年数\end{matrix}$$

### ○退職金等の受給と課税の関係

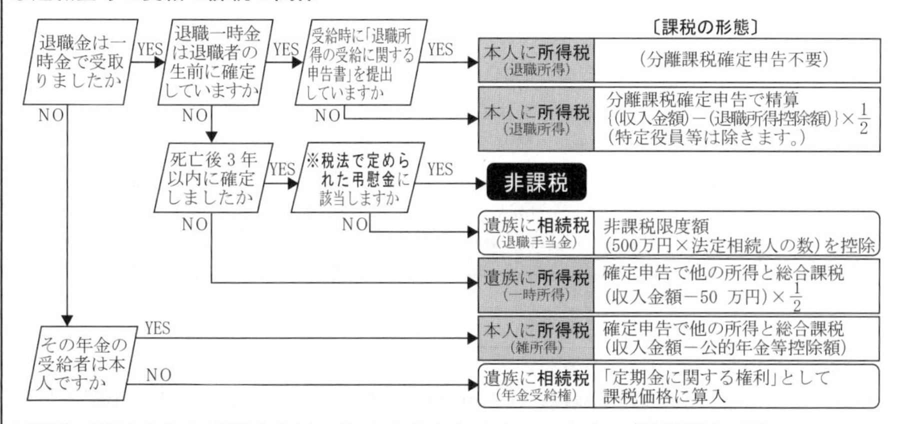


※税法で定められた弔慰金とは、次のようなものをいいます。（相基通３-20）
(1)　業務上の死亡退職によるもの→賞与以外の普通給与の３年分相当額
(2)　上記以外のもの→賞与以外の普通給与の６か月分相当額

## 7　山林所得

| 項　　目 | 説　　　　　　明 |
|---|---|
| **1. 所得の意義**<br>（所法32①②、所令78、78の2） | ⑴　山林の伐採又は譲渡による所得。ただし、山林の取得の日から5年以内に伐採又は譲渡することによる所得は、事業所得又は雑所得となります。<br>⑵　分収造林契約に基づく収益は、その契約当事者がその契約に定める一定の割合で分収する金額を原則として山林所得の収入金額とします。 |
| **2. 所得金額の計算**<br>（所法32③④、措法25の2①②、30、措令19の6、措規12） | ⑴　山林所得の金額<br>原則：〔総収入金額－必要経費－特別控除（最高50万円）〕<br>青色申告者の場合：〔総収入金額－必要経費－特別控除（最高50万円）－青色申告特別控除（10万円）〕<br>⑵　概算経費控除の方法<br>その年の15年前の年の12月31日（令和5年分は平成20年12月31日）以前から引き続き所有していた山林を伐採又は譲渡した場合の必要経費の金額は、次の算式によることができます。<br>｛（収入金額－伐採、譲渡に要した費用）×概算経費率（50%）＋伐採、譲渡に要した費用｝<br>（注）　災害により山林について生じた損失の金額は、概算経費控除の別枠で控除が認められます。 |
| **3. 森林計画特別控除**<br>（措法30の2、措令19の7）<br><br>（措法27の2、措令18の3） | 平成24年から令和6年までの各年において、森林法に規定する森林経営計画の認定を受けた者が森林施業計画等に基づいて山林の伐採又は譲渡をした場合の山林所得の金額は、次の算式によって計算します。<br>〔総収入金額－必要経費（又は概算経費控除額）－森林計画特別控除額－特別控除（50万円）〕＝所得金額<br>なお、青色申告者の場合には、さらに青色申告特別控除額（10万円）を控除した後の金額が山林所得の金額となります。<br>**森林計画特別控除額**は、次の算式により計算した金額のうちいずれか低い金額です。なお、必要経費を概算経費率（50%）によっている場合には、①により計算した金額となります。<br>①（収入金額－譲渡経費）×20%※＝森林計画特別控除額<br>※（収入金額－譲渡経費）が2,000万円を超える場合は、その超える部分は20%を10%として計算します。<br>②（収入金額－譲渡経費）×50%－（必要経費－譲渡経費）＝森林計画特別控除額<br>（注）災害によりその山林について生じた損失の金額は、上記②の算式の必要経費に含めないで計算します。<br>• 有限責任事業組合の事業に係る組合員の不動産所得、事業所得又は山林所得の所得の損失の金額があるときは、その損失の金額のうち、その出資の価額を基礎として計算した金額を超える部分の金額は、必要経費に算入しません。 |
| **4. 山林所得の税額計算**<br>（所法89） | （課税山林所得金額×$\frac{1}{5}$×税率）×5<br>※山林所得金額は、他の所得と区分し、いわゆる五分五乗方式で課税されます。 |

## 8　譲渡所得

| 項　　目 | 説　　　　　明 |
|---|---|
| **1. 対象資産**<br>（所法33、所令79）<br>（措法37の10、措令25の8） | 1　土地建物等以外の有形固定資産…機械、船舶、車両、器具等<br>（土地建物等の譲渡は、分離課税）<br>2　無形固定資産…鉱業権、特許権、実用新案権、商標権等<br>3　その他の資産…ゴルフ会員権、電話加入権、書画骨とう等<br>4　次の有価証券の譲渡<br>(1)　事業所得及び雑所得となる有価証券先物取引等、また、土地建物等の譲渡所得となる特定の株式、出資又は特定信託の受益権の譲渡<br>(2)　株式等の譲渡による所得についてはP.133～140参照<br>**〔譲渡所得に含まれないもの〕**<br>1．棚卸資産の譲渡による所得…（事業所得）<br>2．不動産所得・山林所得又は雑所得を生ずべき業務に係る棚卸資産に準ずる資産の譲渡による所得…（不動産所得、山林所得又は雑所得）<br>3．減価償却資産で使用可能期間が1年未満であるもの及び取得価額が10万円未満であるもの（業務の性質上基本的に重要なものを除きます。）の譲渡による所得…（事業所得、山林所得、不動産所得又は雑所得）<br>4．営利を目的として継続的に行われる資産の譲渡による所得…（事業所得又は雑所得）<br>5．山林の伐採又は譲渡による所得…（山林所得、事業所得又は雑所得） |
| **2. 短期譲渡と長期譲渡**<br>（所令82） | 1　短期譲渡所得…資産をその取得の日以後5年以内に譲渡した所得<br>⇨土地・建物等の譲渡に係る税率はP.143参照<br>⇨資産の取得の日はP.151参照<br>2　長期譲渡所得…1以外の譲渡所得（但し、自己の研究成果である特許権・実用新案権等は5年以内譲渡でも長期となります。）<br>⇨土地・建物等の譲渡に係る税率はP.143参照 |
| **3. 資産の贈与・低額譲渡**<br>（所法59、措法40の3の2）<br><br><br><br><br><br><br><br><br><br>（措法40の3の2） | •譲渡には、売買のほか、借地権の設定行為、交換、競売、公売、収用、物納、法人に対する現物出資を含みます。<br>•次の者への資産の贈与・低額譲渡は、時価で収入金額を計上します。<br>(1)　法人への資産の贈与<br>(2)　法人に対するもの及び個人に対する包括遺贈で限定承認された資産の遺贈<br>(3)　限定承認に係るものに限る相続<br>(4)　法人に対する時価の$\frac{1}{2}$未満の価額での譲渡<br>•資産を個人に対して時価の$\frac{1}{2}$未満の対価により譲渡した場合において、（「その対価の額」＜「取得費＋譲渡費用の額」）となるときは、その不足額は譲渡所得の計算上なかったものとみなされます。<br>上記以外の贈与等については、みなし譲渡課税が行われません。<br>⇨贈与等により資産を取得した者は贈与者等の取得費を引継ぎます。<br>なお、平成25年4月1日から令和7年3月31日までの間に、中小企業者に該当する内国法人の取締役等である個人で、その内国法人の保証人であるものが、現にその内国法人の事業の用に供されている資産（有価証券を除きます。）で、その個人が所有していたものを、その内国法人に係る一般に公表された一定の要件を満たす債務処理計画に基づいて贈与した場合は、みなし譲渡課税がされません。 |

所得税

| | |
|---|---|
| **4. 取得費**<br>（所法38、所令85） | **（原則）**<br>○非減価償却資産：<br>（譲渡資産の取得費＋設備費＋改良費）（＝取得価額等🄰）<br>○減価償却資産：<br>• 業務用資産⇨未償却残額（取得価額等－事業所得等の金額の計算上必要経費とされた償却費の累計額）<br>• 非業務用資産⇨🄰－🄰×90％×（同種事業用資産の耐用年数×1.5の耐用年数の旧定額法の年償却率（１年未満端数切捨てます。））×経過年数（６月以上は１年とし、６月未満の端数は切捨てます。） |
| （所法61、所令172） | ※（昭和27年12月31日以前に取得した資産）<br>•「昭和28年１月１日の相続税評価額」＋「同日以後支出した設備費等」－「償却費＋減価の額」<br>（注）ただし、相続税評価額より実際の取得価額及び同日前に支出した設備費等の合計額が高いことを納税者が証明した場合は、その証明額によることができます。 |
| （措通31の4-1） | ※（特例）実際の取得費よりも収入金額の５％相当額の方が多い場合には収入金額の５％を取得費とできます。 |
| • 相続財産を譲渡した場合の取得費の特例<br>（措法39、措令25の16） | • 相続や遺贈により取得した財産を相続開始のあった日の翌日から相続税の申告書の提出期限の翌日以後３年以内に譲渡した場合は、次の金額を取得費に加算することができます。<br>（その者の納付すべき相続税額）×（その者の相続税の課税価格の計算の基礎とされたその譲渡した財産の価額）／（その者の相続税の課税価格（債務控除前）） |
| **5. 特別控除額**<br>（所法33） | • 譲渡益50万円未満のとき⇨その譲渡益<br>• 譲渡益50万円以上のとき⇨50万円<br>（注）特別控除の順序は、短期譲渡部分から控除します。（P.152参照） |
| **6. 特別な損失の控除**<br>（所法62、64、所令178、180） | ⑴　生活に通常必要でない資産（書画骨とう、別荘、競走馬等）の災害、盗難、横領により生じた損失<br>➡その年及びその翌年分の譲渡所得から控除<br>⇨短期譲渡所得からまず控除します。<br>⑵　譲渡代金の回収不能、保証債務の履行のために資産を譲渡した場合で、求償権の行使不能などによる損失…①回収不能額、②貸倒れ直前に確定している貸倒年分の総所得金額等、③貸倒れに係る②の計算基礎となった譲渡所得の金額、のうち最も低い金額が譲渡所得の計算上なかったものとされます。 |

# ●株式等に係る譲渡所得等

| 項目 | 説明 |
| --- | --- |
| **1. 有価証券譲渡益課税の概要**<br>（措法32、37の10、37の15）<br><br><br><br><br><br><br><br><br>（措法37の12の2①）<br><br><br><br>（措法37の11②） | 有価証券を譲渡した場合の所得は、原則として申告分離課税の対象とされます。<br>⑴ **申告分離課税**<br>① **上場株式等**<br>（上場株式等に係る課税譲渡所得等の金額）×20%［20.315%（所得税率15%［15.315%］、住民税率5%）］<br>(i) **上場株式等に係る譲渡所得等の金額**<br>（上場株式等による収入金額）－（取得原価等の合計金額）＝**上場株式等に係る譲渡所得等の金額**<br>(ii) **上場株式等に係る課税譲渡所得等の金額**<br>（上場株式等に係る譲渡所得等の金額）－（所得控除額）＝**上場株式等に係る課税譲渡所得等の金額**<br>(iii) **上場株式等に係る譲渡損失の損益通算**<br>その年分の上場株式等に係る譲渡損失がある場合は、上場株式等に係る配当所得等の金額から控除できます。<br>(iv)「上場株式等に係る譲渡所得等」以外の所得との損益通算はできません。<br>※**上場株式等**とは、株式等のうち次に掲げるものをいいます。 |

| | |
| --- | --- |
| 1 | 以下の株式等<br>a　金融商品取引所に上場されている株式等<br>b　店頭売買登録銘柄として登録された株式等<br>c　店頭転換社債型新株予約権付社債（新株予約権付社債（転換特定社債及び新優先出資引受権付特定社債を含む。）で、認可金融商品取引業協会が、その売買価格を発表し、かつ、発行法人に関する資料を公表するものとして指定したものをいいます。）<br>d　店頭管理銘柄として認可金融商品取引業協会が指定した株式等<br>e　登録銘柄として認可金融商品取引業協会に備える登録原簿に登録された日本銀行出資証券<br>f　外国金融商品市場において売買されている株式等 |
| 2 | 公募の投資信託の受益権（特定株式投資信託の受益権は1に含まれます。）<br>（注）株式等証券投資信託、公社債投資信託、公社債等運用投資信託及び非公社債等投資信託の受益権で公募のものがこれに該当します。 |
| 3 | 特定投資法人の投資口 |
| 4 | 公募の特定受益証券発行信託の受益権 |
| 5 | 公募の特定目的信託の社債的受益権 |
| 6 | 国債及び地方債 |
| 7 | 外国又はその地方公共団体が発行し又は保証する債券 |
| 8 | 会社以外の法人が特別の法律により発行する債券（外国法人に係るもの並びに投資法人債・短期投資法人債、特定社債・特定短期社債を除きます。） |
| 9 | 募集が一定の取得勧誘により行われた公社債 |
| 10 | その発行の日前9月以内（外国法人にあっては、12月以内）に有価証券報告書等を提出している法人が発行する社債 |
| 11 | 金融商品取引所又は外国金融商品取引所において公表された公社債情報に基づいて発行する公社債 |

| | |
|---|---|
| 12 | 国外において発行された公社債で、次に掲げるもの（取得後引き続き保管の委託がされているものに限ります。）<br>a　国内において多数の者に対して売出しがされたもの（売出し公社債）<br>b　国内における売出しに応じて取得した日前９月以内（外国法人にあっては、12月以内）に有価証券報告書等を提出している法人が発行するもの |
| 13 | 次に掲げる外国法人等が発行し又は保証する債券<br>a　出資金額等の２分の１以上が外国の政府により出資等がされている外国法人<br>b　外国の特別の法令に基づいて設立された外国法人で、その業務がその外国の政府の管理の下で運営されているもの<br>c　国際間の取極めに基づき設立された国際機関が発行し又は保証する債券 |
| 14 | 国内又は国外の法令に基づいて銀行業又は金融商品取引業を行う法人又はそれらの100％子会社等が発行した債券 |
| 15 | 平成27年12月31日以前に発行された公社債（その発行のときにおいて同族会社に該当する会社が発行した社債は除かれます。） |

（措法37の10①、37の11①）

② **一般株式等**

一般株式等（上場株式等以外の株式等）に係る譲渡所得等と上場株式等に係る譲渡所得等が、次のとおり別々の分離課税として課税されます。

（一般株式等に係る課税譲渡所得等の金額）×20％［20.315％（所得税率15％［15.315％］、住民税率５％）］

(i) **一般株式等に係る譲渡所得等の金額**

（一般株式等による収入金額）－（取得原価等の合計金額）＝**一般株式等に係る譲渡所得等の金額**

(ii) **一般株式等に係る課税譲渡所得等の金額**

（一般株式等に係る譲渡所得等の金額）－（所得控除額）＝**一般株式等に係る課税譲渡所得等の金額**

※　一般株式等に係る譲渡損失の金額については、他の所得との損益通算及び繰越控除はできません。上場株式等に係る譲渡損失との損益通算はできません。

⑵ **総合課税**

① 他の所得と合算し、累進税率が適用されます。

② 譲渡者及び内容により、事業所得、雑所得、又は譲渡所得に区分され、雑所得とされるものを除き、他の所得との損益通算可能です。

③ 譲渡所得とされるものは、50万円特別控除、保有期間５年超のものは２分の１課税が適用されます。

④ 総合課税の対象となる有価証券譲渡益

（措法37の10①）

(i) 有価証券先物取引（金商法第28条第８項第３号イに掲げる取引の方法により行うもの）による所得（有価証券の受渡しが行われることとなるものに限ります。）

（措法37の10②、措令25の8②）

(ii) 株式形態等によるゴルフ会員権の譲渡による所得

（所法41の2）

(iii) 発行法人から与えられた新株予約権等をその発行法人に譲渡したことによる所得

| | |
|---|---|
| （措法37の15、措令25の14の3） | ⑶ **非課税となる有価証券譲渡益**<br>次に掲げるものを譲渡した場合の譲渡所得については非課税とされています。<br>（i） 割引の方法により発行される公社債（措令26の15①に掲げるものに限ります。）で次のイからハまで以外のもの<br>イ 外貨公債の発行に関する法律第１条第１項又は第３項の規定により発行される同法第１条第１項に規定する外貨債<br>ロ 特別の法令により設立された法人がその法令の規定により発行する債券のうち一定のもの<br>ハ 平成28年１月１日以後に発行された公社債（次の（ii）及び（iv）に掲げるものを除きます。）<br>(ii) 預金保険法第２条第２項第５号に規定する長期信用銀行債等<br>(iii) 貸付信託の受益権<br>(iv) 農林水産業協同組合貯金保険法第２条第２項第４号に規定する農林債 |
| （措法32②、措令21③） | ⑷ **分離短期譲渡所得課税**<br>次の株式又は出資の譲渡で事業譲渡類似に該当する場合の所得は、分離短期譲渡所得として課税されます。<br>① その有する資産の時価総額に占める短期所有（５年以下）土地等の時価の合計額が70％以上である法人の株式等<br>② その有する資産の時価総額に占める土地等の時価の合計額が70％以上である法人の株式等で、所有期間が５年以下のもの<br>※事業譲渡類似の譲渡とは、次のものをいいます。 |
| （措令21④一） | （i） 譲渡をした年以前３年内のいずれかの時において、その法人の発行済株式等の30％以上がその法人の特殊関係株主等によって所有されており、かつ、その株式等の譲渡をした者が、その法人の特殊関係株主等であること。 |
| （措令21④二） | (ii) その年に、その株式等の譲渡をした者を含む(i)の発行法人の特殊関係株主等がその発行法人の発行済株式等の総数又は総額の５％以上に相当する数又は金額の株式等の譲渡をし、かつ、その年以前３年内にその発行法人の発行済株式等の総数又は総額の15％以上に相当する数又は金額の株式等の譲渡をしたこと。 |
| （措令21⑤） | なお、次の譲渡は(ii)から除かれます。<br>１）上場株式の取引所金融商品市場（取引所有価証券市場）においてする譲渡<br>２）店頭売買登録銘柄の株式で、金融商品取引業者（証券会社又は外国証券会社の支店）の媒介、取次ぎ又は代理によって行われる譲渡<br>３）株式の公開の方法により行う株式の譲渡（特殊関係株主等が発行済株式総数の10％以上譲渡した場合を除く。）<br>４）店頭売買登録銘柄の新規登録に際し株式の売出しの方法により行う譲渡（特殊関係株主等が発行済株式総数の10％以上譲渡した場合を除く。） |

# ●株式等の取得価額の計算（原則）

<table>
<tr><td>複数回以上の取得株式</td><td colspan="3">・雑所得・譲渡所得となる場合→総平均法に準ずる方法によります。<br>（※事業所得の場合は総平均法）<br>・総平均法に準ずる方法とは、株式等をその種類及び銘柄の異なるごとに区分して、その種類等の同じものについて次の算式により計算する方法をいいます。<br>(A＋B)÷(C＋D)＝１単位当たりの価額（１円未満切上げ）<br>A＝最初に購入した時（その後譲渡した場合は直前の譲渡の時）の購入価額の総額<br>B＝最初に購入した後（その後譲渡した場合は直前の譲渡の後）から今回の譲渡までの購入価額の総額<br>C＝Aに係る株式等の総数　　D＝Bに係る株式等の総数</td></tr>
<tr><td>相続・贈与による取得株式</td><td colspan="3">・原則として被相続人（贈与者）の取得価額を引継ぎます。<br>・相続税の申告期限から３年以内に譲渡した場合は、被相続人の取得価額に相続税額のうち譲渡した株式に対応する相続税額を加算した額となります。</td></tr>
<tr><td>新株予約権付社債に係る新株予約権行使による取得株式</td><td colspan="3">$\text{新株１株当たりの払込金額}+\dfrac{\text{新株予約権付社債の取得価額が額面金額を超える部分の金額}}{\text{権利行使によって取得した株数}}$</td></tr>
<tr><td>新株予約権の権利行使による取得株式（分離発行）</td><td colspan="3">$\text{新株１株当たりの払込金額}+\dfrac{\text{新株予約権の行使直前の取得価額}}{\text{権利行使によって取得した株数}}$</td></tr>
<tr><td>有償増資</td><td rowspan="2">株主側の課税関係（増資等の時）</td><td rowspan="2">課税関係なし</td><td>$\dfrac{\text{旧株１株の取得価額}+\text{新株１株当たりの払込金額}\left(\text{その払込による取得のために要した費用を加算}\right)\times\text{旧株１株当たりの取得株数}}{1+\text{旧株１株当たりの取得株数}}$</td></tr>
<tr><td>資本準備金・利益準備金・配当可能利益の資本組入れによる株式分割</td><td>$\dfrac{\text{旧株１株の取得価額}\times\text{所有株数}}{\text{分割後の所有株数}}$</td></tr>
<tr><td>合併による取得株式（合併により合併法人の株式のみを取得した場合）</td><td colspan="3">$\left(\text{旧株１株の取得価額}+\text{旧株１株当たりのみなし配当額}+\text{旧株１株当たりの取得費用}\right)\div\dfrac{\text{取得した合併法人株数}}{\text{旧株数}}$</td></tr>
<tr><td>分割型分割　取得した分割承継法人の株式の取得価額（分割承継法人の株式のみ取得のとき）</td><td colspan="3">$\left(\text{所有株式１株の取得価額}\times\text{純資産移転割合}^{※}\div\text{所有株式１株について取得した分割承継法人の株式の数}\right)+\text{分割承継法人株式１株当たりのみなし配当額}+\text{分割承継法人株式１株当たりの取得費用}$<br>$\text{純資産移転割合}^{※}=\dfrac{\text{分割法人から分割承継法人に移転した資産の帳簿価額}-\text{分割法人から分割承継法人に移転した負債の帳簿価額}}{\text{分割法人の資産の帳簿価額}-\text{分割法人の負債の帳簿価額}}$<br>○分割後の所有株式の１株当たりの取得価額は次により算出します。<br>$\text{所有株式１株の取得価額}-\left(\text{所有株式１株の取得価額}\times\text{純資産移転割合}\right)$</td></tr>
<tr><td>資本の払戻し等による株式等の取得価額</td><td colspan="3">$\text{旧株１株の取得価額}-\left(\text{旧株１株の取得価額}\times\text{払戻し等割合}^{※}\right)$<br>$\text{払戻し等割合}^{※}=\dfrac{\text{その法人の資本の払戻しにより減少した資本剰余金の額又はその法人の解散による残余財産の分配により交付した金銭等の価額の合計額}}{\text{その法人の資産の帳簿価額}-\text{その法人の負債の帳簿価額}}$</td></tr>
<tr><td>無償減資があった場合の株式の取得価額</td><td colspan="3">$\dfrac{\text{旧株１株の取得価額}\times\text{所有株数}}{\text{減資後の所有株数}}$</td></tr>
</table>

<table>
<tr>
<td>2. 個人に係る金融証券税制</td>
<td>
・利子・配当と株式等の譲渡損失の損益通算が可能です。<br>
・上場株式等の譲渡損失について３年間の繰越控除が可能です。<br>
・特定口座に、利子・配当を受け入れることが可能です。<br>
・特定口座のうち源泉徴収口座については申告不要とすることができます。

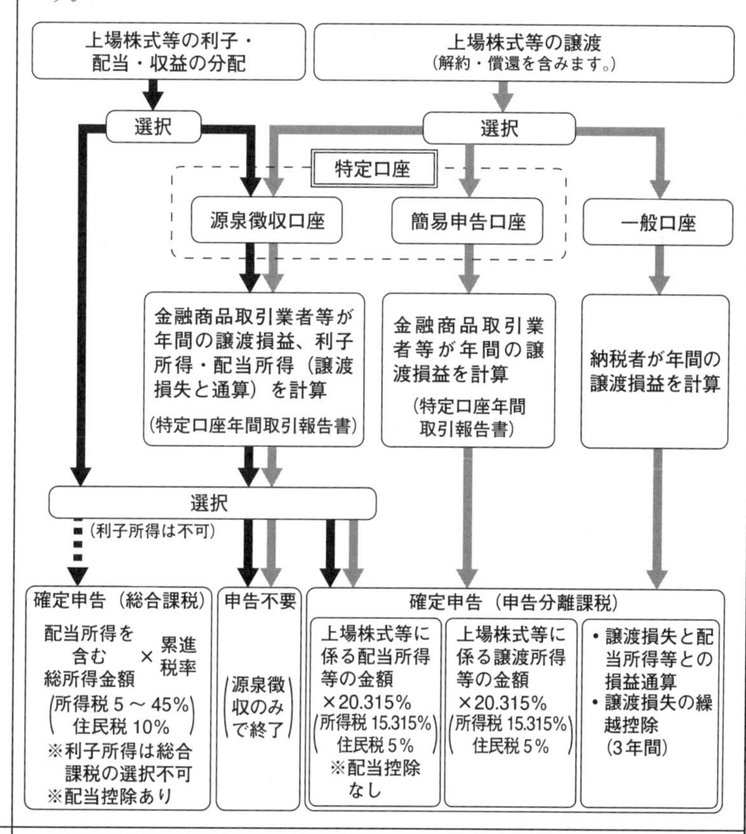

</td>
</tr>
<tr>
<td>3. 上場株式等の配当等を受けた場合の課税関係</td>
<td>
・上場株式等の配当等（持株割合３％以上の大口株主等が支払を受けるものを除きます。以下同じです。）については、その支払の際に20.315％（所得税15.315％、住民税５％）の税率による源泉徴収がされます。<br>
・なお、１回に支払を受けるべき上場株式等の配当等の額ごとに申告しないこと（申告不要）を選択することができます（源泉徴収口座内の上場株式等の配当等については、口座ごとに選択する必要があります。）。<br>
・また、申告する場合は、上場株式等の配当等に係る配当所得について、総合課税と申告分離課税のいずれかを選択することができます。（上場株式等の配当等のうち、特定目的信託（その信託契約の締結時において原委託者が有する社債的受益権の募集が公募により行われたものに限ります。）の社債的受益権の剰余金の配当など一定のものに係る配当所得は総合課税を選択することはできません。）この場合、申告する上場株式等の配当等に係る配当所得の全てについて、総合課税と申告分離課税のいずれかを選択する必要があります。
</td>
</tr>
</table>

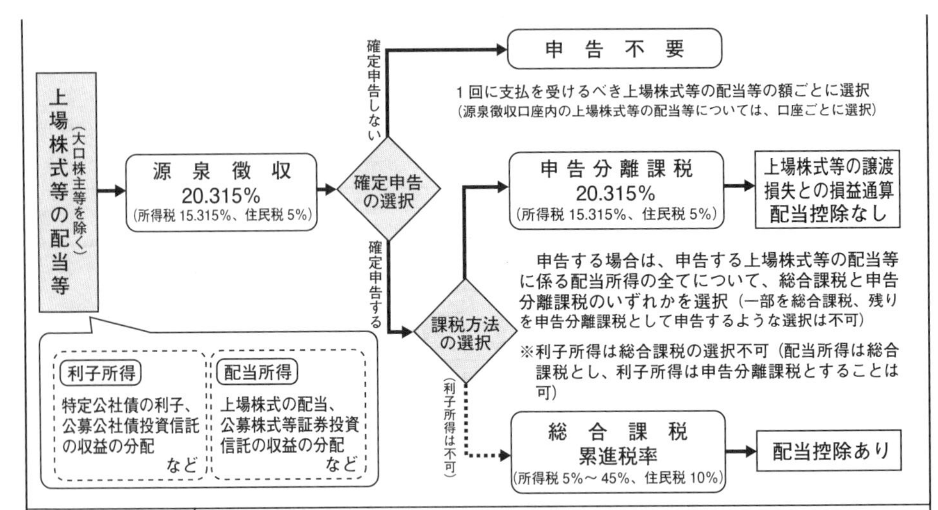


**4. 上場株式等の譲渡損失に係る損益通算及び繰越控除**
(措法37の12の2)

- 上場株式等を金融商品取引業者等を通じて譲渡したことにより生じた譲渡損失の金額は、確定申告により、その年分の上場株式等に係る配当所得等の金額（上場株式等の配当等に係る配当所得については、申告分離課税を選択したものに限ります。以下同じです。）と損益通算することができます。（上場株式等に係る譲渡損失の金額を一般株式等に係る譲渡所得等の金額から控除することはできません。）
- また、損益通算してもなお控除しきれない譲渡損失の金額については、翌年以後３年間にわたり、確定申告により上場株式等に係る譲渡所得等の金額及び上場株式等に係る配当所得等の金額から繰越控除することができます。

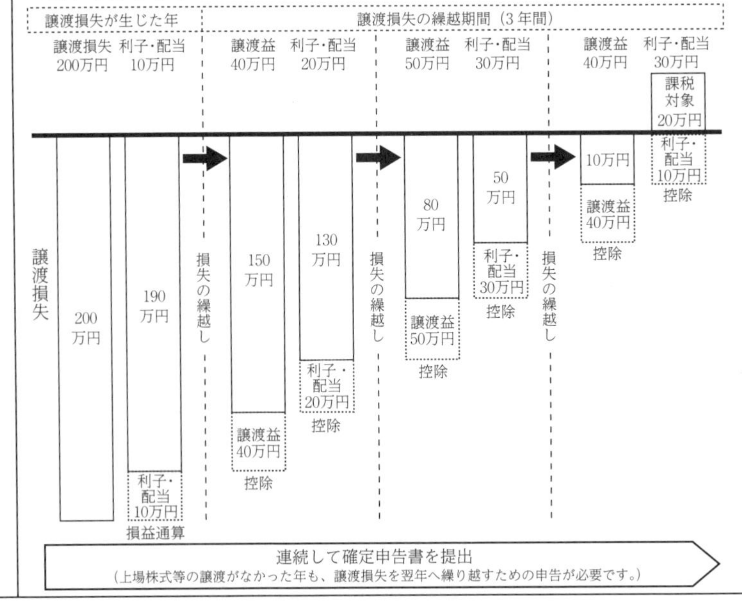

| 5. 特定口座制度<br>(措法37の11の3、37の11の6) | 特定口座には、簡易申告口座と源泉徴収口座の２種類があり、金融商品取引業者等に特定口座を開設した場合、その特定口座内における上場株式等の譲渡による所得については、他の上場株式等の譲渡による所得と区分して計算します。なお、この計算は金融商品取引業者等が行います。<br>(1) **簡易申告口座**<br>簡易申告口座とは、金融商品取引業者等から送られてくる特定口座年間取引報告書により、簡便に申告を行うことができる口座のことをいいます。<br>(2) **源泉徴収口座**<br>・源泉徴収口座とは、特定口座内で生じる所得に対して源泉徴収（20.315％（所得税15.315％、住民税５％））することを選択することにより、その特定口座内における上場株式等の譲渡による所得を申告不要とすることができる口座のことをいいます。<br>・なお、金融商品取引業者等を通じて支払を受ける上場株式等の配当等については、その金融商品取引業者等に開設している源泉徴収口座に受け入れることができます。<br>・また、上場株式等の配当等を受け入れた源泉徴収口座内に上場株式等を譲渡したことにより生じた譲渡損失の金額があるときは、上場株式等の配当等の額の総額からその上場株式等を譲渡したことにより生じた譲渡損失の金額を控除（損益通算）した金額を基に源泉徴収税額が計算されます。<br>(3) **源泉徴収口座における留意点**<br>(i) 源泉徴収口座における上場株式等の譲渡による所得又はその源泉徴収口座に受け入れた上場株式等の配当等に係る配当所得等を申告するかどうかは口座ごとに選択できます（１回の譲渡ごと、１回に支払を受ける上場株式等の配当等ごとの選択はできません。）。<br>(ii) 源泉徴収口座における上場株式等の譲渡による所得とその源泉徴収口座に受け入れた上場株式等の配当等に係る配当所得等のいずれかのみを申告することができます。ただし、源泉徴収口座における上場株式等を譲渡したことにより生じた譲渡損失の金額を申告する場合には、その源泉徴収口座に受け入れた上場株式等の配当等に係る配当所得等も併せて申告しなければなりません。<br>(iii) 源泉徴収口座における上場株式等の譲渡による所得又は上場株式等の配当等に係る配当所得等を申告した後に、その源泉徴収口座における上場株式等の譲渡による所得又は上場株式等の配当等に係る配当所得等を申告しないこととする変更はできません。また、源泉徴収口座における上場株式等の譲渡による所得の金額又は上場株式等の配当等に係る配当所得等の金額を含めないで申告した後に、その源泉徴収口座における上場株式等の譲渡による所得又は上場株式等の配当等に係る配当所得等を申告することとする変更もできません。 |
|---|---|

## ●令和５年末までのNISA（少額投資非課税制度）の概略

※令和５年度税制改正によりNISA制度は抜本的拡充・恒久化が行われ、令和６年１月１日から新しい制度になります。（改正P.14参照）

<table>
<tr><th>項　目</th><th>説　　　明</th></tr>
<tr><td>1.NISA<br>（非課税口座内の少額上場株式等に係る配当所得及び譲渡所得等の非課税措置）<br>（措法9の8、37の14）</td><td>居住者等が証券会社、銀行、郵便局等に一定の非課税口座を開設した場合には、譲渡益、配当金、分配金は非課税とされます。
<table>
<tr><td>非課税対象</td><td>非課税口座内の少額上場株式等の配当等、譲渡益</td></tr>
<tr><td>開設者（対象者）</td><td>口座開設の年の１月１日において18歳以上の居住者等</td></tr>
<tr><td>口座開設可能期間</td><td>平26.1.1～令5.12.31までの10年間<br>※令６～令10までは、新・NISA（特定非課税累積投資勘定と特定非課税管理勘定の仕組み）となります。</td></tr>
<tr><td>口座開設数</td><td>各年分ごとに１非課税管理勘定（一定の条件・手続の下で、年分ごとに金融機関の変更可）</td></tr>
<tr><td>非課税投資額</td><td>１非課税管理勘定におけるその年中の新規投資額は120万円が上限（平成26、27年は100万円）。<br>未使用枠は翌年以後繰越不可</td></tr>
<tr><td>非課税期間</td><td>最長５年間、途中売却可（売却部分の枠の再利用不可）</td></tr>
<tr><td>非課税投資総額</td><td>最大600万円（120万円×５年間）</td></tr>
</table>
・NISA又はジュニアNISAの口座内で取得した上場株式等を譲渡したことにより生じた損失は、原則としてないものとみなされます。</td></tr>
<tr><td>2.積立NISA<br>（非課税累積投資契約に係る非課税措置）<br>（措法9の8、37の14）</td><td>上記1.のNISAと選択して適用できます。<br>・投資対象商品は、長期の積立・分散投資に適した一定の公募株式投資信託等とされ、契約に基づき定期かつ継続的な方法で投資をします。
<table>
<tr><td>非課税対象</td><td rowspan="2">上記1.に同じ</td></tr>
<tr><td>開設者（対象者）</td></tr>
<tr><td>口座開設可能期間</td><td>平30.1.1～令5.12.31まで</td></tr>
<tr><td>口座開設数</td><td>上記1.に同じ</td></tr>
<tr><td>非課税投資額</td><td>40万円が上限（累積投資のみでロールオーバーなし）</td></tr>
<tr><td>非課税期間</td><td>最長20年間、途中売却可（売却部分の枠の再利用不可）</td></tr>
<tr><td>非課税投資総額</td><td>最大800万円（40万円×20年間）</td></tr>
</table></td></tr>
<tr><td>3.ジュニアNISA<br>（未成年者口座内の少額上場株式等に係る配当所得及び譲渡所得等の非課税措置）<br>（措法9の9、37の14の2）</td><td>・親権者等の代理又は同意の下で投資。その年の３月31日において18歳である年の前年12月31日までは、原則として払出し不可
<table>
<tr><td>非課税対象</td><td>未成年者口座内の少額上場株式等の配当等、譲渡益</td></tr>
<tr><td>開設者（対象者）</td><td>口座開設の年の１月１日において18歳未満又はその年に出生した居住者等</td></tr>
<tr><td>口座開設可能期間</td><td>平28.4.1～令5.12.31までの８年間<br>※令6.1.1以後は、課税未成年者口座及び未成年者口座内の上場株式等及び金銭の全額について源泉徴収を行わずに払い出しができます。</td></tr>
<tr><td>口座開設数</td><td>１人につき１口座のみ（変更不可）</td></tr>
<tr><td>非課税投資額</td><td>１非課税管理勘定におけるその年中の新規投資額は80万円が上限（未使用枠は翌年以後繰越不可）</td></tr>
<tr><td>非課税期間</td><td>最長５年間、途中売却可（売却部分の枠の再利用不可）</td></tr>
<tr><td>非課税投資総額</td><td>最大400万円（80万円×５年間）</td></tr>
</table></td></tr>
</table>

# ●国外転出をする場合の譲渡所得等の特例

| 項　目 | 説　明 |
| --- | --- |
| 1. 適用対象者<br>（所法60の2⑤） | 平成27年7月1日以後に国外転出する、次のいずれにも該当する者<br>①　有価証券等の価額及び未決済デリバティブ取引等の決済に係る利益の額及び損失の額の合計額が1億円以上である者<br>②　国外転出の日前10年以内に、国内に住所又は居所を有していた期間が5年超である者 |
| 2. 課税所得の計算<br>（所法60の2①②③） | 国外転出時に、それぞれ次に定める金額により有価証券等又は未決済デリバティブ取引等の譲渡又は決済をしたものとみなして、所得の金額を計算します。<br>①　国外転出をした年分の確定申告書の提出時までに納税管理人の届出をした場合、納税管理人の届出をしないで転出日以後に確定申告書を提出した場合、決定がされる場合…その国外転出時における有価証券等の価額に相当する金額又は未決済デリバティブ取引等の決済をしたものとみなして算出した利益の額若しくは損失の額<br>②　①以外の場合…その国外転出の予定日の3月前の日における有価証券等の価額に相当する金額又は未決済デリバティブ取引等の決済をしたものとみなして算出した利益の額若しくは損失の額 |
| 3. 5年以内に帰国した場合の課税の取消し<br>（所法60の2⑥、153の2） | 国外転出課税を受けた者が、国外転出の日から5年を経過する日までに帰国した場合において、その国外転出時から継続して有しているものについては、その国外転出課税をなかったものとすることができます。<br>なお、この取消しを行う場合は、帰国日から4月を経過する日までに、更正の請求をする必要があります。 |
| 4. 納税猶予<br>（所法60の2⑦、137の2） | 国外転出をした年分の確定申告書に納税猶予を受けようとする旨の記載をし、その提出期限までに担保（非上場株式や持分会社の持分の場合は、担保提供を約する書類等の提出で可）を供し、かつ、納税管理人の届出をした場合には、国外転出課税に係る所得税額を国外転出の日から5年4月（延長の申請をした場合には10年4月）を経過する日まで納税が猶予されます。<br>なお、納税猶予を受ける者は、各年の12月31日における対象資産の所有又は契約に関する届出書を、翌年3月15日までに納税地の所轄税務署長に提出しなければなりません。 |
| 5. 納税猶予期間中の有価証券等の譲渡等<br>（所法60の2⑧） | 納税猶予期間中に課税の対象となった有価証券等又は未決済デリバティブ取引等の譲渡又は決済等をした場合には、その納税猶予に係る所得税のうち、譲渡又は決済等をした部分の所得税については、納税猶予期間が解除されることとなります。 |
| 6. 二重課税の調整<br>（所法95の2） | 納税猶予期間中に課税の対象となった有価証券等又は未決済デリバティブ取引等の譲渡又は決済をした場合において、その所得に係る外国税額を納付することとなるときは、その外国税額を納税することとなる日から4月を経過する日までに、更正の請求をすることにより、その者が国外転出をした年において外国税額を納付するものとみなして、外国税額控除の適用を受けることができます。 |
| 7. 非居住者への有価証券等の贈与等による移転<br>（所法60の3） | 1.①②に該当する居住者が有する有価証券・未決済デリバティブ取引等の契約が、贈与、相続又は遺贈により非居住者に移転した場合には、その贈与等の時に、その時における有価証券等の価額に相当する金額又は未決済デリバティブ取引等の決済をしたものとみなして算出した利益の額若しくは損失の額により、課税所得を計算します。 |

## ●低額譲渡の課税関係（所法9、59、157）

| 譲渡者 | 譲受者 | 譲渡価額 | 譲渡者に対する課税関係 | | 譲受者に対する課税関係 | |
|---|---|---|---|---|---|---|
| | | | | 譲渡損の通算 | | 取得価額等 |
| 個人 | 個人 | 時価の $\frac{1}{2}$ 以上 | 通常の譲渡所得計算（みなし譲渡課税なし） | ○ | その物件の譲受時における通常の取引価額に相当する金額を下まわる価額で譲受けた場合はみなし贈与（相法7、平1直資2-204） | 実際の譲受価額 |
| | | 時価の $\frac{1}{2}$ 未満 | 同上 | ×（所法59②） | 同上 | 実際の譲受価額。ただし、譲渡損の場合には、譲渡者の取得価額及び取得時期を引継ぐ（所法60①二） |
| 個人 | 法人 | 時価の $\frac{1}{2}$ 以上 | 通常の譲渡所得計算（注１） | ○ | 譲受価額と時価の差額は受贈益（注２） | 時価 |
| | | 時価の $\frac{1}{2}$ 未満 | みなし譲渡課税（所法59①二、所令169） | ○ | 同上（注２） | 時価 |
| 法人 | 個人 | 時価未満 | 時価と譲渡価額の差額は寄附金（法法37⑧）（譲受人が役員等である場合には賞与）（法基通9-2-9(2)） | | 一時所得（所基通34-1(5)）（譲受人が役員等である場合には給与所得）（所法28、所基通36-15） | 時価 |
| 法人 | 法人 | 時価未満 | 時価と譲渡価額の差額は寄附金（法法37⑧） | | 譲受価額と時価の差額は受贈益 | 時価 |

（注１）所得税法第157条（同族会社等の行為又は計算の否認）の規定に該当する場合には、税務署長の認めるところにより譲渡資産の時価に相当する金額により譲渡所得の計算が行われることがあります（所基通59-3）。

（注２）譲受価額が相続税評価額に満たない場合、同族会社の譲渡者以外の株主等の有する株式等の価額が増加したときには、譲渡者からの増加した部分に相当する金額を贈与により取得したものと取り扱われます（相法9、相基通9-2）。

# ●土地・建物等の課税の特例



| 項　目 | 説　　明 |
|---|---|
| **1. 分離課税**<br>（措法31①③二、32①②） | 土地若しくは土地の上に存する権利又は建物及びその附属設備若しくは構築物に係る譲渡所得については他の所得と分離して所得税が課税されますので、土地・建物等の譲渡損失は他の所得との損益通算及び翌年以降の繰越控除は適用されません。 |

**2. 適用税率**

| 区分 ＼ 税目 | | 所得税等 | 住民税 | 合計 |
|---|---|---|---|---|
| ①長期一般 | | 15.315% | 5％ | 20.315% |
| ②長期特定 | 2,000万円以下の場合 | 10.21% | 4％ | 14.21% |
| | 2,000万円超の場合 | 15.315%－102.1万円 | 5％－20万円 | 20.315%－122.1万円 |
| ③長期軽課 | 6,000万円以下の場合 | 10.21% | 4％ | 14.21% |
| | 6,000万円超の場合 | 15.315%－306.3万円 | 5％－60万円 | 20.315%－366.3万円 |
| ④短期一般 | | 30.63% | 9％ | 39.63% |
| ⑤短期軽減 | | 15.315% | 5％ | 20.315% |

（注）平成25年から令和19年までは、復興特別所得税として所得税額の2.1％を併せて申告・納付することとなります。

（措法31①）
①**長期一般**：土地建物等の譲渡で、譲渡のあった年の１月１日における所有期間が５年を超えるものを譲渡した場合

（措法31の2①）
②**長期特定**：譲渡のあった年の１月１日における所有期間が５年を超える土地等の譲渡のうち、優良住宅地等のための譲渡に該当する場合（令和７年12月31日までに行われるもの）

※優良住宅地等のための譲渡

→国等に対する譲渡、収用交換等による譲渡（措法33、33の2、33の4の規定の適用を受けた場合を除きます。）、優良住宅建設・宅地造成のための譲渡、所有者不明土地等の一定の事業者への譲渡

（措法31の3）
③**長期軽課**：譲渡した年の１月１日で所有期間が10年超の土地建物等で居住用財産に該当するものを譲渡（特別関係者に対する譲渡等を除きます。）した場合

※その年の前年又は前々年にこの特例の適用を受けていない場合のみ

（措法32①）
④**短期一般**：土地建物等の譲渡で、譲渡のあった年の１月１日における所有期間が５年以下のものを譲渡した場合

（措法32③）
⑤**短期軽減**：譲渡のあった年の１月１日における所有期間が５年以下の土地建物等を譲渡した場合で、国等に対する譲渡、収用交換等による譲渡、独立行政法人都市再生機構等の行う住宅建設の用に供するための譲渡である場合

**3. 特別控除**

土地建物等の譲渡所得については次の特別控除ができます。

（措法33の4）
1　資産が土地収用法等によって買取りの申出から６か月以内に収用交換等された場合 ………………………… **5,000万円**

**添付書類**「譲渡所得の主な特例等の添付書類」(4)(5) P.148参照

（措法35）
2　居住用財産を譲渡した場合〔**4.** 参照〕………………………… **3,000万円**

**添付書類**「譲渡所得の主な特例等の添付書類」(6) P.148参照

（措法34）
3　特定土地区画整理事業のために土地等を譲渡した場合 …… **2,000万円**

**添付書類** 特定土地区画整理事業等の内容ごとのその証明書

（措法34の2）
4　特定住宅地造成事業等のために土地等を譲渡した場合 …… **1,500万円**

**添付書類** 特定住宅地造成事業等の内容ごとのその証明書

| | |
|---|---|
| (措法35の2) | 5　特定の土地等を譲渡した場合 …………………………………… **1,000万円**<br>**添付書類**　譲渡した土地等が平成21年又は平成22年に取得されたものであることを明らかにする書類 |
| (措法34の3)<br>(措法35の3) | 6　農地保有の合理化等のために農地等を譲渡した場合 ……… **800万円**<br>7　低未利用土地等を譲渡した場合 ………………………………… **100万円**<br>令和２年７月１日から令和７年12月31日までの間に市区町村長の確認がされた所有期間５年超の低未利用土地等を譲渡（譲渡対価が建物込みで500万円以下（令和５年１月１日以後、一定の区域にある場合は800万円以下）に限ります。）した場合、100万円の特別控除があります。<br>**(注)** ⑴　この特別控除は短期譲渡についても適用できます（７を除く）。 |
| (措法36) | ⑵　１～７の特別控除は同一人について年間（暦年）5,000万円を最高限度とします。 |
| (措法34、34の2) | ⑶　３又は４の土地等の譲渡が、同一事業の用地として二以上の年にわたって行われたときは、これらの課税のうち、最初の譲渡が行われた年以外の譲渡については、これらの特別控除の適用はありません。 |
| **4. 居住用財産の譲渡所得の課税の特例**<br>(措法31の3、35、措通31の3-15、35-5) | 1　譲渡資産が次に該当するもの（**6.** の買換え（交換）の適用を受けるものを除きます。）には、3,000万円特別控除の適用があります。さらに、譲渡した年の１月１日に所有期間が10年を超える場合は**2.** の③の税率が適用されます。<br>⑴　自己の居住の用に供している家屋<br>⑵　⑴の家屋で居住の用に供されなくなったもの（自己の居住の用に供されなくなった日から同日以後３年を経過する年の12月31日までの間に譲渡されるもの。）<br>⑶　⑴又は⑵の家屋及びその家屋の敷地の用に供されている土地等<br>⑷　⑴の家屋が災害で滅失した場合で、その災害のあった日から同日以後３年を経過する年の12月31日までの間に譲渡されるもの。 |
| **(空き家特例)** | ⑸　相続により取得した被相続人の居住の用に供されていた家屋と敷地について、平成28年４月１日から令和９年12月31日までの間に家屋を耐震リフォームするか、家屋を取壊すかのどちらかをして敷地等を譲渡（譲渡の対価が１億円を超えるものを除きます。）した場合にも適用があります。また、平31.4.1以後は要介護認定等を受け、かつ相続開始の直前まで老人ホーム等に入所をしていた場合等や、令6.1.1以後は買主が譲渡の年の翌年２月15日までに耐震改修又はその全部を取り壊した場合も、この特例が適用されます。<br>※令6.1.1以後、相続人の数が３人以上の場合、特別控除額が2,000万円とされます。<br>2　譲渡者の配偶者その他の特別関係者に対する譲渡、収用交換等による譲渡、特定の事業用資産の買換え（交換）の特例、特定居住財産の譲渡損失の金額が生じた年の翌年以後３年内の各年分のうち合計所得金額が3,000万円を超える年分、贈与・交換・現物出資等による譲渡は適用がありません。 |

| | |
|---|---|
| **5. 特定の居住用財産の買換えの場合の長期譲渡所得の課税の特例**<br>（措法36の2） | 1　**要件**<br>①　譲渡資産は、譲渡した年の1月1日において所有期間が10年を超えるもの、譲渡者の居住期間が10年以上であるもので譲渡資産の対価が1億円以下で、かつ、買換資産のうち建物の床面積が50m²以上（既存住宅である耐火建築物の場合は、築後経過年数25年以下（一定の耐震基準を満たす耐火建築物を除く））かつ、土地面積が500m²以下のもの（令和6年1月1日以後に建築確認を受ける住宅等は、一定の省エネ基準が必要です。）。<br>②　令和5年12月31日までの譲渡分について、譲渡した日の属する年の前年1月1日から譲渡した日の属する年の12月31日までの間に買換資産を取得し、かつ、譲渡の日の年の翌年12月31日までに取得資産を自己の居住の用に供する見込みであるとき。<br>2　**適用除外：4. の2に同じ**<br>※　居住用財産の買換えの特例の対象となる譲渡資産（「交換譲渡資産」）と、居住用財産の買換えの特例の対象となる買換資産（「交換取得資産」）との交換をした場合、又は交換譲渡資産と交換取得資産以外の資産との交換をし、かつ、交換差金を取得した場合（「他資産との交換」といいます。）<br>(1)　交換譲渡資産（他資産との交換の場合にあっては、交換差金に対応する部分に限ります。）は、その交換の日におけるその交換譲渡資産の価額に相当する金額をもって、居住用財産の買換えの特例の適用対象となる資産の譲渡があったものとみなされます。<br>(2)　交換取得資産は、その交換の日におけるその交換取得資産の価額に相当する金額をもって、居住用財産の買換えの特例の適用対象となる買換資産の取得があったものとみなされます。<br>**添付書類**「譲渡所得の主な特例等の添付書類」(7)（P.148参照） |
| **6. 居住用財産の買換え等の場合の譲渡損失の損益通算及び繰越控除**<br>（措法41の5）<br>（買換資産の取得要件）<br><br><br><br>（適用除外）<br><br><br>（措法41の5④ただし書）<br><br><br><br>（措法41の5⑦一） | •個人が令和5年12月31日までに、所有期間5年超の特定の居住用財産の譲渡をし、その個人の居住の用に供する一定の買換資産を取得した場合は、翌年以後3年間（合計所得金額が3,000万円以下である年に限ります。）にわたって、その居住用財産の譲渡により生じた損失（居住用家屋の敷地である土地等の面積が500m²を超える部分の損失は除きます。）について繰越控除されます。（控除する年の12月31日において買換資産に係る住宅借入金等の金額を有する場合に限ります。）<br>□買換資産の取得期間➡譲渡年の翌年の12月31日まで<br>□居住供用➡取得日から取得年の翌年の12月31日まで（居住の用に供する見込みの場合を含みます。）<br>□買換資産である居住用家屋の床面積基準➡50m²以上<br>(1)　贈与による居住用財産の取得については適用がありません。<br>(2)　特別な関係がある者（親子、生計一親族、同族会社等）との譲渡・取得については適用がありません。<br>(3)　繰越控除の特例の適用に当たって、その個人のその年の合計所得金額が3,000万円を超える年については、繰越控除の特例の適用を受けることはできません。<br>（注）損益通算の特例には、上記の所得要件はありません。<br>(4)　他の居住用財産の譲渡の特例と重複不適用<br>イ　譲渡資産の特定譲渡をした年の前年又は前々年における資産の譲渡について次に掲げる特例の適用を受けている場合には居住用財産の譲 |

所得税

| | |
|---|---|
| (措法31の3)<br>(措法35)<br>(措法36の2)<br>(措法36の5) | 渡損失の金額の対象から除外され、この損益通算及び繰越控除の特例の適用を受けることはできません。<br>① 居住用財産を譲渡した場合の長期譲渡所得の軽減税率の特例<br>② 居住用財産の譲渡所得の3,000万円特別控除<br>③ 特定の居住用財産の買換えの場合の長期譲渡所得の課税の特例<br>④ 特定の居住用財産を交換した場合の長期譲渡所得の課税の特例<br>ロ 譲渡資産の特定譲渡をした年又はその年の前年以前３年内における譲渡損失<br>特定居住用財産の譲渡損失の損益通算の特例の適用を受けている場合はイと同様、この損益通算及び繰越控除の特例の適用を受けることはできません。 |
| **7. 特定居住用財産の譲渡損失の繰越控除等**<br>（住宅ローンの残債以下での居住用財産の譲渡）<br>（措法41の5の2） | • 個人が令和５年12月31日までにその有する家屋又は土地等でその年１月１日において所有期間が５年を超えるものの当該個人の居住の用に供しているもの（以下「譲渡資産」という。）の譲渡（親族等に対するものを除きます。）をした場合（当該個人が当該譲渡に係る契約を締結した日の前日において当該譲渡資産に係る一定の住宅借入金等の金額を有する場合に限ります。）において、<br>当該譲渡の日の属する年に当該譲渡資産に係る譲渡損失の金額があるときは、一定の要件の下で、その譲渡損失の金額についてその年の翌年以後３年内の各年分（合計所得金額が3,000万円以下である年分に限ります。）の総所得金額等の計算上控除されます。<br>（注）１.「譲渡資産に係る譲渡損失の金額」⇨譲渡資産に係る譲渡所得の金額の計算上生じた損失の金額（当該譲渡資産に係る一定の住宅借入金等の金額から当該譲渡資産の譲渡の対価の額を控除した残額を限度とします。）のうち損益通算をしてもなお控除しきれない部分の金額。<br>２. この特例については、譲渡資産に係る譲渡損失の金額があるときは、当該譲渡資産の譲渡による所得以外の所得との通算及び翌年以降に繰越しできます。また、純損失の繰越控除制度及び純損失の繰戻し還付制度の金額には、当該譲渡資産に係る譲渡損失の金額は含めません。 |
| **8. 国等に対して重要文化財を譲渡した場合の譲渡所得の非課税**<br>（措法40の2） | 個人がその所有する資産（土地を除きます。）で、重要文化財として指定されたものを国、独立行政法人国立文化財機構、独立行政法人国立美術館、独立行政法人国立科学博物館、地方公共団体、地方独立行政法人又は一定の文化財保存活用支援団体に譲渡した場合に係る譲渡所得については所得税が課税されません。 |
| **9. その他の課税の繰延べ**<br>（措法33、33の2）<br>（措法37）<br>（措法37の5）<br>（所法58） | P.88（圧縮記帳）を参照してください。<br>１ 土地収用法等による収用交換等をされ、譲渡資産と同種の代替資産を取得した場合<br>２ 特定の事業用資産を買換えた場合（P.88～90参照）<br>３ 既成市街地等内にある土地等の地上階数３以上の中高層耐火共同住宅の建設のために買換えた場合<br>４ 同種の固定資産を交換した場合 |

# ●土地等譲渡所得チャート

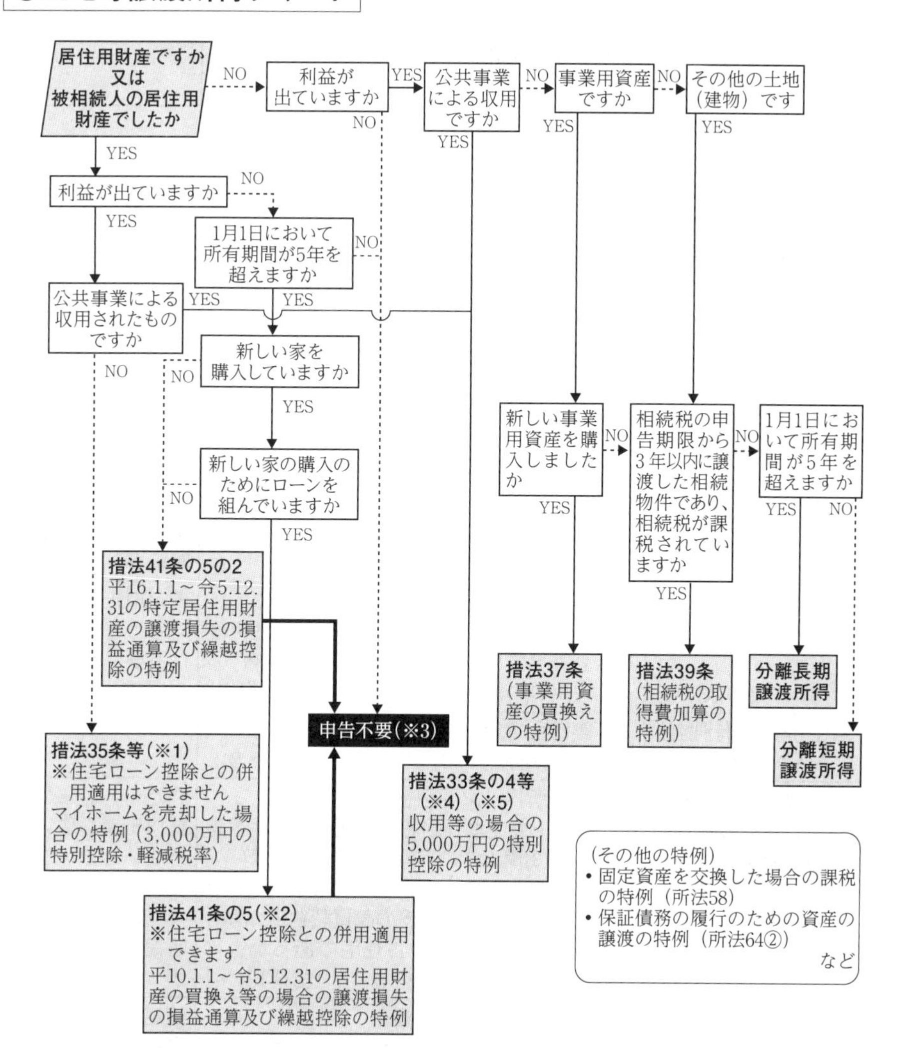


（※１）買換え物件を取得している場合には、買換えの特例（措法36の2等）の特例を選択することもできます（有利不利の判断については、※４を参照）。

（※２）通常は、住宅借入金等特別控除を併用することになります。

（※３）【譲渡所得の内訳書】を記載して、申告不要であることを確認します。ただし、減価償却の計算をしないでも明らかに損失であるような場合は「譲渡所得の申告等についての回答」（資6-335）を記載します。

（※４）5,000万円控除のほかに、代替資産の取得に要した金額について、譲渡がなかったものとします。「代替資産の特例（措法33条）」。5,000万円以上の利益が算出され、5,000万円以上の代替資産を取得している場合には、「代替資産の特例」の方がその年分は有利になります。ただし、取得価額の引継が行われますから、その後の年分の減価償却費や、その物件を売ったときの取得費の計算では不利になります。

（※５）5,000万円控除の場合は、通常３種類の証明書が発行されています。この証明書が１枚しかない場合は、2,000万円・1,500万円・800万円控除の可能性があります。

（※令２改正）従前住宅を居住の用に供しなくなった年の３年後に譲渡（令和２年４月１日以後の譲渡）した場合、従前住宅について譲渡特例の適用を受けたときは、新規住宅について住宅ローン控除の適用は受けられません。

所得税

## ●譲渡所得の主な特例等の添付書類

| 特　　例 | 添　付　書　類 | 備　　考 |
|---|---|---|
| (1)　**固定資産の交換の特例**<br>(所法58) | 譲渡所得計算明細書（所規37） | |
| (2)　**保証債務履行のための資産の譲渡の特例**<br>(所法64②) | 保証債務の履行のための資産の譲渡に関する明細書<br>(所規38) | |
| (3)　**居住用財産を譲渡した場合の長期譲渡所得の課税の特例**※<br>(措法31の3) | (1)　譲渡所得計算明細書<br>(2)　譲渡した土地建物等の登記事項証明書等<br>(3)　戸籍の附票の写し等（譲渡契約締結日の前日において、住民票の記載住所と所在地とが異なる場合などに限ります。）<br>(措規13の4) | |
| (4)　**収用の特例Ⅰ**※<br>（代替資産を取得した場合）<br>(措法33) | (1)　譲渡所得計算明細書<br>(2)　収用等の証明書<br>(3)　代替資産を取得した旨を証する書類（登記事項証明書等）　(措規14) | 確定申告時までに代替資産を取得できないときは、左記(3)に代えて「買換（代替）資産の明細書」を添付 |
| (5)　**収用の特例Ⅱ**<br>（特別控除を受ける場合）<br>(措法33の4) | (1)　譲渡所得計算明細書<br>(2)　公共事業用資産の買取り等の申出証明書<br>(3)　公共事業用資産の買取り等の証明書<br>(4)　収用等の証明書　(措規15) | 確定申告義務のない者は左記の手続は不要<br>(措法33の4④) |
| (6)　**居住用財産の特別控除**<br>(措法35) | (1)　譲渡所得計算明細書<br>(2)　上掲(3)欄の(3)に同じです。(措規18の2) | |
| (7)　**特定の居住用財産の買換えの場合の長期譲渡所得の特例**※<br>(措法36の2) | (1)　譲渡所得計算明細書<br>(2)　譲渡した土地建物等の登記事項証明書等<br>(3)　上掲(3)欄の(3)の戸籍の附票の写し等<br>(4)　取得した土地建物等の登記事項証明書等<br>(5)　譲渡した土地建物等の売買契約書の写し<br>(6)　取得した建物が中古住宅である場合には耐震基準適合証明書等　(措規18の4) | 確定申告時までに買換資産を取得できないときは左記(4)、(6)に代えて「買換（代替）資産の明細書」を添付 |
| (8)　**特定の事業用資産の買換えの特例**※<br>(措法37) | (1)　譲渡所得計算明細書<br>(2)　買換資産を取得した旨を証する書類（登記事項証明書等）　(措規18の5)<br>(3)　適用号により、それぞれ一定の書類 | 確定申告時までに買換資産を取得できないときは、左記(2)に代えて「買換（代替）資産の明細書」を添付 |
| (9)　**既成市街地等内にある土地等の中高層耐火建築物等の建設のための買換え及び交換の特例**※<br>(措法37の5) | 特定民間再開発事業の場合<br>(1)　譲渡所得計算明細書<br>(2)　一定の要件を満たす事業であることについて都道府県知事が認定をした旨を証する書類（特定民間再開発事業認定済証）<br>(3)　買換資産を取得した旨を証する書類（登記事項証明書等） | 確定申告時までに買換資産を取得できないときは、左記(3)に代えて「買換（代替）資産の明細書」を添付 |

| | | |
|---|---|---|
| | 上記以外の場合<br>(1) 譲渡所得計算明細書<br>(2) 譲渡資産の所在地を管轄する市町村長のその譲渡資産の所在地が既成市街地等内である旨を証する書類<br>(3) 買換資産に該当する中高層の耐火共同住宅に係る建築基準法第7条第5項に規定する検査済証の写し<br>(4) その中高層の耐火共同住宅に係る事業概要書又は各階平面図その他の書類でその中高層の耐火共同住宅が特例要件に該当するものであることを明らかにする書類<br>(5) 買換資産を取得した旨を証する書類（登記事項証明書等）（措規18の6） | 東京都の特別区、武蔵野市、大阪市に所在する場合は左記(2)は不要<br><br>確定申告時までに買換資産を取得できないときは、左記(5)に代えて「買換（代替）資産の明細書」を添付 |

※「譲渡所得の特例の適用を受ける場合の不動産に係る不動産番号等の明細書」の提出により、登記事項証明書の添付を省略することができます。



**○居住用財産売却の特例チャート**

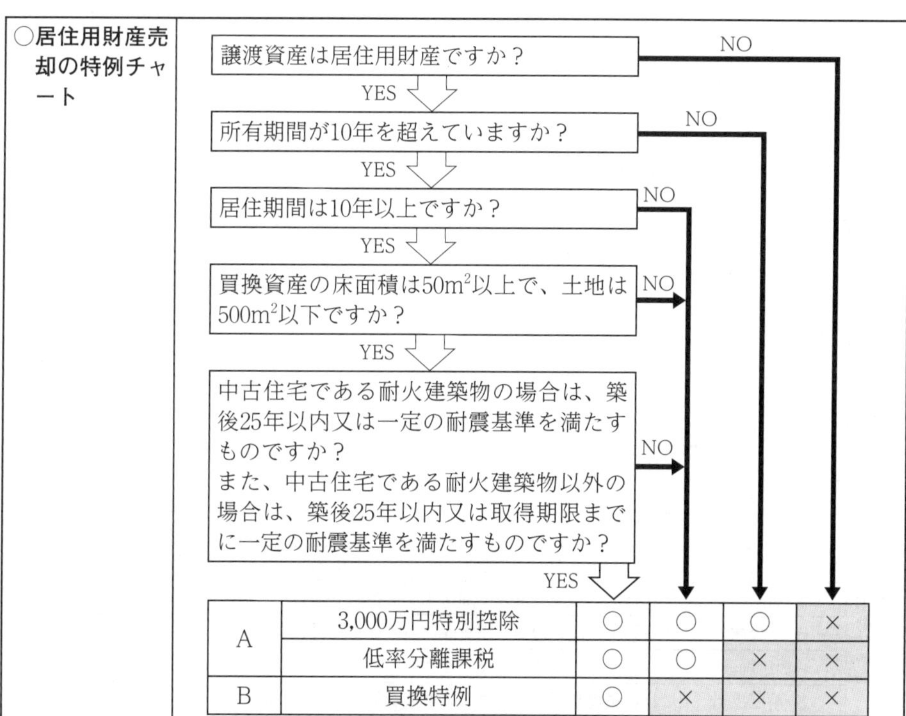


| | | | | | |
|---|---|---|---|---|---|
| A | 3,000万円特別控除 | ○ | ○ | ○ | × |
| | 低率分離課税 | ○ | ○ | × | × |
| B | 買換特例 | ○ | × | × | × |

（注）AとBは、いずれか選択適用となります。

※買換資産は、令和6年1月1日以後に入居又は入居見込みの建築後使用されたことのない住宅で、令和5年12月31日以前の建築確認又は令和6年6月30日以前の建築のものに該当しないものである場合には、一定の省エネ基準を満たすものであることが必要です。

# ●補償金の区分と税務上の取扱い

| 区分 | 種類 | 摘要 |
|---|---|---|
| 対価補償（譲渡所得・山林所得） | 土地譲渡 | |
| | 土地の上の権利消滅 | 借地権、耕作権等 |
| | 建物の取壊し又は除去 | |
| | 立木等の伐採消滅 | 土地に定着する物件（立木、工作物等） |
| | 漁業権消滅 | 入漁権を含みます。 |
| | 借地権等設定 | 設定直前の時価50%超のとき |
| | 空間、地下の使用 | 送電線高架施設、地下鉄など（時価の25%超のとき） |
| | 漁業権等の制限 | 工作物の設置で漁獲量の減少等（権利の価値の減少） |
| | 鉱業権等の制限 | 一部について鉱業権行使不可能等（権利の価値の減少） |
| | 残地 | 土地の一部を収用された残地の価値の低下 |
| | 借家人補償 | 転居先の建物の賃借に要する権利金等 |
| | 移設困難な機械等 | 事業廃止等に伴い転用不能で処分売却損を含みます。 |
| | ○この欄の補償金について収用等の特例が適用されます。<br>○ただし、上記のうち棚卸資産に係る対価は、収益補償の対象となります。<br>●借家人補償は分離課税の対象となりません。 | |
| 収益補償（事業所得・不動産所得・雑所得） | 建物の使用 | |
| | 漁業権等制限 | 一時的な立入制限 |
| | 鉱業権等制限 | 同上 |
| | 事業の休廃業 | 所得に対する補償（商品等の売却補償を含みます。） |
| | 家賃減収 | 不動産所得の減少 |
| | 養殖物 | 移殖に伴う減収・移殖不可能な場合 |
| | 立木 | |
| | 借地権等の設定 | 時価の50%以下 |
| | 空間、地下の使用 | 時価の25%以下 |
| | ■特例適用はありません。ただし、対価補償金として取り扱うことができる場合があります。（措通33-11） | |
| 移転補償（一時所得） | 建物移転 | 取壊しの場合は対価補償（措通33-14） |
| | 動産移転 | |
| | 仮住居 | 仮住居の権利金、賃借料 |
| | 立木等 | 移植 |
| | 墳墓移転 | 遺体等の改葬は精神補償 |
| | 養殖物 | 移殖に要する経費 |
| | ●特例適用はありません。（交付の目的に従って支出した部分は非課税です。）（所法44） | |
| 経費補償（事業所得・不動産所得・雑所得） | 店舗移転 | 移転に伴う広告費や通常生ずる損失 |
| | 公課 | 休業期間中の営業用資産に対する公租公課 |
| | 仮店舗設置 | 仮店舗の設置に関連した費用の補償 |
| | 解雇手当 | 従業員を解雇するために必要な解雇手当相当額 |
| | 休業手当 | 転業準備期間中の従業員の休業手当相当額 |
| | ■特例適用はありません。ただし、対価補償金として取り扱うことができる場合があります。 | |
| 非課税 | 祭し料 | |
| | 改葬料 | 遺体、遺骨の掘り起こしや再埋葬 |

# ●資産の取得の日

<table>
<tr><th colspan="2">項目</th><th>取得時期</th><th>根拠法令</th></tr>
<tr><td colspan="2">他から取得した資産（所法33③）</td><td>原則＝資産の引渡しを受けた日<br>選択＝契約効力の発生日<br>（農地＝転用許可等の日）</td><td>所基通33-9(1)</td></tr>
<tr><td colspan="2">自ら建設等をした資産（所法33③）</td><td>当該建設等が完了の日</td><td>所基通33-9(2)</td></tr>
<tr><td colspan="2">他に請け負わせて建設等をした資産（所法33③）</td><td>当該資産の引渡しを受けた日</td><td>所基通33-9(3)</td></tr>
<tr><td colspan="2">固定資産の交換（所法58）</td><td rowspan="5">譲渡資産の取得日</td><td>所令168</td></tr>
<tr><td colspan="2">収用等に伴い代替取得した資産（措法33）</td><td rowspan="3">措法33の6①<br>措通31・32共-5(1)</td></tr>
<tr><td colspan="2">交換処分等に伴い取得した資産（措法33の2）</td></tr>
<tr><td colspan="2">換地処分等に伴い取得した資産（措法33の3）</td></tr>
<tr><td colspan="2">農住組合の行う交換分合により取得した土地等（措法37の6①）</td><td>措法37の6④<br>措通31・32共-5(1)</td></tr>
<tr><td colspan="2">特定の居住用財産の買換えにより取得した資産（措法36の2、措法41の5）</td><td rowspan="6">実際の取得日</td><td rowspan="6">措通31・32共-5(2)</td></tr>
<tr><td colspan="2">特定の居住用財産の交換により取得した資産（措法36の5）</td></tr>
<tr><td colspan="2">特定の事業用資産の買換えにより取得した資産（措法37）</td></tr>
<tr><td colspan="2">特定の事業用資産の交換により取得した資産（措法37の4）</td></tr>
<tr><td colspan="2">既成市街地等内での中高層建築物の買換え及び交換により取得した資産（措法37の5）</td></tr>
<tr><td colspan="2">特定普通財産とその隣接地等の交換により取得した資産（措法37の8）</td></tr>
<tr><td colspan="2">土地建物について改良・改造等の資本的支出をした資産（措法31②）</td><td>改良・改造等にかかわらず当該土地・建物等の取得をした日</td><td>措通31・32共-6</td></tr>
<tr><td colspan="2">区画形質の変更に伴う土地の交換分合により取得した土地</td><td>譲渡がなかったとされる土地の取得日</td><td>所基通33-6の6<br>(注) 1</td></tr>
<tr><td colspan="2">宅地造成契約に基づく土地の交換等により取得した土地</td><td>従前の土地の取得日</td><td>所基通33-6の7<br>(注) 2</td></tr>
<tr><td colspan="2">借地権者等が取得した底地等</td><td>借地権と底地を区分して判定</td><td>所基通33-10</td></tr>
<tr><td colspan="2">離婚等による財産分与により取得した資産（民法768、所基通33-1の4）</td><td>その分与を受けた時</td><td>所基通38-6</td></tr>
<tr><td colspan="2">代償分割による債務の履行として取得した資産</td><td>代償債務履行の時</td><td>所基通38-7(2)</td></tr>
<tr><td rowspan="2">贈与者等に譲渡所得課税が行われない場合</td><td>贈与、相続（限定承認を除く）又は遺贈（包括遺贈のうち限定承認を除く）により取得した資産</td><td>贈与者、被相続人又は遺贈者がそれぞれ取得した日</td><td rowspan="3">所法60</td></tr>
<tr><td>個人からの低額譲渡（時価の$\frac{1}{2}$未満での個人に対する譲渡で、譲渡損がなかったものとみなされた場合に限る）により取得した資産</td><td>低額譲渡した人が取得した日</td></tr>
<tr><td colspan="2">相続（限定承認に限る）又は遺贈（包括遺贈のうち限定承認に限る）により取得した資産</td><td>相続又は遺贈を受けた日</td></tr>
</table>

## ●譲渡損益の相殺順序

譲渡所得の計算上損失が生じた場合は、まず譲渡所得内で特別控除前の金額により相殺することになります。

この場合の通算は次の通りです。（所令198三、措令20⑥、21⑦、措通31・32共-2, 3）

**〔土地建物等の譲渡損益の相殺順序〕**

| 譲渡益＼譲渡損 | | 短期 | | 長期 | | |
|---|---|---|---|---|---|---|
| | | 一般 | 軽減 | 一般 | 特定 | 軽課 |
| 短期 | 一般 | | ② | ⑨ | | |
| | 軽減 | ① | | ⑩ | | |
| 長期 | 一般 | ⑥ | | | ③ | |
| | 特定 | ⑦ | | ④ | | ④ |
| | 軽課 | ⑧ | | ⑤ | | |

※次の譲渡損失は損益通算ができません。

①譲渡所得が課税されない資産の譲渡損失（所法9②）

②低額譲渡による損失（所法59②）

③生活に通常必要でない資産の譲渡損失（所法69②）

④土地・建物等の長期譲渡所得の金額又は短期譲渡所得（措法31、32）

## ●特別控除の適用順位（措令24、措通36-1）

譲渡の年中に特別控除の規定に該当する２以上の土地等の譲渡があった場合は、１人１年間（暦年）は全体を通じて最高5,000万円となります。（措法36）

この場合、特別控除の適用順位は次の通りです。

| | | 分離課税 | | 総合課税 | | 山林 | 分離課税 | | |
|---|---|---|---|---|---|---|---|---|---|
| | | 短期 | | 短期 | 長期 | | 長期 | | |
| | | 一般 | 軽減 | | | | 一般 | 特定 | 軽課 |
| 収用交換等の場合の5,000万円控除 | 措法33の4① | ① | ② | ③ | ④ | ⑤ | ⑥ | ⑦ | ⑧ |
| 居住用財産を譲渡した場合の3,000万円控除 | 措法35① | ⑨ | ⑩ | | | | ⑪ | ⑫ | ⑬ |
| 特定土地区画整理事業等の場合の2,000万円控除 | 措法34① | ⑭ | ⑮ | | | | ⑯ | ⑰ | ⑱ |
| 特定住宅地造成事業等の場合の1,500万円控除 | 措法34の2① | ⑲ | ⑳ | | | | ㉑ | ㉒ | ㉓ |
| 特定期間に取得をした土地等を譲渡した場合の長期譲渡所得の1,000万円控除 | 措法35の2① | | | | | | ㉔ | ㉕ | ㉖ |
| 農地保有の合理化等の場合の800万円控除 | 措法34の3① | ㉗ | ㉘ | | | | ㉙ | ㉚ | |
| 低未利用土地等を譲渡した場合の長期譲渡所得の100万円控除 | 措法35の3① | | | | | | ㉛ | ㉜ | ㉝ |

# 9　一時所得　10　雑所得

<table>
<tr><th>項　目</th><th>説　明</th></tr>
<tr><td>1. 一時所得<br>（所法34①、所令183②）<br>（措法29の3他）<br><br>（具体例（所基通34-1）は次ページ参照）</td><td>(1)　利子、配当、不動産、事業、給与、退職、山林及び譲渡の各所得以外の所得で、営利を目的とする継続的な行為から生じた所得以外の所得のうち、労務その他の役務の対価である性質をもっていないもの。<br>(2)　勤労者が勤労者財形給付金契約等に基づいて一時金として支給を受ける財形給付金等で、7年ごとに支払を受けるもの、中途支払理由のうち役員への昇任、疾病、災害時やむを得ない理由により支払を受けるもの並びに特定事由の支出等に充てるための財形貯蓄の払出をした場合に、事業主から支払を受ける財形貯蓄活用給付金。<br>(3)　一時所得の金額<br>(総収入金額)－(その収入を得るために支出した金額)－最高50万円（特別控除額）<br>(4)　総所得金額の計算の場合、(3)の金額×$\frac{1}{2}$が他の所得と総合されます。</td></tr>
<tr><td>2. 雑所得<br>（所法35①）</td><td>利子、配当、不動産、事業、給与、退職、山林、譲渡、及び一時の各所得のいずれにも該当しない所得をいいます。（具体例は次ページ参照）<br>所得金額＝(総収入金額)－(必要経費)</td></tr>
<tr><td>3. 公的年金等の雑所得の計算<br>（所法35②～④）<br>※　年齢が65歳以上であるかどうかは、その年の12月31日（その者が年の中途で死亡し又は出国した場合には、その死亡又は出国の日）の年齢によります。<br><br><br>（所法121③）<br><br><br>（所令183）</td><td>
<table>
<tr><th rowspan="3">年末の年齢</th><th rowspan="3">公的年金等の収入金額の合計額（A）</th><th colspan="3">公的年金等控除額（令和2年分以降）</th></tr>
<tr><th colspan="3">公的年金等に係る雑所得以外の所得に係る合計所得金額</th></tr>
<tr><th>1,000万円以下</th><th>1,000万円超<br>2,000万円以下</th><th>2,000万円超</th></tr>
<tr><td rowspan="5">65歳未満</td><td>130万円未満</td><td>60万円</td><td>50万円</td><td>40万円</td></tr>
<tr><td>130万円以上<br>410万円未満</td><td>A×25%＋ 27.5万円</td><td>A×25%＋ 17.5万円</td><td>A×25%＋ 7.5万円</td></tr>
<tr><td>410万円以上<br>770万円未満</td><td>A×15%＋ 68.5万円</td><td>A×15%＋ 58.5万円</td><td>A×15%＋ 48.5万円</td></tr>
<tr><td>770万円以上<br>1,000万円以下</td><td>A× 5%＋145.5万円</td><td>A× 5%＋135.5万円</td><td>A× 5%＋125.5万円</td></tr>
<tr><td>1,000万円超</td><td>195.5万円（上限）</td><td>185.5万円（上限）</td><td>175.5万円（上限）</td></tr>
<tr><td rowspan="5">65歳以上</td><td>330万円未満</td><td>110万円</td><td>100万円</td><td>90万円</td></tr>
<tr><td>330万円以上<br>410万円未満</td><td>A×25%＋ 27.5万円</td><td>A×25%＋ 17.5万円</td><td>A×25%＋ 7.5万円</td></tr>
<tr><td>410万円以上<br>770万円未満</td><td>A×15%＋ 68.5万円</td><td>A×15%＋ 58.5万円</td><td>A×15%＋ 48.5万円</td></tr>
<tr><td>770万円以上<br>1,000万円以下</td><td>A× 5%＋145.5万円</td><td>A× 5%＋135.5万円</td><td>A× 5%＋125.5万円</td></tr>
<tr><td>1,000万円超</td><td>195.5万円（上限）</td><td>185.5万円（上限）</td><td>175.5万円（上限）</td></tr>
</table>
なお、給与所得控除後の給与等の金額（10万円限度）と公的年金等に係る雑所得の金額との合計額が10万円を超える場合、給与所得で控除額が調整されます。（P.123参照）<br>(注)　その年中の源泉徴収対象の公的年金等の収入金額が400万円以下であり、その年分の公的年金等に係る雑所得以外の所得金額が20万円以下であるものは、確定申告の提出を要しません。<br>・公的年金等以外の年金の雑所得の計算<br>（収入金額）(公的年金等以外の年金の収入金額＋剰余金・割戻金)－（必要経費）(公的年金等以外の年金の収入金額)×(保険料又は掛金の総額)/(年金の支払総額又は支払総額見込額)＝雑所得の金額</td></tr>
</table>

所得税

## ●一時所得と雑所得の具体例

| 一時所得となるもの（所基通34-1、34-2ほか） | 雑所得となるもの（所基通35-1、35-2ほか） |
|---|---|
| ①　懸賞の賞金品、福引の当選金品など（業務に関して受けるものは除かれます。）<br>②　競馬の馬券の払戻金、競輪の車券の払戻金など（営利を目的とする継続的行為から生じたものを除きます。）<br>③　法人からの贈与により取得する金品（業務に関して受けるもの及び継続的に受けるものを除きます。）・ふるさと納税に係る地方公共団体から受ける返礼品<br>④　人格のない社団などの解散によりその構成員が受けるいわゆる清算分配金など<br>⑤　遺失物拾得者等が受ける報労金<br>⑥　遺失物の拾得又は埋蔵物の発見により新たに所有権を取得する資産<br>⑦　株主等としての地位に基づかないで発行法人から有利な発行価額で新株等を取得する権利を与えられた場合の所得（給与等又は退職手当等の支給に代えて与えられた場合を除きます。）<br>⑧　労働基準法の規定による解雇の予告手当、休業手当、時間外・休日・深夜労働の割増賃金の規定に違反した者及び年次有給休暇に対し平均賃金の支払をしなかった者から同法第114条（付加金の支払）の規定により支払を受ける付加金<br>⑨　生命保険契約などに基づく一時金で、保険料又は掛金を自分で負担した生命保険契約若しくは生命共済に係る契約に基づいて支払を受ける一時金（業務に関して受けるものを除きます。）又は損害保険契約等に基づく満期返戻金など<br>⑩　借家人が家屋の立退きに際して受ける立退料（借家権の譲渡による部分及び収益補償の部分を除きます。）<br>⑪　売買契約等が解除された場合に取得する手付金、償還金（業務に関して受けるものを除きます。）<br>⑫　事務や作業の合理化、製品の品質改善、経費の節約等に寄与する工夫や考案をした者が勤務先から受ける報償金のうち、その工夫や考案等がその者の職務の範囲外であるもの<br>⑬　国庫補助金（所法42、43）又は移転等の支出に充てるための交付金（所法44）で総収入金額不算入の特例が適用されなかったもの<br>⑭　地方税法の規定に基づいて受ける住民税及び固定資産税の前納報奨金（業務用固定資産に係るものを除きます。） | ①　法人の役員などの勤務先預け金の利子で利子所得とならないもの<br>②　いわゆる学校債、組合債などの利子<br>③　定期積金又は相互掛金の給付補てん金<br>④　国税又は地方税の還付加算金<br>⑤　土地収用法に規定する加算金及び過怠金<br>⑥　人格のない社団などの構成員が、その社団などから受ける収益の分配金（いわゆる清算分配金を除きます。）<br>⑦　株主優待乗車券、株主優待入場券などの配当所得とならない経済的利益<br>⑧　生命保険契約などに基づく年金（給与などとみなす年金及び地方公共団体が心身障がい者に支給する特定の年金を除きます。）<br>⑨　役務の提供の対価が給与等とされる者への契約金<br>⑩　就職に伴う転居のための旅行の費用で通常必要と認められる範囲を超えるもの<br>⑪　従業員（役員を含みます。）が自己の職務に関連して雇用主の取引先などから受けるリベートなど<br>⑫　次に掲げるような所得のうち、事業から生じたと認められるもの以外のもの（P.121参照）<br>イ　動産の貸付けによる所得<br>ロ　工業所有権の使用料に係る所得<br>ハ　温泉を利用する権利の設定による所得<br>ニ　原稿、挿絵、作曲、レコードの吹き込み若しくはデザインの報酬、放送謝金、著作権の使用料又は講演料などに係る所得<br>ホ　採石権、鉱業権の貸付けによる所得<br>ヘ　金銭の貸付けによる所得<br>ト　営利を目的として継続的に行う資産の譲渡による所得<br>チ　保有期間５年以内の山林の伐採又は譲渡による所得<br>⑬　給与所得者等が副収入を得た次のようなもの<br>イ　インターネットのオークションサイトなどでの個人取引による所得<br>ロ　暗号資産の売却等による所得<br>ハ　民泊による所得<br>**※雑所得の申告手続**<br>→雑所得の収入金額が年300万円以下（現金主義適用可）、年300万円～1,000万円以下（関係書類５年間保存義務）、年1,000万円超（収支内訳書を確定申告書に添付する義務） |

## ■主な年金等の課税関係

| 課税区分<br>各種年金 | 課税 | 非課税 |
| --- | --- | --- |
| 恩給法等に基づき支給を受けるもの | • 普通恩給<br>(傷病賜金または傷病年金に併給される普通恩給を含みます。)<br>………… 雑所得(公的年金等)<br>• 一時恩給<br>(傷病賜金または傷病年金に併給される一時恩給を含みます。)<br>……… 退職所得(所法30、35) | • 増加恩給<br>(併給される普通恩給を含みます。)<br>• 傷病賜金<br>• 傷病年金<br>• 遺族の受ける恩給<br>(所法9①三、所令20) |
| 遺族の受ける年金 | 右記以外のもの ………… 雑所得(所法35) | 死亡した者の勤務に基づいて支給されるもの(所法9①三ロ) |
| 過去の勤務に基づいて使用者であった者から受ける年金 | 雑所得(公的年金等)<br>(所法35) | |
| 国民年金法に基づき支給を受けるもの | 老齢基礎年金、付加年金<br>…………… 雑所得(公的年金等)<br>(所法35) | 障がい基礎年金、寡婦年金、死亡一時金、遺族基礎年金<br>(国民年金法25) |
| 厚生年金保険法に基づき支給を受けるもの | • 老齢厚生年金 ………… 雑所得(公的年金等)<br>• 脱退手当金 ………… 退職所得(所法31、35) | 障がい厚生年金、障がい手当金、遺族厚生年金基金の死亡一時金<br>(厚生年金保険法41②) |
| 国民健康保険法に基づき支給を受けるもの | | 療養費、助産費、傷病手当金等<br>(国民健康保険法68) |
| 健康保険法に基づき支給を受けるもの | | 療養費、高額療養費、傷病手当金、分娩費、配偶者分娩費、出産手当金、育児手当金、家族療養費、家族高額療養費等<br>(健康保険法62) |
| 国家公務員共済組合法<br>地方公務員等共済組合法<br>私立学校教職員共済法<br>独立行政法人農業者年金基金法<br>に基づき支給を受けるもの | • 退職共済年金、退職年金<br>………… 雑所得(公的年金等)<br>• 脱退一時金 ………… 退職所得(所法31、35) | 療養費、高額療養費、家族療養費、出産費、育児手当金、出産手当金、傷病手当金、配偶者出産費、休業手当金(組合員等の災害等により受けるもの)<br>障がい共済年金、障がい一時金、遺族共済年金、公務傷病年金、遺族一時金、遺族年金<br>(所法9①十八、所令30、所基通9-24、28-5、国家公務員共済組合法49、地方公務員等共済組合法52、私立学校教職員共済法5、独立行政法人農業者年金基金法27) |

| | | |
|---|---|---|
| 雇用保険法に基づき支給を受けるもの | | 基本手当、技能習得手当、寄宿手当、傷病手当、常用就職支度金等(雇用保険法12) |
| 児童手当法、児童扶養手当法に基づき支給を受けるもの | | 児童手当、児童扶養手当<br>(旧児童手当法16、児童扶養手当法25) |
| 適格退職年金契約に基づき支給を受けるもの | • 退職年金 ………(原則) 雑所得<br>(公的年金等)<br>• 所令82の2③に該当するもの<br>……………………………… 雑所得<br>• 退職一時金 …(原則) 退職所得<br>(所法31、35、所令76、82の2) | |
| 商工会、市町村、商工会議所、公益法人等、特定退職金共済団体が行う退職金共済制度に基づき支給を受けるもの | ■退職給付金(年金)……… 原則<br>□雑所得(公的年金等)<br>所令82の2③に<br>該当するもの………… 雑所得<br>□退職一時金 ……… 退職所得<br>□退職所得とならない<br>一時金 …………… 一時所得<br>(所法31、34、35、所令72、73、76、82の2) | |
| • ゆうちょ年金<br>• 生命保険契約に基づく年金<br>• 任意の年金制度に基づく年金 | **雑所得**(所法35、所令183)<br>1 相続等に係る生命保険契約等に基づく年金に係る雑所得の金額の計算方法(所令185)<br>(1) 居住者が支払を受ける平成22年改正前の相続税法の対象となる年金(以下「旧相続税法対象年金」といいます。)に係る総収入金額又は必要経費の算入額<br>• 〔当該旧相続税法対象年金については、その支払開始日における残存期間年数又は余命年数と当該年金の支払総額又は支払総額見込額を基に計算した支払年金対応額の合計額〕−〔当該生命保険契約等に係る支払保険料のうち、当該総収入金額算入額に対応する部分〕<br>(2) 旧相続税法対象年金以外の年金に係る総収入金額又は必要経費の算入額<br>• 〔当該年金については、当該年金に係る相続税評価割合と当該年金の支払総額又は支払総額見込額を基に計算した支払年金対応額の合計額〕−〔(1)の必要経費に準じた額〕<br>2 相続等に係る損害保険契約等に基づく年金に係る雑所得の金額の計算方法(所令186)<br>(1) 旧相続税法対象年金については、上記1(1)の例により計算した金額に限り、その年分の雑所得に係る総収入金額又は必要経費に算入<br>(2) 旧相続税法対象年金以外の年金については、上記1(2)の例により計算した金額に限り、その年分の雑所得に係る総収入金額又は必要経費に算入 | |

## ■損益の通算（所法69）

**1. 損益通算のできる損失**

① 不動産所得の金額、事業所得の金額、山林所得の金額又は譲渡所得の金額の計算上生じた損失の金額（下欄の損失を除きます。）
② 居住用財産の買換え等、特定の居住用財産の譲渡所得の金額の計算上生じた損失

**2. 損益通算のできない損失**

（所令200）
① 利子所得、配当所得、給与所得、一時所得、退職所得、雑所得、個人に対する資産の低額譲渡による損失
② 不動産所得又は譲渡所得の金額の計算上生じた損失の金額のうち、生活に通常必要でない資産に係る所得の計算上生じた損失の金額は、原則としてなかったものとみなされます。但し、競走馬（事業用のものを除きます。）の譲渡の計算上生じた損失の金額は、競走馬の保有に係る雑所得の金額に限って損益通算できます。

（措法41の4）
③ 不動産所得の金額の計算上生じた損失のうち土地等を取得するために要した負債の利子に相当する部分の金額及び民法組合等の特定組合員の組合事業から生じた不動産所得の損失は、なかったものとされ、他の各種所得の金額とは損益通算できません。

（措法37の10、37の11、措令25の8）
④ 分離課税とされる株式等の譲渡による事業所得、譲渡所得又は雑所得の金額の計算上生じた損失の金額は、他の各種所得の金額とは損益通算できません。

（措法27の2、31①、32①、41の5、41の5の2）
⑤ 土地・建物等の譲渡損失は他の所得との損益通算はできません。
⑥ 有限責任事業組合の事業から生ずる不動産所得、事業所得又は山林所得の損失のうち調整出資金額を超える部分の金額

**3. 損失の控除順序**

①内部通算

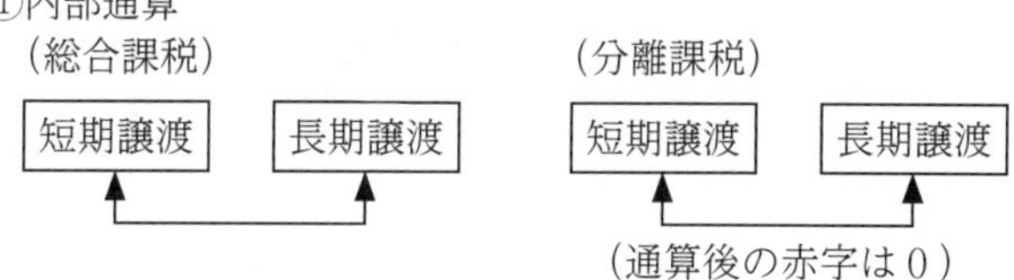


②損益通算

| 黒字の所得 ＼ 赤字の所得 | 第一グループ | 第二グループ | | | 山林所得 | 退職所得 |
|---|---|---|---|---|---|---|
| | 経常所得※ | 譲渡所得 短期 総合 | 譲渡所得 長期 総合 | 一時所得 | | |
| 不動産所得 事業所得 | ① | ③ | ④ | ⑤ | ⑦ | ⑧ |
| 譲渡所得 | ⑥ | ＼ | ＼ | ② | ⑨ | ⑩ |
| 山林所得 | ⑪ | ⑫ | ⑬ | ⑭ | ＼ | ⑮ |

※**経常所得の金額**とは、利子所得の金額、配当所得の金額、不動産所得の金額、事業所得の金額、給与所得の金額及び雑所得の金額をいいます。
不動産所得、事業所得及び山林所得のうちに、⑴変動所得の損失⑵被災事業用資産の損失⑶その他の損失、の２以上の損失があるときは、⑶→⑵→⑴の損失の順序で控除します。

所得税

## ■損失の繰越し、繰戻し

| 項目 | 説明 |
|---|---|
| **1. 雑損失の繰越控除**<br>（所法71、71の2） | 次ページの雑損控除の金額がその年分の総所得金額等から分離課税の譲渡所得に係る特別控除額を差し引いた残額を超える場合には、その超える金額を繰り越して、翌年以降3年間（特定非常災害に係る雑損失については5年間）の各年分の所得金額から差し引くことができます。 |
| **2. 純損失の繰越控除等の順序**<br>（所法70、70の2、所令201、204） | 前年以前3年間に生じた純損失や雑損失で前年までに引き切れなかった金額があるときは、次に掲げる区分に応じた金額を、損益通算後の所得金額から、一定の順序で差し引きます（特定非常災害に係る純損失については繰越控除期間は5年間）。 |

| 区分 | 差し引くことのできる損失の金額 | 差し引くための条件 |
|---|---|---|
| 青色申告者 | ①雑損失の金額<br>②純損失の金額 | 損失の生じた年に青色申告書を提出し、かつ、その後において連続して確定申告書を提出していること |
| 白色申告者 | ①雑損失の金額<br>②純損失の金額のうち、変動所得の損失と被災事業用資産の損失 | 損失の生じた年に確定申告書を提出し、かつ、その後において連続して確定申告書を提出していること |

**●繰越控除**

①2以上の年分に生じた損失の金額…古い年分から順に控除
②同じ年に雑損失の金額と純損失の金額がある場合…純損失の金額を先に控除
③純損失・雑損失の金額の控除順序は、次表の通りです。

**●控除順序**

| | | その年分の所得 | | |
|---|---|---|---|---|
| | | 総所得金額 | 山林所得金額 | 退職所得金額 |
| **純損失**<br>（所令201） | 総所得金額の計算上生じた損失 | ① | ③ | ⑤ |
| | 山林所得の金額の計算上生じた損失 | ④ | ② | ⑥ |

| | その年分の所得 | | | | | |
|---|---|---|---|---|---|---|
| | 総所得金額 | 分離短期譲渡 | | 分離長期譲渡 | | |
| | | （一般） | （軽減） | （一般） | （特定） | （軽課） |
| **雑損失**<br>（措通31・32共-4） | ① | ② | ③ | ④ | ⑤ | ⑥ |

| | その年分の所得 | | | | | |
|---|---|---|---|---|---|---|
| | 分離上場配当等 | 一般株式等譲渡 | 上場株式等譲渡 | 分離先物取引 | 山林所得金額 | 退職所得金額 |
| **雑損失**<br>（措通31・32共-4） | ⑦ | ⑧ | ⑨ | ⑩ | ⑪ | ⑫ |

※④～⑩の順序は任意

**3. 純損失の繰戻しによる還付の請求**（所法140、141）

その年において生じた純損失の金額がある場合、次の算式によって計算した金額に相当する所得税の額について還付請求することができます（前年分について青色申告書を提出している場合※で、その年分の申告書と還付請求書を期限内に提出する必要があります）。

$$\left(\text{前年分の税額控除前所得税額}\right)-\left(\text{前年分の課税所得金額}-\text{純損失の金額}\right)\times\text{前年分の税率を適用して算出した税額控除前の所得税額}$$

※事業の廃止等で前年分の純損失を前々年分に繰戻す場合、前年分・前々年分について青色申告書を提出している必要があります。

## ■令和５年分の所得控除一覧表

| 項　目 | 説　　明 |
| --- | --- |
| 1. **雑損控除**<br>（所法72） | ○対象となる損失の範囲<br>災害又は盗難若しくは横領により住宅家財等（本人又は生計一親族（総所得金額等48万円以下）が所有するもの）に損害を受けた場合の損失をいいます。したがって、詐欺、強迫、紛失等による損失や書画骨とう・貴金属など（１個又は１組30万円超のもの）、別荘等の生活に通常必要でない資産の損失は対象になりません。<br>（差引損失額＝損害金額＋災害等に関連したやむを得ない支出の金額－保険金等で補てんされる金額）<br>○雑損控除額＝いずれか多い方の金額｛・差引損失額－総所得金額等の合計額×10%　・差引損失額のうち災害関連支出の金額－５万円｝<br>※**合計所得金額**……次の①から⑦までの金額の合計額をいいます（源泉分離課税のものは含まれません。）。<br>①　純損失又は雑損失の繰越控除、居住用財産の買換え等の場合の譲渡損失の繰越控除及び特定居住用財産の譲渡損失の繰越控除を適用しないで計算した総所得金額<br>②　分離課税の土地建物等の譲渡所得の金額（特別控除前）<br>③　分離課税の上場株式等に係る配当所得等の金額（上場株式等に係る譲渡損失の繰越控除の適用がある場合には、その適用前の金額）<br>④　分離課税の一般株式等及び上場株式等に係る譲渡所得等の金額（上場株式等に係る譲渡損失の繰越控除又は特定中小会社が発行した株式に係る譲渡損失の繰越控除の適用がある場合には、その適用前の金額）<br>⑤　分離課税の先物取引に係る雑所得等の金額（先物取引の差金等決済に係る損失の繰越控除の適用がある場合には、その適用前の金額）<br>⑥　退職所得金額<br>⑦　山林所得金額<br>※**総所得金額等の合計額**……合計所得金額に純損失・雑損失の繰越控除、居住用財産の買換え等の場合の譲渡損失の繰越控除及び特定居住用財産の譲渡損失の繰越控除を適用して計算した金額（上場株式等に係る譲渡損失の繰越控除、特定中小会社が発行した株式に係る譲渡損失の繰越控除及び先物取引の差金等決済に係る損失の繰越控除の適用がある場合は、その適用後の金額）をいいます。 |
| 2. **医療費控除**<br>（所法73）<br><br>・**医療費控除の特例（セルフメディケーション税制）**<br>（措法41の17、措令26の27の2） | （支払った医療費の額－保険金等で補てんされる金額）－｛10万円　総所得金額等×５％｝いずれか少ない方（限度額200万円）<br>医療費控除の明細書の作成・添付が必要です。<br>特定一般用医薬品等購入費を支払った場合において、その居住者が医師の関与がある、①特定健康診査、②予防接種、③定期健康診断、④健康診査、⑤がん検診を行っているときは、その者の選択により、その年中に支払った特定一般用医薬品等購入費の金額（保険金、損害賠償金等により補填される部分の金額を除きます。）の合計額が１万２千円を超えるときは、その超える部分の金額（８万８千円を限度）を、その居住者のその年分の総所得金額等から控除できます。<br>（注）この特例の適用を受ける場合には、所法73の医療費控除の適用を受けることはできません。 |

| ●医療費に該当するもの | ① 医師、歯科医師に支払った診療費、治療費（不妊治療や人工授精の費用、子供の歯列矯正費用など）<br>② 治療、療養のための医薬品の購入費<br>③ 通院費用、入院中の部屋代や食事代の費用で通常必要なもの<br>④ 治療のために、あん摩マッサージ指圧師、はり師、きゅう師、柔道整復師に支払った施術費<br>⑤ 保健師や看護師、その他療養上の世話を受けるため特別に依頼した人に支払った費用<br>⑥ 助産師による分べんの介助を受けるために支払った費用<br>⑦ 痔ろう治療のための漢方薬等（薬事法第２条に該当する「医薬品」に限ります。）の購入費<br>⑧ 介護保険法に規定する指定介護老人福祉施設及び指定地域密着型介護老人福祉施設の入所費用のうち同施設におけるサービスの提供に応じた一定の部分<br>⑨ 介護福祉士等が診療の補助として行う喀痰吸引等に係る費用の自己負担分 |
|---|---|
| ●医療費に該当しないもの | ① 容姿を美化し、容ぼうを変えるなどの目的で支払った整形手術の費用<br>② 健康増進や疾病予防のための医薬品の購入費<br>③ 人間ドックなどの健康診断のための費用（ただし、健康診断の結果、重大な疾病が発見され、引き続き治療を受けた場合や特定健康診査を行った医師の指示に基づき一定の特定保健指導を受けた場合のこの費用は医療費に含まれます。）<br>④ 親族に支払う療養上の世話の費用<br>⑤ 治療を受けるために直接必要としない近視、遠視のための眼鏡や補聴器等の購入費（ただし、治療を受けるために直接必要とする「治療用メガネ（医師の処方せんがあるもの）」等の費用は医療費に含まれます。）<br>⑥ 紙おむつ、寝具類の費用及び医師等に支払った謝礼金（紙おむつについては医師の「おむつ使用証明書」（２年目以降は市区町村が発行する確認書、又は主治医意見書の写しでも可）が発行された場合に限り、医療費に含まれます。）<br>⑦ 通院に自家用車を使用した場合の駐車場代やガソリン代など<br>⑧ カツラの購入費<br>⑨ 出産のため実家に里帰りするための交通費 |

## ●介護保険制度と医療費控除

〔施設サービス〕

| 取扱い | 施設名 | | |
|---|---|---|---|
| 施設サービスの対価（介護費、食費及び居住費）として支払った額の２分の１が医療費控除の対象 | ① | 指定介護老人福祉施設 | 地域密着型介護老人福祉施設 |
| 施設サービスの対価（同上）として支払った額が医療費控除の対象 | ② | 介護老人保健施設 | |
| | ③ | 介護療養型医療施設 | |

※支払った金額のうち、①日常生活費及び②特別なサービス費用は医療費控除の対象になりません。

〔居宅サービス〕

| 取扱い | 居宅サービスの種類 | |
|---|---|---|
| 医療費控除の対象 | 訪問看護 | 介護予防訪問看護 |
| | 訪問リハビリテーション | 介護予防訪問リハビリテーション |
| | 居宅療養管理指導 | 介護予防居宅療養管理指導 |
| | 通所リハビリテーション | 介護予防通所リハビリテーション |
| | 短期入所療養介護 | 介護予防短期入所療養介護 |
| 上記のサービスと併せて利用する場合のみ医療費控除の対象 | 訪問介護（生活援助中心型を除く） | 介護予防訪問介護 |
| | 夜間対応型訪問介護 | 地域密着型通所介護 |
| | 訪問入浴介護 | 介護予防訪問入浴介護 |
| | 通所介護 | 介護予防通所介護 |
| | 認知症対応型通所介護 | 介護予防認知症対応型通所介護 |
| | 小規模多機能型居宅介護 | 介護予防小規模多機能型居宅介護 |
| | 短期入所生活介護 | 介護予防短期入所生活介護 |
| 医療費控除の対象外 | 認知症対応型共同生活介護 | 介護予防認知症対応型共同生活介護 |
| | 特定施設入居者生活介護 | 介護予防特定施設入居者生活介護 |
| | 地域密着型特定施設入居者生活介護 | 介護予防地域密着型特定施設入居者生活介護 |
| | 福祉用具貸与 | 介護予防福祉用具貸与 |

| | |
|---|---|
| **3. 社会保険料控除**<br>（所法74） | その年にその者が支払った健康保険料（介護保険料を含みます。）、厚生年金保険料、雇用保険、国民年金基金、厚生年金基金、共済組合の掛金等の社会保険料の額で、自己又は生計を一にする配偶者その他の親族が負担すべきものをいいます。（配偶者の年金から差し引かれている介護保険料などを、自分の社会保険料控除とはできません。） |
| **4. 小規模企業共済等掛金控除**<br>（所法75） | その年に支払った小規模企業共済掛金、心身障がい者扶養共済掛金、確定拠出年金の企業型年金掛金又は個人型年金掛金の合計額 |

**5. 生命保険料控除**
（所法76）

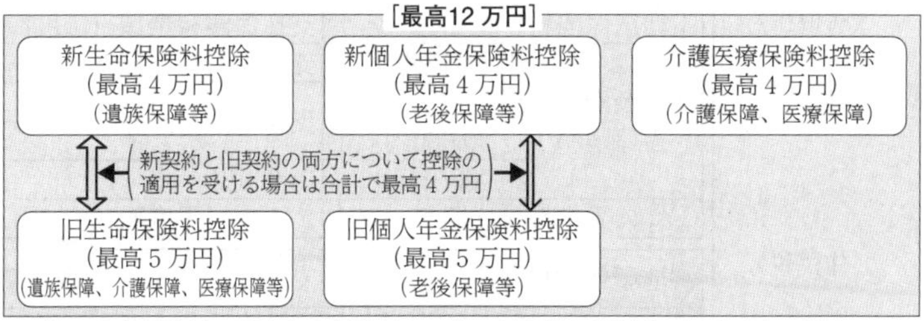

**［最高12万円］**

新生命保険料控除
（最高４万円）
（遺族保障等）

新個人年金保険料控除
（最高４万円）
（老後保障等）

介護医療保険料控除
（最高４万円）
（介護保障、医療保障）

新契約と旧契約の両方について控除の適用を受ける場合は合計で最高４万円

旧生命保険料控除
（最高５万円）
（遺族保障、介護保障、医療保障等）

旧個人年金保険料控除
（最高５万円）
（老後保障等）

＊一般の生命保険料・個人年金保険料につき、新契約と旧契約の双方がある場合
旧契約の支払保険料＞60,000円…（2）旧契約の表で計算した金額（最高50,000円）
旧契約の支払保険料≦60,000円…（（1）新契約の表で計算した金額＋（2）旧契約の表で計算した金額）（最高40,000円）

**(1) 新契約**

**（平成24年１月１日以後に締結した保険契約等分）**

新契約に基づく新生命保険料、介護医療保険料、新個人年金保険料の控除額はそれぞれ次の表により計算します（それぞれの控除額は最高４万円までです。）。

〈所得税〉

| 年間の支払保険料等 | | 控除額 |
|---|---|---|
| | 20,000円以下 | 支払保険料等の全額 |
| 20,000円超 | 40,000円以下 | 支払保険料等×$\frac{1}{2}$＋10,000円 |
| 40,000円超 | 80,000円以下 | 支払保険料等×$\frac{1}{4}$＋20,000円 |
| 80,000円超 | | 一律40,000円 |

〈住民税〉

| 年間の支払保険料等 | | 控除額 |
|---|---|---|
| | 12,000円以下 | 支払保険料等の全額 |
| 12,000円超 | 32,000円以下 | 支払保険料等×$\frac{1}{2}$＋ 6,000円 |
| 32,000円超 | 56,000円以下 | 支払保険料等×$\frac{1}{4}$＋14,000円 |
| 56,000円超 | | 一律28,000円 |

**(2) 旧契約**

**（平成23年12月31日以前に締結した保険契約分）**

旧契約に基づく旧生命保険料と旧個人年金保険料の控除額はそれぞれ次の表により計算します（それぞれの控除額は最高５万円までです。）。

〈所得税〉

| 年間の支払保険料等 | | 控除額 |
|---|---|---|
| | 25,000円以下 | 支払保険料等の全額 |
| 25,000円超 | 50,000円以下 | 支払保険料等×$\frac{1}{2}$＋12,500円 |
| 50,000円超 | 100,000円以下 | 支払保険料等×$\frac{1}{4}$＋25,000円 |
| 100,000円超 | | 一律50,000円 |

〈住民税〉

| 年間の支払保険料等 | 控除額 |
|---|---|
| 15,000円以下 | 支払保険料等の全額 |
| 15,000円超　40,000円以下 | 支払保険料等×$\frac{1}{2}$＋ 7,500円 |
| 40,000円超　70,000円以下 | 支払保険料等×$\frac{1}{4}$＋17,500円 |
| 70,000円超 | 一律35,000円 |

**6. 地震保険料控除**

〈所得税〉
（所法77、所基通77-7）

| ①地震保険料 | | 支払保険料全額（限度額50,000円） |
|---|---|---|
| ②旧長期損害保険料 | 10,000円以下 | 支払保険料全額 |
| | 10,000円超 20,000円以下 | 支払保険料×$\frac{1}{2}$＋5,000円 |
| | 20,000円超 | 15,000円 |
| ①②の両方がある場合 | | ①＋②（限度額50,000円） |

〈住民税〉

| ①地震保険料 | | 支払保険料×$\frac{1}{2}$　（限度額25,000円） |
|---|---|---|
| ②旧長期損害保険料 | 5,000円以下 | 支払保険料全額 |
| | 5,000円超 15,000円以下 | 支払保険料×$\frac{1}{2}$＋2,500円 |
| | 15,000円超 | 10,000円 |
| ①②の両方がある場合 | | ①＋②（限度額25,000円） |

一の損害保険契約等又は長期損害保険契約等が地震保険料控除の対象となる損害保険契約等と長期損害保険契約等のいずれにも該当する場合は、いずれか一の契約のみに該当するものとして控除額を計算します。

| 項　　目 | **所得税**（令和５年分） | **住民税**（令和６年度分） |
|---|---|---|
| **7. 寄附金控除**<br>（所法78、所基通78-4） | **・国等に対する特定寄附金の支出金額（注）**<br>**・総所得金額等×40%**<br>} **いずれか低い方の金額 －2,000円**<br>※政党等及び認定NPO法人等に対する寄附金については、税額控除のP.169 **3.4.** を参照 | |
| （措法41の19） | 特定新規中小会社が発行した株式を発行の際に、払込みにより取得した場合の、株式の取得に要した金額（800万円が限度）について、寄附金控除が適用できます。 | |

**（注）** **特定寄附金**とは、①国又は地方公共団体に対する寄附金、②民法上の公益法人等に対する指定寄附金、③特定公益増進法人に対する寄附金、④認定特定非営利活動法人に対する寄附金、⑤政治活動に関する寄附金（特定の政治献金）をいいます。政党等寄附金特別控除額は、別途「政党等寄附金特別控除額の計算明細書」により計算します。（措法41の18）
寄附金については、各自治体での取扱いを確認する必要があり、例えば、大阪府・大阪市の場合には、次表のような取扱いの差異があります。

### □寄附金控除対象の所得税と個人市・府民税の違い

| 区分 | | | 所得税 | 個人市・府民税（大阪市） | |
|---|---|---|---|---|---|
| | | | | 市民税 | 府民税 |
| 控除対象寄附金の範囲 | 国に対する寄附 | | ○ | × | × |
| | 都道府県・市区町村に対する寄附（ふるさと寄附金） | | ○ | ○ | ○ |
| | 一定要件を満たす公益社団法人・公益財団法人等に対する寄附（＊1） | | ○ | 大阪市市税条例で指定した寄附金（＊2）または大阪府共同募金会・日本赤十字社大阪府支部に限る | 大阪府税条例で指定した寄附金（＊2）または大阪府共同募金会・日本赤十字社大阪府支部に限る |
| | 特定公益増進法人に対する寄附（独立行政法人・社会福祉法人・学校法人など）（＊1） | | ○ | 大阪市市税条例で指定した寄附金に限る（＊2） | 大阪府税条例で指定した寄附金に限る（＊2） |
| | 一定要件を満たす特定公益信託の信託財産とするための支出（＊1） | | ○ | 大阪市市税条例で指定した寄附金に限る（＊2） | 大阪府税条例で指定した寄附金に限る（＊2） |
| | NPO法人に対する寄附 | ①所得税の控除対象として認定されたNPO法人 | ○ | 大阪市市税条例で指定した寄附金に限る（＊2） | 大阪府税条例で指定した寄附金に限る（＊2） |
| | | ②①以外で都道府県・市区町村が条例指定した法人 | × | × | 大阪府税条例で指定した寄附金に限る（＊2） |
| | | ③上記①②以外の法人 | × | × | × |
| | 一定要件を満たす特定新規中小会社に対する出資（＊1） | | ○ | × | × |
| | 政党・政治資金団体等に対する寄附（＊1） | | ○ | × | × |
| 控除対象寄附金の上限 | | | 総所得金額等の40％ | 総所得金額等の30％ | |
| 控除の適用方法 | | | 所得控除または税額控除 | 税額控除 | |

＊1　控除対象となる寄附金の範囲の詳細については、国税庁HP「一定の寄附金を支払ったとき（寄附金控除）」参照。
＊2　大阪市市税条例・大阪府税条例で指定している寄附金については、大阪府HP参照。

### ●ふるさと納税

- 都道府県・市区町村に対する寄附金（ふるさと納税）のうち2千円を超える部分については、一定の上限まで、原則として次の通り所得税・個人住民税から全額控除されます。
  ①　所得税…（寄附金－2千円）を所得控除（所得控除額×所得税率（0～45%（※））が軽減）
  ②　個人住民税（基本分）…（寄附金－2千円）×10%を税額控除
  ③　個人住民税（特例分）…（寄附金－2千円）×（100%－10%（基本分）－所得税率（0～45%（※）））
  →①②により控除できなかった寄附金額を、③により全額控除（所得割額の2割を限度）
  （※）平成26年度から令和20年度は、復興特別所得税を加算した率となります。
- ふるさと納税ワンストップ特例制度
  確定申告が不要な給与所得者等は、寄附先の地方公共団体に特例の申請をすることにより、上記の控除を受けることができます。（寄附先が5団体以内の場合に限る。）
- ふるさと納税の控除上限額については、P.265参照

所得税

| 項　　目 | **所得税**(令和５年分) | **住民税**(令和６年度分) |
|---|---|---|
| **8. 障がい者控除**<br>(所法79) | ⑴障がい者１名につき270,000円<br>⑵特別障がい者１名につき400,000円<br>⑶同一生計配偶者又は扶養親族のうち同居特別障がい者１名につき<br>750,000円 | ⑴障がい者１名につき260,000円<br>⑵特別障がい者１名につき300,000円<br><br>530,000円 |
| **9. 寡婦控除**<br>(所法80) | 270,000円 | 260,000円 |
| | 本人が、下記ひとり親に該当せず、夫と離婚後婚姻をしていない者のうち、合計所得金額が500万円以下で、住民票に事実婚の記載がなく、扶養親族を有する場合の控除（死別の場合には、扶養親族を有さなくても控除可） | |
| **10. ひとり親控除**<br>(所法81) | 350,000円 | 300,000円 |
| | ひとり親とは、現に婚姻をしていない者又は配偶者の生死の明らかでない者で、合計所得金額が500万円以下で住民票に事実婚の記載がなく、生計を一にする子（総所得金額等が48万円以下であること）がいる者をいいます。 | |

□…寡婦控除　■…ひとり親控除

（万円）

| 本人が女性 | | 配偶関係 | 死別 | | 離別 | | 未婚 |
|---|---|---|---|---|---|---|---|
| | | 本人所得 | ～500 | 500～ | ～500 | 500～ | ～500 |
| 扶養親族 | 有 | 子 | 35（30） | — | 35（30） | — | 35（30） |
| | | 子以外 | 27（26） | — | 27（26） | — | — |
| | 無 | | 27（26） | — | — | — | — |

| 本人が男性 | | 配偶関係 | 死別 | | 離別 | | 未婚 |
|---|---|---|---|---|---|---|---|
| | | 本人所得 | ～500 | 500～ | ～500 | 500～ | ～500 |
| 扶養親族 | 有 | 子 | 35（30） | — | 35（30） | — | 35（30） |
| | | 子以外 | — | — | — | — | — |
| | 無 | | — | — | — | — | — |

（　）は住民税

| 項　　目 | **所得税**(令和５年分) | **住民税**(令和６年度分) |
|---|---|---|
| **11. 勤労学生控除**<br>(所法82) | 270,000円 | 260,000円 |
| | ※一定の学生は在学証明書等添付又は提示<br>（注）自己の勤労による給与所得等の合計所得金額が75万円以下である特定の学校の学生等（在学証明書等添付の必要があります。）である場合に適用されます。 | |

**12. 配偶者控除・配偶者特別控除**（所法83、83の2）

**〇配偶者控除**

- 控除対象配偶者…自己の妻又は夫で12月31日現在で同一生計配偶者である人（合計所得金額が1,000万円以下である納税者の配偶者に限ります。）

（注）同一生計配偶者…生計を一にする配偶者のうち合計所得金額が48万円以下の者（青色事業専従者等に該当する者を除きます。）

- 老人控除対象配偶者…控除対象配偶者のうち、12月31日現在で70歳以上の人

**〇配偶者特別控除**

- 対象は自己の妻又は夫で12月31日現在生計を一にする人で、①～④のいずれにも該当しない人です。

①上記の控除対象配偶者
②他の人の扶養親族とされている人
③青色事業専従者で専従者給与の支払を受けている人

④白色事業専従者

〈配偶者特別控除を受けることができない場合〉

ア．納税者本人の合計所得金額が1,000万円を超える場合

イ．配偶者側で配偶者特別控除を受けている場合

ウ．配偶者自身が、源泉控除対象配偶者があるものとして給与等又は公的年金等に係る源泉徴収の規定の適用を受けている場合

（注）源泉控除対象配偶者とは、合計所得金額が900万円以下の所得者と生計を一にする配偶者（青色事業専従者給与の支払を受ける人及び白色事業専従者に該当する人を除きます。）で合計所得金額が95万円以下の者

（万円）

| | 配偶者の合計所得金額 | | | 納税者本人の合計所得金額 | | |
|---|---|---|---|---|---|---|
| | | | | ～900以下 | 900超950以下 | 950超1,000以下 |
| 配偶者控除 | 48以下 | 控除対象配偶者 | 70歳未満 | 38（33） | 26（22） | 13（11） |
| | | | 70歳以上 | 48（38） | 32（26） | 16（13） |
| 配偶者特別控除 | 95以下 | 配偶者控除なし | | 38（33） | 26（22） | 13（11） |
| | 100以下 | | | 36（33） | 24（22） | 12（11） |
| | 105以下 | | | 31（31） | 21（21） | 11（11） |
| | 110以下 | | | 26（26） | 18（18） | 9（9） |
| | 115以下 | | | 21（21） | 14（14） | 7（7） |
| | 120以下 | | | 16（16） | 11（11） | 6（6） |
| | 125以下 | | | 11（11） | 8（8） | 4（4） |
| | 130以下 | | | 6（6） | 4（4） | 2（2） |
| | 133以下 | | | 3（3） | 2（2） | 1（1） |
| | 133超 | | | — | — | — |

**（※）納税者本人の合計所得金額が1,000万円を超える場合には、配偶者控除も配偶者特別控除も受けられません。**

（　）は住民税

**13. 扶養控除**
（所法84）

| 扶養親族 | | |
|---|---|---|
| 納税者本人と生計を一にする人（青色事業専従者給与の支払を受ける人及び白色事業専従者を除きます。） | | |
| 配偶者以外の親族 | いわゆる里子（18歳未満） | いわゆる養護老人（65歳以上） |
| **合計所得金額が48万円以下である人** | | |

| 16歳未満 | 16歳以上 | | | | |
|---|---|---|---|---|---|
| | 控除対象扶養親族 | | | | |
| | 16歳以上19歳未満**（一般）** | 19歳以上23歳未満**（特定扶養親族）** | 23歳以上70歳未満**（成年）** | 70歳以上**（老人扶養親族）** | |
| | | | | | 同居老親等 |
| 控除額（住民税） | 38万円（33万円） | 63万円（45万円） | 38万円（33万円） | 48万円（38万円） | 58万円（45万円） |

※令和５年１月から扶養控除の対象となる国外居住親族は一定の者に限られています。

**14. 基礎控除**
（所法86）

| 本人の合計所得金額 | | 所得税 | 住民税 |
|---|---|---|---|
| | 2,400万円以下 | **48万円** | 43万円 |
| 2,400万円超 | 2,450万円以下 | **32万円** | 29万円 |
| 2,450万円超 | 2,500万円以下 | **16万円** | 15万円 |
| 2,500万円超 | | **0円** | 0円 |

所得税

## ●令和５年分の扶養控除の態様別適用一覧

| 区分 | | | | | 控除額 | 令和５年分 |
|---|---|---|---|---|---|---|
| 年少扶養親族 | | （0歳～15歳）［平20.1.2以後生］ | 通常 | | 0 | 扶控（0） |
| | | | 障がい者 | | 27 | 扶控（0）＋障控（27万円） |
| | | | 特別障がい者 | 非同居 | 40 | 扶控（0）＋特障控（40万円） |
| | | | | 同居 | 75 | 扶控（0）＋同特障控（75万円） |
| 控除対象扶養親族 | 一般の扶養親族 | （16歳～18歳）［平17.1.2～平20.1.1生］ | 通常 | | 38 | 扶控（38万円） |
| | | | 障がい者 | | 65 | 扶控（38万円）＋障控（27万円） |
| | | | 特別障がい者 | 非同居 | 78 | 扶控（38万円）＋特障控（40万円） |
| | | | | 同居 | 113 | 扶控（38万円）＋同特障控（75万円） |
| | 特定扶養親族 | （19歳～22歳）［平13.1.2～平17.1.1生］ | 通常 | | 63 | 特扶控（63万円） |
| | | | 障がい者 | | 90 | 特扶控（63万円）＋障控（27万円） |
| | | | 特別障がい者 | 非同居 | 103 | 特扶控（63万円）＋特障控（40万円） |
| | | | | 同居 | 138 | 特扶控（63万円）＋同特障控（75万円） |
| | 成年扶養親族 | （23歳～69歳）［昭29.1.2～平13.1.1生］ | 通常 | | 38 | 扶控（38万円） |
| | | | 障がい者 | | 65 | 扶控（38万円）＋障控（27万円） |
| | | | 特別障がい者 | 非同居 | 78 | 扶控（38万円）＋特障控（40万円） |
| | | | | 同居 | 113 | 扶控（38万円）＋同特障控（75万円） |
| | 老人扶養親族（70歳以上）［昭29.1.1以前生］ | | 通常 | 一般 | 48 | 老扶控（48万円） |
| | | | | 同居老親等 | 58 | 老扶控（48万円）＋同老親控（10万円） |
| | | | 障がい者 | 一般 | 75 | 老扶控（48万円）＋障控（27万円） |
| | | | | 同居老親等 | 85 | 老扶控（48万円）＋同老親控（10万円）＋障控（27万円） |
| | | | 特別障がい者 | 非同居 | 88 | 老扶控（48万円）＋特障控（40万円） |
| | | | | 同居 | 123 | 老扶控（48万円）＋同特障控（75万円） |
| | | | | 同居老親等 | 133 | 老扶控（48万円）＋同老親控（10万円）＋同特障控（75万円） |

※扶控…扶養控除、特扶控…特定扶養控除、老扶控…老人扶養控除、障控…障がい者控除、特障控…特別障がい者控除、同特障控…同居特別障がい者控除、同老親控…同居老親等控除

## ■所得税額速算表（平成27年分以後）

| 課税総所得金額 | | 税率 | 控除額 |
|---|---|---|---|
| 超 | 以下 | | |
| | 195万円 | 5　% | —　円 |
| 195万円 | 330万円 | 10 | 97,500 |
| 330万円 | 695万円 | 20 | 427,500 |
| 695万円 | 900万円 | 23 | 636,000 |
| 900万円 | 1,800万円 | 33 | 1,536,000 |
| 1,800万円 | 4,000万円 | 40 | 2,796,000 |
| 4,000万円 | | 45 | 4,796,000 |

（注）令和７年分以後、所得が極めて高い水準の場合の追加税負担（新措法41の19）

①配当や上場株式等の譲渡による所得に申告不要制度を適用しないで計算した合計所得金額（Ⓐ）に係る通常の所得税額

②（Ⓐ－特別控除3.3億円）×22.5%

③①＜②の場合、②－①を申告納税

**〔参考〕個人の住民税**

市町村民税・道府県民税均等割（標準税率）及び個人住民税（道府県民税・市町村民税）所得割税速算表（標準税率）については、P.262、263を参照してください。

## ■復興特別所得税（平成25年から令和19年までの各年分）

| 区分 | 課税額 |
|---|---|
| (1)　非永住者以外の居住者→総ての所得に対する所得税の額 | 〔その年分の基準所得税額〕× $\frac{2.1}{100}$ |
| (2)　非永住者→国内源泉所得及び国外源泉所得のうち国内払のもの又は国内に送金されたものに対する所得税の額<br>(3)　非居住者→国内源泉所得に対する所得税の額 | 〔源泉徴収すべき所得税及び復興特別所得税の合計税率〕<br>**所得税率×102.1%＝合計税率** |

## ■平均課税

<table>
<tr><td rowspan="3">変動所得・臨時所得の平均課税<br>（所法90）<br>（所法2①二十三、二十四、所令7の2、8）<br><br>（所基通2-37）</td><td colspan="2">年々の所得が大幅に変動する所得や、数年分の収入が一括して支払われる所得について、累進課税による税負担を調整するため、五分五乗方式による税額計算が認められています。</td></tr>
<tr><td>変動所得</td><td>・漁獲・のりの採取から生ずる所得<br>・はまち、まだい、ひらめ等の養殖から生ずる所得<br>・原稿料、作曲報酬（さし絵やイラストによる報酬、講演料は含まれません。）<br>・著作権の使用料（印税）<br>※当年の変動所得の金額が、前年分と前々年分の変動所得の金額の平均額を超えている場合に、平均課税の適用があります。</td></tr>
<tr><td>臨時所得</td><td>①プロ野球選手等の契約金など専属契約期間３年以上で報酬年額の２倍以上のもの<br>②不動産等の３年以上の貸付による権利金等で使用料年額の２倍以上のもの<br>③３年以上の期間に対する休業補償金等<br>④業務用資産の被害による３年以上の期間の所得補償金等<br>⑤３年以上の期間にわたる不動産賃料総額の一括支払いなど</td></tr>
<tr><td></td><td colspan="2">・当年の変動所得又は臨時所得の金額が、総所得金額の20%以上の場合に、平均課税の適用があります。</td></tr>
</table>

## ■税額控除一覧表

<table>
<tr><th>項目</th><th>説明</th></tr>
<tr><td>1. 配当控除<br>（所法92、措法9）<br><br><br><br><br><br><br><br><br><br><br><br><br><br><br><br>（配当控除額）<br><br>（控除率）</td><td>剰余金の配当などの配当所得があるときには、配当控除が受けられます（確定申告で総合課税の適用を受けた配当所得に限ります）。<br>※次の配当などは配当控除の対象になりません。<br>①外国法人から受ける配当等<br>②基金利息<br>③特定受益証券発行信託の収益の分配<br>④オープン型証券投資信託の収益の分配のうち、信託財産の元本の払戻し相当部分<br>⑤公募公社債等運用投資信託以外の公社債等運用投資信託の収益の分配<br>⑥国外私募公社債等運用投資信託等の配当等<br>⑦外国株価指数連動型特定株式投資信託の収益の分配に係る配当等<br>⑧特定外貨建等証券投資信託の収益の分配に係る配当等<br>⑨適格機関投資家私募による投資信託から支払を受けるべき配当等<br>⑩特定目的信託から支払を受けるべき配当等<br>⑪特定目的会社から支払を受けるべき配当等<br>⑫投資法人から支払を受けるべき配当等<br>⑬申告分離課税を選択した上場株式等の配当等<br>⑭確定申告不要制度を選択したもの<br>・課税総所得金額等[※1]が１千万円以下の場合…(A)×控除率<br>・課税総所得金額等[※1]が１千万円超の場合…(A)×控除率＋(B)×控除率
<table>
<tr><th rowspan="2">配当所得の金額 ＼ 配当所得の内容</th><th colspan="2">１千万円以下の部分(A)</th><th colspan="2">１千万円超の部分(B)</th></tr>
<tr><th>所得税</th><th>住民税</th><th>所得税</th><th>住民税</th></tr>
<tr><td>剰余金・利益の配当等、特定株式投資信託の収益の分配</td><td>10%</td><td>2.8%</td><td>5％</td><td>1.4%</td></tr>
<tr><td>一般外貨建等証券投資信託[※2]以外の証券投資信託の収益分配</td><td>5％</td><td>1.4%</td><td>2.5%</td><td>0.7%</td></tr>
<tr><td>一般外貨建等証券投資信託の収益分配</td><td>2.5%</td><td>0.7%</td><td>1.25%</td><td>0.35%</td></tr>
</table>
※１　課税総所得金額等とは、課税総所得金額、課税短期譲渡所得金額、課税長期譲渡所得金額、一般株式等に係る課税譲渡所得等の金額、上場株式等に係る課税譲渡所得等の金額、申告分離課税の上場株式等に係る課税配当所得等の金額及び先物取引に係る課税雑所得等の金額の合計額をいいます。<br>※２　一般外貨建等証券投資信託とは、特定外貨建等証券投資信託以外の外貨建等証券投資信託（①～⑭のものなどを除きます）をいいます。</td></tr>
<tr><td>2. 外国税額控除<br>（所法95、所令221～226）<br><br><br><br>※（　）内は指定都市に住所を有する者の個人住民税</td><td>[所得税]<br>(1)　その年の所得税額のうち、国外に源泉のある所得に対応する額を限度とします。（復興特別所得税に関しても同様です。）<br>(2)　繰越控除限度額及び繰越外国税額の繰越期間は３年です。<br>(3)　外国税額控除を受けないで、事業所得の計算上必要経費に算入することもできます。<br>[住民税（道府県民税・市町村民税）]<br>所得税額及び復興特別所得税額から控除されなかった額について、所得税の外国税額控除限度額に、道府県民税12%（６％）と市町村民税18%（24%）をそれぞれ乗じて得た額を限度として控除します。</td></tr>
</table>

| | |
|---|---|
| **3. 政党等寄附金特別控除**<br>（措法41の18、措令26の27の2）<br><br>（所得税額の25％が限度） | 令和６年12月31日までの間に行った政治活動等に関する一定の寄附金のうち政党・政治資金団体に対する政治活動に関する寄附金で、政治資金規制法第12条又は第17条による報告がされているもの<br>（政党等に対する寄附金（総所得金額等の40％が限度※1）　－2,000円※2）×30％（100円未満切捨て）<br>※１　特定寄附金等の額がある場合で、政党等に関する寄附金の額の合計額にその特定寄附金の額の合計額を加算した金額がその年分の総所得金額等の40％相当額を超えるときは、その40％相当額からその特定寄附金等の額の合計額を控除した残額とされます。<br>※２　特定寄附金等の額がある場合には、2,000円から特定寄附金の額の合計額を控除した金額とされます。<br>「政党等寄附金特別控除額の計算明細書」により計算します。 |
| **4. 認定 NPO 法人等に対する寄附金特別控除**<br>（措法41の18の2）<br><br>（所得税額の25％が限度） | 認定特定非営利活動法人（「認定NPO法人」）に対して寄附をした場合、認定NPO法人が行う特定非営利活動に係る事業に関連する寄附金については、下記により計算した金額がその年分の所得税の額から控除されます。（寄附金控除（所得控除）との選択）<br>（その年中に支出した寄附金の額の合計額（総所得金額等の40％相当額が限度）　－2,000円）×40％（100円未満切捨て）<br>※１　控除対象寄附金額（総所得金額等の40％相当額）及び控除対象下限額（2,000円）は、寄附金控除（所得控除）並びに**5.** 公益社団法人等寄附金特別控除の対象となる寄附金の額がある場合には、これらの寄附金の合計額を控除した残額とされます。<br>※２　税額控除限度額（所得税額の25％相当額）は、**5.** の額と合わせて判定します。<br>なお、**3.** 政党等寄附金特別控除の税額控除限度額は、これとは別枠で判定します。<br>※３　この税額控除の適用を受けようとするときは、寄附金の明細書並びに寄附金を受領した旨、寄附金が認定NPO法人の主たる目的である業務に関連するものである旨、寄附金の額及び受領年月日を証する書類を確定申告書に添付します。 |
| **5. 公益社団法人等への寄附金の特別控除**<br>（措法41の18の3）<br><br>（所得税額の25％が限度） | 特定寄附金のうち、①公益社団法人及び公益財団法人②学校法人等③社会福祉法人④更生保護法人（いずれもその運営組織及び事業活動が適正であること並びに市民から支援を受けていることにつき一定の要件を満たすものに限ります。）に対する税額控除対象寄附金については、下記により計算した金額がその年分の所得税の額から控除されます。（寄附金控除（所得控除）との選択）<br>（その年中に支出した寄附金の額の合計額（総所得金額等の40％相当額が限度）　－2,000円）×40％（100円未満切捨て）<br>※１　控除対象寄附金額（総所得金額の40％相当額）及び控除対象下限額（2,000円）は、寄附金控除（所得控除）の対象となる寄附金の額がある場合には、この寄附金の額の合計額を控除した残額とされます。<br>※２　税額控除限度額（所得税額の25％相当額）は**4.** の額と合わせて判定します。<br>※３　この税額控除の適用を受けようとするときは、寄附金の明細書及び次の書類を確定申告書に添付します。<br>①　寄附金を受領した旨、寄附金がその法人の主たる目的である業務に関連する寄附金である旨、寄附金の額及び受領年月日を証する書類<br>②　所轄庁のその法人が税額控除対象法人であることを証する書類の写し |
| **6. 寄附金税額控除**<br>（地法37の2、314の7）<br>〔**住民税（道府県民税・市町村民** | 所得税の控除対象寄附金のうち地方公共団体が条例により指定したもののほか都道府県又は市町村、共同募金会、日本赤十字社に対する寄附金（寄附金支出の合計額が２千円を超えるもの）は都道府県が指定したものは都道府県民税から、市町村が指定したものは市町村民税からそれぞれ控除されます。<br>〔寄附金控除（各自治体の条例で定められます。）〕 |

所得税

| | |
|---|---|
| 税)〕 | （寄附金（総所得金額等の30%が限度）−2,000円）×10%※<br>※控除割合：都道府県民税４％（２％）、市町村民税６％（８％）<br>（　）内は指定都市に住所を有する者の個人住民税 |
| **7. 住宅借入金を有する場合の所得税額の特別控除**<br>（措法41、41の2、41の2の2、41の3、41の3の2、措令26、26の4） | ①　個人が、家屋の床面積又は区分所有部分の床面積が**50m²以上**（令和５年以前の建築確認分は、合計所得金額1,000万円以下の者に限り、40m²以上）で床面積の$\frac{1}{2}$**以上が居住用**であることのほか一定の要件を満たす居住用家屋の**新築**、新築住宅若しくは既存住宅（昭和57年以降に建築されたもの及び要耐震改修住宅に限ります。）の取得又はその者の居住用家屋の工事費用100万円超などの増改築等をして、これらの家屋を**令和７年12月31日までの間に自己の居住の用に供した場合**（住宅の取得等の日から６月以内に自己の居住の用に供した場合に限ります。）において、その者が住宅借入金等の金額を有するときは、居住年以後一定の控除期間（その年の12月31日まで引き続き居住している年に限ります。）にわたって、**住宅借入金等の年末残高**（借入限度額を超える場合には、借入限度額）**と**居住年に応じた**控除率**との組み合わせにより計算した金額を、その者の各年の**所得税額から控除**することができます。<br>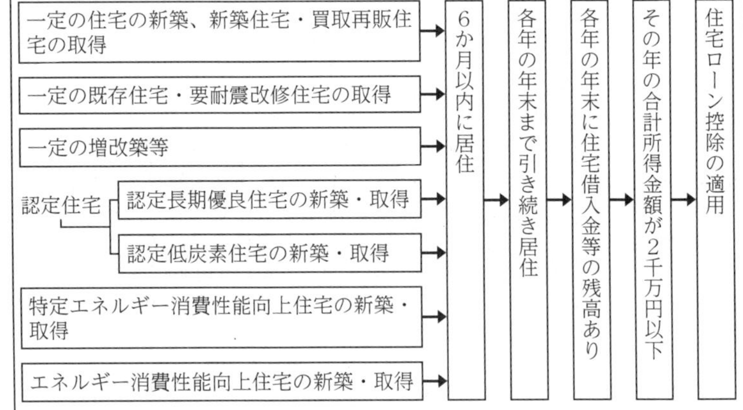<br><br>②　**〔控除対象借入金等の範囲〕**<br>　控除対象借入金等は償還期間又は賦払期間が10年以上（特定増改築等の場合５年以上、又は死亡時に一括償還の方法で支払うもの（住宅金融支援機構からの借入れによる一定のバリアフリー改修工事等に限ります））の次のものが該当します。<br>(イ)　住宅の新築、取得のための銀行など金融機関等からの借入金等<br>(ロ)　住宅とともに取得する敷地の取得のための借入金等<br>(ハ)　一定の増改築等のための借入金（自己の居住の用に供する増改築の範囲に、地震に対する安全上必要な構造方法に関する技術的基準又はこれに準ずるものに適合する一定の修繕又は模様替え、一定のバリアフリー改修工事、一定の省エネ改修工事等が含まれます。） |

〔借入金等で対象外となるもの〕

㋑　勤務先などからの使用人である地位に基づいた年0.2％未満の利率の借入金等であるもの

㋺　勤務先などから利子補給金を受けているため、実質的に負担する利息が年0.2％未満となるもの

㋩　勤務先などから譲り受けた住宅の代金がその住宅の時価の50％未満であるもの

③　〔特別控除の不適用〕

(イ)　〔所得要件〕その年の合計所得金額が2,000万円（令和４年改正前は3,000万円）を超える場合

(ロ)　他の特例との併用
居住の用に供した年とその前２年、後３年の６年間に、居住用財産を譲渡した場合の長期譲渡所得の課税の特例など（措法31の3、35、36の2、36の5もしくは37の5又は旧措法37の9の2）の適用を受けている場合は適用がありません。

**添付書類**　住宅借入金等を有する場合の添付書類については、P.173参照。

所得税

**○住宅借入金等特別控除（居住年に応じた控除率及び控除限度額）**

控除額（100円未満切捨て）＝住宅借入金等の年末残高の合計額×控除率

| 入居年 | 控除年 | | | 住宅借入金等の年末残高の合計額 | 控除率 | 控除限度額 |
|---|---|---|---|---|---|---|
| 平20.1.1～平20.12.31 | 選択適用 | 本則 | 1～6年目 | 2,000万円以下の部分 | 1.0% | 20万円 |
| | | | 7～10年目 | | 0.5% | 10万円 |
| | | 控除額の特例 | 1～10年目 | | 0.6% | 12万円 |
| | | | 11～15年目 | | 0.4% | 8万円 |
| 平21.1.1～平22.12.31 | 本則 | | 10年間 | 5,000万円以下の部分 | 1.0% | 50万円 |
| | 認定長期優良住宅 | | 10年間 | | 1.2% | 60万円 |
| 平23.1.1～平23.12.31 | 本則 | | 10年間 | 4,000万円以下の部分 | 1.0% | 40万円 |
| | 認定長期優良住宅 | | 10年間 | 5,000万円以下の部分 | 1.2% | 60万円 |
| 平24.1.1～平24.12.31 | 本則 | | 10年間 | 3,000万円以下の部分 | 1.0% | 30万円 |
| | 認定住宅 | | 10年間 | 4,000万円以下の部分 | 1.0% | 40万円 |
| 平25.1.1～平26.3.31 | 本則 | | 10年間 | 2,000万円以下の部分 | 1.0% | 20万円 |
| | 認定住宅 | | 10年間 | 3,000万円以下の部分 | 1.0% | 30万円 |
| 平26.4.1～令3.12.31※2 | 本則 | 特定取得※1 | 10年間 | 4,000万円以下の部分 | 1.0% | 40万円 |
| | | 上記以外 | 10年間 | 2,000万円以下の部分 | 1.0% | 20万円 |
| | 認定住宅 | 特定取得※1 | 10年間 | 5,000万円以下の部分 | 1.0% | 50万円 |
| | | 上記以外 | 10年間 | 3,000万円以下の部分 | 1.0% | 30万円 |

※１　特定取得とは、住宅の対価の額に含まれる消費税額等が、８％又は10％である場合における住宅の取得等をいいます。

※２　**特別控除の特例**

- 消費税率10％が適用される住宅の取得等をして、令和元年10月１日から令和２年12月31日までの間に自己の居住の用に供した場合（住宅の取得等の日から６か月以内）には、控除期間が13年間となり、11年目以降の３年間は、建物購入価格×２/３％と40万円のいずれか少ない金額が控除限度額となります（措法41⑬）。
- 令和３年度改正にて、上記、控除期間13年の特例が延長され、注文住宅は令和２年10月から令和３年９月末まで、分譲住宅などは令和２年12月から令和３年11月末までに契約した場合、令和４年末までの入居者が対象とされます。
  また、この延長分に限り、床面積が40m²以上50m²未満である住宅の用に供する家屋についても適用できます。ただし、合計所得金額が1,000万円を超える年については、適用がありません。

| 入居年 | 控除年 | | | 住宅借入金等の年末残高の合計額 | 控除率 | 控除限度額 |
|---|---|---|---|---|---|---|
| 令4.1.1～令5.12.31 | 新築・買取再販 | 認定住宅 | 13年間 | 5,000万円 | 0.7% | 35万円 |
| | | 特定エネルギー消費性能向上 | 13年間 | 4,500万円 | 0.7% | 31.5万円 |
| | | エネルギー消費性能向上 | 13年間 | 4,000万円 | 0.7% | 28万円 |
| | | 上記以外 | 13年間 | 3,000万円 | 0.7% | 21万円 |
| | 既存住宅 | 認定住宅・特定エネルギー消費性能向上・エネルギー消費性能向上 | 10年 | 3,000万円 | 0.7% | 21万円 |
| | | 上記以外 | 10年 | 2,000万円 | 0.7% | 14万円 |
| 令6.1.1～令7.12.31 | 新築・買取再販 | 認定住宅 | 13年間 | 4,500万円 | 0.7% | 31.5万円 |
| | | 特定エネルギー消費性能向上 | 13年間 | 3,500万円 | 0.7% | 24.5万円 |
| | | エネルギー消費性能向上 | 13年間 | 3,000万円 | 0.7% | 21万円 |
| | | 上記以外 | 10年間 | 2,000万円※ | 0.7% | 14万円 |
| | 既存住宅 | 認定住宅・特定エネルギー消費性能向上・エネルギー消費性能向上 | 10年間 | 3,000万円 | 0.7% | 21万円 |
| | | 上記以外 | 10年間 | 2,000万円 | 0.7% | 14万円 |

※令和６年１月１日以後に建築確認を受ける住宅の用に供する家屋（登記簿上の建築日付が同年６月30日以前のものを除きます。）又は建築確認を受けない住宅の用に供する家屋で登記簿上の建築日付が同年７月１日以降のもののうち、一定の省エネ基準を満たさないものの新築又はその家屋で建築後使用されたことのないものの取得については、適用対象外となります。

<table>
<tr><td>8. 特定増改築等住宅借入金特別控除<br>(措法41の3の2)<br>・居住日は令和3年12月31日まで<br>・所得要件は合計所得金額3,000万円以下</td><td>個人が、自己所有の居住用家屋について増改築等(下記①～③のいずれかを含むもの)をして、令和3年12月31日までの間に自己の居住の用に供した場合(増改築等の日から6月以内に自己の居住の用に供した場合に限ります。)で、増改築等住宅借入金等(償還期間が5年以上の一定の借入金)を有するときは、住宅借入金特別控除との選択により、居住年以後5年間(その年の12月31日まで引き続き居住の用に供している年に限ります。)の各年において次の算式により計算した金額を、その者の各年の所得税額から控除することができます。<br>特別控除額(控除期間5年間)<br>ア. 増改築等住宅借入金等の年末残高の合計額(最高1,000万円)<br>イ. アのうち特定増改築等住宅借入金等の年末残高の合計額(最高250万円)※<br>ウ. 特別控除額(年間最高12.5万円)＝イ×2％＋(アーイ)×1％<br>※特定増改築等住宅借入金等の年末残高の合計額とは、下記①～③に要した費用の額の合計額をいいます。<br>①高齢者等居住改修工事等(措法41の3の2①)<br><table><tr><td>特定個人(対象者)</td><td>(1) 50歳以上の者、(2) 要介護認定・要支援認定を受けている者、(3) 障がい者、(4) 65歳以上の親族又は(2)(3)の親族と同居を常況としている者</td></tr><tr><td>対象工事</td><td>高齢者等のためのバリアフリー改修工事(50万円を超えるもの)</td></tr></table>②断熱改修工事等(措法41の3の2⑤)<br><table><tr><td>対象工事</td><td>(1) 断熱改修工事等又は(2) 特定断熱改修工事等(50万円を超えるもの)、(2) と併せて行う特定耐久性改修工事等(50万円を超えるもの)</td></tr></table>③多世帯同居改修工事等(措法41の3の2⑧)<br><table><tr><td>対象工事</td><td>他の世帯との同居のための調理室、浴室、便所、玄関などの増設工事(50万円を超えるもの)</td></tr></table>(注) ①～③と併せて行う一定の修繕・模様替えの工事等も含みます。</td></tr>
<tr><td>▷住宅借入金等を有する場合の添付書類<br>(居住年が令和5年以後である者が、令和6年1月1日以後に行う確定申告について、住宅取得資金に係る借入金の年末残高証明書及び新築の工事請負契約書の写し等の添付は不要。)</td><td><table><tr><th colspan="3">住宅借入金特別控除</th><th rowspan="2">特定増改築等住宅借入金特別控除</th></tr><tr><th>新築住宅</th><th>既存住宅</th><th>増改築等</th></tr><tr><td>①土地及び家屋の登記事項証明書<br>②土地及び家屋の売買契約書の写しや工事請負契約書の写し<br>③住宅取得資金に係る借入金の年末残高等証明書(原本)<br>④(特定増改築等)住宅借入金等特別控除額の計算明細書</td><td>①土地及び家屋の登記事項証明書<br>②土地及び家屋の売買契約書の写し<br>③住宅取得資金に係る借入金の年末残高等証明書(原本)<br>④債務の継承がある場合、その契約書の写し<br>⑤(特定増改築等)住宅借入金等特別控除額の計算明細書<br>⑥耐震基準適合住宅の場合、耐震基準適合証明書又は住宅性能評価書の写</td><td>①土地及び家屋の登記事項証明書<br>②増改築等の工事請負契約書の写し<br>③住宅取得資金に係る借入金の年末残高等証明書(原本)<br>④建築確認済証の写し若しくは検査済証の写し又は増改築等工事証明書<br>⑤(特定増改築等)</td><td>①介護保険の被保険者証の写し(バリアフリー改修工事の場合)<br>②土地及び家屋の登記事項証明書<br>③増改築等工事証明書<br>④増改築等の工事請負契約書の写しなど費用の額を明らかにする書類(補助金等の交付を受けている場合は、そ</td></tr></table></td></tr>
</table>

| | | | |
|---|---|---|---|
| 〈認定住宅等の場合〉<br>①長期優良住宅建築（低炭素建築物新築）等計画の認定（変更認定）通知書の写し<br>②住宅用家屋証明書若しくはその写し又は認定長期優良（認定低炭素）住宅建築証明書<br>③特定建築物の住宅用家屋証明書<br>④特定エネルギー消費性能向上住宅・エネルギー消費性能向上住宅証明書 | し又は既存住宅売買瑕疵担保責任保険契約の付保証明書<br>⑦要耐震改修住宅の場合、建築物の耐震改修計画の認定申請書の写し及び耐震基準適合証明書、耐震基準適合証明申請書の写し及び耐震基準適合証明書、建設住宅性能評価申請書の写し及び建設住宅性能評価書の写し、既存住宅売買瑕疵担保責任保険契約の申込書の写し及び既存住宅売買瑕疵担保責任保険契約が締結されていることを証する書類、請負契約書の写しのいずれか | 住宅借入金等特別控除額の計算明細書 | の額が確認できる書類も必要）<br>⑤住宅取得資金等に係る借入金の年末残高等証明書（原本）<br>⑥(特定増改築等)住宅借入金等特別控除額の計算明細書<br><br>〈敷地を購入した場合〉<br>①土地の登記事項証明書<br>②土地の売買契約書の写しや分譲契約書の写し |

※土地、建物に係る登記事項証明書は、不動産番号を記載することにより添付を省略することができます。（以下、措法41の19の２、41の19の３、41の19の４においても同様）

**▷留意事項**

①　居住年、居住年の前年又は前々年分の所得税について、次の特例を受けている場合は適用できません。

| | |
|---|---|
| 措法31の3 | 居住用財産を譲渡した場合の長期譲渡所得の課税の特例 |
| 措法35 | 居住用財産の譲渡所得の特別控除の特例 |
| 措法36の2 | 特定の居住用財産の買換えの場合の長期譲渡所得の課税の特例 |
| 措法36の5 | 特定の居住用財産を交換した場合の長期譲渡所得の課税の特例 |
| 措法37の5 | 既成市街地等内にある土地等の中高層耐火建築物等の建設のための買換え及び交換の場合の譲渡所得の課税の特例 |

②　住宅借入金等特別控除の適用対象となる家屋に入居した年の翌年又は翌々年中に、その家屋（その家屋の敷地等を含む。）以外の資産（旧居住用資産）の譲渡をした場合において上記①の特例の適用を受ける場合は、〔特定増改築等〕住宅借入金等特別控除の適用はされません。（既に適用を受けている年分については修正申告書の提出）

③　その年の12月31日（死亡、災害についてはその日）まで引き続き自己の居住の用に供していない年分以後は適用ありません。ただし転勤、転地療養その他のやむを得ない事情により居住の用に供しなくなった場合で生計を一にする親族が引き続き居住する場合には適用されます。

(注)　転勤命令等に基づいて転居をした場合で、③により住宅借入金等特別控除の適用を受けられなくなった後、その家屋を再び居住の用に供した場合には、一定の要件のもとで、再適用されます。

④　居住用財産の譲渡損失の金額について繰越控除の特例（措法41の5）を受ける場合において、その適用に係る買換え資産については、住宅借入金等特別控除の適用があります。

⑤　新築の日前２年以内に取得した土地等の先行取得に係る金融機関からの借入金については、取得する家屋を目的とする抵当権の設定がない場合は適用がありません。

⑥　他の者（例えば父）が所有する家屋（登記事項証明書により所有権

<table>
<tr><td></td><td>を確認します。）について、本人が金融機関から借入れを行い増改築を行った場合は適用がありません。<br>⑦　床面積の要件の判定は、登記事項証明書により確認します。</td></tr>
<tr><td>9. 認定住宅等の新築等をした場合<br>（措法41の19の4、措令26の28の6）<br><br><br><br><br><br><br><br><br><br>〔重複適用の禁止〕<br>（措法41㉔）</td><td>・認定住宅等とは長期優良住宅法に規定する認定長期優良住宅、認定低炭素住宅、特定エネルギー消費性能向上住宅に該当する家屋で一定のものをいいます。地震や腐食に強いこと、居住者の使い勝手に合わせて改築し易いことなどの条件を満たし、世代を超えて利用できるものと地方自治体が認定した住宅をいいます。<br>・令和４年及び令和５年に認定住宅等の新築又は建築後使用されたことのない認定住宅等の取得をして居住の用に供した場合の税額控除額の上限額は「標準的な性能強化費用」（650万円が限度）の10%で、その年分の所得税の額から控除します。その年分の所得税の額から控除しても控除しきれない金額については、翌年分の所得税の額から控除します。<br>※借入金がない場合でも、適用できます。<br>（注１）「標準的な性能強化費用」とは、認定住宅等の構造の区分にかかわらず、１平方メートル当たり定められた金額（国土交通省告示（参考：令和４年分は45,300円））に、その認定住宅等の床面積を乗じて計算した金額をいいます。<br>（注２）　その年分の合計所得金額が3,000万円を超える場合には適用されません。<br>　この制度は、住宅借入金等を有する場合の所得税額の特別控除との選択適用とされますので、適用される控除額等を踏まえた上で、選択する必要があります。</td></tr>
</table>

（選択）

| 区分 | 最大控除額 | | 住民税での適用 |
|---|---|---|---|
| 住宅ローン減税 | 新築・買取再販 | 控除限度額※×13年 | 所得税で控除しきれない部分については、個人住民税から控除されます。 |
| | 既存住宅 | 控除限度額※×10年 | |
| 性能強化費用に係る特別控除 | ・認定住宅<br>・特定エネルギー消費性能向上住宅 | 65万円 | （適用なし） |

※控除限度額の詳細については、P.172参照

<table>
<tr><td>（措法41の19の4⑫～⑭）</td><td>また、居住用財産の買換え等の特例との重複適用が可能です。</td></tr>
<tr><td>添付書類<br>（措法41の19の4⑥⑦）</td><td>この税額控除は、確定申告書に、当該控除に関する明細書並びに当該計画の認定書の写し及び登記事項証明書等の一定の書類の添付がある場合に適用されます。</td></tr>
<tr><td>10. 既存住宅の耐震改修をした場合の所得税額の特別控除<br>（措法41の19の2）</td><td>平成26年４月１日から令和５年12月31日までの間に、その者の居住の用に供する家屋で、旧耐震基準（昭和56年５月31日以前）によって建築された家屋を、現行耐震基準に適合させるための耐震改修工事をした場合には、次の金額及びP.178⑸の金額がその年分の所得税額から控除されます。</td></tr>
</table>

（住宅耐震改修に係る耐震工事の標準的な費用の額（国・地方公共団体から交付される補助金等はその額を控除します。））×10％＝（所得税の特別控除（最高25万円、100円未満の端数切捨て））

（令和４年及び令和５年については、工事限度額は250万円）

**添付書類等**

① 住宅耐震改修特別控除額の計算明細書
② 住宅耐震改修証明書（注）
③ 耐震改修をした家屋の登記事項証明書など、対象となる家屋が昭和56年５月31日以前に建築されたものであることを明らかにする書類

（注） 控除の対象となる住宅耐震改修をした場合、申請により地方公共団体の長、登録住宅性能評価機関、指定確認検査機関、建築士又は住宅瑕疵担保責任保険法人から「住宅耐震改修証明書」が発行されます。

**11. 既存住宅に係る特定の改修工事をした場合の所得税額の特別控除**

**⑴省エネ改修工事**
（措法41の19の3）

個人が、その者の所有する居住用の家屋について一定の省エネ改修工事を行った場合において、当該家屋を平成26年４月１日から令和５年12月31日までの間にその者の居住の用に供したときは、一定の要件の下で、一般省エネ改修工事の標準的な費用の額（250万円を限度とします。ただし、太陽光発電装置を設置する場合は、350万円を限度とします。）の10％に相当する金額及びP.178⑸の金額をその年分の所得税額から控除できます。（借入要件はなく、自己資金の場合も可能です。）

（注１）「一般省エネ改修工事」とは、次のものであって、その工事費用の額が50万円を超えること等一定の要件を満たすものをいいます。

| 工事の範囲の要件（次のいずれか） | | | |
|---|---|---|---|
| ⑴ | ①窓の断熱改修工事 | | 改修部位の省エネ性能がいずれも平成28年基準以上となる工事 |
| | ①の工事と併せて行う | ②床の断熱改修工事<br>③天井の断熱改修工事<br>④壁の断熱改修工事 | |
| ⑵ | 居室の窓の改修工事、又はその工事と併せて行う②～④の工事で、その改修部位の省エネ性能又は断熱性能がいずれも平成28年基準以上となり、また、改修後の住宅全体の断熱等性能等級が現状から一段階以上上がり、改修後の住宅全体の省エネ性能が断熱等性能等級４又は一次エネルギー消費量等級３となる工事 | | |
| ⑶ | ⑴又は⑵の工事が行われる構造又は設備と一体となって効用を果たす⑤エネルギー使用合理化設備の取替・取付工事 | | |
| ⑷ | ⑴又は⑵の工事と併せて行う⑥一定の太陽光発電装置設備等の取替・取付工事 | | |
| （注） ②～⑥の単独の工事は対象となりません。 | | | |

（注２） 一定の省エネ改修工事の証明は、住宅の品質確保の促進等に関する法律に基づく登録住宅性能評価機関、建築基準法に基づく指定確認検査機関又は建築士法に基づく建築士事務所に所属する建築士が行うものとされます。

（注３）「標準的な工事費用相当額」とは、省エネ改修工事の改修部位ごとに単位当たりの標準的な工事費用の額として定められた金額に当該省エネ改修工事を行った床面積等を乗じて計算した金額をいいます。

（注４） 工事後の住宅の床面積が50m²以上で、その$\frac{1}{2}$以上が居住用であること、工事費用の$\frac{1}{2}$以上が居住用部分の費用であることが条件です。

（注５） その年分の合計所得金額が3,000万円を超える場合には適用できません。

**⑵バリアフリー改修工事**
（措法41の19の3、措令26の28の5）

一定の個人※が、その者の所有する居住用の家屋について廊下の拡張、階段の勾配の緩和等、一定のバリアフリー改修工事を行った場合において、当該家屋を平成26年４月１日から令和５年12月31日までの間にその者の居住の用に供したときは、一定の要件の下で、バリアフリー改修工事の標準的な費用の額（最高200万円）の10％に相当する金額及びP.178

(5)の金額がその年分の所得税額から控除されます。（借入要件はなく、自己資金の場合も可能です）

（※）「一定の個人」とは、次のいずれかに該当する者とされます。

| | |
|---|---|
| ① | 50歳以上の者 |
| ② | 介護保険法の要介護又は要支援の認定を受けている者 |
| ③ | 障がい者である者 |
| ④ | 居住者の親族のうち上記②若しくは③に該当する者又は65歳以上の者のいずれかと同居している者 |

（注１）「一定のバリアフリー改修工事」とは、廊下の拡幅、階段の勾配の緩和、浴室改良、便所改良、手すりの設置、屋内の段差の解消、引き戸への取替え又は床表面の滑り止め化を行う工事であって、その工事費用の額（補助金等をもって充てる部分を除きます。）が50万円を超えること等一定の要件を満たすものをいいます。

（注２）一定のバリアフリー改修工事の証明は、住宅の品質確保の促進等に関する法律に基づく登録住宅性能評価機関、建築基準法に基づく指定確認検査機関又は建築士法に基づく建築士事務所に所属する建築士が行うものとされます。

（注３）「標準的な工事費用相当額」とは、バリアフリー改修工事の種類ごとに単位当たりの標準的な工事費用の額として定められた金額に当該バリアフリー改修工事を行った床面積等を乗じて計算した金額をいいます。

**(3)多世帯同居改修工事等**
（措法41の19の3、措令26の28の5）

- 個人が、その者の所有する居住用の家屋について他の世帯と同居をするのに必要な設備の数を増加させるための一定の改修工事（「多世帯同居改修工事等」といいます。）をして、当該居住用の家屋を平成28年４月１日から令和５年12月31日までの間にその者の居住の用に供した場合が、既存住宅に係る特定の改修工事をした場合の所得税額の特別控除の適用対象に追加され、その多世帯同居改修工事等に係る標準的な工事費用相当額（250万円を限度）の10%に相当する金額及びP.178(5)の金額がその年分の所得税の額から控除されます。

（注）上記の「標準的な工事費用相当額」とは、多世帯同居改修工事等の改修部位ごとに標準的な工事費用の額として定められた金額にその多世帯同居改修工事等を行った箇所数を乗じて計算した金額をいいます。

（注）その年の前年以前３年内の各年分において本税額控除の適用を受けた者は、その年分においては本税額控除の適用を受けることはできません。

（注）その年分の合計所得金額が3,000万円を超える場合には、本税額控除は適用されません。

- この税額控除は、確定申告書に、その控除に関する明細書、多世帯同居改修工事等が行われた家屋である旨を証する書類及び登記事項証明書その他の書類の添付がある場合に適用されます。
- この税額控除は、住宅借入金等を有する場合の所得税額の特別控除又は特定の増改築等に係る住宅借入金等を有する場合の所得税額の特別控除の控除額に係る特例の適用を受ける場合には、適用されません。

**(4)特定耐久性向上改修工事**
（措法41の19の3）

- 耐震改修工事又は省エネ改修工事と併せて、特定耐久性向上改修工事を行った場合において、その家屋を平成29年４月１日から令和５年12月31日までの間にその者の居住の用に供したときに、下記①～③いずれかの金額及びP.178(5)の金額がその年分の所得税額から控除されます。

<table>
<tr><td></td><td>

| 特定耐久性向上改修工事 |
| --- |
| 小屋裏、外壁、浴室、脱衣室、土台、軸組等、床下、基礎若しくは地盤に関する劣化対策工事又は給排水管若しくは給湯管に関する維持管理若しくは更新を容易にするための工事で次の要件を満たすものをいいます。<br>㋑認定を受けた長期優良住宅建築等計画に基づくものであること。<br>㋺改修部位の劣化対策並びに維持管理及び更新の容易性が、いずれも増改築による長期優良住宅の認定基準に新たに適合することとなること。<br>㋩工事に係る標準的な工事費用相当額（補助金等の交付がある場合には、その補助金等の額を控除した後の金額）が50万円を超えること。 |

①住宅耐震改修と併せて耐久性向上改修工事をした場合<br>
耐震改修工事の標準的な費用の額及び耐久性向上改修工事の標準的な費用の額の合計額（250万円を限度）の10％<br>
②一般省エネ改修工事と併せて耐久性向上改修工事をした場合<br>
一般省エネ改修工事の標準的な費用の額及び耐久性向上改修工事の標準的な費用の額の合計額（250万円（太陽光発電設備設置工事が含まれる場合は350万円）を限度）の10％<br>
③住宅耐震改修及び一般省エネ改修工事と併せて耐久性向上改修工事をした場合<br>
耐震改修工事の標準的な費用の額、一般省エネ改修工事の標準的な費用の額及び耐久性向上改修工事の標準的な費用の額の合計額（500万円（太陽光発電設備設置工事が含まれる場合は600万円）を限度）の10％
</td></tr>
<tr><td>(5)その他工事等特別税額控除<br>（措法41の19の3⑦）</td><td>
個人が、自分の所有する居住用家屋について、10.又は11.(1)～(4)の特定の改修工事をして、その家屋を令和４年１月１日から令和５年12月31日までの間（工事の日から６か月以内に限ります。）にその者の居住の用に供した場合には、前記の特別控除の規定の適用を受ける場合に限り、一定の要件の下で、その個人の居住年分の所得税の額から、（イ）（ロ）に掲げる金額の合計額の５％に相当する金額が控除されます。<br><br>
（イ）その工事に係る標準的な工事費用相当額（控除対象限度額を超える部分に限ります。）の合計額<br>
（ロ）その工事と併せて行うその他の一定の工事に要した費用の額（補助金等の交付がある場合には補助金等控除後の金額）の合計額<br><br>
※　(イ)(ロ)の合計額は、次のいずれか低い金額が限度とされます。<br>
・その工事に係る標準的費用相当額の合計額<br>
・1,000万円からその標準的費用相当額の合計額（その標準的費用合計額が上記控除対象限度額を超える場合には、その控除対象限度額）を控除した金額<br>
※なお、標準的な工事費用相当額とは、住宅耐震改修又は対象工事の種類等ごとに標準的な工事費用の額として定められた金額にその工事を行った床面積等を乗じて計算した金額（補助金等の交付がある場合にはその補助金等控除後の金額）をいいます。
</td></tr>
</table>

# ■所得税額の計算関係図（令和５年分）

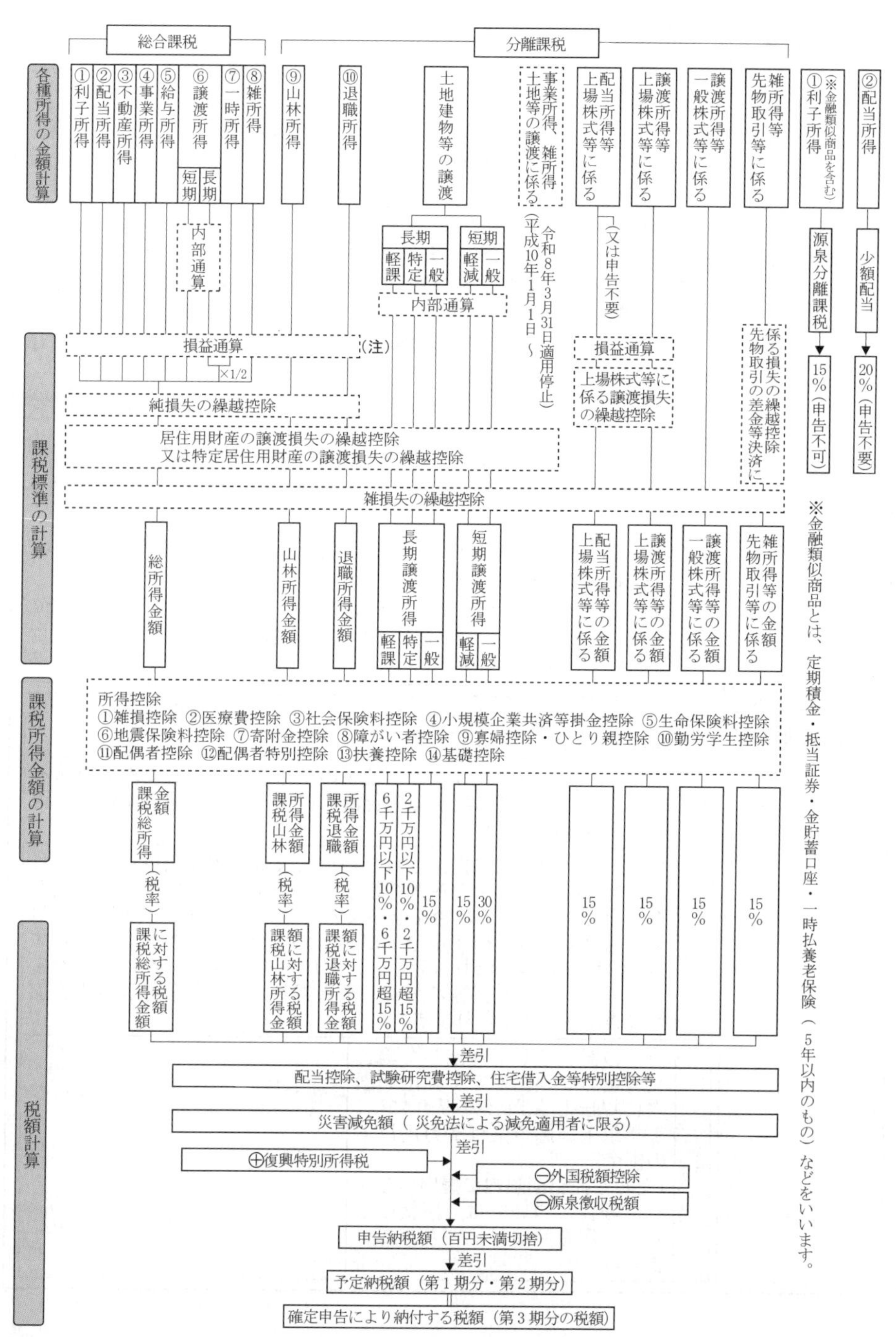


（注）マイホームを買換えた場合の譲渡損失については、一定の要件を満たすものに限り、他の所得との損益通算ができます。

## ■国外財産調書・財産債務調書

| 項　目 | 説　明 |
|---|---|
| **1. 提出義務者**<br>・国外財産調書（国外送金法5） | その年の12月31日において**5,000万円を超える国外財産**を有する居住者は、翌年6月30日（令和4年分以前は翌年3月15日）までに氏名及び住所等のほか、国外財産の種類、数量、価額及び所在その他必要な事項を記載した「国外財産調書」に「国外財産調書合計表」を添付して、所轄税務署長に提出しなければなりません。 |
| ・財産債務調書（国外送金法6の2） | 所得税等の確定申告書を提出しなければならない者で、次の①及び②を満たす場合のほか、令和5年分以後は③に該当する場合も、その財産の種類、数量及び価額並びに債務の金額その他必要な事項を記載した財産債務調書を、その年の翌年の6月30日まで（令和4年分以前は、翌年の3月15日まで）に、所得税の納税地の所轄税務署長に提出しなければなりません。<br>①その年分の退職所得を除く各種所得金額の合計額が2,000万円を超える場合<br>②その年の12月31日において、その価額の合計額が3億円以上の財産又はその価額の合計額が1億円以上の国外転出特例対象財産を有する場合<br>③その年の12月31日において、総資産10億円以上（所得基準なし）の場合（令和5年分以後）<br>※国外財産調書に記載した国外財産については、財産債務調書にその財産の価額以外の記載事項についての記載を要しないこととされています。 |

| **2. 過少申告加算税等の加減措置等** | | 国外財産調書 | 財産債務調書 |
|---|---|---|---|
| | 軽減措置 | 調書を提出期限内に提出した場合には、その調書に記載がある財産等に対する所得税等又は相続税の申告漏れが生じた場合であっても、その財産等に関する申告漏れに係る部分の過少申告加算税等は5％軽減されます。 | |
| | 加重措置 | 調書が提出期限内に提出されない場合又は提出期限内に提出された調書に記載すべき財産等の記載がない場合（重要事項の記載が不十分と認められる場合を含みます。）若しくは相続国外財産に対する相続税に関し修正申告等があった場合に、その財産等に対する所得税等の申告漏れ（死亡した者に係るものを除きます。）が生じた場合、その財産等に関する申告漏れに係る部分の過少申告加算税等は5％加重されます。 | |
| | 罰則 | 偽りの記載をして提出した場合又は正当な理由がなく提出期限内に提出しなかった場合には、1年以下の懲役又は50万円以下の罰金<br>(ただし提出期限内に提出しなかった場合については、情状によりその刑を免除可能とされています。) | 規定なし |

## 別表第三（国外送金等調書規則15） 財産債務調書の記載事項

| | 区分 | 記載事項 | 備考 |
|---|---|---|---|
| 財産 | （一） 土地 | 用途別及び所在別の地所数、面積及び価額 | (1) 庭園その他土地に附設したものを含む。<br>(2) 用途別は、一般用及び事業用の別とする。 |
| | （二） 建物 | 用途別及び所在別の戸数、床面積及び価額 | (1) 附属設備を含む。<br>(2) 用途別は、一般用及び事業用の別とする。 |
| | （三） 山林 | 用途別及び所在別の面積及び価額 | (1) 林地は、土地に含ませる。<br>(2) 用途別は、一般用及び事業用の別とする。 |
| | （四） 現金 | 用途別及び所在別の価額 | 用途別は、一般用及び事業用の別とする。 |
| | （五） 預貯金 | 種類別、用途別及び所在別の価額 | (1) 種類別は、当座預金、普通預金、定期預金等の別とする。<br>(2) 用途別は、一般用及び事業用の別とする。 |
| | （六） 有価証券 | 種類別、用途別及び所在別の数量及び価額並びに取得価額 | (1) 種類別は、株式、公社債、投資信託、特定受益証券発行信託、貸付信託等の別及び銘柄の別とする。<br>(2) 用途別は、一般用及び事業用の別とする。 |
| | （七） 匿名組合契約の出資の持分 | 種類別、用途別及び所在別の数量及び価額並びに取得価額 | (1) 種類別は、匿名組合の別とする。<br>(2) 用途別は、一般用及び事業用の別とする。 |
| | （八） 未決済信用取引等に係る権利 | 種類別、用途別及び所在別の数量及び価額並びに取得価額 | (1) 種類別は、信用取引及び発行日取引の別並びに銘柄の別とする。<br>(2) 用途別は、一般用及び事業用の別とする。 |
| | （九） 未決済デリバティブ取引に係る権利 | 種類別、用途別及び所在別の数量及び価額並びに取得価額 | (1) 種類別は、先物取引、オプション取引、スワップ取引等の別及び銘柄の別とする。<br>(2) 用途別は、一般用及び事業用の別とする。 |
| | （十） 貸付金 | 用途別及び所在別の価額 | 用途別は、一般用及び事業用の別とする。 |
| | （十一） 未収入金（受取手形を含む。） | 用途別及び所在別の価額 | 用途別は、一般用及び事業用の別とする。 |
| | （十二） 書画骨とう及び美術工芸品 | 種類別、用途別及び所在別の数量及び価額（一点十万円未満のものを除く。） | (1) 種類別は、書画、骨とう及び美術工芸品の別とする。<br>(2) 用途別は、一般用及び事業用の別とする。 |
| | （十三） 貴金属類 | 種類別、用途別及び所在別の数量及び価額 | (1) 種類別は、金、白金、ダイヤモンド等の別とする。<br>(2) 用途別は、一般用及び事業用の別とする。 |
| | （十四） （四）、（十二）及び（十三）に掲げる財産以外の動産 | 種類別、用途別及び所在別の数量及び価額（一個又は一組の価額が十万円未満のものを除く。） | (1) 種類別は、（四）、（十二）及び（十三）に掲げる財産以外の動産について、適宜に設けた区分とする。<br>(2) 用途別は、一般用及び事業用の別とする。 |
| | （十五） その他の財産 | 種類別、用途別及び所在別の数量及び価額 | (1) 種類別は、（一）から（十四）までに掲げる財産以外の財産について、預託金、保険の契約に関する権利等の適宜に設けた区分とする。<br>(2) 用途別は、一般用及び事業用の別とする。 |
| 債務 | （十六） 借入金 | 用途別及び所在別の金額 | 用途別は、一般用及び事業用の別とする。 |
| | （十七） 未払金（支払手形を含む。） | 用途別及び所在別の金額 | 用途別は、一般用及び事業用の別とする。 |
| | （十八） その他の債務 | 種類別、用途別及び所在別の数量及び金額 | (1) 種類別は、（十六）及び（十七）に掲げる債務以外の債務について、前受金、預り金等の適宜に設けた区分とする。<br>(2) 用途別は、一般用及び事業用の別とする。 |

備考 一 この表に規定する「事業用」とはその者の不動産所得、事業所得又は山林所得を生ずべき事業又は業務の用に供することをいい、「一般用」とは当該事業又は業務以外の用に供することをいいます。

二 この表に規定する「預貯金」、「有価証券」、「公社債」、「投資信託」、「特定受益証券発行信託」又は「貸付信託」とは、所得税法第二条第一項に規定する預貯金、有価証券、公社債、投資信託、特定受益証券発行信託又は貸付信託をいいます。

三 この表に規定する「匿名組合契約の出資の持分」とは所得税法第六十条の二第一項に規定する匿名組合契約の出資の持分をいい、「未決済信用取引等」とは同条第二項に規定する未決済信用取引等をいい、「未決済デリバティブ取引」とは同条第三項に規定する未決済デリバティブ取引をいいます。

# ■源泉徴収

源泉徴収の対象とされる所得の範囲は、その支払を受ける者の区分（居住者、非居住者、内国法人、外国法人）により異なります。また、源泉徴収義務を負わない者から支払われるものについては、源泉徴収の対象となりません。

## ●居住者に対して支払う所得の源泉徴収

| 所得の種類 | 範囲 |
|---|---|
| 利子等 | ①　公社債及び預貯金の利子<br>②　合同運用信託、公社債投資信託及び公募公社債等運用投資信託の収益の分配<br>③　勤労者財産形成貯蓄保険契約等に基づく差益<br>④　国外公社債等の利子など |
| 配当等 | ①　法人から受ける剰余金の配当、利益の配当、剰余金の分配、金銭の分配<br>②　基金利息<br>③　投資信託（利子等に該当するものを除きます。）及び特定受益証券発行信託の収益の分配など |
| 給与等 | 俸給、給料、賃金、歳費、賞与その他これらの性質を有するもの |
| 公的年金等 | ①　国民年金法、厚生年金保険法等に基づく年金<br>②　恩給（一時恩給を除きます。）及び過去の勤務に基づき使用者であった者から支給される年金<br>③　確定給付企業年金法の規定に基づいて支給を受ける年金など |
| 退職手当等 | ①　退職手当、一時恩給その他これらの性質を有するもの<br>②　社会保険制度等に基づく一時金など |
| 報酬・料金等<br>(税額の計算については、P.183参照) | ①　原稿料、デザイン料、講演料、放送謝金、工業所有権の使用料等<br>②　弁護士、公認会計士、税理士、建築士等の報酬・料金<br>③　社会保険診療報酬支払基金から支払われる診療報酬<br>④　外交員、集金人、電力量計の検針人、プロ野球の選手、プロサッカーの選手等の報酬・料金<br>⑤　芸能、ラジオ放送及びテレビジョン放送の出演、演出等の報酬・料金並びに芸能人の役務提供事業を行う者が支払を受けるその役務の提供に関する報酬・料金<br>⑥　バー、キャバレー等のホステス、バンケットホステス、コンパニオン等の報酬・料金<br>⑦　役務の提供を約することにより一時に取得する契約金<br>⑧　事業の広告宣伝のための賞金及び馬主が受ける競馬の賞金 |
| 定期積金の給付補塡金等 | ①　定期積金の給付補塡金<br>②　銀行法第２条第４項の契約に基づく給付補塡金<br>③　抵当証券の利息<br>④　貴金属等の売戻し条件付売買による利益<br>⑤　外貨建預貯金等の為替差益<br>⑥　一時払養老保険や一時払損害保険等の差益 |
| 保険業法に規定する生命保険会社、損害保険会社等と締結した保険契約等に基づく年金 | — |
| 匿名組合契約等に基づく利益の分配 | — |
| 特定口座内保管上場株式等の譲渡による所得等 | — |
| 懸賞金付預貯金等の懸賞金等 | — |
| 割引債の償還差益 | — |
| 割引債の償還金に係る差益金額 | — |

# ●居住者に対して支払う報酬・料金等の源泉徴収

（所法204、205、所令320、321、322、措法41の20、復興財源確保法28、31）

<table>
<tr><th>源泉徴収の対象となる報酬・料金等</th><th>税額の計算方法</th></tr>
<tr><td>1　弁護士、税理士などの業務に関する報酬・料金<br>弁護士（外国法事務弁護士を含みます。）、公認会計士、税理士、計理士、会計士補、社会保険労務士、弁理士、企業診断員、測量士、測量士補、建築士、建築代理士、不動産鑑定士、不動産鑑定士補、技術士、技術士補、火災損害鑑定人、自動車等損害鑑定人の業務に関する報酬・料金</td><td>支払金額×10%［10.21%］<br>※税率は本則［復興税加算］<br>ただし、同一人に対して１回に支払う金額が100万円を超える場合には、その100万円を超える部分については、20%［20.42%］</td></tr>
<tr><td>2　司法書士、土地家屋調査士、海事代理士の業務に関する報酬・料金</td><td>（支払金額－１万円）×10%［10.21%］</td></tr>
<tr><td>3　外交員、集金人、電力量計の検針人の業務に関する報酬・料金</td><td>{その月中の支払金額 －（12万円－その月中の給与等の額）}× 10%［10.21%］</td></tr>
<tr><td>4　原稿料、講演料など<br>原稿料、挿絵料、作曲料、レコードやテープの吹込料、デザイン料、放送謝金、著作権の使用料、著作隣接権の使用料、講演料、技芸・スポーツ・知識等の教授・指導料、投資助言業務に係る報酬・料金、脚本料、脚色料、翻訳料、通訳料、校正料、書籍の装丁料、速記料、版下の報酬など</td><td rowspan="4">支払金額×10%［10.21%］<br>ただし、同一人に対して１回に支払う金額が100万円を超える場合には、その100万円を超える部分については、20%［20.42%］</td></tr>
<tr><td>5　次に掲げる職業運動家等の業務に関する報酬・料金<br>職業野球の選手、プロサッカーの選手、プロテニスの選手、プロレスラー、プロゴルファー、プロボウラー、自動車のレーサー、競馬の騎手、モデルなど</td></tr>
<tr><td>6　芸能人などに支払う出演料等<br>（注）一般の人に支払うラジオやテレビ放送の出演料も含まれます。</td></tr>
<tr><td>7　芸能人の役務の提供を内容とする事業の報酬・料金</td></tr>
<tr><td>8　プロボクサーの業務に関する報酬・料金</td><td>（支払金額－５万円）×10%［10.21%］</td></tr>
<tr><td>9　バー・キャバレー等のホステス、バンケットホステス・コンパニオン等の業務に関する報酬・料金</td><td>（支払金額－控除額）×10%［10.21%］<br>（注）控除額＝（5,000円×支払金額の計算期間の日数）－その計算期間の給与等の額</td></tr>
<tr><td>10　役務の提供を約すること等により一時に支払う契約金<br>（注）例えば、技術者を採用する際に支払う支度金など</td><td>支払金額×10%［10.21%］<br>ただし、同一人に対して１回に支払う金額が100万円を超える場合には、その100万円を超える部分については、20%［20.42%］</td></tr>
<tr><td>11　事業の広告宣伝のための賞金</td><td>（支払金額－50万円）×10%［10.21%］</td></tr>
<tr><td>12　社会保険診療報酬支払基金が支払う診療報酬</td><td>（その月中の支払金額－20万円）×10%［10.21%］</td></tr>
<tr><td>13　馬主に支払う競馬の賞金</td><td>{支払金額－（支払金額×20%＋60万円）}× 10%［10.21%］</td></tr>
</table>

（注）1　報酬・料金等の名目であってもその内容が給与等又は退職手当等に該当する場合は、給与等又は退職手当等として源泉徴収をします（所法183、199、204②一）。

2　報酬・料金等には、物品その他の経済的利益により支払うものも含まれます。

3　報酬・料金等の金額の中に消費税及び地方消費税の額が含まれている場合であっても、消費税及び地方消費税の額を含めた金額が源泉徴収の対象となる報酬・料金等の金額となります。ただし、報酬・料金等の支払を受ける者からの請求書等において、報酬・料金等の額と消費税及び地方消費税の額とが明確に区分されている場合には、その報酬・料金等の額のみを源泉徴収の対象とする金額として差し支えありません（平元直法6-1、最終改正平26課法9-1）。

4　報酬・料金の支払者が、その支払を受ける人の旅行、宿泊等の費用を負担する場合も源泉徴収の対象となりますが、その費用を報酬・料金の支払を受ける人に支払わず、交通機関やホテルなどに直接支払い、かつ、その金額がその費用として通常必要であると認められる範囲内であれば、源泉徴収をしなくて差し支えありません（所基通204-4）。

## ●内国法人に対して支払う所得の源泉徴収

<table>
<tr><th colspan="3">所得の種類・範囲</th><th>源泉徴収の税率</th></tr>
<tr><td>利子等</td><td colspan="2">① 公社債及び預貯金の利子<br>② 合同運用信託、公社債投資信託及び公募公社債等運用投資信託の収益の分配<br>③ 国外公社債等の利子等<br>④ 利子等とみなされる勤労者財産形成貯蓄保険契約等に基づき支払を受ける差益</td><td>15%（15.315%）</td></tr>
<tr><td rowspan="3">配当等</td><td rowspan="3">法人（公益法人等及び人格のない社団等を除く。）から受ける次のもの<br>① 剰余金の配当、利益の配当、剰余金の分配及び金銭の分配<br>（令和５年10月１日以後、完全子法人株式等、関連法人株式等に係る配当等については、源泉徴収が不要となります。）<br>② 基金利息<br>③ 投資信託（公社債投資信託及び公募公社債等運用投資信託を除く。）の収益の分配<br>④ 特定受益証券発行信託の収益の分配（適格現物分配を除く。）</td><td>イ 上場株式等<br>ロ 公募証券投資信託の収益の分配<br>ハ 特定投資法人の投資口の配当等</td><td>15%（15.315%）</td></tr>
<tr><td>イ・ロ・ハ以外の配当等</td><td>20%（20.42%）</td></tr>
<tr><td>・私募公社債等運用投資信託の収益の分配<br>・特定目的信託の社債的受益権の剰余金の配当</td><td>15%（15.315%）</td></tr>
<tr><td colspan="3">匿名組合契約等に基づく利益の分配</td><td>20%（20.42%）</td></tr>
<tr><td colspan="3">馬主に支払う競馬の賞金</td><td>（支払金額－（支払金額×20%＋60万円））×10%（10.21%）</td></tr>
<tr><td colspan="3">・定期積金の給付補塡金<br>・銀行法第２条第４項の契約に基づく給付補塡金<br>・抵当証券の利息<br>・貴金属等の売戻し条件付売買による利益<br>・外貨建預貯金等の為替差益<br>・一定の保険契約等のうち、保険期間等が５年以下のもの及び５年以内に解約されたものに基づく差益</td><td>15%（15.315%）</td></tr>
<tr><td colspan="3">割引債の償還差益</td><td>（券面金額－発行価額）×18%（18.378%）</td></tr>
<tr><td colspan="3">割引債の償還金に係る差益金額</td><td>差益金額×15%（15.315%）</td></tr>
<tr><td colspan="3">懸賞金付預貯金等の懸賞金等</td><td>15%（15.315%）</td></tr>
</table>

## ●非居住者又は外国法人に支払う所得の源泉徴収

| 源泉徴収の対象となる国内源泉所得の種類 | 源泉徴収の税率 |
|---|---|
| ①　組合契約（注１）に基づいて恒久的施設を通じて行う事業から生ずる利益の配分（所法161①四） | 20%<br>[20.42%] |
| ②　国内にある土地、土地の上に存する権利、建物及びその附属設備又は構築物の譲渡による対価（所法161①五）<br>※　譲渡対価の金額が１億円以下で、かつ、その土地等を自己又はその親族の居住の用に供するために譲り受けた個人が支払うものを除きます。 | 10%<br>[10.21%] |
| ③　国内において行う人的役務の提供を主たる内容とする事業で、次に掲げる者の役務提供の対価（所法161①六）<br>イ　映画や演劇の俳優、音楽家などの芸能人、職業運動家<br>ロ　弁護士、公認会計士、建築士などの自由職業者<br>ハ　科学技術、経営管理などの分野に関する専門的知識や特別の技能のある人 | 20%<br>[20.42%] |
| ④　国内にある不動産、不動産の上に存する権利又は採石権の貸付け、租鉱権の設定、居住者や内国法人に対する船舶や航空機の貸付けによる対価（所法161①七）<br>※　土地家屋等の貸付けによる対価で、その土地家屋等を自己又はその親族の居住の用に供するために借り受けた個人が支払うものを除きます。 | 20%<br>[20.42%] |
| ⑤　日本国の国債、地方債又は内国法人の発行する債券の利子、外国法人の発行する債券の利子のうちその外国法人の恒久的施設を通じて行う事業に係るもの、国内にある営業所等に預け入れられた預貯金の利子等（所法161①八） | 15%<br>[15.315%]<br>（注２） |
| ⑥　内国法人から受ける剰余金の配当、利益の配当、剰余金の分配、金銭の分配又は基金利息、国内にある営業所に信託された投資信託（公社債投資信託及び公募公社債等運用投資信託を除きます。）又は特定受益証券発行信託の収益の分配（所法161①九） | 20%<br>[20.42%] |
| ⑦　国内において業務を行う者に対するその国内業務に係る貸付金の利子（所法161①十） | 20%<br>[20.42%] |
| ⑧　国内において業務を行う者から受ける次の使用料又は対価でその国内業務に係るもの（所法161①十一）<br>イ　工業所有権などの技術に関する権利、特別の技術による生産方式、ノーハウなどの使用料又はその譲渡による対価<br>ロ　著作権、著作隣接権、出版権などの使用料又はこれらの権利の譲渡による対価<br>ハ　機械、装置、車両、運搬具、工具、器具及び備品の使用料<br>ニ　上記ロ又はハの資産で居住者又は内国法人の業務の用に供される船舶又は航空機において使用されるものの使用料 | 20%<br>[20.42%] |
| ⑨　給与その他人的役務の提供に対する報酬のうち国内において行う勤務等に基因するもの、公的年金等のうち一定のもの、退職手当等のうち受給者が居住者であった期間に行った勤務等に基因するもの（非居住者のみ）（所法161①十二） | 20%<br>[20.42%] |
| ⑩　国内において行う事業の広告宣伝のための賞金品（所法161①十三） | 20%<br>[20.42%] |
| ⑪　国内にある営業所等を通じて保険業法に規定する生命保険会社や損害保険会社と締結した保険契約等に基づいて受ける年金等（所法161①十四） | 20%<br>[20.42%] |
| ⑫　国内にある営業所が受け入れた定期積金の給付補填金等（所法161①十五） | 15%<br>[15.315%] |
| ⑬　国内において事業を行う者に対する出資につき、匿名組合契約等に基づいて受ける利益の分配（所法161①十六） | 20%<br>[20.42%] |

（注）１　「組合契約」とは、所得税法第161条①四に規定する組合契約をいいます。
　　　２　振替国債の利子、振替地方債の利子及び一定の振替社債等の利子等については、一定の要件の下に、源泉徴収が免除されます（措法5の2、5の3）。

〔参考〕以下の国内源泉所得については、次の税率とされています。

| 源泉徴収の対象となる国内源泉所得の種類 | 源泉徴収の税率 |
| --- | --- |
| ①　次に掲げる収益の分配等（所法24、措法8の2）<br>イ　公社債等運用投資信託（公募のものを除きます。）の受益権の収益の分配<br>ロ　特定目的信託（公募のものを除きます。）の社債的受益権の収益の分配 | 15%<br>[15.315%] |
| ②　上場株式等の配当等（措法9の3、9の3の2）<br>※　発行済株式又は出資の総数又は総額の３％以上に相当する数又は金額の株式又は出資を有する個人が支払を受ける配当等を除きます。 | 15%<br>[15.315%] |
| ③　源泉徴収を選択した特定口座内保管上場株式等の譲渡による所得等（措法37の11の4）<br>※　恒久的施設を有する非居住者が支払を受ける場合に限ります。 | 15%<br>[15.315%] |
| ④　国内において預入等をした懸賞金付預貯金等の懸賞金等（措法41の9） | 15%<br>[15.315%] |
| ⑤　割引債の償還差益（措法41の12）<br>※　平成27年12月31日以前に発行されたもの | 18%<br>[18.378%]<br>(特定のものは16%<br>[16.336%]) |
| ⑥　割引債の償還金に係る差益金額（措法41の12の２） | 15%<br>[15.315%](注) |

（注）振替割引債の償還金に係る差益金額については、一定の要件の下に、源泉徴収が免除されます（措法41の13の３）。

## ■予定納税

<table>
<tr><th>項　目</th><th>説　明</th></tr>
<tr><td>・予定納税</td><td>・その年の５月15日現在において確定している予定納税基準額が15万円以上である場合、その年の所得税及び復興特別所得税の一部をあらかじめ納付する制度をいいます。</td></tr>
<tr><td>・予定納税基準額の計算</td><td>〔前年分の課税総所得金額及び分離課税の上場株式等に係る課税配当所得の金額に係る所得税額※〕－〔左記に係る源泉徴収税額〕＋〔当該金額の復興特別所得税額〕<br>※山林、退職所得等の分離課税の所得及び譲渡、一時、雑、及び臨時所得を除いて計算します。</td></tr>
<tr><td>・納付額及び納付期間</td><td><table>
<tr><th>区分</th><th>納期</th><th>予定納税額</th></tr>
<tr><td>第１期</td><td>７月１日～７月31日</td><td>予定納税基準額×$\frac{1}{3}$</td></tr>
<tr><td>第２期</td><td>11月１日～11月30日</td><td>予定納税基準額×$\frac{1}{3}$</td></tr>
</table></td></tr>
<tr><td>・減額申請</td><td>・その年の６月30日の状況で申告納税見積額＜予定納税基準額<br>…７月15日までに予定納税の減額申請書を提出、承認により減額<br>・その年の10月31日の状況で申告納税見積額＜予定納税基準額<br>…11月15日までに予定納税の減額申請書を提出、承認により減額</td></tr>
</table>

# 消　費　税

## ■消費税導入後の変遷

| 施行時期 | 税率 | | | 事業者免税点 | 簡易課税 | | 仕入税額控除 | 限界控除適用上限 |
|---|---|---|---|---|---|---|---|---|
| | 消費税 | 地方消費税 | 計 | | 適用上限 | みなし仕入率 | | |
| 平元.4 | 3.0%<br>※平3.9まで住宅貸付けは課税 | — | 3.0% | 3,000万円 | 5億円 | 卸売90%<br>その他80% | 帳簿方式 | 6,000万円 |
| 平3.10 | | | | | 4億円 | 製造業など70%<br>その他60% 追加 | | 5,000万円 |
| 平9.4 | 4.0% | 1.0% | 5.0% | | 2億円 | 第五種追加<br>（不動産業<br>運輸・通信業<br>サービス業）50% | 請求書等保存方式 | 廃止 |
| 平16.4 | | | | 1,000万円 | 5,000万円 | | | |
| 平26.4 | 6.3% | 1.7% | 8.0% | | | | | |
| 平27.4 | | | | | | 第五種<br>（金融 保険）50%<br>第六種<br>（不動産業）40% | | |
| 令元.10 | 7.8%<br>(6.24%) | 2.2%<br>(1.76%) | 10.0%<br>(8.0%) | | | 食用の農林水産物生産を第二種80% | 区分記載請求書等保存方式 | |
| 令5.10 | | | | | | | 適格請求書等保存方式 | |

## ■課税の対象

| 項　　目 | 説　　　　　　　明 |
|---|---|
| 1. 課税の対象と取引の関係<br>（消法2①八、4①）<br><br>※特定仕入れを除きます。 | • 消費税の課税対象は、「事業者が行う国内取引」と「輸入取引」に限られます。<br>• 事業者が行う国内取引のうち課税対象となるのは、国内において事業者が事業として対価を得て行う資産の譲渡、資産の貸付け及び役務の提供です。 |

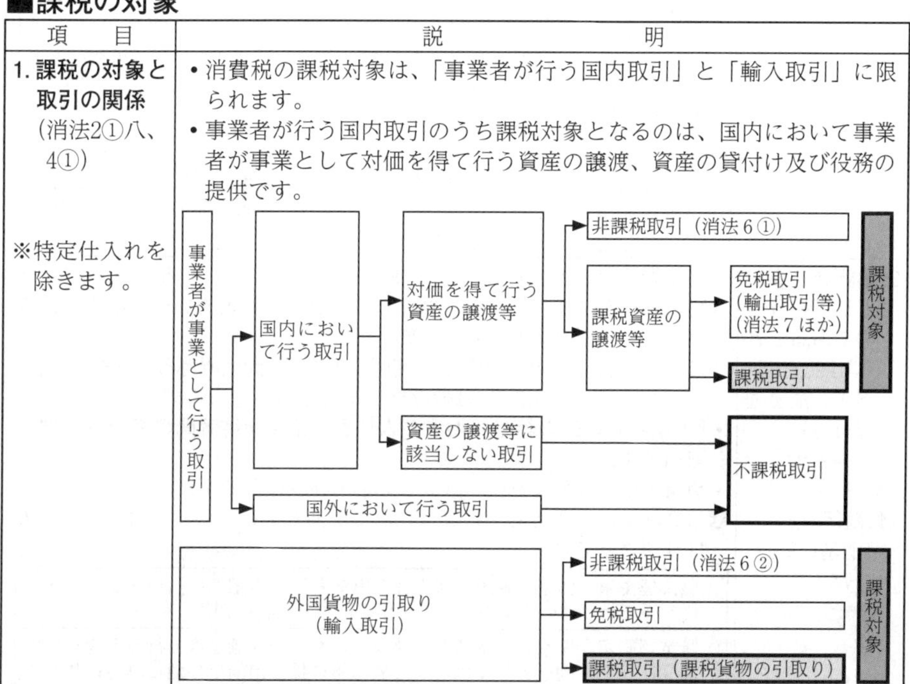

<table>
<tr><td>

**2. 国内取引であること**

（消法4③、消令6③、消基通5-7-2～10）

**●国内取引の判定**

</td><td>

資産の譲渡、貸付けの判定はその譲渡、貸付け時のその資産の所在場所で、役務の提供の判定は役務提供が行われた場所で判定します。

<table>
<tr><th>内容</th><th>判定場所</th></tr>
<tr><td>ⓐ船舶、航空機</td><td>船籍又は航空機の登録をした機関の所在地</td></tr>
<tr><td>ⓑ鉱業権、租鉱権、採石権</td><td>鉱区又は租鉱区等の所在地</td></tr>
<tr><td>ⓒ営業権、漁業権、入漁権</td><td>権利に係る事業を行う者の住所地</td></tr>
<tr><td>ⓓ特許権、実用新案権、意匠権、商標権等</td><td>登録機関の所在地（２以上の国で登録している場合は譲渡又は貸付けをする者の所在地）</td></tr>
<tr><td>ⓔ著作権、出版権、著作隣接権等</td><td>著作権等の譲渡又は貸付けを行う者の住所地</td></tr>
<tr><td>ⓕ利子を対価とする金銭の貸付け（償還差益を対価とする国債等の取得を含む）</td><td>預貯金の預入・手形の割引等、これらの行為を行う者のこれらの行為に係る事務所等の所在地</td></tr>
<tr><td>ⓖ国際運輸</td><td>出発地・発送地若しくは到着地</td></tr>
<tr><td>ⓗ国際通信</td><td>発信地又は受信地</td></tr>
<tr><td>ⓘ保険</td><td>保険に係る事務を営む者の保険契約の締結に係る事務所等の所在地</td></tr>
<tr><td>ⓙ専門的な科学技術に関する知識を必要とする調査、企画、立案等に係る役務の提供で、建物、鉱工業生産施設等の建設又は製造に関するもの</td><td>その建設又は製造に必要な資材の大部分が調達される場所</td></tr>
<tr><td>ⓚ上記以外の役務の提供で国内及び国内以外の地域にわたって行われる役務の提供その他の役務の提供が行われた場所が明らかでないもの</td><td>役務の提供を行う者の役務に係る事務所等の所在地</td></tr>
<tr><td>ⓛ電気通信利用役務の提供</td><td>役務の提供を受ける者の所在地</td></tr>
<tr><td>ⓜ特定仕入れ</td><td>他の者から受けた役務の提供につきⓖ～ⓛの場所</td></tr>
</table>

</td></tr>
<tr><td>

**3. 事業者が事業として行うものであること**

（消法2①三四、4①、消基通5-1-1）

**〔付随行為〕**

（消基通5-1-7）

</td><td>

事業者とは事業を行う個人及び法人が該当します。「事業として」とは同種の行為を反復、継続、独立して行われることをいい、法人の行う行為はすべて「事業として」に該当します。

（注）所得税法上の事業所得より範囲は広く、不動産所得も含みます。〔消費のための『家計』は含みません。〕

- 「事業者」以外の給与所得者の人件費、給与所得者間の取引は不課税取引です。
- 事業者が非業務用資産を譲渡しても不課税取引です。

■事業活動の一環として、又はこれに関連して行われる次のようなものは課税対象です。

<table>
<tr><td>①職業運動家、作家、映画・演劇等の出演者等で事業者に該当するものが対価を得て行う他の事業者の広告宣伝のための役務の提供</td></tr>
<tr><td>②職業運動家、作家等で事業者に該当するものが対価を得て行う催物への参加又はラジオ放送若しくはテレビ放送等に係る出演その他これらに類するもののための役務の提供</td></tr>
</table>

</td></tr>
</table>

| | |
|---|---|
| | ③事業の用に供している建物、機械等の売却<br>④利子を対価とする事業資金の預入れ<br>⑤事業の遂行のための取引先又は使用人に対する利子を対価とする金銭等の貸付け<br>⑥新聞販売店における折込広告<br>⑦浴場業、飲食業における広告の掲示 |
| **4. 対価を得て行うものであること**<br>（消法2①八、消基通5-1-2） | 「対価を得て行われる」とは、資産の譲渡及び貸付け並びに役務の提供に対して反対給付を受けることをいいます。代物弁済、負担付贈与による資産の譲渡、現物出資のほか、貸付金等の金銭債権の譲受けその他の承継や収用の場合の対価補償金等が含まれます。<br>• 贈与等の無償取引や配当金、給与等対価性のないものは不課税取引です。例外〔**みなし譲渡**（6. 参照）〕 |
| **5. 資産の譲渡、貸付け、役務の提供であること**<br>（消法2①八、消基通5-2-1、5-2-2）<br>（役務の提供）<br>（消基通5-5-1） | 資産の譲渡、貸付けには、商品販売以外に不要資産等の下取りやスクラップの売却も含みます。また、無形資産である特許権等を売ったり、使用料を得た場合の他、代物弁済、負担付き贈与、交換等も含みます。<br>（注）• 寄附、受贈益、低額譲渡の差額等は不課税取引。<br>• 固定資産については売却代金が対象となります。<br>○土木工事、修繕、運送、保管、印刷、広告、仲介、興行、宿泊、飲食、技術援助、情報の提供、便益、出演、著述その他のサービスを提供することをいい、弁護士、公認会計士、税理士、作家、スポーツ選手、映画監督、棋士等によるその専門的知識、技術等に基づく役務の提供もこれに含まれます。 |
| **6. みなし譲渡等**<br>① 個人事業者の自家消費<br>（消法4⑤、28）<br>② 法人の役員への低額譲渡<br>（消基通10-1-2）<br>③ 役員に対する無償譲渡等<br>（消基通5-3-5） | 次のような場合は時価（棚卸資産については、販売価額の50%と仕入価額のいずれか大きい金額）で課税されます。<br>• 個人事業者が棚卸資産を家事のために消費し、又は棚卸資産以外の事業用資産を家事のために使用した場合<br>• 法人がその役員に対して資産を時価の50%未満で譲渡した場合（役員及び使用人の全部につき、一律又は合理的な基準による値引率に基づく場合を除きます。）<br>※なお、法人がその役員に対し無償で行った資産の貸付け又は役務の提供は、不課税となります。 |
| **7. 特定課税仕入れ**<br>（消法2①八の3～5、4①、5①） | • 国内事業者が国外事業者から受ける事業者向け電気通信利用役務の提供（電子書籍・音楽・広告の配信など）、特定役務の提供（国外事業者が行う演劇など）は課税対象となります。<br>ただし、電話やインターネット回線の利用は該当せず、国外事業者が不特定かつ多数の者に行う役務の提供を除きます。 |
| **8. 輸入貨物**<br>（消法4②、消基通5-6-2） | • 保税地域から引き取られる外国貨物は課税対象となります。<br>•「輸入取引」は、無償や、事業者以外の者が輸入した場合も課税対象となります。<br>（注）個人輸入やおみやげ等も課税。ただし、関税の課税価格の合計額が1万円以下の携行輸入品等関税で免税とされる場合には、消費税も免除。 |

## ■主な不課税取引

| 項目 | 基通番号 | 不課税の理由 | 備　考 |
|---|---|---|---|
| 1会報・機関紙(誌)の発行 | 5-2-3 | 通常の業務運営の一環として発行され、その構成員に配布される場合は不課税。 | |
| 2保険金、共済金等 | 5-2-4 | 一定の事故契約 | |
| 3損害賠償金 | 5-2-5 | 心身又は資産に加えられた損害 | ただし、資産の譲渡代金、使用料、賃貸料に相当する損害賠償金を除きます。 |
| 4容器保証金等 | 5-2-6 | 預り金的性格 | 返却されないときは当事者間の処理によります。 |
| 5立退料 | 5-2-7 | 賃貸借の権利の消滅への補償 | 賃借権の第三者への譲渡は資産の譲渡等。 |
| 6剰余金の配当等 | 5-2-8 | 株主又は出資者たる地位に基づく | |
| 7自己株式 | 5-2-9 | 株式の払戻しと同様 | |
| 8対価補償金等 | 5-2-10 | 収益補償金、移転補償金、経費補償金 | 対価補償金は課税対象。 |
| 9寄附金、祝金、見舞金等 | 5-2-14 | 反対給付の対価ではない | 実質的な資産の譲渡の対価を除きます。 |
| 10補助金、奨励金、助成金等 | 5-2-15 | 特定の政策目的の実現を図る給付金 | |
| 11キャンセル料 | 5-5-2 | 逸失利益等に対する損害賠償金 | 手数料は役務の提供の対価 |
| 12会費、組合費等 | 5-5-3 | 団体の通常運用のための費用負担金<br>判定が困難なものについて、継続して、団体等が資産の譲渡等の対価に該当しないものとし、かつ支払者が課税仕入れ非該当としている場合は不課税。 | 実質的利用料金を除きます。<br>会費名目であっても、実質的に出版物の購読料等と認められるときは課税。 |
| 13入会金 | 5-5-4 | 社交団体、同業者団体等の入会金は12に準じて取り扱われます。 | ゴルフクラブなどの施設利用、入会金を除きます。(5-5-5) |
| 14公共施設の負担金等 | 5-5-6 | 実質判定(国等が、課税仕入れに該当しないとしている場合は不課税) | |
| 15共同行事に係る負担金等 | 5-5-7 | 主宰者の仮勘定経理は不課税 | 負担金収受は課税。 |
| 16賞金等 | 5-5-8 | 個別に判定 | プロ等に対する賞金を除きます。 |
| 17出向先の給与負担金 | 5-5-10 | 給与 | 経営指導料名義を含みます。 |

## ■非課税取引

| 項目 | 説明 |
|---|---|
| **非課税取引**<br>（消法6①、消法別表一） | (1) 非課税に係る取引について支払者の側では、課税仕入れには含まれず控除対象に該当しません。<br>(2) 非課税取引は、資産の譲渡等に該当し、〔仕入れに係る消費税額の控除計算〕に関係します。<br>**非課税取引**<br>性格上課税対象とならないもの<br>1 土地の譲渡、貸付け<br>2 有価証券等の譲渡、支払手段の譲渡<br>3 利子、保証料、保険料など<br>4 郵便切手、印紙などの譲渡<br>5 商品券、プリペイドカードなどの譲渡<br>6 住民票、戸籍抄本等の行政手数料など<br>7 外国為替<br>社会政策的配慮に基づくもの<br>1 社会保険診療など<br>2 介護保険サービス、第一種・第二種社会福祉事業など<br>3 助産費用<br>4 埋葬料、火葬料<br>5 一定の身体障がい者用物品の譲渡、貸付けなど<br>6 一定の学校の授業料、入学検定料・入学金、施設設備費など<br>7 教科用図書の譲渡<br>8 住宅の貸付け（特定のものを除きます。） |
| **1. 土地**（土地の上に存する権利を含みます。）**の譲渡及び貸付け**<br>（消法別表第一1、消令8）<br>（消基通6-1-4）<br>（消基通6-1-5）<br>（消基通6-1-7）<br>（消基通6-1-3）<br>（消基通6-1-6） | その土地が宅地である場合には、庭木、石垣、庭園等宅地と一体として譲渡するものを含みます。<br>また「土地の上に存する権利」とは地上権、土地の賃借権等土地の使用収益に関する権利をいい、鉱業権、土石採取権、温泉利用権等は含まれません。（消基通6-1-1、6-1-2）<br>①土地の貸付け期間が1か月に満たない場合、駐車場その他の施設の利用に付随して土地が利用される場合は課税。<br>（注）土地の貸付けに係る期間が1か月に満たないかどうかは、当該貸付けに係る契約において定められた貸付期間によって判定します。<br>②建物（一定の住宅を除きます）又は野球場等の施設の利用は課税。<br>（注）建物（一定の住宅を除きます）の貸付けに伴って土地を使用させた場合において、建物部分と土地部分の対価を区別しているときであっても、その対価の額の合計額がその建物の貸付けに係る対価の額となります。<br>③公有水面使用料、道路占用料又は河川占用料は非課税。<br>④借地権に係る更新料、名義書換料は非課税。<br>⑤土地等の譲渡又は貸付けに係る仲介料は課税。 |
| **2. 有価証券等及び支払手段の譲渡**<br>（消法別表第一2） | 非課税となる譲渡は有価証券など、次表の通りであり、ゴルフ会員権、収集用・販売用紙幣、コインは課税されます。また、船荷証券、倉荷証券又は複合運送証券は有価証券には該当しません。<br>また外国株式の売買で、①国内委託取引、②外国取引、③国内店頭取引はいずれも、外国株式の株券が日本に持ち込まれないので、国外取引となり不課税です。<br>なお、暗号資産（仮想通貨）の譲渡は非課税となります。 |

<table>
<tr>
<td rowspan="2">■非課税となる主な有価証券等<br>(消基通6-2-1)</td>
<td>金融商品取引法に規定するもの</td>
<td>有価証券に類するもの</td>
</tr>
<tr>
<td>①国債証券、地方債証券、社債券（相互会社の社債券を含む。）、農林債券、その他特別の法律により法人の発行する債券<br>②国債証券利札、地方債利札及び社債利札<br>③ SPC 法に規定する特定社債券及び優先出資証券<br>④優先出資法に規定する優先出資証券等<br>⑤日本銀行その他の特別の法律により設立された法人の発行する出資証券<br>⑥株券<br>⑦証券投資信託又は外国証券投資信託の受益証券<br>⑧貸付信託の受益証券<br>⑨抵当証券<br>⑩外国または外国法人の発行する有価証券で①～⑨の性質を有するもの<br>⑪学校債の証券</td>
<td>①株券の発行がない株式、株式の引受けによる権利、新株引受権、新投資口予約権<br>②合名会社、合資会社又は合同会社の社員の持分、協同組合等の組合員または会員の持分その他法人の出資者の持分<br>③株主又は投資主となる権利、優先出資者となる権利など<br>④貸付金、預金、売掛金その他の金銭債権<br>（①④については、電子決済手段を除きます）</td>
</tr>
<tr>
<td rowspan="2">3. 貸付金利子と保険料等<br>(消法別表第一3)<br>(消基通6-3-1)</td>
<td colspan="2">利子、保険料、信託報酬など、次表に掲げたものは非課税です。<br>（注）• 保険代理店報酬や損害調査手数料等は課税です。<br>• 売掛金等又は買掛金等の支払期日前に支払いを受け又は支払いをしたことに基因して授受する売上割引又は仕入割引は、売上げに係る対価の返還等又は仕入れに係る対価の返還等に該当します。</td>
</tr>
<tr>
<td>利子・保険料等の非課税範囲</td>
<td>○国債、地方債、社債、預金、貯金、貸付金の利子<br>○集団投資信託、法人課税信託等の収益の分配金<br>○相互掛金又は定期積金の給付補填金及び無尽契約の掛金差益<br>○国債等の償還差益<br>○有価証券（登録国債等の範囲に規定する登録国債等を含みゴルフ場利用株式等を除きます。）の賃貸料<br>○信用の保証料<br>○合同運用信託又は公社債投資信託（株式又は出資に対する投資として運用しないものに限ります。）等の信託報酬<br>○金銭債権の買取り等に係る差益、割引債の償還差益、抵当証券の利息<br>○保険料<br>○手形の割引料<br>○物上保証料<br>○共済掛金<br>○割賦販売法第２条第１項に規定する割賦販売、同法第２条第２項に規定するローン提携販売及び同条第３項に規定する包括信用購入あっせん又は同条第４項に規定する個別信用購入あっせんの手数料（契約においてその額が明示されているものに限ります。）<br>○割賦販売等に準ずる方法により行う資産の譲渡等を行う場合の利子又は保証料相当額（契約においてその額が明示されているものに限ります。）<br>○動産又は不動産の貸付けを行う信託で、貸付期間の終了時に未償却残額で譲渡する旨の特約が付されたものの利子又は保険料相当額（契約においてその額が明示されている部分に限ります。）<br>○ファイナンス・リースのリース料のうち、利子又は保険料相当額（契約においてその額が明示されている部分に限ります。）</td>
</tr>
</table>

<table>
<tr>
<td>4. 郵便切手、印紙、証紙及び物品切手等の譲渡<br>（消法別表第一4、消基通6-4-1）<br>〔物品切手等〕<br>（消基通6-4-3、6-4-4、6-4-5）</td>
<td>非課税とされる郵便切手類又は印紙の譲渡は、郵便局等特定の場所における譲渡に限られ、郵便局等以外が行う郵便切手類の譲渡は課税対象になります。<br>イ　物品切手等とは請求権を表彰する証書をいい、証書の所持人に対してその作成者等がこれと引換えに物品又はサービスを給付することを約する証書をいいます。（商品券、旅行券、ビール券、図書カード、プリペイドカードなど）<br>ロ　物品切手等に該当するかどうかの判定は、次のいずれにも該当する証書を物品切手等として取り扱います。<br>(イ)　一定の物品との引換え給付又はサービスの提供若しくは物品の貸付けを約するものであること<br>(ロ)　給付請求権者が当該証書と引換えに一定の物品又は特定のサービス給付等を受けたことによって、当該物品又はサービスの代金支払債務を負担しないものであること<br>ハ　自動販売機等による物品（乗車券を含む）の譲渡又はサービスの給付を受けるためのカード（クオカードなどのプリペイドカードを含む）その他これに類するもの（数回にわたって任意の金額部分だけの給付を受けるものを含む）は、物品切手等に該当します。<br>ニ　デパートが商品券を発行して売るなど、物品切手等を発行する行為自体は、資産の譲渡等とはいえないので不課税です。</td>
</tr>
<tr>
<td>5. 国、地方公共団体、公共法人、公益法人等が徴収する手数料に係る役務の提供<br>（消法別表第一5、消令12、消基通6-5-1）<br><br>（消基通6-5-2）</td>
<td>・非課税となる行政手数料等の範囲<br>主として国、地方公共団体が取扱うもので、住民票交付手数料のように条例に基づく手数料で民間企業と競合しないものや執行官、公証人の手数料など、次の要件のすべてを満たすものとされています。
<table>
<tr><td>事務の主体</td><td>国、地方公共団体、公共法人、公益法人等その他、国や地方公共団体の委託又は指定を受けた者</td></tr>
<tr><td>事務の内容</td><td>㋑　登記、登録、特許、免許、許可、認可、承認、認定、確認及び指定<br>㋺　検査、検定、試験、審査、証明及び講習<br>㋩　公文書の交付（再交付及び書換交付を含みます）、更新、訂正、閲覧及び謄写<br>㋥　裁判その他の紛争の処理　等</td></tr>
<tr><td>要件</td><td>㋑　手数料の徴収が法令に基づくもの<br>㋺　民間企業と競合しないこと</td></tr>
</table>
※法令にその事務が定められていない手数料等は非課税とはなりません。</td>
</tr>
<tr>
<td>6. 外国為替業務に係る役務の提供<br>（消基通6-5-3）</td>
<td>非課税とされる外国為替業務に係る役務の提供は、次に掲げる業務に係るもの（その業務の周辺業務として行われる役務の提供を除きます。）とされています。<br>①外国為替取引<br>②対外支払手段の発行<br>③対外支払手段の売買又は債権の売買（円で支払われる債権の居住者間の売買を除きます。）<br>なお、居住者による非居住者からの証券の取得又は居住者による非居住者に対する証券の譲渡に係る媒介、取次ぎ又は代理については、非課税とされる外国為替業務に係る役務の提供から除かれています。</td>
</tr>
</table>

<table>
<tr>
<td>7. 医療に係る非課税<br>(消法別表第一6、消基通6-6-1)</td>
<td>健康保険法等の医療保険各法、高齢者の医療の確保に関する法律、生活保護法、公害健康被害の補償等に関する法律等に基づいて行われる医療の給付等の非課税は、次表のようになります。
<table>
<tr><td rowspan="2">医療等の範囲</td><td>非課税</td><td>(1) 社会保険医療(①保険医療機関が自ら行う医療サービス、②施設療養)<br>(2) 高齢者の医療の確保に関する法律による医療<br>(3) 精神保健及び精神障がい者福祉に関する法律、生活保護法、原子爆弾被爆者の医療等に関する法律等の公費負担医療<br>(4) 公害医療、労災医療、自賠責<br>(5) (1)~(4)に類する医療で一定のもの</td></tr>
<tr><td>課税</td><td>自由診療、差額ベッド、金歯、任意の人間ドック、美容整形など</td></tr>
</table>
</td>
</tr>
<tr>
<td>8. 介護サービス・社会福祉事業等に係る非課税(消法別表第一7、消基通6-7-1~6-7-10)</td>
<td>社会福祉事業に基づく資産の譲渡等は非課税となります。
<table>
<tr><td rowspan="5">介護サービス・社会福祉事業</td><td>第1種社会福祉事業</td></tr>
<tr><td>第2種社会福祉事業</td></tr>
<tr><td>更生保護事業に規定する更生保護事業</td></tr>
<tr><td>社会福祉事業等として行われる資産の譲渡等に類するもの</td></tr>
<tr><td>一定の介護サービス等</td></tr>
</table>
</td>
</tr>
<tr>
<td>9. 学校教育に係る非課税<br>(消法別表第一11、消基通6-11-1~6)</td>
<td>学校教育法第1条の学校、専修学校、各種学校(修業期間が1年以上のもの)及び各省の設置基準による職業訓練校の授業料又は入学検定料は非課税となります。<br>
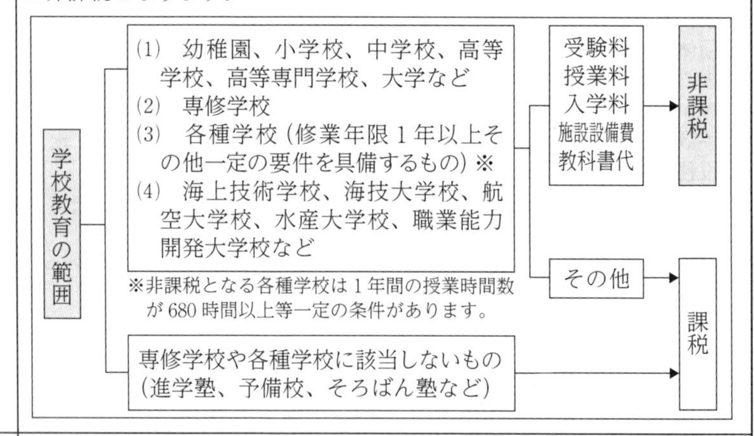

</td>
</tr>
<tr>
<td>10. 住宅の貸付け<br>(消法別表第一13、消令16の2)</td>
<td>• 居住用家屋又は家屋のうち居住用部分の貸付けは、契約により、居住用として使用することが明らかにされている場合(令和2年4月1日以後に行われる貸付けについて、契約上、貸付け用途が明らかにされていない場合であっても、実態として人の居住の用に供されていることが明らかな場合を含みます。)に限って非課税です。<br>• 住宅の貸付けであっても、その契約において定められた貸付期間が1か月未満である場合には、非課税となりません。<br>• 共益費は、家賃の一部として判断します。<br>• 一戸当たり1台分以上の駐車スペースが確保されており、かつ、自動車の保有の有無に関わらず駐車場が割り当てられる等の場合で、家賃とは別に駐車場使用料等を収受していないときには、その駐車場の貸付けは住宅貸付けの一部として非課税となります。</td>
</tr>
</table>

## ■輸出免税

<table>
<tr><th>項　目</th><th>説　明</th></tr>
<tr><td>1. 輸出取引の範囲<br>（消法7、消基通7-1-1、7-2-1）</td><td>輸出免税は非課税と異なり、一旦は課税資産の譲渡等に算入され税額が計算されますが、消費税率を0とすることです。課税仕入れに係る消費税は申告により還付されます。<br>輸出免税等として消費税が免除されるものは、課税事業者が国内において行う課税資産の譲渡等のうち、おおむね次のものが該当します。<br>①　輸出として行われる資産の譲渡又は貸付け<br>②　外国貨物の譲渡又は貸付け<br>③　国内及び国外にわたって行われる旅客若しくは貨物の輸送（国際輸送といいます。）<br>④　専ら③に規定する輸送の用に供される船舶又は航空機の譲渡若しくは貸付け又は一定の修理<br>⑤　専ら国内及び国内以外の地域にわたって又は国内以外の地域の間で行われる貨物の輸送の用に供されるコンテナーの譲渡又は貸付けで船舶運航事業者等に対するもの等<br>⑥　外航船舶等の水先等、入出港等の補助又は入出港等のための施設の提供に係る役務の提供等で船舶運航事業者等に対するもの<br>⑦　外国貨物の荷役等外国貨物に係る役務の提供<br>⑧　国内及び国内以外の地域にわたって行われる通信又は郵便若しくは信書便<br>⑨　非居住者に対する鉱業権、工業所有権（ノウハウを含む）、著作権、営業権等の無体財産権の譲渡又は貸付け<br>⑩　非居住者に対して行われる役務の提供で、国内に所在する資産に係る運送又は保管、国内における飲食又は宿泊など、国内において直接便益を享受するもの以外のもの</td></tr>
<tr><td>・パック旅行<br>（消基通7-2-6）</td><td>旅行業者が主催する海外パック旅行に係る役務の提供の国内・国外の区分
<table>
<tr><td>国内における役務</td><td>国内輸送又はパスポート交付申請等の事務代行等は輸出免税適用なし（課税）</td></tr>
<tr><td>国外における役務</td><td>国内から国外、国外から国外、国外から国内への移動に伴う輸送、国外におけるホテルの宿泊並びに国外での旅行案内等は国内における資産の譲渡等に該当しない（不課税）</td></tr>
</table></td></tr>
<tr><td>・その他<br>（措法85、86）</td><td>(1)　外航船等に積み込まれる船用品又は機用品の譲渡は、免税。<br>(2)　外国公館等及び大使等に対する課税資産の譲渡等は、免税。</td></tr>
<tr><td>2. 輸出物品販売場（免税ショップ）の免税<br>（消法8、消令18、消基通8-1-1）</td><td>輸出物品販売場において、免税購入対象者が携帯して輸出する物品を所定の方法で販売する場合は免税。（事業用に購入するものは対象外）
<table>
<tr><td>免税対象物品</td><td>一般物品（消耗品以外で、金又は白金の地金を除きます。）</td><td>食品類、飲料類、薬品類、化粧品類、その他の消耗品</td></tr>
<tr><td>購入者</td><td colspan="2">免税購入対象者（外国人旅行者）</td></tr>
<tr><td>販売者</td><td colspan="2">免税ショップを経営する事業者（「免税手続カウンター」を営む事業者に免税販売手続を代理させることができます。）</td></tr>
<tr><td>対象金額</td><td>５千円以上</td><td>５千円以上50万円以下</td></tr>
<tr><td>購入方法</td><td>購入者誓約書（100万円を超える場合には旅券等の写しも必要）を作成</td><td>購入者誓約書（一定の包装方法により封印されることが必要）を作成</td></tr>
<tr><td>保存期間</td><td colspan="2">購入者誓約書を７年間保存</td></tr>
</table></td></tr>
</table>

## ■納税義務者と納税義務の免除の特例

| 項　　目 | 説　　　　　明 |
|---|---|
| 1. 納税義務者<br>（消法5） | (1)　国内取引……課税資産の譲渡等を行った事業者<br>（個人間での住宅の売買などは課税対象外）<br>特定課税仕入れを行った事業者<br>(2)　外国貨物……課税貨物を保税地域から引き取る者 |

○納税義務の判定

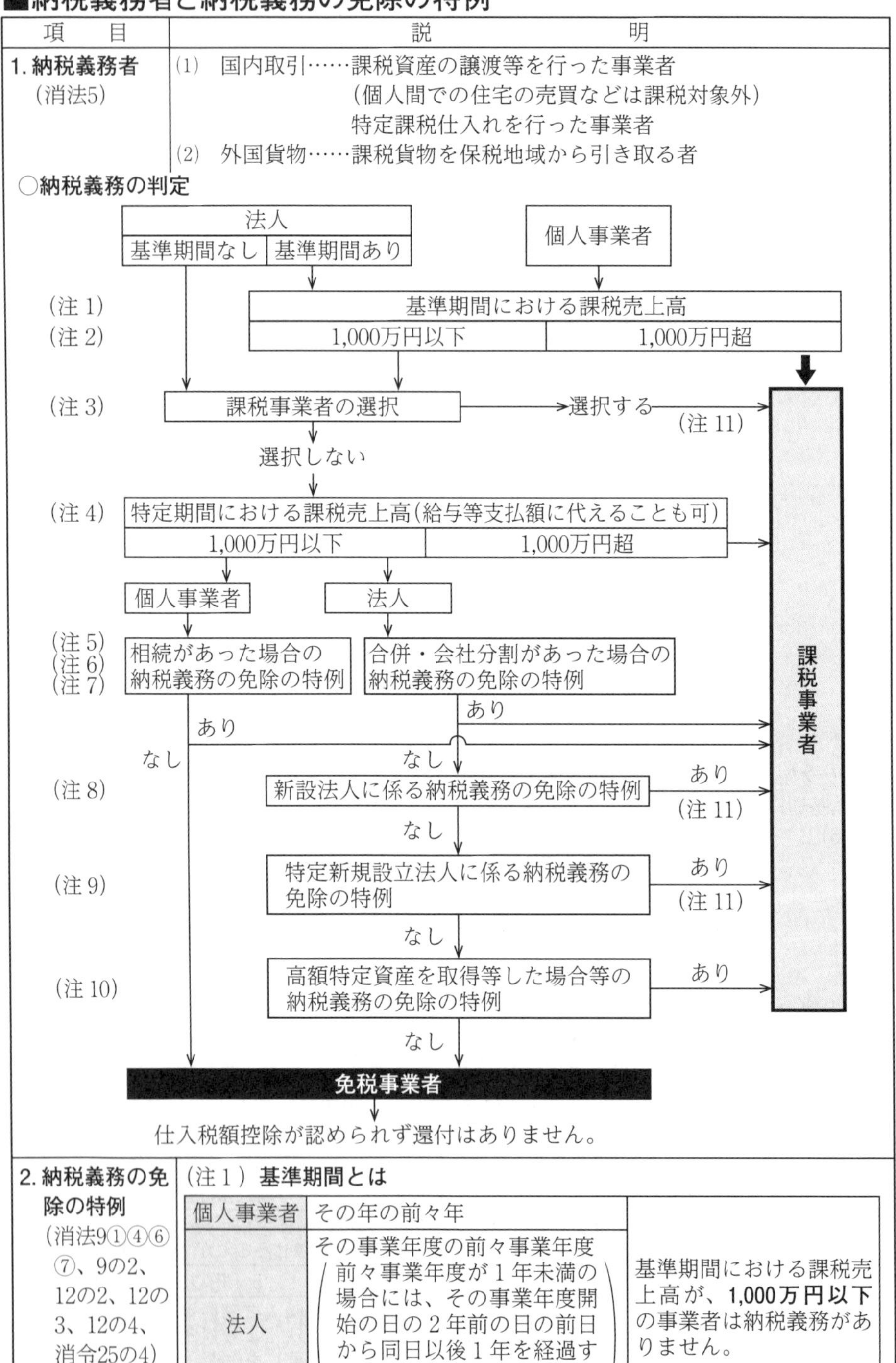


| 項　　目 | 説　　　　　明 |
|---|---|
| 2. 納税義務の免除の特例<br>（消法9①④⑥⑦、9の2、12の2、12の3、12の4、消令25の4）<br>• 基準期間 | （注 1） **基準期間とは** |

| 個人事業者 | その年の前々年 | 基準期間における課税売上高が、**1,000万円以下**の事業者は納税義務がありません。 |
|---|---|---|
| 法人 | その事業年度の前々事業年度<br>（前々事業年度が 1 年未満の場合には、その事業年度開始の日の 2 年前の日の前日から同日以後 1 年を経過する日までの間に開始した各事業年度を合わせた期間） | |

**• 課税売上高**

（注２）**課税売上高とは**、課税資産の譲渡等の対価の額から、売上げに係る対価の返還等を控除した金額（税抜き純売上高）をいいます。

<table>
<tr><td rowspan="2">基準期間が１年未満の場合</td><td>個人事業者</td><td>１年換算しません（消基通１-４-９）。</td></tr>
<tr><td>法人</td><td>１年換算します。<br>基準期間の課税売上高 $\times \dfrac{12}{\text{基準期間の月数（１か月未満切上げ）}}$</td></tr>
<tr><td>基準期間が免税事業者であった場合</td><td colspan="2">税込金額で課税売上高を計算します。</td></tr>
</table>

**• 課税事業者の選択**

（注３）基準期間における課税売上高が1,000万円以下の免税事業者であっても、適用を受けようとする課税期間の初日の前日までに「**消費税課税事業者選択届出書**」を税務署長に提出することにより課税事業者となることができます。
なお、課税選択によって納税義務者となってから２年間は「消費税課税事業者選択不適用届出書」を提出することはできません。

**• 特定期間**

（注４）**特定期間とは**

<table>
<tr><td>個人事業者</td><td colspan="2">その年の前年１月１日から６月30日までの期間</td></tr>
<tr><td rowspan="2">法人</td><td>その事業年度の前事業年度が短期事業年度に該当しない場合</td><td>その事業年度の前事業年度開始の日から６か月の期間</td></tr>
<tr><td>その事業年度の前事業年度が短期事業年度に該当する場合</td><td>その事業年度の前々事業年度開始の日から６か月の期間<br>（前々事業年度がその事業年度の基準期間に含まれるなどの場合、特定期間はないこととなり、この特例の適用はありません。）</td></tr>
</table>

- 上表の短期事業年度とは、①その事業年度の前事業年度で７か月以下であるもの、または、②その事業年度の前事業年度（７か月超）で、前事業年度開始の日以後６か月の期間の末日の翌日から前事業年度終了の日までの期間が２か月未満であるものをいいます。
- 特定期間における課税売上高または給与等支払額のいずれの基準を採用するかは事業者の選択によります。
  なお、給与等支払額とは、特定期間中に支払った所得税の課税対象とされる給与・賞与等の合計額をいい、非課税とされる通勤手当を除き、退職給与や未払給与等は含みません。
- 特定期間の判定により課税事業者となる場合は、「消費税課税事業者届出書（特定期間用）」を税務署長に提出します。

**• 相続**

（注５）**相続があった場合**

① 免税事業者である相続人が、基準期間における課税売上高1,000万円超の被相続人の事業を承継したとき、相続開始の翌日からその年末までの間の納税義務は免除されません。

② 相続開始の翌年、翌々年については相続人の基準期間の課税売上高と被相続人の基準期間の課税売上高の合計額で判定します。

③ 相続開始の日において相続人、被相続人が共に免税事業者であるときは、相続のあった年は免税事業者になります。

**• 合併**

（注６）**合併があった場合**

① 合併があった日の属する事業年度

合併法人のその事業年度の基準期間に対応する期間における被合併法人の課税売上高で判定します。

② 合併があった日の事業年度の翌事業年度及び翌々事業年度
- 吸収合併の場合は、合併法人の基準期間における課税売上高と被合併法人の基準期間に対応する期間における課税売上高との合計額で判定します。
- 新設合併の場合は、被合併法人の基準期間に対応する期間における課税売上高で判定します。

| | |
|---|---|
| • 会社分割 | (注７) **会社分割があった場合**<br>① 基準期間における課税売上高が1,000万円を超える法人が会社分割した場合、分割子法人は、免税事業者となりません。<br>② 分割があった事業年度の翌々事業年度以後の各事業年度については、親法人の基準期間における課税売上高と子法人の基準期間における課税売上高の合計額で判定します。 |
| • 新設法人 | (注８) **新設法人の場合**<br>基準期間がない法人（社会福祉法人を除きます。）のうち、その事業年度開始の日の資本金の額又は出資金の額が1,000万円以上である法人については、その基準期間がない事業年度の納税義務は免除されません。 |
| • 特定新規設立法人 | (注９) **特定新規設立法人の場合**<br>その事業年度の基準期間がない法人で、その事業年度開始の日における資本金の額又は出資の金額が1,000万円未満の法人（新規設立法人）のうち、次の①、②のいずれにも該当するもの（特定新規設立法人）については、その特定新規設立法人の設立当初２年間は、納税義務が免除されません。<br>① 新設開始日において、他の者によりその新規設立法人の株式等の50%超を直接又は間接に保有される場合など、他の者によりその新規設立法人が支配されていること。<br>② 上記①の特定要件に該当するかどうかの判定の基礎となった他の者及び他の者と一定の特殊な関係にある法人のうちいずれかの者（判定対象者）のその新規設立法人のその新設開始日の属する事業年度の基準期間に相当する期間における課税売上高が５億円を超えていること。 |
| • 高額特定資産 | (注10) **高額特定資産を取得等した場合**<br>• 課税事業者が、簡易課税制度の適用を受けない課税期間中に、高額特定資産（一取引単位につき、税抜き1,000万円以上の棚卸資産又は調整対象固定資産（P.206参照）をいいます。）を取得した場合には、その取得があった課税期間の初日以後３年を経過する日の属する課税期間までの３年間は、納税義務が免除されません。<br>• 自己建設高額特定資産で、その建設等に要した仕入れ等の支払対価の額（税抜き）の累計額が1,000万円以上となった日の属する課税期間の翌課税期間から、その建設等が完了した日の属する課税期間の初日以後３年を経過する日の属する課税期間までの３年間は、納税義務が免除されません。<br>• 令和２年４月１日以後に高額特定資産である棚卸資産が納税義務の免除を受けないこととなった場合等の棚卸資産に係る |

| | |
|---|---|
| | 消費税額の調整措置の適用を受けた場合には、その調整の適用は高額特定資産の仕入れに該当するものとされます。 |
| **・調整対象固定資産** | （注11）**調整対象固定資産を取得した場合**<br>次の期間（簡易課税制度の適用を受ける課税期間を除きます。）中に、調整対象固定資産を取得した場合には、その取得があった課税期間を含む３年間は引き続き納税義務が免除されません。<br>①　課税事業者選択届出書の提出により、課税事業者となった事業者の当該選択の強制適用期間（２年間）<br>②　資本金1,000万円以上の新設法人につき、課税事業者となった設立当初の期間（２年間）<br>③　特定新規設立法人につき、課税事業者となった設立当初の期間（２年間）<br>※上記（注10）（注11）の免税事業者になることができない課税期間については、簡易課税制度も適用できません。 |

## ■資産の譲渡等の時期

| 項　　目 | 説　　　　明 |
|---|---|
| **1. 資産の譲渡等の時期の原則** | 譲渡等の時期は原則として、その引渡しのあった日です。<br>・国内取引⇨課税資産の譲渡等を行った時<br>・輸入貨物⇨保税地域からの引取り時 |
| **〔具体的な判定〕** | 資産の譲渡等の時期は、法人税法・所得税法の取扱いに準じます。 |
| （消基通9-1-1、9-1-2） | ①棚卸資産：その引渡しのあった日（出荷基準、検収基準等合理的であると認められる日） |
| （消基通9-1-5） | ②請負に係る譲渡：物の引渡しをする請負の場合は、その目的物の全部を完成して引き渡した日、物の引渡しをしないものは、その約した役務の全部を完了した日 |
| （消基通9-1-11） | ③人的役務の提供：その人的役務の提供を完了した日 |
| （消基通9-1-13） | ④固定資産：その引渡しのあった日。ただし、土地建物等は契約の効力発生の日とすることができます。 |
| （消基通9-1-17） | ⑤有価証券：その引渡しのあった日 |
| **2. リース譲渡に係る特例**（消法16） | 消費税は原則として引渡基準によります。所得税、法人税と同様にリース譲渡を適用した場合には特例があります。⇨購入者側は引渡基準で税額控除の対象 |
| **3. 現金主義の適用**（消法18、消令40） | 個人事業者でいわゆる現金主義の適用を受ける者⇨資産の譲渡等及び課税仕入れを行った時期について、その資産の譲渡等に係る対価の額を収入した日及びその課税仕入れに係る対価の額を支出した日とすることができます。 |
| **4. 国等の時期の特例**（消法60②、消令73、74） | 国、地方公共団体、公共法人等が行った資産の譲渡等及び課税仕入れ等については、その対価を収納すべき又はその費用を支払うべき会計年度の末日に、それぞれ行われたとすることができます。 |

消費税

## ■課税期間・納税地

<table>
<tr><th>項　目</th><th>説　明</th></tr>
<tr><td>1. 課税期間<br>（消法19）</td><td>(1)　個人事業者の課税期間……１月１日から12月31日<br>個人が新たに事業を開始したとき⇨最初の課税期間の開始の日は、その年の１月１日<br>(2)　法人の課税期間……事業年度<br>法人の設立後最初の課税期間の開始の日⇨法人の設立の日<br>法人が組織変更をした場合⇨その法人の課税期間は、組織変更前の期間と組織変更後の期間とを区分しません。<br>(3)　課税期間の短縮<br>課税期間の短縮等の届出は第13号様式（消費税課税期間特例選択・変更届出書）で行い、届出書を提出した翌期間から適用することができます。<br>なお、これを届出た事業者は２年間継続する必要があります。
<table>
<tr><th></th><th>３月ごとに短縮</th><th>１月ごとに短縮</th></tr>
<tr><td>個人事業者</td><td>１～３月、４～６月、７～９月、10～12月までの各期間</td><td>１月１日以後１月ごとに区分した各期間</td></tr>
<tr><td>法人</td><td>その事業年度を３月ごとに区分した各期間※</td><td>その事業年度をその開始の日以後１月に区分した各期間※</td></tr>
</table>
※最後に３月又は１月未満の期間が生じたときは、その期間<br>(4)　課税期間の特例の選択不適用<br>課税期間の特例を選択した法人が、その後この特例の適用をやめようとするとき又は事業を廃止したときは、「消費税課税期間特例選択不適用届出書」を所轄税務署長に提出します。<br>なお、この不適用届出書を提出した場合、提出した日の属する課税期間の末日の翌日以後、不適用となります。</td></tr>
<tr><td>2. 納税地<br>（消法20、21、22、26）</td><td>①　個人事業者<br>個人納税者の住所地が納税地となります。<br>居所地、事務所等の所在地とすることもできます。<br>②　法人<br>本店又は主たる事務所の所在地が納税地となります。<br>③　輸入取引<br>輸入貨物の引取りに係る保税地域の所在地が納税地となります。</td></tr>
</table>

## ■課税標準

| 項　目 | 説　明 |
|---|---|
| **1. 国内取引**<br>**課税資産の譲渡**<br>**（原則）**<br>（消法28①、消基通10-1-11） | 課税標準は、課税資産の譲渡等の対価の額（対価として収受し、又は収受すべき一切の金銭又は金銭以外の物若しくは権利その他経済的な利益の額とし、課税資産の譲渡等について課税されるべき消費税額（個別消費税のうち、軽油引取税、ゴルフ場利用税及び入湯税）及びその消費税額を課税標準として課されるべき地方消費税額に相当する額は含みません。（但し、税額相当額が明確に区分されていない場合は対価に含みます。）） |
| （消基通10-1-6、消法別表第1二、消令9①四） | •中古車販売業における未経過自動車税・自賠責保険料相当額は資産の譲渡対価となります。なお、リサイクル預託金相当額については、「金銭債権の譲渡」として非課税です。<br>対価の額は、その譲渡等に係る当事者間で授受することとしている対価の額をいい、有償取引に限ります。 |
| **（例外）**<br>（消法28③） | ①　個人事業者の家事消費は、消費又は使用の時の時価。<br>②　法人の役員への贈与又は低額譲渡したときも①と同様に贈与等のときの時価。 |
| •総額表示<br>（消法63） | •事業者がその相手先である消費者に対し商品の販売、役務の提供等の取引を行うに際し、その取引価格を表示する場合には、その商品や役務に係る消費税等の額を含めた総額を明らかにしなければなりません。 |
| **〔具体的取扱い〕** | •課税資産とその他の資産を一括譲渡した場合は合理的に区分します。 |
| （消基通10-1-15） | •当初の売上額から返品額、値引額又は割戻額を控除し、その控除後の金額を売上げに係る対価の額とする経理処理を継続して行っているとき⇨その控除後の金額が売上高。 |
| （消基通10-1-18）<br>（消基通10-1-2） | •棚卸資産については、その課税仕入の金額及び通常他への販売価額のおおむね50%以上の金額であれば認められます。<br>また、法人が役員に対して低額譲渡したとき⇨その資産の譲渡が、役員及び使用人の全部について一律に又は合理的な範囲の格差の値引率で行われた場合は、みなし課税の適用はされません。 |
| （消基通10-1-20） | •課税期間の末日までにその対価の額が確定しないとき⇨末日の現況より見積計上。その後確定額と見積額が異なるときは、調整します。<br>•消費税の課税標準は原則として他の租税の控除前の金額で計算します。ただし、特別徴収方式の個別消費税は算入しません。また、次の取引をしたときはそれぞれ次のものが対価となります。<br>代物弁済⇨消滅する債務、交換⇨取得資産の時価、負担付贈与⇨負担額 |
| （消基通10-1-4） | •印紙税、手数料等に充てられるために受け取る金銭等は、課税資産の譲渡の金額から控除することはできません。ただし、登録免許税等は含まれません。 |
| （消基通10-1-7） | •外貨建取引に係る対価の額は、所得税（所基通57の3-1～57の3-7）又は法人税（法基通13の2-1-1～13の2-2-18）の課税所得の計算において売上金額その他の収入金額について円換算して計上すべきこととされている金額によります。 |
| **特定課税仕入れ**<br>（消法28②） | 課税標準は、特定課税仕入れに係る支払対価の額（対価として支払い、又は支払うべき一切の金銭又は金銭以外の物若しくは権利その他経済的な利益の額をいう。）とします。 |
| **2. 輸入取引**<br>（消法28④） | 課税貨物に係る課税標準は、関税価格（通常はCIF価格）、関税額及び消費税以外の個別消費税額の合計とします。 |

## ■課税仕入れに係る消費税額（消法30⑥）

| 項　　目 | 説　　　　明 |
|---|---|
| 1. 課税仕入れ<br>（消基通11-1-1）<br><br><br><br>（消基通11-1-3）<br>（消基通11-1-7） | •　課税仕入れとは、事業者が、事業として資産を譲り受け、若しくは借り受け、又は役務の提供を受けることをいいます。個人事業者が家事消費又は家事使用をするために資産を譲り受け、若しくは借り受け、又は役務の提供を受けることは、事業として行われるものではありませんので、課税仕入れに該当しません。<br>なお、課税仕入れの相手方は、課税事業者及び免税事業者のほか、消費者を含みます。<br>•　仕入れに係る消費税額の控除の適用があるのは、課税事業者に限られます。 |
| 2. 課税仕入れの範囲<br>○出張旅費、宿泊料、日当等<br>（消基通11-2-1）<br>○通勤手当<br>（消基通11-2-2）<br><br><br>○外交員等の報酬<br>（消基通11-2-5）<br>○会費・組合費等<br>（消基通11-2-6）<br><br><br>○ゴルフクラブ等の入会金<br>（消基通11-2-7）<br><br>○保険金等による資産の譲受け等<br>（消基通11-2-10）<br>○公共的施設の負担金等<br>（消基通11-2-8） | •　仕入れに係る消費税額の対象となる課税仕入れの範囲は、具体的には次のようになります。<br>使用人等が勤務する場所を離れてその職務を遂行するため等の旅行について、通常必要であると認められる部分の金額（所基通9-3　P.126②1. 2. 参照）は、課税仕入れに係る支払対価に該当します。ただし、海外出張のためのものは、原則として非該当です。<br>事業者が通勤者である使用人等に支給する通勤手当（定期券等の支給など現物による支給を含みます。）のうち、その通勤者がその通勤に必要な交通機関の利用又は交通用具の使用のために支出する費用に充てるものとした場合に、その通勤に通常必要であると認められる部分の金額は、課税仕入れに係る支払対価として取り扱われます。<br>外交員、その他これに類する者に対して支払う報酬又は料金のうち所基通204-22の例によって、給与所得に該当する部分については、課税仕入れに係る支払対価とはなりません。<br>事業者がその同業者団体、組合等に対して支払った会費又は組合費等について、その同業者団体、組合等において、団体としての通常の業務運営のために経常的に要する費用を賄い、それによって団体の存立を図るものとして資産の譲渡等の対価に該当しないとしているときは、その会費等は課税仕入れに該当しないこととなります。なお、同業者団体、組合等に支払う入会金についても、同様です。<br>事業者が支払う入会金のうち、ゴルフクラブ、宿泊施設、体育施設、遊戯施設その他レジャー施設の利用又は一定の割引率で商品等を販売するなど会員に対する役務の提供を目的とする団体の会員資格を得るためのもので脱退等に際し返還されないものは、課税仕入れに係る支払対象に該当します。<br>資産の譲受け等のために支出した金銭の源泉は問われませんので、保険金、補助金、損害賠償金等を資産の譲受け等に充てた場合であっても、その資産の譲受け等が課税仕入れに該当するときは、仕入税額控除の適用があります。<br>公共的施設又は共同的施設の設置又は改良のため、国等又は同業者団体等がこれらの施設の利用者又は受益者から受ける負担金、賦課金等で、その国等又は同業者団体等において、資産の譲渡等の対価に該当しないこととしているものについては、その負担金、賦課金等を支払う事業者においても、課税仕入れに係る支払対価に該当しないこととなります。なお、負担金等が例えば専用側線利用権、電気ガス供給施設利用権等の権利の設定等に対する対価と認められる等の場合には、その負担金等は、それを支払う事業者において課税仕入れに係る支払対価に該当します。 |

## ■仕入税額控除等

| 項　　目 | 説　　　　　　明 |
|---|---|
| **1. 仕入れに係る控除税額の計算**<br>（消法30①②、37①） | (1)　事業者が、国内において課税仕入れを行った場合には、当該課税仕入れを行った日の属する課税標準額に対する消費税額から、当該課税期間中において行った課税仕入れに係る消費税額（当該課税仕入れに係る支払対価の額に7.8／110（軽減対象分は6.24／108）を乗じて算出した額）を控除します。<br>(2)　95％ルール（課税売上割合が95％以上の場合に課税仕入れ等の税額の全額を仕入税額控除すること）は、その課税期間における課税売上高が５億円（その課税期間が１年未満の場合は（12／当該課税期間の月数）で換算します。）を超える事業者には適用されません。 |
| （仕入税額控除の図示） | 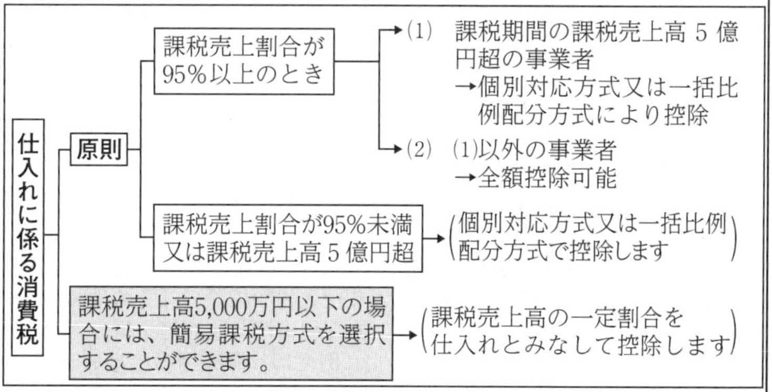 仕入れに係る消費税<br>├ 原則<br>│　├ 課税売上割合が95％以上のとき<br>│　│　├→(1)　課税期間の課税売上高５億円超の事業者<br>│　│　│　→個別対応方式又は一括比例配分方式により控除<br>│　│　└→(2)　(1)以外の事業者<br>│　│　　　→全額控除可能<br>│　└ 課税売上割合が95％未満又は課税売上高５億円超→（個別対応方式又は一括比例配分方式で控除します）<br>└ 課税売上高5,000万円以下の場合には、簡易課税方式を選択することができます。→（課税売上高の一定割合を仕入れとみなして控除します） |
| （居住用賃貸建物） | ・令和２年10月１日以後に行う居住用賃貸建物の仕入れ（令和２年３月31日までの契約に基づくものを除きます。）については、仕入税額控除の適用がありません。また、仕入税額控除の適用が認められなかった居住用賃貸建物について、３年以内に住宅の貸付け以外の貸付けの用に供した場合又は譲渡した場合には、一定の計算を行った上、仕入控除税額に加算して調整します。<br>・居住用賃貸建物とは、住宅の貸付けの用に供しないことが明らかな建物以外の建物であって高額特定資産又は調整対象自己建設高額資産に該当するものをいいます。 |
| **2. 仕入税額の按分計算（課税売上割合が95％未満又は課税売上高が5億円超の場合）** | 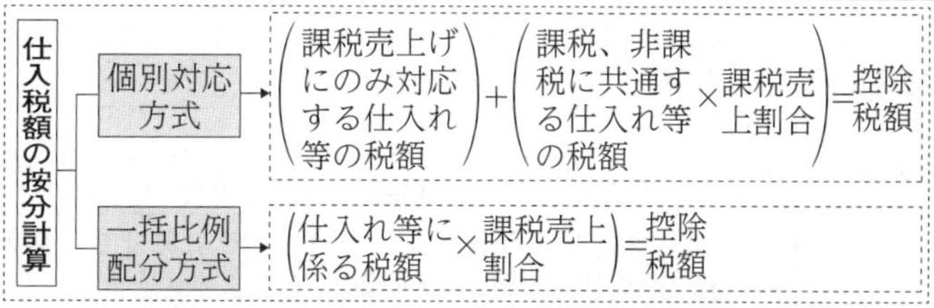 仕入税額の按分計算<br>├ 個別対応方式→（課税売上げにのみ対応する仕入れ等の税額）＋（課税、非課税に共通する仕入れ等の税額×課税売上割合）＝控除税額<br>└ 一括比例配分方式→（仕入れ等に係る税額×課税売上割合）＝控除税額 |
| **(1)　個別対応方式**<br>（消法30②一、③） | ○その課税期間中の課税仕入れ及び課税貨物について、次の①～③の区別が明らかにされている場合<br>①　課税資産の譲渡等にのみ要するもの〔課税売上対応〕<br>②　課税資産の譲渡等以外の資産の譲渡等のみに要するもの〔非課税売上対応〕<br>③　課税資産の譲渡等とその他の資産の譲渡等に共通して要するもの〔共通対応〕<br>次の算式により計算した金額<br>仕入れに係る消費税額＝①に係る税額＋③に係る税額×課税売上割合※(3)参照 |

| | |
|---|---|
| | ③に係る税額は、**課税売上割合に準ずる割合**で合理的な基準により算出したものとして税務署長の承認を受けた場合は、その割合で配分する方法も認められます。②部分はすべて控除対象外になります。 |
| (個別対応方式の適用方法)<br>(消基通11-2-18) | ○個別対応方式により仕入れに係る消費税額を計算する場合には、その課税期間中において行った個々の課税仕入れ等について、必ず①②③に区分しなければなりません。したがって、例えば、課税仕入れ等の中から課税資産の譲渡等にのみ要するものを抽出し、それ以外のものをすべて課税資産の譲渡等とその他の資産の譲渡等に共通して要するものに該当するものとして区分することは認められません。 |
| (課税資産の譲渡等にのみ要するもの)<br>(消基通11-2-12、11-2-14) | ○個別対応方式における課税資産の譲渡等にのみ要するものとは、課税資産の譲渡等(その課税期間の譲渡等の有無は問いません。)を行うためにのみ必要な課税仕入れ等である次のようなものが該当します。<br>• そのまま他に譲渡される課税対象資産<br>• 課税対象資産の製造用のみに消費し、又は使用される原材料、容器、包紙、機械及び装置、工具、器具、備品等<br>• 課税対象資産に係る倉庫料、運送料、広告宣伝費、支払手数料又は支払加工賃等<br>• 課税資産の譲渡等のための販売促進用試供品、試作品等 |
| (課税資産の譲渡等以外の資産の譲渡等にのみ要するもの)<br>(消基通11-2-15) | ○個別対応方式による仕入税額控除の「その他の資産の譲渡等にのみ要するもの」とは、非課税資産の譲渡等を行うためにのみ必要な課税仕入れ等をいいます。例えば、販売用の土地の造成に係る課税仕入れ、賃貸用住宅の建築に係る課税仕入れがこれに該当します。 |
| (共通用課税仕入れ等)<br>(消基通11-2-19) | ○課税資産の譲渡等とその他の資産の譲渡等に共通して要する課税仕入れ等(例えば原材料、包装材料等)は、生産実績その他合理的な基準により、課税売上用と非課税売上用とに区分することができます。 |
| (国外支店が受けた電気通信役務の提供)<br>(消法4④ただし書き、消基通11-2-13の2) | ○電気通信利用役務の提供については、その法人の本店又は主たる事務所の所在地が国内にあるかどうかにより判定するのであるから、例えば、国外支店が受けた電気通信利用役務の提供であっても、原則として国内において行った課税仕入れに該当します。ただし、国外支店が受けた電気通信利用役務の提供のうち、国内以外の地域において行う資産の譲渡等にのみ要するものは、国内以外の地域で行われたものとします。 |
| (2) **一括比例配分方式**<br>(消法30②二、④) | ○次の算式により計算した金額<br>(算式)<br>$\text{仕入れに係る消費税額} = \left(\begin{array}{l}\text{当該課税期間中の課税仕入れ及び}\\\text{課税貨物に係る税額の合計額}\end{array}\right) \times \text{課税売上割合}$<br>なお、個別対応方式により控除税額を計算できる事業者は、選択により一括比例配分方式による計算もできます。<br>※一括比例配分方式を選択した場合は、2年間継続して適用しなければ個別対応方式に変更することはできません。 |
| (3) **課税売上割合**<br>(消法30⑥、消令48①) | **課税売上割合＝**<br>$\dfrac{\left(\begin{array}{l}\text{税抜き}\\\text{課税売上高}\end{array} - \begin{array}{l}\text{税抜き}\\\text{対価の返還等の金額}\end{array}\right) + \text{免税売上高}}{\left(\begin{array}{l}\text{税抜き}\\\text{課税売上高}\end{array} - \begin{array}{l}\text{税抜き}\\\text{対価の返還等の金額}\end{array}\right) + \text{免税売上高} + \text{非課税売上高}}$<br>※免税事業者であった課税期間の課税売上げに係る対価の返還等は税抜き処理をしません。 |

| | |
|---|---|
| (消基通11-5-6) | 課税売上割合は原則として端数処理しませんが、切捨てはできます。 |
| (分母に含めないもの)<br>(消令48②) | ①　通貨、小切手等の支払手段又は暗号資産（仮想通貨）の譲渡<br>②　資産の譲渡等の対価として取得した金銭債権の譲渡<br>③　現先取引債券等の売現先による譲渡 |
| (調整のうえ分母に含めるもの)<br>(消令48③⑤⑥) | ①　現先取引債券等を１年に満たない期間内にあらかじめ約定した価格で買い戻すことを約して購入し、かつ、その約定に基づき売り戻した場合⇨売戻しの対価から、当初の購入の対価を控除した金額を含めます。<br>**(注)** 控除しきれない場合は、資産の譲渡等の対価の額から控除。<br>②　非課税規定に該当する有価証券並びに国債、地方債及び社債又は金銭債権を譲渡した場合（現先取引に該当するものを除く）→譲渡額の**5％**。<br>③　国債等について償還差損が生ずる場合には課税売上割合の計算上のその償還差損は資産の譲渡等の対価の額から控除。 |
| (分母・分子の両方に含めるもの)<br>(消法31) | ①　輸出取引等に係る対価の額<br>②　国外における資産の譲渡等又は自己の使用のため行った資産の輸出<br>ただし、①、②いずれの場合も有価証券、支払手段、貸付金、預金、売掛金その他の金銭債権の輸出は除きます。 |
| **3. 適用要件**<br>(消法30⑦、⑧、消令50)<br>［課税仕入れに係る請求書等の記載事項等］<br>(消法30⑨、消令49④～⑥)<br><br>(※１)<br>令元.10.1から令5.9.30までは、軽減対象資産にはその旨も記載<br><br>(※２)<br>令元.10.1から令5.9.30までは、税率の異なるごとに区分して合計 | 控除の対象とされる課税仕入れの内容を帳簿に記帳し、かつ、当該帳簿を保存すること及び控除の対象とされる課税仕入れに係る請求書、納税書等を保存することが要件となります。 |

| 区分 | 帳簿 | 請求書、納品書その他の書類 |
|---|---|---|
| 国内取引 | ①課税仕入れの相手方の氏名又は名称<br>②課税仕入れを行った年月日<br>③課税仕入れに係る資産又は役務の内容（※１）<br>④課税仕入れに係る支払対価の額<br>(注) 支払対価は税込金額です | ①書類の作成者の氏名又は名称<br>②課税資産の譲渡等を行った年月日（課税期間の範囲内で一定の期間内に行った課税資産の譲渡等につき、まとめて書類を作成する場合には、その一定の期間）<br>③課税資産の譲渡等の対象とされた資産又は役務の内容（※１）<br>④課税資産の譲渡等の対価の額（※２）（その課税資産の譲渡等に係る消費税額に相当する額がある場合には、その額を含む、免税業者が発行するときは対価の額）<br>⑤書類の交付を受ける事業者の氏名又は名称 |
| 特定課税仕入れ | ①特定課税仕入れの相手方の氏名又は名称<br>②特定課税仕入れを行った年月日<br>③特定課税仕入れの内容<br>④特定課税仕入れに係る支払対価の額<br>⑤特定課税仕入れである旨 | (不要) |
| 輸入 | ①保税地域の所在地を所轄する税関<br>②課税貨物を保税地域から引き取った年月日<br>③課税貨物の内容<br>④課税貨物に係る消費税の課税標準である金額及びその課税貨物の引取りに係る消費税額 | 保税地域の所在地を所轄する税関長から交付される輸入許可書等 |

(注) 小売業、飲食店業、写真業、旅行業、時間貸駐車場等不特定多数の者に資産の譲渡等を行う場合は国内取引の⑤は不要。

消費税

**4. 仕入れに係る対価の返還等を受けた場合**

仕入れに係る対価の返還等とは、返品等をいい、いわゆる飛び越しリベートや海運業者から受ける早出料、仕入割引なども含みます。債務免除益は該当しません。（消法32①）

**(1)全額控除の場合**（消法32①一）

**控除対象仕入税額**＝課税仕入れに係る消費税額－仕入対価の返還等の税額

控除しきれない金額があるときは、課税標準額に対する消費税額に加算します。

**(2)課税売上割合が95％未満又は課税売上高が5億円超の場合**（消法32①二、三）

- 個別対応方式の場合
  - ①課税売上対応分の課税仕入れの消費税額－その仕入対価の返還等の税額
  - ②共通対応分の課税仕入れの消費税額×課税売上割合－その仕入対価の返還等の税額×課税売上割合
  - ③控除対象仕入税額＝①＋②
- 一括比例配分方式の場合

  控除対象仕入税額＝課税仕入れに係る消費税額×課税売上割合－その仕入対価の返還等の税額×課税売上割合

**5. 棚卸資産に係る消費税額の調整**（消法36、消令54）

免税事業者が課税事業者になった場合において、課税事業者となった課税期間の初日の前日において課税仕入れ等に係る棚卸資産を有しているときは、その棚卸資産に係る消費税額をその課税期間の仕入れに係る消費税額とみなします。

**6. 調整対象固定資産の調整**（消令5、消基通12-2-1、2）

固定資産の取得時の課税売上割合が、以降3年間の通算課税売上割合と比較して著しく異なるときは、控除対象仕入税額の調整を行います。（仕入れ時又は調整時に、免税事業者である場合又は簡易課税制度の適用がある場合には調整しません。）

調整対象固定資産⇨建物及び附属設備、構築物、機械及び装置、船舶、航空機、車両及び運搬具、工具、器具及び備品、鉱業権その他の資産で購入価額が100万円以上のものをいいます。

**・課税売上割合の著しい変動（調整を要するとき）**（消法33）

- 調整要件
  - ①取得時に比例配分法により計算
  - ②第3年度の課税期間の末日において調整対象固定資産を有している
  - ③課税売上割合が著しく変動（次のいずれにも該当）
    - 変動差（仕入時の課税売上割合と通算課税売上割合との差）≧5％
    - 変動率（変動差÷仕入時の課税売上割合）≧50％

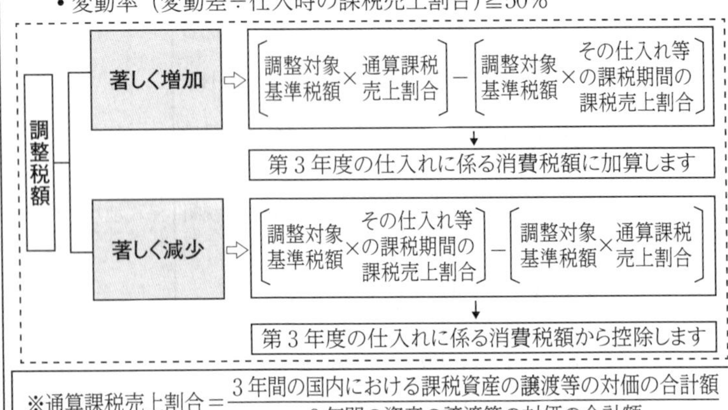


※通算課税売上割合＝$\dfrac{\text{3年間の国内における課税資産の譲渡等の対価の合計額}}{\text{3年間の資産の譲渡等の対価の合計額}}$

<table>
<tr><td>7. 転用<br>（消法34、35）</td><td>調整対象固定資産を転用した場合には、その転用をした課税期間において次の調整が必要です。

<table>
<tr><th>転用</th><th>処理</th></tr>
<tr><td>課税業務用→非課税業務用</td><td>控除対象仕入税額から調整税額を控除※２</td></tr>
<tr><td>非課税業務用→課税業務用</td><td>控除対象仕入税額に調整税額を加算</td></tr>
</table>

<table>
<tr><th colspan="2">転用の日</th><th>調整税額</th></tr>
<tr><td rowspan="3">仕入れの日から</td><td>１年以内</td><td>※１<br>調整対象税額の全額</td></tr>
<tr><td>１年超<br>２年以内</td><td>調整対象税額×$\frac{2}{3}$</td></tr>
<tr><td>２年超<br>３年以内</td><td>調整対象税額×$\frac{1}{3}$</td></tr>
</table>

※１調整対象税額…その調整対象固定資産の仕入対価に係る税額。<br>※２控除しきれない金額は控除過大調整税額として、課税標準額に対する消費税額に加算します。</td></tr>
</table>

## ■貸倒れに係る消費税額の控除

| 項　　目 | 説　　　　明 |
|---|---|
| 1. 貸倒れ<br>（消法39①、消令59） | 売掛金につき貸倒れにより、課税資産の譲渡等の税込価格の全部又は一部を領収することができなくなったときには、その領収することができないこととなった日の属する課税期間の課税標準額に対する消費税額から、その領収することができなくなった課税資産に係る消費税額を控除します。<br>売掛債権が対象であり、貸付金の貸倒損失については控除対象外です。 |
| 2. 貸倒れ処理債権の回収<br>（消法39③） | 貸倒処理をした金額を後日領収した場合には、その領収額に係る消費税額をその領収をした日の属する課税期間の課税標準に対する消費税額に加算します。 |

## ■売上げに係る対価の返還等をした場合

| 項　　目 | 説　　　　明 |
|---|---|
| （消法38①、消基通6-3-4、旧取扱通達11-5-1） | 課税事業者が、その行った課税資産の譲渡等につき値引きや返品等により対価の一部又は全部の返還等をした場合には、その返還等をした日の属する課税期間の課税標準額に対する消費税額から、その課税期間において行った返還等の金額に係る消費税額を控除します。控除しきれない金額があるときは還付されます。<br>※　対価の返還等とは、返品、値引き若しくは割戻し並びに売上割引のほかいわゆる飛び越しリベート、船舶の早出料、販売促進の目的で支払いをした金銭等をいいます。 |

## ■簡易課税制度（中小事業者の仕入れに係る税額の控除の特例）

<table>
<tr><th>項　目</th><th>説　明</th></tr>
<tr><td>・簡易課税制度の内容<br>（消法37、消令57、消基通13-2-4）</td><td>事業者が、その課税期間の基準期間における課税売上高が5,000万円以下である課税期間について、簡易課税制度選択届出書を提出した場合は、その提出日の属する課税期間の翌課税期間以後、控除すべき課税仕入れの税額は、課税標準額に対する税額から売上に係る対価の返還等をした金額に係る消費税額及び貸倒回収額に係る消費税額を控除した残額に次のみなし仕入率を乗じた金額とします。<br>※簡易課税制度には仕入税額の還付が生じる余地がありません。他方、仕入れについて区分経理や帳簿及び請求書等の保存が不要となります。この制度を選択した場合には、２年間は変更が認められません。<br>変更する場合、簡易課税適用開始の課税期間の初日から２年経過日の属する課税期間の初日以後に、簡易課税制度選択不適用届出書を提出します。</td></tr>
<tr><td>■みなし仕入率</td><td>
<table>
<tr><th colspan="2">区分</th><th>みなし仕入率</th></tr>
<tr><td>①第一種事業</td><td>卸売業</td><td>90%</td></tr>
<tr><td>②第二種事業</td><td>小売業・飲食料品の譲渡を行う農林水産業</td><td>80%</td></tr>
<tr><td>③第三種事業</td><td>製造業、建設業、鉱業、農林水産業等</td><td>70%</td></tr>
<tr><td>④第四種事業</td><td>飲食店業等①②③⑤⑥に該当しない事業</td><td>60%</td></tr>
<tr><td>⑤第五種事業</td><td>金融・保険業、運輸通信業及びサービス業（飲食店業を除く。）</td><td>50%</td></tr>
<tr><td>⑥第六種事業</td><td>不動産業</td><td>40%</td></tr>
</table>
</td></tr>
<tr><td>・１種類の事業</td><td>１種類の事業だけを営む場合<br>$$\text{控除対象仕入税額}=\left(\text{課税標準額に対する消費税額}-\text{返還等対価に係る税額}\right)\times\text{みなし仕入率}$$</td></tr>
<tr><td>・２種類以上の事業</td><td>２種類以上の事業を営む場合<br>(1)　原則<br>$$\text{控除対象仕入税額}=\left(\text{課税標準額に対する消費税額}-\text{返還等対価に係る税額}\right)\times\frac{\text{第一種消費税}\times90\%+\text{第二種消費税}\times80\%+\text{第三種消費税}\times70\%+\text{第四種消費税}\times60\%+\text{第五種消費税}\times50\%+\text{第六種消費税}\times40\%}{\text{第一種から第六種までのすべてに係る消費税額}}$$<br>(2)　特例<br>①　２種類以上の事業を営む事業者で、１種類の事業の課税売上高が全体の課税売上高の75%以上を占める場合<br>→その75%以上を占める事業のみなし仕入率を全体の課税売上高に対して適用することができます。<br>②　３種類以上の事業を営む事業者で、特定の２種類の事業の課税売上高の合計額が全体の課税売上高の75%以上を占める場合<br>→その２種類の事業のうちみなし仕入率の高い方の事業に係る課税売上高については、そのみなし仕入率を適用し、それ以外の課税売上高については、その２種類の事業のうち低い方のみなし仕入率をその事業以外の課税売上高に対して適用することができます。</td></tr>
<tr><td>・事業区分をしていない場合の取扱い</td><td>２種類以上の事業を営む事業者が課税売上高を事業ごとに区分していない場合<br>→区分していない部分については、その区分していない事業のうち一番低いみなし仕入率を適用して仕入控除税額を計算します。</td></tr>
</table>

## ■事業区分のフローチャート

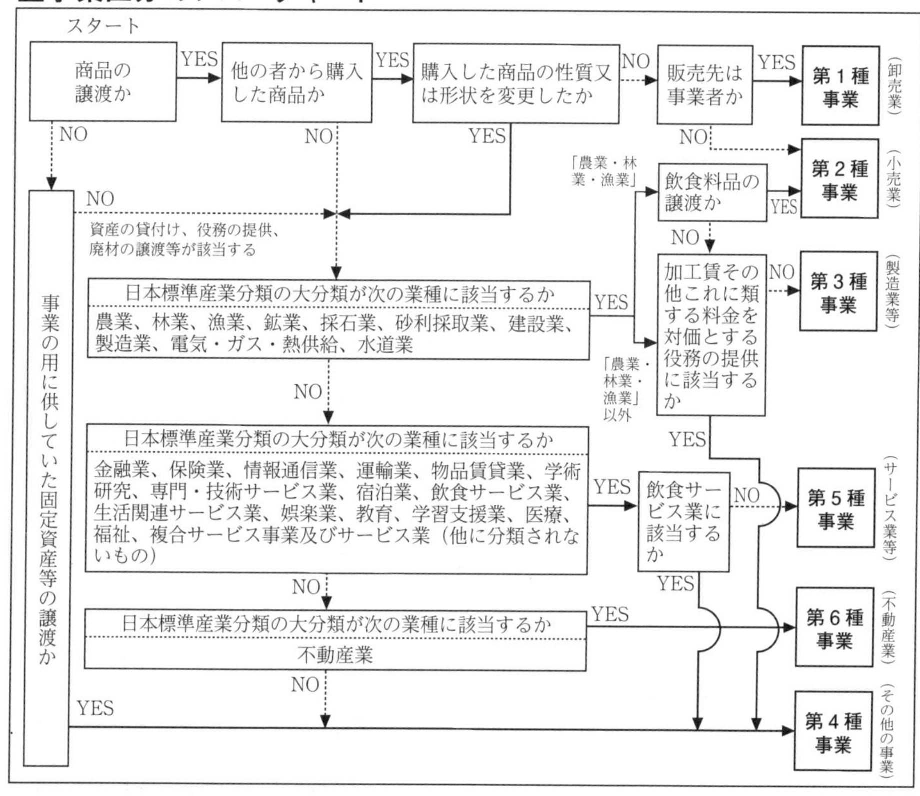




## ■軽減税率制度

<table>
<tr><th>項　　目</th><th>説　　　　　明</th></tr>
<tr><td>1. 税率</td><td>令和元年10月１日からの消費税等の税率は、軽減税率（８％）と標準税率（10%）の複数税率となります。<br><br>
<table>
<tr><th></th><th>～令元.9.30</th><th colspan="2">令元.10.1～</th></tr>
<tr><th></th><th></th><th>軽減税率</th><th>標準税率</th></tr>
<tr><td>消費税率</td><td>6.3%</td><td>6.24%</td><td>7.8%</td></tr>
<tr><td>地方消費税率</td><td>1.7%</td><td>1.76%</td><td>2.2%</td></tr>
<tr><td>合計</td><td>8.0%</td><td>8.0 %</td><td>10.0%</td></tr>
</table></td></tr>
<tr><td>2. 軽減税率の対象品目<br>①飲食料品</td><td>• 食品表示法に規定する食品（酒類を除きます。）をいい、一定の一体資産を含みます。なお、外食やケータリング等は対象に含まれません。<br>(注) 一体資産とは、例えばおもちゃ付きのお菓子のように、(イ) 食品と食品以外の資産があらかじめ一の資産を形成・構成しているもので、(ロ) 一の資産の価格のみが提示されているものをいい、原則として軽減税率の対象ではありません。ただし、その資産の税抜き対価の額が１万円以下であって、食品部分の価額の割合（事業者が合理的に計算した割合であれば、可）が$\frac{2}{3}$以上のものは軽減税率の対象となります。<br>• 外食は軽減税率の対象にはなりません。</td></tr>
</table>

外食とは、飲食店業等の事業を営む者が行う食事の提供で、次のいずれの要件も満たすものをいいます。

(イ) テーブル等の飲食設備のある場所において（場所要件）

(ロ) 飲食料品を飲食させる役務の提供（サービス要件）

・ケータリング、出張料理等は軽減税率の対象にはなりません。

ケータリングとは、相手方が指定した場所において行う加熱、調理又は給仕等の役務を伴う飲食料品の提供をいいます。

| | 軽減税率 | 標準税率（外食） |
|---|---|---|
| ファーストフード店 | テイクアウト | 店内飲食 |
| そば・ピザ・すし | 出前・宅配・持ち帰り | 店内飲食 |
| 屋台 | 飲食設備なし・持ち帰り | 飲食設備で飲食 |
| コンビニ | 持ち帰り前提の弁当等 | イートインスペースでの食事 |
| 列車内 | ワゴン販売 | 食堂車での飲食 |
| 学校 | 給食 | 学生食堂 |
| 食事の提供 | 老人ホーム等 | ケータリング、料理代行サービス |

②新聞

・○○新聞など一定の題号を用い、政治、経済、文化等に関する一般社会的事実を掲載する週２回以上発行されるもの（定期購読契約に基づくもの）をいいます。

・スポーツ新聞や業界紙、英字新聞等も週２回以上発行されていれば軽減税率の対象となります。

・電子版の新聞は「電気通信利用役務の提供」に該当し「新聞の譲渡」ではないので、軽減税率の対象とはなりません。

③飲食料品の輸入取引

・保税地域から引き取られる課税貨物のうち、飲食料品に該当するものは、軽減税率が適用されます。

**○軽減税率及びインボイス制度の導入スケジュール**

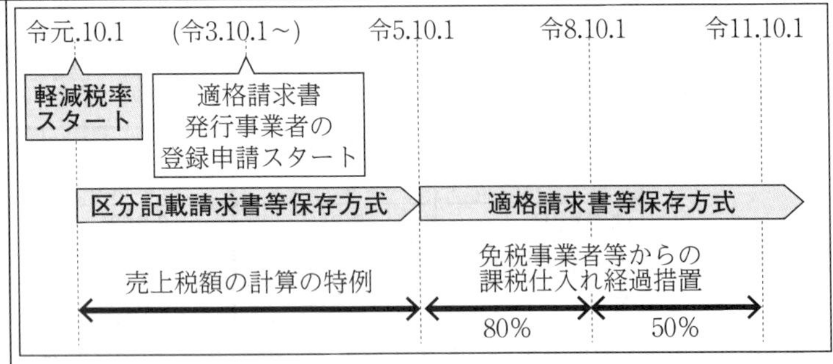


**3. 区分記載請求書等保存方式**
（令元.10.1～令5.9.30）

・課税仕入れの相手方、年月日、資産又は役務の内容、支払対価の額（消費税等相当額を含みます。）が記載された帳簿及び請求書等の保存が、仕入税額控除の適用の要件とされていました（請求書等保存方式）。

・**令和元年10月１日から令和５年９月30日までの間**は、上記に加え、軽減税率対象資産の譲渡等に係るものである場合には「軽減対象資産の譲渡等に係るものである旨」の記載が必要とされます。

①帳簿の記載

申告時に請求書等を個々に確認することなく、軽減税率の対象となるものか、それ以外のものであるかを明確にし、帳簿に基づいて、税率ごとに仕入控除税額を計算できる程度の記載で差し支えありません。また、一定期間まとめて請求書等が交付される場合は、それをまとめて帳簿に記載することもできます。(例．軽減対象食料品10月分×××円)

**②区分記載請求書等の記載**

軽減税率対象品目に係る課税仕入れの場合には、請求書等の記載事項に、「軽減対象資産の譲渡等である旨」及び「税率ごとに区分して合計した課税資産の譲渡等の対価の額（税込み)」が追加されます。

なお、これらの記載がない請求書等の交付を受けた事業者は、上記の項目を自ら追記することができます。

- 免税事業者も区分記載請求書等を交付することができ、仕入税額控除の対象になります。

**③税額計算**

イ　課税売上げに係る消費税額 ((i)+(ii))

$$\text{(i)軽減税率分} = \text{軽減対象の課税売上げの合計額（税込み）} \times \frac{100}{108} \times \frac{6.24}{100}$$

$$\text{(ii)標準税率分} = \text{標準税率対象の課税売上げの合計額（税込み）} \times \frac{100}{110} \times \frac{7.8}{100}$$

ロ　課税仕入れ等に係る消費税額 ((i)+(ii)+(iii))

$$\text{(i)国内における軽減対象分の課税仕入れの合計額（税込み）} \times \frac{6.24}{108}$$

$$\text{(ii)国内における標準税率対象分の課税仕入れの合計額（税込み）} \times \frac{7.8}{110}$$

(iii)外国貨物の引取りに係る消費税額

**4. 中小事業者の税額計算の特例**

課税売上げ（税込み）又は課税仕入れ等（税込み）を税率の異なるごとに区分して合計することにつき困難な事情がある中小事業者については、令和元年10月１日から一定の間、計算の特例が設けられています。

- 中小事業者とは、基準期間における課税売上高が5,000万円以下である事業者をいいます。
- 「困難な事情」とは、課税売上げ又は課税仕入れ等につき、税率ごとの管理が行えなかった場合等をいい、困難の度合いを問いません。

**売上税額の計算の特例**

**(1)小売等軽減仕入割合の特例**（令元.10.1～令5.9.30まで）

(イ) 対象事業者は次の要件を満たす中小事業者

i．軽減対象資産の譲渡等を行う、卸売業又は小売業を営む事業者

ii．この特例の適用を受けようとする課税期間中に簡易課税制度の適用を受けない事業者

iii．課税仕入れ等（税込み）について、税率の異なるごとに区分経理できる事業者

(ロ) **小売等軽減仕入割合**

$$\frac{\text{分母のうち、軽減対象の売上げにのみ要するものの金額（税込み）}}{\text{卸売業及び小売業にのみ要する課税仕入れ等の合計額（税込み）}}$$

(ハ) 売上げの区分

$$\text{i．卸売業又は小売業分の課税売上げの合計額（税込み）} \times \text{小売等軽減仕入割合等} = \text{軽減対象課税売上げ（税込み）}$$

$$\text{ii．卸売業又は小売業分の課税売上げの合計額（税込み）} - \text{i} = \text{標準税率対象の課税売上げ（税込み）}$$

(ニ) 課税標準額の計算

$$\text{軽減対象課税売上げ（税込み）} \times \frac{100}{108} = \text{軽減対象分の課税標準}$$

$$\text{標準税率対象の課税売上げ（税込み）} \times \frac{100}{110} = \text{標準税率分の課税標準}$$

**⑵軽減売上割合の特例（10営業日特例）**（令元.10.1～令5.9.30まで）

（イ）軽減対象資産の譲渡を行う中小事業者であれば業種に関係なく適用することができます。

（ロ）**軽減売上割合**

$$\frac{\text{分母のうち、軽減対象の課税売上げの合計額（税込み）}}{\text{通常の事業を行う連続する10営業日における課税売上げの合計額（税込み）}}$$

（※）任意の連続する10営業日についてのみ軽減対象売上げとそれ以外の売上げを区分して集計します。

（ハ）売上げの区分

ⅰ．課税売上げの合計額（税込み）×軽減売上割合＝軽減対象課税売上げ（税込み）

ⅱ．課税売上げの合計額（税込み）－ⅰ＝標準税率対象の課税売上げ（税込み）

（ニ）課税標準額の計算　上記⑴の（ニ）と同じ

**（50％特例）**

上記⑴⑵において、主として軽減対象資産の譲渡等を行う事業者で、軽減売上割合を算出することが困難な場合は、小売等軽減仕入割合もしくは軽減売上割合を50％とすることができます。

**⑶複数の事業を営む場合の特例の適用関係**

- 複数の事業を営む中小事業者が、課税売上げ（税込み）を事業ごとに区分しているときは、その事業ごとに小売等軽減仕入割合の特例又は軽減売上割合の特例を適用することができます。なお、一の中小事業者が両特例を併用することはできません。

| 製造業 | 軽減売上割合 | 合計して軽減売上割合 | 本来の計算 | 本来の計算 | 軽減売上割合 |
|---|---|---|---|---|---|
| 小売業 | 軽減売上割合 | | 小売等軽減仕入割合 | | 小売等軽減仕入割合 |
| 可否 | ○ | ○ | ○ | ○ | × |

**⑷売上返品・値引き、割戻し等があった場合**

- 売上対価の返還等を行った場合には、その対価の返還等の対象となった課税資産の譲渡等の事実に基づき、標準税率又は軽減税率を適用して売上対価の返還等の金額に係る消費税額を計算します。
- ただし、その売上対価の返還等の金額を税率の異なるごとに区分することが困難な場合には、その対価の返還等の金額に、適用した特例の割合（「小売等軽減仕入割合」、「軽減売上割合」又は「50％」）を乗じて計算した金額とすることができます。
- 貸倒れに係る消費税額についても同様です。

## ■適格請求書等保存方式（インボイス制度）（令5.10.1～）

| 項　目 | 説　明 |
|---|---|
| **1.制度概要** | 適格請求書等保存方式では、帳簿及び税務署長に申請して登録を受けた課税事業者である「適格請求書発行事業者」が交付する「適格請求書」などの請求書等の保存が仕入税額控除の要件とされます。<br>• 適格請求書を交付できるのは、適格請求書発行事業者に限られます。<br>• 適格請求書発行事業者となるためには、税務署長に登録申請書を提出し、登録を受ける必要があります。なお、課税事業者でなければ登録を受けることはできません。<br>• 適格請求書発行事業者は、国税庁のホームページに公表されます。 |
| **2.課税売上げに係る消費税額** | **⑴　原則（割戻し計算）**<br>①軽減税率の対象となる課税売上げの合計額（税込み）$\times \frac{100}{108} \times \frac{6.24}{100}$<br>②標準税率の対象となる課税売上げの合計額（税込み）$\times \frac{100}{110} \times \frac{7.8}{100}$<br>③　①＋②＝課税売上げに係る消費税額<br>**⑵　特例（積上げ計算）**<br>相手方に交付した適格請求書等の写しを保存している場合には次の計算によることができます。<br>適格請求書等に記載した消費税額等の合計額 $\times \frac{78}{100}$ ＝課税売上げに係る消費税額<br>なお、積上げ計算により計算した場合、課税仕入れに係る消費税額の計算では割戻し計算を適用することはできません。<br>（注）適格簡易請求書に適用税率のみを記載して交付する場合、積上げ計算を行うことはできません。 |
| **3.課税仕入れに係る消費税額** | **⑴　原則（積上げ計算）**<br>相手方から交付を受けた適格請求書等に記載された消費税額等のうち課税仕入れに係る部分の金額の合計額 $\times \frac{78}{100}$ ＝課税仕入れに係る消費税額<br>また、これ以外の方法として、課税仕入れの都度（注）、課税仕入れに係る支払対価の額に$\frac{10}{110}$（軽減税率の対象となる場合は$\frac{8}{108}$）を乗じて算出した金額（１円未満の端数が生じたときは、端数を切り捨て又は四捨五入します。）を仮払消費税額等などとし、帳簿に記載（計上）している場合は、その金額の合計額に$\frac{78}{100}$を掛けて算出する方法も認められます（帳簿積上げ計算）。<br>（注）例えば、月まとめで請求書等を交付される場合には、請求書等を交付された都度、月まとめで帳簿に仮払消費税額等として計上することも認められます。<br>**⑵　特例（割戻し計算）**<br>①軽減税率の対象となる課税仕入れの合計額（税込み）$\times \frac{6.24}{108}$<br>②標準税率の対象となる課税仕入れの合計額（税込み）$\times \frac{7.8}{110}$<br>③　①＋②＝課税仕入れに係る消費税額の合計額 |

<table>
<tr>
<td>4. 計算方法の選択</td>
<td>売上税額　　　　　　　　　　仕入税額<br>割戻し計算 ──選択──→ 割戻し計算<br>　　　　　　　　　└──→ 積上げ計算<br>積上げ計算（適格請求書発行事業者のみ） ──→ 積上げ計算</td>
</tr>
<tr>
<td>5. 免税事業者の登録申請手続き<br><br>○登録申請書の提出期限等</td>
<td>・免税事業者は、原則として課税事業者選択届出書を提出し、その翌課税期間から課税事業者になるとともに適格請求書発行事業者に登録することになりますが、令和５年10月１日から令和11年９月30日の属する課税期間においては課税事業者選択届出書を提出しなくても、登録申請書の提出によって課税事業者となり、課税期間の中途においても登録することができます。<br>　なお、その登録日の属する課税期間の翌課税期間からその登録日以後２年を経過する日の属する課税期間までについては、事業者免税点制度は適用されません（その登録日が令和５年10月１日を含む課税期間である場合を除きます。）。
<table>
<tr><td>①免税事業者が適格請求書発行事業者の登録申請書を提出し、課税期間の初日から登録を受けようとする場合</td><td>課税期間の初日から起算して15日前の日までに登録申請書を提出しなければなりません。この場合において、その課税期間の初日後に登録がされたときは、その初日に登録を受けたものとみなされます。</td></tr>
<tr><td>②適格請求書発行事業者が登録の取消しを求める届出書を提出し、その提出があった課税期間の翌課税期間の初日から登録を取り消そうとする場合</td><td>翌課税期間の初日から起算して15日前の日までに届出書を提出しなければなりません。</td></tr>
<tr><td colspan="2">③適格請求書発行事業者の登録等に関する経過措置の適用により、令和５年10月１日後に適格請求書発行事業者の登録を受けようとする免税事業者は、その登録申請書に、提出する日から15日を経過する日以後の日を登録希望日として記載します。<br>その登録希望日後に登録が完了した場合でも、その登録希望日に登録を受けたものとみなされます。</td></tr>
<tr><td colspan="2">④令和５年10月１日から適格請求書発行事業者の登録を受けようとする事業者が、その申請期限（令和５年３月31日）後に提出する登録申請書には、同日までに提出できなかったことにつきその『困難な事情』を記載する必要がありましたが、その『困難な事情』については、運用上、記載を求めないこととされました。</td></tr>
</table>
</td>
</tr>
<tr>
<td>6. 適格請求書の記載事項</td>
<td>①適格請求書発行事業者の氏名又は名称及び登録番号<br>②取引年月日<br>③取引内容（軽減税率の対象品目である場合には、その旨）<br>④税率ごとに合計した対価の額（税抜き又は税込み）及び適用税率<br>⑤消費税額等（端数処理は一請求書当たり、税率ごとに１回ずつ）<br>⑥書類の交付を受ける事業者の氏名又は名称</td>
</tr>
</table>

<table>
<tr><td>7. 適格簡易請求書</td><td>小売業、飲食店業、写真業、旅行業、タクシー業又は駐車場業等の不特定かつ多数の者に課税資産の譲渡等を行う一定の事業を行う場合には、適格簡易請求書を交付することができます。<br>適格簡易請求書では、「適用税率」又は「適用税率ごとの消費税額等」のいずれかを記載すればよく、上記⑥の事業者の氏名又は名称は省略することができます。</td></tr>
<tr><td>8. 簡易課税制度を選択する場合の届出書の提出時期の特例</td><td>・免税事業者が令和５年10月１日から令和11年９月30日までの日の属する課税期間に適格請求書発行事業者の登録を受け、登録を受けた日から課税事業者となる場合、その課税期間から簡易課税制度の適用を受ける旨を記載した消費税簡易課税制度選択届出書をその課税期間中に提出すれば、その課税期間から簡易課税制度を適用することができます。</td></tr>
<tr><td>9. 相続人を適格請求書発行事業者とみなす措置</td><td>・相続により適格請求書発行事業者の事業を継承した相続人の相続のあった日の翌日から、その相続人が適格請求書発行事業者の登録を受けた日の前日又はその相続に係る適格請求書発行事業者が死亡した日の翌日から４月を経過する日のいずれか早い日までの期間については、相続人を適格請求書発行事業者とみなす措置が設けられており、この場合、被相続人の登録番号を相続人の登録番号とみなすこととされています。</td></tr>
<tr><td>10. 免税事業者等からの課税仕入れに係る経過措置（８割・５割控除）</td><td>適格請求書等保存方式の導入後は、免税事業者や消費者など、適格請求書発行事業者以外の者から行った仕入れについては、仕入税額控除のために保存が必要な請求書等の交付を受けることができないことから、仕入税額控除を行うことはできません。<br>ただし、区分記載請求書等と同様の事項が記載された請求書等（電磁的記録の提供を受けたものを含みます。）を保存し、帳簿にこの経過措置の規定の適用を受ける旨が記載されている場合には、次の表のとおり、一定の期間は、仕入税額相当額の一定割合を仕入税額として控除できる経過措置が設けられています。<br><table><tr><th>期間</th><th>割合</th></tr><tr><td>令5.10.1から令8.9.30まで</td><td>仕入税額相当額の80%</td></tr><tr><td>令8.10.1から令11.9.30まで</td><td>仕入税額相当額の50%</td></tr></table></td></tr>
<tr><td>11. 適格請求書発行事業者となる小規模事業者に係る税額控除に関する経過措置（２割特例）</td><td><table><tr><td>適用となる課税期間</td><td>適格請求書発行事業者の令和５年10月１日から令和８年９月30日までの日の属する各課税期間</td></tr><tr><td>対象事業者</td><td>免税事業者が適格請求書発行事業者となったこと又は課税事業者選択届出書を提出したことにより事業者免税点制度の適用を受けられないこととなる場合<br>（→２割特例の対象はインボイス発行事業者の登録をしなければ課税事業者にならなかった者）</td></tr><tr><td>特例の内容</td><td>その課税期間における課税標準額に対する消費税額から控除する金額を、その課税標準額に対する消費税額に８割を乗じた額（→（課税標準額に対する消費税額－返還等対価に係る税額）×80%）とすることにより、納付税額を課税標準額に対する消費税額の２割とすることができます。</td></tr></table>※留意点：基準期間の課税売上高が1,000万円超の場合は課税事業者となるので２割特例は適用できません。（２割特例から簡易課税制度に移行する場合については、③参照）</td></tr>
</table>

<table>
<tr><td></td><td>① 2割特例は、課税期間の特例の適用を受ける課税期間（3か月ごと又は1か月ごとに短縮された課税期間）及び令和5年10月1日前から課税事業者選択届出書の提出により引き続き事業者免税点制度の適用を受けられないこととなる課税期間（従前から課税事業者を選択していた事業者）については、適用されません。<br>一方、課税事業者選択届出書を提出したことにより令和5年10月1日の属する課税期間から事業者免税点制度の適用を受けられないこととなる適格請求書発行事業者が、その課税期間中に課税事業者選択不適用届出書を提出したときは、その課税期間からその課税事業者選択届出書は効力を失うことになり、2割特例を適用することができます。<br>② 適格請求書発行事業者が2割特例の適用を受けようとする場合には、確定申告書にその旨を付記するものとされていますので、事前の届出は不要です。また、継続適用もありません。<br>したがって、申告時に、本則課税か2割特例のいずれか、又は簡易課税か2割特例のいずれかの選択適用が可能です。<br>③ 2割特例の適用を受けた適格請求書発行事業者が、その適用を受けた課税期間の翌課税期間中に、簡易課税制度の適用を受ける旨の届出書を納税地を所轄する税務署長に提出したときは、その提出した日の属する課税期間から簡易課税制度の適用を認めることとされます。<br>本来、簡易課税の適用を受けるためには課税期間開始の前日までに届出書の提出が必要ですが、2割特例の適用を受けた事業者が免税事業者ではなくなった場合等を考慮し、課税期間末日までの簡易課税選択届出書の提出が認められています。</td></tr>
<tr><td>12. 一定規模以下の事業者に対する事務負担の軽減措置（少額特例）</td><td>
<table>
<tr><td>適用時期</td><td>○令和5年10月1日から令和11年9月30日までの間に国内において行う課税仕入れについて適用<br>（→上記期間は免税事業者等からの課税仕入れに係る経過措置（課税仕入れの8割控除・5割控除）が適用）</td></tr>
<tr><td>対象事業者</td><td>①基準期間（前々年又は前々事業年度）における課税売上高が1億円以下の事業者<br>②特定期間（前年1～6月又は前事業年度開始の日以後6か月の期間）における課税売上高が5,000万円以下である事業者</td></tr>
<tr><td>インボイスの保存不要</td><td>○課税仕入れに係る支払対価の額が税込1万円未満である場合には、一定の事項が記載された帳簿のみの保存による仕入税額控除が認められます。<br>○1万円未満かどうかは1回の取引に係る金額で判定。（1商品ごとや1決済ごとではありません。）</td></tr>
</table>
</td></tr>
<tr><td>13. 少額な返還インボイスの交付義務の免除（恒久的措置）</td><td>
<table>
<tr><td>適用時期</td><td>○令和5年10月1日以後の課税資産の譲渡等につき行う売上げに係る対価の返還等について適用されます。</td></tr>
<tr><td>内　容</td><td>○売上げに係る対価の返還等に係る税込価額が1万円未満である場合には、その適格返還請求書の交付義務が免除されます。（すべての事業者が対象）<br>○売上げに係る対価の返還等とは、返品又は値引き若しくは割戻しなどをいいます。</td></tr>
</table>
</td></tr>
</table>

## ■申告・納付

### 1. 確定申告・納付
（消法45①、45の2、46、49）

※大法人の電子申告の義務化はP.110参照

① 事業者は、その課税期間ごとにその課税期間の末日の翌日から２か月以内に、その課税期間の課税標準額に対する消費税額、仕入れに係る消費税額、中間納付額、納付すべき税額等を記載した確定申告書を提出し、当該消費税額に相当する消費税を納付します。

② 法人税の申告期限の延長の特例の適用を受ける法人について、消費税の申告期限を１月延長する特例があります。

③ 簡易課税制度を選択していない課税事業者は、課税資産の譲渡等がない課税期間においても、還付のための申告書の提出ができます。

※個人事業者の確定申告については、その期限が翌年３月31日になります。

### 2. 中間申告と納付
（消法42①～⑪、消基通15-1-9(1)他）

（消法43）
中間申告は、仮決算により実額で申告、納付することができます。

○ 中間申告の回数、期限、納付税額は次表のようになります。

（A）は、直前課税期間の確定消費税額（国税部分）

| （A） | 中間申告回数 | 申告期限 | 納付税額 |
|---|---|---|---|
| 4,800万円超 | 年11回<br>一月中間申告 | 毎月末日の翌日から<br>２か月以内<br>（１回目は３か月以内） | （A）× $\frac{1}{12}$ |
| 4,800万円以下<br>400万円超 | 年３回<br>三月中間申告 | 三月中間申告対象期間<br>の末日の翌日から<br>２か月以内 | （A）× $\frac{3}{12}$ |
| 400万円以下<br>48万円超 | 年１回<br>六月中間申告 | 六月中間申告対象期間<br>の末日の翌日から<br>２か月以内 | （A）× $\frac{6}{12}$ |
| 48万円以下 | 任意の中間申告<br>（年１回）が可能 | | |

（消法42⑧）
①中間申告義務のない事業者が、任意の中間申告書を提出する旨の届出書を納税地の所轄税務署長に提出した場合には、その届出書を提出した日以後にその末日が最初に到来する６月中間申告対象期間から、自主的に中間申告・納付することができます。

（消法42⑪）
②中間申告書をその提出期限までに提出しなかった場合には、６月中間申告対象期間の末日に、任意の中間申告制度の適用をやめようとする旨を記載した届出書の提出があったものとみなされます。

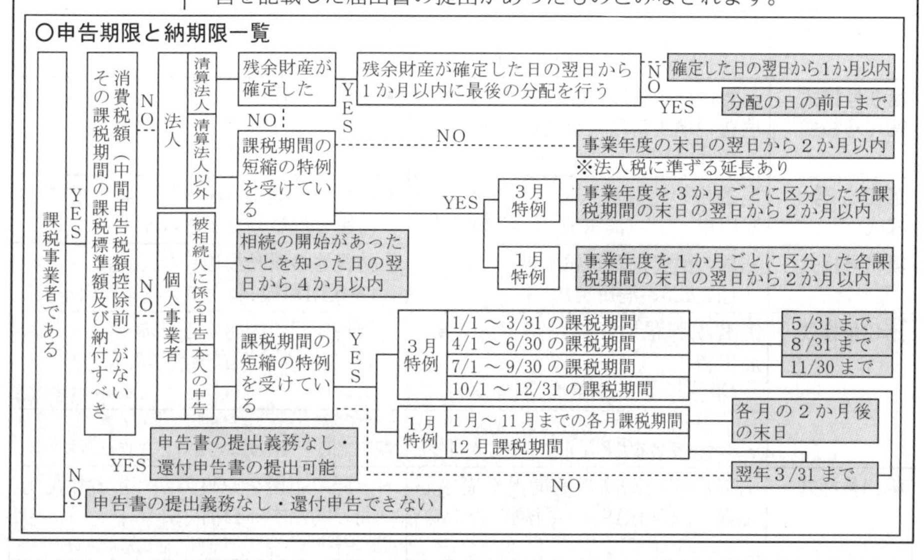

## ■消費税申告書・届出書等一覧表（抜粋）

| 様式番号 | 様式名（根拠法令及び通達） | 届出期限等 |
|---|---|---|
| **第１号様式** | 消費税課税事業者選択届出書<br>（消法9④、消令20、20の2、消規11①） | •課税期間の開始する日前<br>（新設法人は設立事業年度末日） |
| | 免税事業者は消費税の還付が受けられません。 | |
| | （注）届出後２年間は継続しなければなりません。 | |
| **第２号様式** | 消費税課税事業者選択不適用届出書　（消法9⑤⑥⑦、消規11②③） | •適用をやめようとする課税期間の開始する日前 |
| | （注）第１号様式を提出した事業者は、事業廃止のときを除き納税義務者となった初めての課税期間の初日から２年を経過する日の課税期間の初日以後でなければ提出できません。 | |
| **第３-⑴、３-⑵号様式** | 消費税課税事業者届出書（基準期間用（**３-⑴**））（特定期間用（**３-⑵**））　（消法57①一、消規26①一）<br>相続・合併・分割があったことにより課税事業者となる場合の付表［第４号様式（第３-⑴号様式に添付します。）］（消規26②③④） | •速やかに提出<br>（注）課税事業者選択届出書（第１号様式）を提出した事業者は不要（消基通17-1-1） |
| **第５号様式** | 消費税の納税義務者でなくなった旨の届出書<br>（消法57①二、消規26①二） | •速やかに提出 |
| **第５-⑵号様式** | 高額特定資産の取得に係る課税事業者である旨の届出書<br>（消法57①二の２、消規26①三） | •速やかに提出 |
| **第６号様式** | 事業廃止届出書<br>（消法57①三、消規26①四） | •速やかに提出 |
| | 既に第２号様式、第14号様式、第25号様式又は第26-⑶号様式により廃止した旨の届出書を提出しているときは不要（消基通1-4-15） | |
| **第７号様式** | 個人事業者の死亡届出書<br>（消法57①四、消規26①五） | •速やかに提出 |
| **第９号様式<br>第10号様式** | 消費税納税管理人届出書、<br>消費税納税管理人解任届出書<br>（通法117②、通令39） | •速やかに提出 |
| **第10-⑵号様式** | 消費税の新設法人に該当する旨の届出書　（消法57②、消規26⑤） | •速やかに提出（法人設立届出書にその旨を記載したときは不要。） |
| **第11号様式** | 法人の消費税異動届出書<br>（消法25、消規14） | •納税地の異動後遅滞なく提出<br>（令5.1.1以後、個人事業者は提出不要） |
| **第13号様式** | 消費税課税期間特例選択（変更）届出書<br>（消法19①②、消令41、消規13①②） | •課税期間の開始する日前<br>（新設法人は設立事業年度末日） |
| | （注）届出後２年間は継続して適用<br>•還付を受けるため１か月又は３か月ごとに課税期間を短縮するときなどに提出します。 | |
| **第14号様式** | 消費税課税期間特例選択不適用届出書　（消法19③、消規13③④⑤） | •上記の適用をやめようとする課税期間の開始する日前<br>（注）消法19②⑤、消令41 |

<table>
<tr><th>様式番号</th><th>様式名（根拠法令及び通達）</th><th>届出期限等</th></tr>
<tr><td rowspan="2">第22号様式</td><td>消費税課税売上割合に準ずる割合の適用承認申請書<br>（消法30③二、消令47、消規15）</td><td>・適用を受けようとする課税期間の末日までに承認必要※（消令附13）</td></tr>
<tr><td colspan="2">（注）一括比例配分方式を選択している場合は不適用<br>（参考）課税売上割合95％未満の判定には、「準ずる割合」は使用できません。<br>※令和３年４月１日以後に終了する課税期間からは、適用を受けようとする課税期間の末日までに申請書を提出し、同日の翌日から同日以後１月を経過する日までに承認があったときは、その課税期間の末日において承認があったものとみなされます。</td></tr>
<tr><td>第23号様式</td><td>消費税課税売上割合に準ずる割合の不適用届出書<br>（消法30③但し書き）</td><td>・上記の適用をやめようとする課税期間末日（２年間継続適用なし）</td></tr>
<tr><td rowspan="2">第24号様式</td><td>消費税簡易課税制度選択届出書<br>（消法37①、消令55、56、消規17①）</td><td>・適用課税期間開始の前日<br>（新設法人は設立事業年度末日）</td></tr>
<tr><td colspan="2">（注）届出後２年間は継続して適用します。</td></tr>
<tr><td rowspan="3">第25号様式</td><td>消費税簡易課税制度選択不適用届出書　（消法37⑤、消規17②③）</td><td>・上記の適用をやめようとする課税期間の開始する日前</td></tr>
<tr><td colspan="2">簡易課税のままでは消費税の還付が受けられません。</td></tr>
<tr><td colspan="2">（注）第24号様式を提出した事業者は原則２年間は簡易課税制度の適用後でなければ提出できません。</td></tr>
<tr><td rowspan="2">第26号様式</td><td>消費税中間申告書<br>（消法42①～⑦、消規20）</td><td>・課税期間開始の日以後６か月を経過した日から２か月以内</td></tr>
<tr><td colspan="2">前課税期間の確定税額が4,800万円超のときは毎月（１か月目は３か月以内）になります。400万円超4,800万円以下のときは年３回、48万円以下のときは原則として中間申告は不要です。（任意の中間申告が可能です。）<br>・第13号様式を提出している事業者は不要</td></tr>
<tr><td>第26-(2)号様式</td><td>任意の中間申告書を提出する旨の届出書（消法42⑧、消規20の２①）</td><td>・適用を受けようとする６月中間申告対象期間の末日</td></tr>
<tr><td>第26-(3)号様式</td><td>任意の中間申告書を提出することの取りやめ届出書<br>（消法42⑨、消規20の２②）</td><td>・適用をやめようとする６月中間申告対象期間の末日</td></tr>
<tr><td>第27-(1)号様式<br>第27-(2)号様式</td><td>消費税（確定、中間（仮決算）、還付、修正）申告書（一般用）<br>同上（簡易課税用）<br>（消法43、45、46、消令63、消規22、23）</td><td>・法人：課税期間終了後２か月以内<br>・個人：３月31日</td></tr>
<tr><td>第27-(3)号様式</td><td>特定課税仕入れがある場合の課税標準額等の内訳書</td><td>一般課税により申告する課税売上割合が95％未満の事業者が、特定課税仕入れを行った場合には、申告書に添付します。</td></tr>
<tr><td>第28-(14)号様式</td><td>消費税申告期限延長届出書<br>（消法45の２①②、消規23の２①）</td><td>・特例の適用を受けようとする事業年度終了の日の属する課税期間の末日</td></tr>
<tr><td>第28-(15)号様式</td><td>消費税申告期限延長不適用届出書<br>（消法45の２③、消規23の２②）</td><td>・消費税の確定申告の期限の延長特例の適用をやめようとする事業年度終了の日の属する課税期間の末日</td></tr>
</table>

# 相続税・贈与税・その他の国税

## ■相続税

**1. 納税義務者**
（相法1の3）

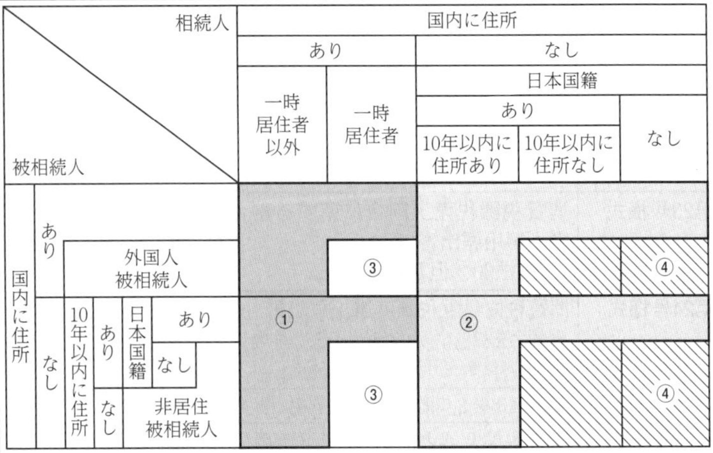

| 被相続人＼相続人 | | | | 国内に住所 | | | | |
|---|---|---|---|---|---|---|---|---|
| | | | | あり | | なし | | |
| | | | | | | 日本国籍 | | |
| | | | | | | あり | | なし |
| | | | | 一時居住者以外 | 一時居住者 | 10年以内に住所あり | 10年以内に住所なし | |
| 国内に住所 | あり | | | ① | ① | ② | ② | ② |
| | | 外国人被相続人 | | ① | ③ | ② | ④ | ④ |
| | なし | 10年以内に住所あり | 日本国籍あり | ① | ① | ② | ② | ② |
| | | | 日本国籍なし | ① | ③ | ② | ④ | ④ |
| | | 10年以内に住所なし | 非居住被相続人 | ① | ③ | ② | ④ | ④ |

- **一時居住者**とは、相続開始の時において在留資格を有する者であって、その相続開始前15年以内において国内に住所を有していた期間の合計が10年以下であるものをいいます。
- **外国人被相続人**とは、相続開始の時において、在留資格を有し、かつ、国内に住所を有していたその相続に係る被相続人をいいます。
- **非居住被相続人**とは、相続開始の時において、国内に住所を有していなかったその相続に係る被相続人であって、(ア)その相続開始前10年以内のいずれかの時において国内に住所を有していたことがあるもののうち、そのいずれの時においても日本国籍を有していなかったもの、又は、(イ)その相続開始前10年以内のいずれの時においても国内に住所を有していたことがないもの、をいいます。

| 課税財産 | 相続人の住所が国内 | 相続人の住所が国外 |
|---|---|---|
| 国内・国外財産 | ①居住無制限納税義務者 | ②非居住無制限納税義務者 |
| 国内財産だけ | ③居住制限納税義務者 | ④非居住制限納税義務者 |

（注）相続等により財産を取得した時において日本国内を離れている場合でも、国外出張、国外興行等により一時的に日本国内を離れているにすぎない者については、その者の住所は日本国内にあることになります。

- 贈与により相続時精算課税制度の適用を受ける財産を取得した個人（上記①～④に該当する者を除きます。）を**特定納税義務者**といい、課税財産の範囲は相続時精算課税適用財産のみとなります。

**（納税義務者の相続税法の適用関係）**

（相法19の2）
（相法19の3）
（相法19の4）
（相法20の2）
（相法62）

| 納税義務者 | ①居住無制限 | ②非居住無制限 | ③居住制限 | ④非居住制限 |
|---|---|---|---|---|
| 債務控除（相法13） | 相法13①各号に定めるものの金額のうち、その者の負担に属する部分 | | 相法13②各号に定めるものの金額のうち、その者の負担に属する部分 | |
| 配偶者控除 | ○ | ○ | ○ | ○ |
| 未成年者控除 | ○ | ○ | × | × |
| 障がい者控除 | ○ | × | × | × |
| 外国税額控除 | ○ | ○ | × | × |
| 納税地 | 住所地※ | 相法62②適用有※ | 住所地※ | 相法62②適用有 |

※相法附則（昭和25年法律第73号）第３項の適用がある場合を除きます。

**2. 課税財産**
（相法2）

<table>
<tr><th>種類</th><th>細目</th><th>利用区分等</th></tr>
<tr><td rowspan="4">土地（土地の上に存する権利を含みます。）</td><td>田・畑</td><td>自用地、貸付地、賃借権（耕作権）、永小作権</td></tr>
<tr><td>宅地</td><td>自用地（事業用、居住用、その他）、貸宅地、貸家建付地、借地権（事業用、居住用、その他）など</td></tr>
<tr><td>山林</td><td>普通山林、保安林など</td></tr>
<tr><td>その他の土地</td><td>原野、牧場、池沼、鉱泉地、雑種地（又はこれらに対する地上権、賃借権、温泉権又は引湯権）</td></tr>
<tr><td>建物</td><td>家屋<br>構築物</td><td>自用家屋、貸家<br>駐車場、養魚池、広告塔など</td></tr>
<tr><td rowspan="7">事業（農業）用財産</td><td rowspan="4">機械、器具、農機具、その他の減価償却資産</td><td>機械・器具、農機具、自動車、船舶など</td></tr>
<tr><td>牛馬等（農耕用、乳牛など）</td></tr>
<tr><td>果樹</td></tr>
<tr><td>営業権</td></tr>
<tr><td>商品、製品、半製品、原材料、農産物等</td><td>商品、製品、半製品、原材料、農産物等の別にそれらの明細を記載する</td></tr>
<tr><td>売掛金</td><td></td></tr>
<tr><td>その他の財産</td><td>電話加入権、受取手形その他</td></tr>
<tr><td rowspan="5">有価証券</td><td rowspan="2">特定同族会社株式、出資</td><td>配当還元方式によるもの</td></tr>
<tr><td>その他の方式によるもの</td></tr>
<tr><td>上記以外の株式出資</td><td>上場株式、気配相場のある株式</td></tr>
<tr><td>公債、社債</td><td>国債、地方債、社債、外国公債</td></tr>
<tr><td>受益証券</td><td>証券投資信託、貸付信託の受益証券</td></tr>
<tr><td rowspan="2">現金、預貯金等</td><td>現金</td><td>金銭、小切手</td></tr>
<tr><td>預金、貯金、その他</td><td>普通預金、当座預金、定期預金、通常郵便貯金、定期積金、金銭信託など</td></tr>
<tr><td>家庭用財産</td><td>生活用具</td><td>家具、什器</td></tr>
<tr><td rowspan="3">その他の財産</td><td>みなし相続財産</td><td>3．参照</td></tr>
<tr><td>立木</td><td>杉、ひのき、松、くぬぎ、雑木等</td></tr>
<tr><td>その他</td><td>特許権、著作権、電話加入権、貸付金、未収配当金、未収家賃、貴金属、宝石、競走馬、ゴルフ会員権、ヨット、書画・骨とう、事業用でない自動車等など</td></tr>
</table>

<table>
<tr><td>3. 相続又は遺贈によって取得したとみなされる財産<br>（相法3）</td><td>相続又は遺贈により取得したものとみなされて相続税が課される財産は次の通りです。<br>1．生命保険金契約の保険金（共済金を含みます。）・損害保険契約の保険金（偶然な事故に基因する死亡に伴い支払われるものに限ります。）<br>・生命保険金の非課税範囲額<br>$\left\{(\textbf{500万円×法定相続人の数})\times\frac{\text{その相続人の取得金額}}{\text{各相続人の取得金額の合計額}}\right\}$<br>2．退職手当金（被相続人の死亡後３年以内に支給が確定したもの。）<br>・退職金（小規模企業共済等の死亡一時金を含みます。）の非課税範囲額<br>$\left\{(\textbf{500万円×法定相続人の数})\times\frac{\text{その相続人の取得金額}}{\text{各相続人の取得金額の合計額}}\right\}$<br>3．生命保険契約に関する権利<br>4．定期金・保証期間付定期金・契約に基づかない定期金に関する権利<br>5．相続財産法人からの分与財産<br>6．低額譲渡（被相続人の遺言によるもの）<br>7．債務の免除等<br>8．その他の利益の享受<br>9．信託に関する権利</td></tr>
<tr><td>4. 非課税財産<br>（相法12、措法70①、③、措令40の4②）</td><td>①皇室経済法の規定によって皇位とともに皇嗣が受けた物<br>②墓地、霊廟、仏壇、仏具など　※庭内神しの敷地及び附属設備も含みます。<br>③公益事業を行う者が、相続や遺贈によって取得した財産で、その公益事業の用に供することが確実なもの（公益事業用財産）<br>④心身障がい者扶養共済制度に基づく給付金の受給権<br>⑤相続人が受け取った生命保険金などのうち、一定の金額<br>⑥相続人が受け取った退職手当金などのうち、一定の金額<br>⑦相続財産などを申告期限までに国などに寄附をした場合におけるその寄附財産<br>⑧相続財産である金銭を申告期限までに特定公益信託に支出した場合におけるその金銭</td></tr>
<tr><td>5. 債務控除<br>（相法13、14）</td><td>1　債　　務……被相続人の確定した債務で、相続開始のときに存在する確実なもの（相続開始当時の現況で確実と認められる範囲のもの）をいいます。<br>2　公租公課……被相続人に係る未納の所得税、住民税、固定資産税等の税額です。（注）この場合、相続人の責に帰すべき事由による延滞税等は含まれません。申告等の後に公租公課に異動があったときは更正手続が必要です。<br>債務控除の範囲<br><table><tr><td>居住無制限納税義務者<br>非居住無制限納税義務者</td><td>被相続人の債務で、相続開始の時現に存するもの（公租公課を含みます。）</td></tr><tr><td>制限納税義務者</td><td>㋑　取得財産に係る公租公課（固定資産税等）<br>㋺　その財産を目的とする留置権、特別の先取特権、質権又は抵当権で担保されている債務<br>㋩　その財産の取得、維持又は管理のために生じた債務<br>㋥　その財産に関する贈与の義務<br>㋭　㋑～㋥のほか、被相続人が死亡の時日本国内に営業所又は事業所を有していた場合においては、その営業所又は事業所に係る営業上又は事業上の債務</td></tr></table></td></tr>
</table>

| | |
|---|---|
| （相基通13<br>-10）<br><br>（相基通13-5） | 3　葬式費用……葬式費用として控除するものは、①仮葬式・本葬式に要した費用、②葬式に際して施与した金品で、被相続人の職業等に照らして相当のもの、③ ①②のほか通常葬式の前後に生じた通常葬式に伴う出費<br>（注）被相続人生存中に購入した墓碑代金の未払分は控除されません。<br>また、死亡した相続時精算課税適用者の債務は、債務控除の適用はなく、その特定贈与者の債務・葬式費用は、その相続人又は包括受遺者等の課税価格から控除されます。<br>・葬式費用でないもの①香典返戻費用　②墓碑、墓地等の買入・借入費用　③法会に要する費用　④医学上、裁判上の特別の処置に要した費用　⑤社葬等で相続人等以外のものが支払った葬式費用。<br>葬式費用を相続税の課税価格から控除できる者は、次の通りです。<br>①相続、包括遺贈、被相続人から相続人への遺贈により財産を取得した居住無制限納税義務者及び非居住無制限納税義務者。<br>②相続を放棄した者及び相続権を失った者には、債務控除の適用はありませんが、遺贈により財産を取得した場合（生命保険金などを受け取った場合を含む。）において、葬式費用を現実に負担したときは、債務控除をしても差し支えありません。 |
| **6. 遺産に係る基礎控除額**<br>（相法15）<br>（相法15②）<br><br><br><br><br><br>（相法63） | **基礎控除額……［3,000万円＋(600万円×法定相続人の数)］**<br>（注）法定相続人の中に相続を放棄したものがあるときは、その放棄がなかったものとした場合の相続人の数とします。<br>①被相続人に実子がいるとき、この算式での法定相続人数には養子のうち１人まで、実子がいないときは養子のうち２人までを加えます。<br>なお、被相続人の特別養子（配偶者の特別養子であった人で被相続人の養子となった人を含みます。）、連れ子、代襲相続人となった者の直系卑属である者は実子とみなしこの制限は受けません。<br>②①のように養子の数を法定相続人の数に含めることが、相続税の負担を不当に減少させる結果となるときは、その養子の数に算入されません。 |
| **7. 相続税額の計算**<br>（相法16） | （税額計算の算式）<br>［相続財産の総額］－［債務・公課 葬式費用］⇨［正味財産額］－［基礎控除額］⇨［課税される財産額］<br>→［各相続人の法定相続分財産額］×［税率］⇨［相続税の総額］⇨［各人の相続した財産額に応じて相続税の総額を按分］<br>－［税額控除：・贈与税額控除・配偶者の税額軽減・未成年者控除・障がい者控除・相次相続控除・在外財産に対する控除］⇨［納税猶予：農業の相続人・経営承継者がいる場合の納税猶予額］⇨［各相続人の税額］ |
| **8. 相続税額の２割加算**<br>（相法18） | 相続又は遺贈により財産を取得した相続税の納税義務者が当該相続又は遺贈に係る**被相続人の１親等の血族（直系卑属である代襲相続人を含みます。）及び配偶者以外の者**である場合においては、その者に係る相続税額は、算出した金額にその**20%**に相当する金額を加算した金額とされます。<br>一親等の血族には、被相続人の直系卑属が当該被相続人の養子となっている場合は含まれません。ただし、当該被相続人の直系卑属の代襲相続人は含みます。なお、推定相続人でない孫が相続時精算課税制度（P.237参照）を適用した財産については、その後贈与者（祖父母）に相続が発生した場合には、この２割加算の対象となります。 |

| | |
|---|---|
| **9. 配偶者の税額軽減** | |
| **(1)適用要件**<br>（相法19の2）<br>（相基通19の2-1、19の2-2、19の2-3） | **婚姻の届出**（民法739①）**をした被相続人の配偶者であること。**<br>①配偶者が制限納税義務者であっても適用があります。<br>②配偶者が相続を放棄した場合でも、配偶者が遺贈により財産を取得した場合には適用があります。<br>③事実上婚姻関係と同様の事情（いわゆる内縁関係）にある者であっても配偶者には含まれません。 |
| **(2)申告要件**<br><br><br>（相規1の6） | ①相続税の申告書（期限後申告書、修正申告書を含みます。）又は更正請求書に適用を受ける旨、計算に関する明細（申告書第５表）を記載すること。<br>②①の申告書又は更正請求書に次の書類を添付すること。<br>**添付書類**<br>(i)戸籍の謄本（相続の開始の日から10日を経過した日以後作成のもの）又は、実子又は養子の別が記載された図形式の法定相続情報一覧図の写し（いずれもコピーしたものを含みます。）<br>(ii)配偶者が財産を取得したことを証する次の書類<br>ⓘ遺言書の写し<br>ⓘⓘ遺産分割協議書（その相続に係るすべての共同相続人及び包括受遺者が自署し、自己の印を押しているものに限ります。）の写し（印鑑証明書添付）<br>ⓘⓘⓘその他、財産の取得の状況を証する書類<br>（調停又は審判により分割されていれば、調停調書又は審判書の謄本）<br>（生命保険金等が相続又は遺贈により取得したものとみなされるものである場合は、支払通知書等） |
| **(3)配偶者の税額軽減額** | 税額軽減額 ＝ 相続税の総額 × （いずれか少ない方｛・いずれか多い方｛・課税価格の合計額 × 配偶者の法定相続分、・１億６千万円｝、・配偶者の実際取得額｝）／ 課税価格の合計額 |
| <br><br>（相基通19の2-4） | ①「配偶者の法定相続分」は、相続の放棄があった場合でも、その放棄がなかったものとした場合の相続分をいいます。<br>②「配偶者の実際取得額」には申告期限までに分割されていない財産は含みません。（ただし申告期限後３年以内に分割された場合は含めて計算します。）<br>また、分割を要しない財産（遺贈財産、相続又は遺贈により取得したものとみなされた財産等）で配偶者が取得したもの及び生前贈与加算財産は、配偶者の実際取得額に含みます。 |
| **(4)未分割の場合**<br>（相法19の2②、相令4の2） | 遺産の全部又は一部が未分割の場合、申告期限までに分割されていない財産は配偶者の税額軽減の計算の基礎となる財産から除かれます。 |
| **10. 相続税額の諸控除**<br>（相法19、19の3、19の4、20、20の2） | **1　相続開始前３年以内の贈与財産と贈与税額控除**（相法19）<br>相続開始前３年以内（令和６年１月１日以後の贈与財産からは、７年以内）に被相続人から贈与により財産を取得している場合は、その財産の価額（前４年から前７年の４年間の贈与については、100万円を控除）を相続税の課税価格に加算し、課された贈与税額は相続税額から控除します。 |

2　**未成年者控除**（相法19の3）
財産の取得者が18歳（※）未満である者の場合、18歳（※）に達するまでの年数各1年に付き10万円。（不足額がある場合はその未成年者の扶養義務者の相続税額から控除できます。）
※令和4年3月31日以前の相続・遺贈は「20歳」

3　**障がい者控除**（相法19の4）
相続人が障がい者である場合、85歳に達するまでの年数各1年に付き10万円（特別障がい者は20万円）（不足額がある場合はその障がい者の扶養義務者の相続税額から控除できます。）

4　**相次相続控除**（相法20）
被相続人が死亡前10年内に相続により財産を取得している場合は、前回の相続税額のうちの一定額に（前の相続から次の相続までの期間を10年から差し引いた年数）$\times \frac{1}{10}$を乗じた額

5　**外国税額控除**（相法20の2）
相続財産が外国にあり、外国の法令により相続税に相当する税が課税された場合、相続税からその税額を控除

**11.税率**（相法16）
（平成27年1月1日以後の相続又は遺贈分）

〔**相続税の速算表**〕

| 各相続人が取得する金額 | | 税率 | 控除額 |
|---|---|---|---|
| | 1,000万円以下 | 10% | — |
| 1,000万円超 | 3,000万円以下 | 15% | 50万円 |
| 3,000万円超 | 5,000万円以下 | 20% | 200万円 |
| 5,000万円超 | 1億円以下 | 30% | 700万円 |
| 1億円超 | 2億円以下 | 40% | 1,700万円 |
| 2億円超 | 3億円以下 | 45% | 2,700万円 |
| 3億円超 | 6億円以下 | 50% | 4,200万円 |
| 6億円超 | | 55% | 7,200万円 |

**12.相続税額の早見表**

（法定相続分通りに財産を取得した場合の税額軽減後の相続税額）

（単位：万円）

| 相続人 ＼ 課税価格 | 1人の場合 | 2人の場合 | | 3人の場合 | | 4人の場合 | |
|---|---|---|---|---|---|---|---|
| | 基礎控除3,600万円 | 基礎控除4,200万円 | | 基礎控除4,800万円 | | 基礎控除5,400万円 | |
| | 子1人 | 子2人 | 配偶者と子1人 | 子3人 | 配偶者と子2人 | 子4人 | 配偶者と子3人 |
| 5,000 | 160 | 80 | 40 | 20 | 10 | 0 | 0 |
| 6,000 | 310 | 180 | 90 | 120 | 60 | 60 | 30 |
| 8,000 | 680 | 470 | 235 | 330 | 175 | 260 | 138 |
| 10,000 | 1,220 | 770 | 385 | 630 | 315 | 490 | 263 |
| 15,000 | 2,860 | 1,840 | 920 | 1,440 | 748 | 1,240 | 665 |
| 20,000 | 4,860 | 3,340 | 1,670 | 2,460 | 1,350 | 2,120 | 1,218 |
| 25,000 | 6,930 | 4,920 | 2,460 | 3,960 | 1,985 | 3,120 | 1,800 |
| 30,000 | 9,180 | 6,920 | 3,460 | 5,460 | 2,860 | 4,580 | 2,540 |
| 40,000 | 14,000 | 10,920 | 5,460 | 8,980 | 4,610 | 7,580 | 4,155 |
| 50,000 | 19,000 | 15,210 | 7,605 | 12,980 | 6,555 | 11,040 | 5,963 |
| 70,000 | 29,320 | 24,500 | 12,250 | 21,240 | 10,870 | 19,040 | 9,885 |
| 80,000 | 34,820 | 29,500 | 14,750 | 25,740 | 13,120 | 23,040 | 12,135 |
| 100,000 | 45,820 | 39,500 | 19,750 | 35,000 | 17,810 | 31,770 | 16,635 |
| 120,000 | 56,820 | 49,500 | 24,750 | 45,000 | 22,560 | 40,770 | 21,135 |
| 150,000 | 73,320 | 65,790 | 32,895 | 60,000 | 30,315 | 55,500 | 28,500 |
| 200,000 | 100,820 | 93,290 | 46,645 | 85,760 | 43,440 | 80,500 | 41,183 |

<table>
<tr><td>13. 評価の原則<br>（相法22）<br>⑴地上権・永小作権（相法23）<br>⑵配偶者居住権等の評価<br>（相法23の2）</td><td>• 取得した財産の価額は取得時の時価により、財産の価額から控除する金額はその時の現況により評価します。<br>• 残存期間に応じ<br>〔(権利を取得した土地の時価)×(残存期間によって定められた割合)〕<br>1．配偶者居住権<br>$\text{建物の時価} - \text{建物の時価} \times \dfrac{\left(\text{残存耐用年数} - \text{存続年数}\right)}{\text{残存耐用年数}} \times \text{存続年数に応じた民法の法定利率による複利現価率}$<br>2．配偶者居住権に基づく居住建物の敷地の利用に関する権利<br>$\text{土地等の時価} - \text{土地等の時価} \times \text{存続年数に応じた民法の法定利率による複利現価率}$</td></tr>
<tr><td>⑶定期金<br>（相法24、25）</td><td>1．給付事由（被保険者の死亡等）が発生しているもの<br><table><tr><td>⑴有期定期金⇨<br>次の①～③のいずれか多い額</td><td>①解約返戻金相当額<br>②(定期金に代えて一時金の給付を受けられる場合)一時金相当額<br>③１年間に受けるべき金額の平均額×予定利率の複利年金現価率（残存期間に応ずるもの）</td></tr><tr><td>⑵無期定期金⇨<br>次の①～③のいずれか多い額</td><td>①解約返戻金相当額<br>②定期金に代えて受取る一時金相当額<br>③１年間に受けるべき金額の平均額÷予定利率</td></tr><tr><td>⑶終身定期金⇨<br>次の①～③のいずれか多い額</td><td>①解約返戻金相当額<br>②定期金に代えて受取る一時金相当額<br>③１年間に受けるべき金額の平均額×平均余命に応ずる予定利率の複利年金現価率</td></tr></table>2．給付事由（被保険者の死亡等）が発生していないもの<br>⑴解約返戻金を支払う旨の定めのあるもの…解約返戻金相当額<br>⑵解約返戻金を支払う旨の定めのないもの<br>①保険料が一時払いの場合<br>一時払保険料×経過期間に応じる複利終価率×0.9<br>②①以外の場合<br>$\left(\text{払込保険料の合計} \div \text{経過期間の年数}\right) \times \text{経過期間に応ずる予定利率の複利年金終価率} \times 0.9$</td></tr>
<tr><td>14. 申告期限<br>（相法27）</td><td>相続の開始を知った日の翌日から10か月以内に被相続人の死亡時の住所地の所轄税務署長に申告します。</td></tr>
<tr><td>15. 連帯納付義務<br>（相法34、相令10の2）</td><td>• 同一の被相続人から相続又は遺贈により財産を取得した全ての者は、その相続又は遺贈により取得した財産に係る相続税について、その相続又は遺贈により受けた利益の価額に相当する金額を限度として、互いに連帯納付責任があります。<br>ただし、次の場合には連帯納付義務を負いません。<br>①申告期限から５年を経過する日までに、税務署長が連帯納付義務者に対して連帯納付に係る納付通知書を発していない場合<br>②本来の納税義務者が延納の許可を受けた相続税額に係る相続税<br>③本来の納税義務者が納税猶予（農地等、山林、非上場株式等など）の適用を受けた場合の納税が猶予された相続税額に係る相続税</td></tr>
<tr><td>16. 延納<br>●延納の要件<br>（相法38）</td><td>• 次に該当する場合延納をすることができます。<br>①　申告又は更正もしくは決定により納付すべき相続税額が10万円を超えること<br>②　金銭で一時に納付することを困難とする金額を限度とすること<br>③　必要な担保の提供があること</td></tr>
</table>

④　納税義務者の申請があること

(相法38④ただし書)

(注) 延納税額が100万円以下で、かつその延納期間が3年以下である場合には、担保の提供を要しません。

• 延納の期間は次によります。

(相法38①、相令13)

5年以内（ただし、不動産、不動産の上に存する権利、立木、事業用の減価償却資産及び特定同族会社の発行する株式等の価額の合計額が課税財産価額の10分の5以上を占めるときは、それらの財産の価額に対応する部分の相続税額については15年以内、その他の部分の相続税額については10年以内）

(注1) 特定同族会社の範囲　法人でその者及びその特別関係者の有する株式等の合計額がその法人の株式金額等の10分の5超に相当するもの（その発行する株式が証券取引所において上場されている法人などを除きます）。

(注2) 延納手続について災害その他のやむを得ない事情が生じた場合は、納税者の準備期間等に国通法11により申告期限等が延長された期間等が加算されます。

• 延納方法は次によります。

(相法38②)

年賦延納で、延納年割額は延納税額を延納期間に相当する年数で除して得た金額。

ただし、その計算した金額が10万円未満である場合には、最終年割額を除き10万円を下ることはできません。

**● 延納期間と利子率**

(相法51の2、措法70の10～11、93②)

| 区分 | | | 延納期間(最長) | 本則利子税割合 | 特例割合(令5) 利子税特例基準割合0.9%の場合 |
|---|---|---|---|---|---|
| 相続税 | ① 不動産等の割合が75%以上の場合 | イ　動産等に係る延納相続税額 | 10年 | 5.4% | 0.6% |
| | | ロ　不動産等に係る延納相続税額 | 20年 | 3.6% | 0.4% |
| | | ハ　森林計画立木の割合が20%以上の場合の森林計画立木に係る延納相続税額 | 20年 | 1.2% | 0.1% |
| | ② 不動産等の割合が50%以上75%未満の場合 | イ　動産等に係る延納相続税額 | 10年 | 5.4% | 0.6% |
| | | ロ　不動産等に係る延納相続税額 | 15年 | 3.6% | 0.4% |
| | | ハ　森林計画立木の割合が20%以上の場合の森林計画立木に係る延納相続税額 | 20年 | 1.2% | 0.1% |
| | ③ 不動産等の割合が50%未満の場合 | イ　一般の延納相続税額（ロ、ハ及びニを除く） | 5年 | 6.0% | 0.7% |
| | | ロ　立木の割合が30%を超える場合の立木に係る延納相続税額 | 5年 | 4.8% | 0.5% |
| | | ハ　特別緑地保全地区等内の土地に係る延納相続税額 | 5年 | 4.2% | 0.5% |
| | | ニ　森林計画立木の割合が20%以上50%未満の場合の森林計画立木に係る延納相続税額 | 5年 | 1.2% | 0.1% |
| 贈与税 | | 延納贈与税額 | 5年 | 6.6% | 0.8% |

(注) 1. 不動産等とは、不動産、不動産の上に存する権利、事業用減価償却資産、特定同族会社の株式・出資、立木をいいます。

2. 〔特例割合〕は $\left[\text{利子税の割合} \times \frac{\text{利子税特例基準割合}^{※}}{7.3\%}\right]$

(0.1%未満は切捨てます。)

※平成26年1月1日から令和2年12月31日までは、特例基準割合として（短期貸付の平均利率＋1%）となります。

※令和3年1月1日以後は、利子税特例基準割合として（平均貸付割合＋0.5%）となります。

**17. 物納**
〔物納制度の概要〕

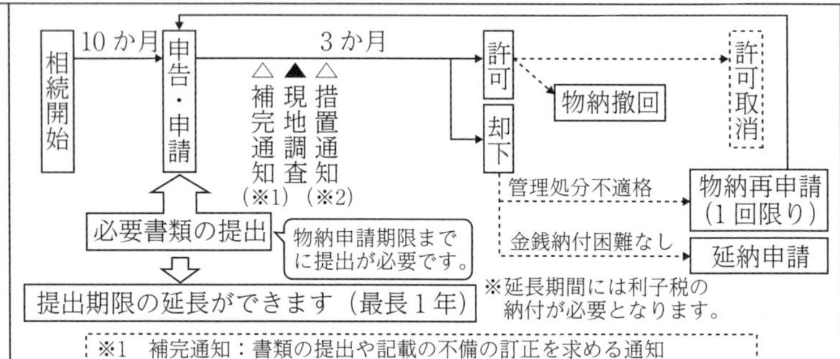


|  |  |
| --- | --- |
| • 物納の要件<br>（相法41①） | • 物納申請は以下の要件を満たす場合には、納付を困難とする金額を限度として物納が認められます。<br>①納付すべき相続税額を延納によっても金銭で納付することを困難とする事由があること。②納税義務者が申請し税務署長の許可を受けること。 |
| • 物納財産<br>（相法41②） | • 物納に充てることができる財産は、課税価格の計算の基礎となった財産又はその財産により取得した財産のうち次にあげる財産（物納順位は①→②→③）<br>①不動産・船舶、国債・地方債、金融商品取引所に上場されている株式、社債、証券投資信託等の受益証券、投資証券等<br>②金融商品取引所に上場されていない社債、株式及び証券投資信託又は貸付信託の受益証券（※取引相場のない株式の物納について、物納の要件及びその取扱いが、別に定められています。（相基通41-14他））<br>③動産 |
| • 収納価額<br>（相法43①、46） | • 原則として課税価格の計算の基礎となったその財産の相続税評価額です。（小規模宅地等の適用を受けた土地は、特例適用後の価額が収納価額となります。）<br>　ただし、その財産が収納の時までに当該財産の状況に著しい変化が生じたときは収納時の現況によります。 |
| • 収納時期<br>（相法43②、46） | • 物納財産の引き渡し、所有権の移転の登記等第三者に対抗することができる要件を充足したとき物納があったものとされます。 |
| • **特定物納制度**<br>（相法48の2、52、相令12～15、措法70の10、70の11） | • 延納から物納への変更<br>延納の許可を受けた納税者が、その後の資力の変化等により、延納条件の変更を行ったとしても延納を継続することが困難になった場合には、申告期限から10年以内の申請により、分納期限が未到来の税額部分について、延納から物納への変更を行うことができます。このときの物納に係る財産の収納価額は、特定物納申請時の価額となります。 |

## ●（参考）民法における相続に関する規定

<table>
<tr><th>項　目</th><th>説　　明</th></tr>
<tr><td>1. 相続の開始<br>（民法882、883）</td><td>相続は、人の死亡によって開始します。普通失踪の失踪宣告を受けた者も失踪期間（７年間）満了の時、危難失踪のときは危難が去った時に死亡したものとみなされ（民法31）、相続開始の原因となります。<br>相続開始の場所は、被相続人の死亡当時の住所地です。</td></tr>
<tr><td>2. 相続人<br>（民法887、889、890、886）</td><td>相続人は被相続人と一定の身分関係のある者、即ちその配偶者（内縁関係にある者は除きます。）、子、直系尊属、兄弟姉妹で、相続開始時において生存している者です。<br>※配偶者又は血縁関係にある者であっても、⑴相続開始以前に死亡している者、⑵推定相続人から廃除されている者、⑶相続人の欠格事由に該当している者、⑷相続の放棄をしている者は相続人となることができません。<br>相続開始の時に相続人となる者が死亡しているときは代襲相続になります。<br>胎児は、相続の場合は、すでに生まれたものとみなして相続権があります。<br>（注）相続税においては、胎児が申告書提出時までに出生していないときは、いないものとして相続税の計算をします。生まれたときは更正の請求をします。</td></tr>
<tr><td>3. 相続人の法定順位<br>（民法887、889、890）</td><td>相続人の相続順位は次の通りです。<br>第１順位　配偶者と子（代襲相続人（再代襲あり））<br>第２順位　配偶者と直系尊属<br>第３順位　配偶者と兄弟姉妹（代襲相続人（再代襲なし））</td></tr>
<tr><td>4. 法定相続分<br>（民法900、901）</td><td>相続分の指定がないときの共同相続人の相続分は次の通りです。
<table>
<tr><th>相続人の組合せ</th><th>配偶者</th><th>子</th><th>直系尊属</th><th>兄弟姉妹</th></tr>
<tr><td>配偶者のみ</td><td>全額</td><td></td><td></td><td></td></tr>
<tr><td>配偶者と子</td><td>$\frac{1}{2}$</td><td>$\frac{1}{2}$（注）</td><td></td><td></td></tr>
<tr><td>子のみ</td><td></td><td>全額（注）</td><td></td><td></td></tr>
<tr><td>配偶者と直系尊属</td><td>$\frac{2}{3}$</td><td></td><td>$\frac{1}{3}$（注）</td><td></td></tr>
<tr><td>直系尊属のみ</td><td></td><td></td><td>全額（注）</td><td></td></tr>
<tr><td>配偶者と兄弟姉妹</td><td>$\frac{3}{4}$</td><td></td><td></td><td>$\frac{1}{4}$（注）</td></tr>
<tr><td>兄弟姉妹のみ</td><td></td><td></td><td></td><td>全額（注）</td></tr>
</table>
（注）　複数人いる場合は、各自均分</td></tr>
<tr><td>※寄与分制度</td><td>被相続人の財産形成に特別の寄与をした相続人又は相続人の親族（令元.7.1以後）に対し、寄与の方法・程度に応じ、遺産分割において相当額の財産を取得できるようにする制度です。</td></tr>
<tr><td>※遺留分に関する民法の特例</td><td>「中小企業経営承継円滑化法」により、中小企業の株式等については、一定の手続きを経て「①贈与株式等を遺留分算定基礎財産から除外できる②贈与株式等の評価額を予め固定化できる」という遺留分に関する民法の特例があります。<br>※非嫡出子の相続分も嫡出子と同じです。（平25.9.4最高裁決定）<br>※代襲相続人は、その親の相続分を均分します。<br>※養子がいる場合、すべての養子が民法上の法定相続人となりますが、相続税法では法定相続人の数に算入されない場合があります。</td></tr>
</table>

**5. 相続の承認・放棄**
（民法915、924、938）

相続人は相続開始の時から被相続人に属した財産上の一切の権利義務を承継します（民法896）が、相続人には相続の承認又は放棄を選択する権利が与えられています。

- 相続の承認
  - 単純承認
  - 限定承認 → 相続開始後３か月以内（期間の伸長可能）に家庭裁判所に申述
- 相続の放棄 → 相続開始後３か月以内（期間の伸長可能）に家庭裁判所に申述

**⑴相続の承認**

| | |
|---|---|
| 単純承認（民法920） | 相続財産・債務を全面的に承継します。（相続財産をもって相続債務を弁済しきれない場合、相続人の個人財産により弁済しなければなりません。） |
| 限 定 承 認（民法922） | 相続財産の範囲において債務及び遺贈の義務を負担します。相続人が複数いるときには、全員の共同が必要です（民法923）。 |

**⑵相続の放棄**
（民法939）

- 相続の放棄とは、自己のために開始した不確定の相続の効力を確定的に消滅させることを目的とする意思表示をいい、家庭裁判所に申述書を提出しなければなりません（遺産分割により相続財産を何も取得しない、いわゆる財産放棄のことではありません。）。
- 相続の放棄により、はじめから相続人とならなかったものとみなされます（相続放棄の場合には代襲相続もありません。）。
- また、相続の放棄により同一順位の相続人がいなくなったときは、次の順位の者が相続人になります（例えば、第１順位の相続人が放棄すると第２順位の人が相続人となります。）。

**●親族表**
（民法725）

親族とは６親等内の血族（①～⑥）、配偶者、３親等内の姻族（①～③）をいいます。（「中心的な同族株主」（評基通188）の判定の基礎になる同族株主はアミカケ部分です。）

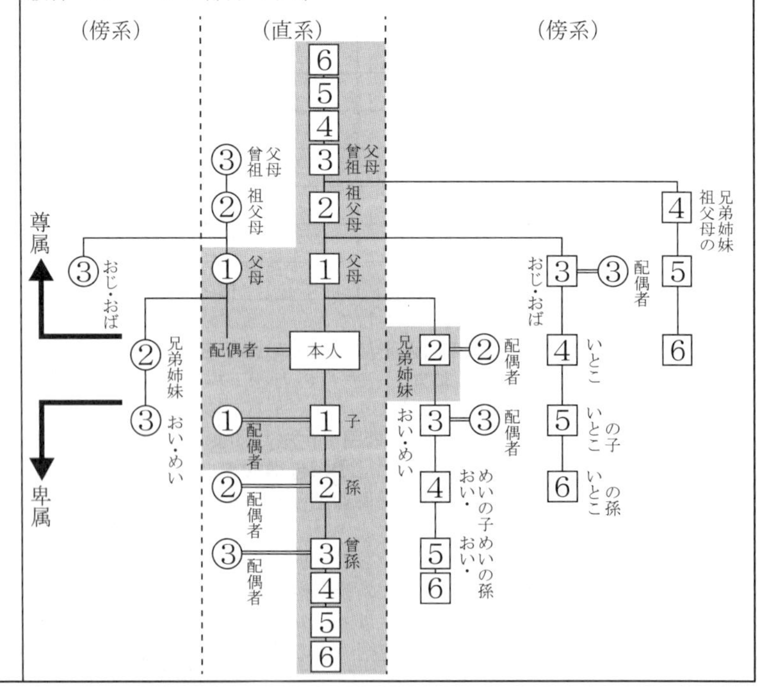

# ■贈与税

| 項　目 | 説　　明 |
|---|---|

**1. 納税義務者・課税財産**
（相法1の4・2の2）

<table>
<tr><td colspan="2" rowspan="3">受贈者＼贈与者</td><td rowspan="3">国内に住所あり(注)</td><td colspan="3">国内に住所なし</td></tr>
<tr><td colspan="2">日本国籍あり</td><td rowspan="2">日本国籍なし</td></tr>
<tr><td>国外居住10年以下</td><td>国外居住10年超</td></tr>
<tr><td colspan="2">国内に住所あり（注）</td><td rowspan="3">①国内・国外財産ともに課税</td><td colspan="3" rowspan="2">②国内・国外財産ともに課税</td></tr>
<tr><td rowspan="2">国内に住所なし</td><td>国外居住10年以下(注)</td></tr>
<tr><td>国外居住10年超(注)</td><td></td><td colspan="2">③国内財産のみに課税</td></tr>
</table>

（注）一時居住者、外国人贈与者、非居住贈与者、短期非居住贈与者の場合の取扱い及び①居住無制限納税義務者、②非居住無制限納税義務者、③居住制限納税義務者、④非居住制限納税義務者の課税財産の範囲については相続税の場合と同様です。（P.220参照）

**贈与による財産の取得時期**
（相基通1の3・1の4共8～11）

| | |
|---|---|
| ①口頭による贈与→贈与の履行の時<br>②書面による贈与→贈与契約の効力が生じた時<br>（公正証書による不動産の贈与の時期は、公正証書作成の時ではありません。）<br>③停止条件付贈与→条件が成就した時 | 贈与の日が明確でない場合<br>所有権等の登記又は登録の目的となる財産→登記又は登録をした日 |
| ④農地等の贈与→農地法による許可又は届出の効力が生じた日 | 許可又は届出の効力が申請書等提出日の属する年の翌年の1/1～3/15までに生じた場合には申請書提出日に贈与があったとして申告してもよい |

**2. 非課税財産**
（相法21の3①）
（相基通21の3-3、3-4、3-5、3-6）

**次に掲げる財産は、贈与税が課税されません。**

①法人からの贈与により取得した財産
個人が法人から受けた贈与財産は、所得税（一時所得）が課税されます。

②扶養義務者相互間において、生活費又は教育費に充てるために贈与した財産で通常必要と認められるもの。
- 「生活費」とは、通常の日常生活を営むのに必要な費用で、治療費、養育費などを含みます。
- 「教育費」とは、教養上通常必要と認められる学費、教材費、文具費等をいいます。
- 「生活費又は教育費に充てるため」とは、必要な都度直接これらに充てることをいいます。
  したがって、生活費・教育費という名目であっても一括して贈与されて預金したり、株式、車、不動産等の購入に充てられたものは、贈与税が課税されます。

（相令4の5）
（昭和39.6.9直審（資）24）

③宗教、慈善、学術その他公益を目的とする事業を行う者で一定の要件に該当するものが贈与により取得した財産で、その公益を目的とする事業の用に供されることが確実なもの。
- 公益事業用財産の非課税に関する取扱いは、相令4の5及び昭和39.6.9直審（資）24において定められています。
- 贈与により取得した財産を取得後2年を経過しても、その事業の用に供していないときはその財産に対して贈与税が課税されます。

④特定公益信託（所得税法第78条第3項）で学術に関する貢献・研究に対して交付される財務大臣指定のもの又は学資の支給を行うことを目的とする特定公益信託から交付される金品

⑤精神又は身体に障がいのある者又はその者を扶養する者が、条例の規定により地方公共団体が実施する心身障がい者共済制度（所得税法施行令第20条第2項）に基づいて支給される給付金を受ける権利

⑥公職選挙の候補者が選挙運動に関し、個人から贈与により取得した金銭等で公職選挙法の規定により報告されたもの

（相法21の4）
（相令4の11）

⑦特定障がい者が、特定障がい者扶養信託契約に基づく信託受益権の贈与を受けた場合で、「障がい者非課税信託申告書」を提出したときにおける、信託受益権の価額のうち6,000万円（特定障がい者のうち特別障がい者以外の者は3,000万円）までの金額

- 過去に「障がい者非課税信託申告書」を提出している場合には、非課税額となる金額は既にこの規定の適用を受けた金額を控除します。

（相基通21の3-9）

⑧個人から受ける香典、花輪代、年末年始の贈答、祝物又は見舞い等のための金品で、社交上の必要によるもので社会通念上相当と認められるもの

（相法21の2④）

⑨相続又は遺贈により財産を取得した者が、その相続開始の年に、被相続人から贈与により取得した財産

- 被相続人から贈与を受けた場合であっても、相続又は遺贈により財産を取得していない場合は、贈与税が課税されます。

**3. 直系尊属からの住宅取得等資金の贈与の特例**
（措法70の2）

（注）令4.3.31以前は20歳

- 令和４年１月１日から令和５年12月31日までの間に、その直系尊属から贈与により取得した住宅用家屋の新築・取得又は増改築に充てるための金銭（「住宅取得等資金」といいます。）の取得をした**特定受贈者**（直系尊属から贈与を受けた18歳(注)以上（その年の１月１日現在）の者（制限納税義務者を除きます。）で、合計所得金額2,000万円以下のもの）が、住宅用家屋の新築等について一定の要件を満たすときは、非課税限度額までの金額について贈与税の課税価額に算入されません。

　なお、この非課税制度は暦年課税の基礎控除額（相法21の5、措法70の2の4）、相続時精算課税の特別控除（相法21の12）又は特定の贈与者からの住宅取得等資金の贈与を受けた場合の相続時精算課税の特例（措法70の3）と併せて適用ができます。

※対象となる住宅用家屋の床面積要件は50m²以上240m²以下（ただし、令和３年１月１日以後は、受贈者の贈与年分の合計所得金額が1,000万円以下である場合に限り、40m²以上240m²以下）

※相続時精算課税制度についてはP.238参照

〔●非課税限度額〕

| 贈与日 | 耐震性能・省エネ性能・バリアフリー性能のいずれか有する住宅 | 左記以外の住宅 |
|---|---|---|
| 令4.1.1～令5.12.31 | 1,000万円 | 500万円 |

＊令和４年１月１日以後贈与から、既存住宅は昭和57年以後に建築された住宅又は新耐震基準に適合していることが必要。
＊原則として贈与を受けた年の翌年３月15日までに住宅を取得する必要。

**4. 農地等の贈与税・相続税の納税猶予**
（措法70の4、70の6）

- 農業を営んでいる者が、その農業を引き継ぐ推定相続人の１人に農地等の生前一括贈与をした場合には、その受贈者に課税される贈与税については、その贈与を受けた農地等について受贈者が農業を営んでいる限り、その納税が猶予されます。
- 農業を営んでいた被相続人から農業相続人が農地等を相続又は遺贈により取得して、農業を営む場合には、その取得した農地等の価額のうち農業投資価額を超える部分に対応する相続税額は、その農地等について農業を継続して行っている場合に限り、その納税が猶予されます。

<table>
<tr>
<td>5. 山林についての相続税の納税猶予<br>（措法70の6の4）</td>
<td>林業経営相続人が、相続又は遺贈により、特定森林経営計画が定められている区域内に存する山林（立木又は土地をいいます。）について当該特定森林経営計画に従って施業を行ってきた被相続人からその山林を一括して取得した場合において、その林業経営相続人が当該特定森林経営計画に基づいて引き続き施業を継続していくときは、その林業経営相続人が納付すべき相続税額のうち、当該相続又は遺贈により取得した山林で一定の要件を満たすものに係る課税価格の80%に対応する相続税額については、その林業経営相続人の死亡の日までその納税が猶予されます。</td>
</tr>
<tr>
<td>6. 贈与税の配偶者控除<br>（相法21の6）<br>（相令4の6）<br>（相規1の5）<br><br><br><br><br><br><br><br><br><br>• 適用手続き<br><br><br>（相規9）</td>
<td>贈与の日において婚姻期間が20年以上である配偶者から、居住用不動産又は居住用不動産を取得するための金銭の贈与を受けた場合、贈与税の課税価格から最高2,000万円まで控除されます。<br>［その年分の贈与税の課税価額 − 贈与税の配偶者控除※ − 110万円］× 税率 ＝ 贈与税額<br>※次のいずれか少ない金額<br>イ　2,000万円<br>ロ　居住用不動産の価額＋居住用不動産の取得に充てられた金銭<br>①婚姻期間が20年以上であること。<br>• 婚姻の届出の日から居住用不動産の贈与の日までの期間によって計算します。（1年未満の端数切捨て）<br>• 同一配偶者間においては一生に一回しか適用できません。<br>②贈与を受けた年の翌年3月15日までに居住用不動産を居住の用に供し（又は贈与を受けた金銭で居住用不動産を取得し、かつ居住の用に供し）、その後も引き続き居住の用に供する見込みであること。<br>①贈与税の申告書又は更正請求書（(i)適用を受ける旨及びその控除額の明細(ii)前年以前に同一の配偶者からの贈与につき配偶者控除の適用を受けていない旨を記載）の提出<br>②添付書類<br>
<table>
<tr><td>(i)戸籍の謄本または抄本<br>戸籍の附票の写し</td><td>贈与を受けた日から10日を経過した日以後に作成されたもの</td></tr>
<tr><td colspan="2">(ii)居住用不動産を取得したことを証する書類</td></tr>
</table>
③贈与税の配偶者控除の適用によって贈与税額が算出されない場合であっても、贈与税の申告書の提出が必要です。</td>
</tr>
<tr>
<td>7. 外国税額控除<br>（相法21の8）<br><br><br><br><br><br><br><br><br>（相基通21の8-2）</td>
<td>• 在外財産を贈与により取得した場合において、その財産について外国の法令により贈与税に相当する税が課税されたときは、その者が贈与により取得した財産全体に対する贈与税額から、その外国において課税された贈与税相当額を控除することができます。<br>1．控除額<br>①外国で課税された贈与税相当額<br>②全体に対する贈与税額 × $\frac{在外財産の価額}{その年分の贈与税の課税価格}$<br>③①又は②のいずれか少ない額<br>2．外国税額控除は、暦年課税、相続時精算課税の別に、それぞれ適用します。</td>
</tr>
</table>

**8. 贈与税の計算**
（相法21の5、21の7、措法70の2の4、70の2の5）

※特例税率について、令4.3.31以前の贈与は「20歳」。

$$\left(\text{その年分の贈与財産の価額の合計額} - \text{基礎控除額（110万円）}\right) \times \text{速算表の税率} - \text{控除額}$$

●贈与税（暦年課税）の速算表

| 基礎控除後の課税価格 | 18歳以上の者が直系尊属から贈与を受けた場合の税率（特例税率） | | 左記以外の贈与の税率（一般税率） | |
|---|---|---|---|---|
| | 税率 | 控除額 | 税率 | 控除額 |
| 200万円以下 | 10% | — | 10% | — |
| 200万円超　300万円以下 | 15% | 10万円 | 15% | 10万円 |
| 300万円超　400万円以下 | | | 20% | 25万円 |
| 400万円超　600万円以下 | 20% | 30万円 | 30% | 65万円 |
| 600万円超　1,000万円以下 | 30% | 90万円 | 40% | 125万円 |
| 1,000万円超　1,500万円以下 | 40% | 190万円 | 45% | 175万円 |
| 1,500万円超　3,000万円以下 | 45% | 265万円 | 50% | 250万円 |
| 3,000万円超　4,500万円以下 | 50% | 415万円 | 55% | 400万円 |
| 4,500万円超 | 55% | 640万円 | | |

※特例税率の適用を受けるには、贈与税の申告書にその旨を記載し、課税価格が300万円を超えるときは、戸籍謄本等を添付する必要があります。

※特例贈与財産と一般贈与財産の両方を取得した場合の贈与税額の計算

$$A=\left\{\left(\text{合計贈与価額}-\text{基礎控除額}\right)\times\text{特例税率}-\text{控除額}\right\}\times\left(\frac{\text{特例贈与財産価額}}{\text{合計贈与価額}}\right)$$

$$B=\left\{\left(\text{合計贈与価額}-\text{基礎控除額}\right)\times\text{一般税率}-\text{控除額}\right\}\times\left(\frac{\text{一般贈与財産価額}}{\text{合計贈与価額}}\right)$$

その年分の贈与税額＝Ａ＋Ｂ

※特例贈与財産→直系尊属から18歳以上の者への贈与財産（特例税率適用）

※一般贈与財産→特例贈与財産以外の贈与財産（一般税率適用）

（注）贈与税の配偶者控除の適用がある場合には、一般贈与財産価額から控除

**9. 申告**
（相法28①）

贈与を受けた年の翌年２月１日から３月15日までに、受贈者の所轄税務署へ申告します。

# ■生命保険金等を受け取った場合の課税関係

## 1 満期・返戻金等

| 区分 | 契約内容 | | | | 満期返戻金等 | | 関連法令 |
|---|---|---|---|---|---|---|---|
| | 契約者 | 被保険者 | 保険料負担者 | 受取人 | 納税義務者 | 課税関係 | |
| ① | 甲 | 甲(死亡) | 甲 | 甲 | 甲 | (イ)一時金による受取【※1】<br>{満期返戻金等－支払保険料の総額－50万円（一時所得の特別控除額)}× $\frac{1}{2}$ ＝一時所得<br>(ロ)年金による受取【※2】<br>その年の年金受取額－(その年の年金受取額× $\frac{支払保険料の総額}{年金受取総額（又は見込額）}$ )＝雑所得 | 所令183①②<br>所基通34-1<br>〃 35-1 |
| ② | 甲 | 甲(死亡) | 甲 | 乙 | 乙 | 甲から乙への贈与【※3】<br>満期返戻金等－110万円(贈与税基礎控除額)＝贈与税の課税価格 | 相法5①<br>相法21の5 |
| ③ | 甲 | 丙(死亡) | 甲 | 甲 | 甲 | 一時所得か雑所得【※1】【※2】に同じ | 所令183①②<br>所基通34-1<br>〃 35-1 |
| ④ | 甲 | 丙(死亡) | 甲 | 乙 | 乙 | 甲から乙への贈与【※3】に同じ | 相法5②<br>相法21の5 |
| ⑤ | 乙 | 乙 | 甲(死亡) | 甲 | 甲 | 一時所得か雑所得【※1】【※2】に同じ | 所令183①②<br>所基通34-1<br>〃 35-1 |
| ⑥ | 乙 | 乙 | 甲(死亡) | 丙 | 丙 | 甲から丙への贈与【※3】に同じ | 相法5①<br>相法21の5 |
| ⑦ | 甲 | 甲(死亡) | 甲 $\frac{1}{2}$<br>乙 $\frac{1}{2}$ | 乙 | 乙 | $\frac{1}{2}$ が甲から乙への贈与となります【※3】に同じ<br>満期返戻金× $\frac{1}{2}$ －110万円＝贈与税の課税価格<br>$\frac{1}{2}$ が一時所得か雑所得<br>【※1】【※2】に同じ | 所令183①②<br>所基通34-1<br>〃 35-1<br>相法5②<br>相法21の5 |
| ⑧ | 甲 | 甲(死亡) | 甲 $\frac{1}{2}$<br>丙 $\frac{1}{2}$ | 乙 | 乙 | $\frac{1}{2}$ が甲から乙への、 $\frac{1}{2}$ が丙から乙への贈与<br>【※3】に同じ | 相法5②<br>相法21の5 |
| ⑨ | A | B(死亡) | A | B | B | 一時所得か雑所得【※1】【※2】に同じ<br>(支払保険料は、その都度給与) | 所令183①②<br>所基通34-1<br>〃 35-1 |
| ⑩ | B | B(死亡) | A | B | B | 一時所得か雑所得【※1】【※2】に同じ<br>(支払保険料は、その都度給与) | 所令183①②<br>所基通34-1<br>〃 35-1 |
| ⑪ | C | B(死亡) | C | C | C | 事業所得の収入金額に算入　事業所得【※4】<br>(※資産に計上している部分は必要経費に算入)<br>(注) 満期返戻金のないものについては、支払の都度必要経費。 | 所法37<br>所基通34-1 |
| ⑫ | C | B(死亡) | C | B | B | 一時所得か雑所得【※1】【※2】に同じ<br>(支払保険料は、その都度給与) | 所令183①②<br>所基通34-1<br>〃 35-1 |

甲＝本人　乙＝甲の配偶者　丙＝子供　A＝法人　B＝使用人（従業員）　C＝個人事業主

## 2 死亡保険金等

| 区分 | 契約内容 | | | | 死亡保険金等（被保険者のうち甲、丙又はBが死亡した場合） | | 関連法令 |
|---|---|---|---|---|---|---|---|
| | 契約者 | 被保険者 | 保険料負担者 | 受取人 | 納税義務者 | 課税関係 | |
| ① | 甲 | 甲(死亡) | 甲 | 甲 | 甲の相続人 | 甲の相続人が法定相続分により取得したこととされます。<br>みなし相続財産（生命保険金等）【※５】<br>生命保険金等－生命保険金等の非課税額<br>(法定相続人１人につき500万円)＝課税相続財産 | 相法3①一<br>相法12①五 |
| ② | 甲 | 甲(死亡) | 甲 | 乙 | 乙 | みなし相続財産（生命保険金等）【※５】に同じ<br>生命保険金等－生命保険金等の非課税額＝課税相続財産 | 相法3①一<br>相法12①五 |
| ③ | 甲 | 丙(死亡) | 甲 | 甲 | 甲 | ㋑一時金による受取り【※１】に同じ<br>㋺年金による受取り【※２】に同じ | 所令183①②<br>所基通34-1<br>〃 35-1 |
| ④ | 甲 | 丙(死亡) | 甲 | 乙 | 乙 | 甲から乙への贈与【※３】に同じ<br>生命保険金等－110万円（贈与税基礎控除額）<br>＝贈与税の課税価格 | 相法5①<br>相法21の5 |
| ⑤ | 乙 | 乙 | 甲(死亡) | 甲 | 乙 | みなし相続財産（生命保険契約に関する権利）<br>【※６】<br>生命保険契約に関する権利 × $\frac{\text{被相続人が負担した保険料}}{\text{払込保険料の全額}}$ ＝ 課税相続財産 | 相法3①三 |
| ⑥ | 乙 | 乙 | 甲(死亡) | 丙 | 乙 | みなし相続財産（生命保険契約に関する権利）<br>【※６】に同じ | 相法3①三 |
| ⑦ | 甲 | 甲(死亡) | 甲$\frac{1}{2}$<br>乙$\frac{1}{2}$ | 乙 | 乙 | $\frac{1}{2}$がみなし相続財産【※５】に同じ<br>(生命保険金等×$\frac{1}{2}$)－生命保険金等の非課税額<br>＝課税相続財産<br>$\frac{1}{2}$が一時所得か雑所得【※１】【※２】に同じ | 相法3①<br>所令183①②<br>所基通34-1<br>〃 35-1 |
| ⑧ | 甲 | 甲(死亡) | 甲$\frac{1}{2}$<br>丙$\frac{1}{2}$ | 乙 | 乙 | $\frac{1}{2}$がみなし相続財産【※５】に同じ<br>$\frac{1}{2}$が丙から乙への贈与<br>生命保険金等×$\frac{1}{2}$－110万円＝贈与税の課税価格【※３】に同じ | 相法3①<br>相法5① |
| ⑨ | A | B(死亡) | A | B | Bの相続人 | みなし相続財産（生命保険金等）<br>(給与所得としての課税に関係なく、相続財産)【※５】に同じ<br>※退職金に充当する旨の定めがあるものについては退職金としてのみなし相続財産<br>退職手当金等－退職手当金等の非課税額＝課税相続財産 | 相法3①<br>相法12①五、六<br>相基通3-17 |
| ⑩ | B | B(死亡) | A | B | Bの相続人 | 同上 | 相法3①<br>相法12①五、六<br>相基通3-17 |
| ⑪ | C | B(死亡) | C | C | C | 受取保険金は事業所得の収入金額に算入【※４】に同じ<br>(※資産に計上している部分は必要経費に算入)<br>(注) 満期返戻金のないものについては支払の都度必要経費になります。 | 所法37<br>所基通34-1(4) |
| ⑫ | C | B(死亡) | C | B | Bの相続人 | みなし相続財産（生命保険金等）<br>(給与所得としての課税に関係なく、相続財産)【※５】に同じ<br>※退職金に充当する旨の定めがあるものについては退職金としてのみなし相続財産<br>退職手当金等－退職手当金等の非課税額＝課税相続財産 | 相法3①<br>相法12①五、六<br>相基通3-17 |

甲＝本人　乙＝甲の配偶者　丙＝子供　A＝法人　B＝使用人（従業員）　C＝個人事業主

## ■相続時精算課税（改正 P.20参照）

| 項　　目 | 説　　　　明 |
|---|---|
| (1)**概要**<br>（相法21の9～18、33の2、49） | 相続時精算課税とは、受贈者の選択により、贈与時に贈与財産に対する贈与税を支払い、その後の相続時にその贈与財産と相続財産とを合計した価額を基に計算した相続税額から、すでに支払った贈与税を控除することにより贈与税・相続税を通じた納税ができる制度です。 |
| (2)**適用対象者**<br>（相法21の9、措法70の2の6、70の2の7、70の2の8）<br>※令4.3.31以前は「20歳」。 | • 贈与者は贈与をした年の1月1日で60歳以上（住宅取得等資金の贈与の場合（(7)参照）には特例があります。）の父母、祖父母<br>• 受贈者は、贈与を受けた年の1月1日において18歳（※）以上の推定相続人及び孫である直系卑属。<br>• 特例対象受贈非上場株式等を贈与により取得した特例経営承継受贈者が特例贈与者の推定相続人以外の者（その年1月1日において18歳（※）以上である者に限る。）であり、かつ、その特例贈与者が同日において60歳以上の者である場合には、相続時精算課税の適用を受けることができます。 |
| (3)**適用手続**<br>（相令5）<br><br>（措法70の3の2） | • この制度を選択する受贈者は、その選択に係る最初の贈与を受けた年の翌年2月1日から3月15日までの間に贈与を受けた者の所轄税務署長に対して「相続時精算課税選択届出書」を贈与を受けた者ごとに贈与税の申告書に添付して行います。この時、受贈者の戸籍謄本等を添付します。<br>• この選択は、受贈者である兄弟姉妹が各々、贈与者である父、母、祖父、祖母ごとに選択できます。最初の贈与の際の届出により相続時までこの制度を継続して適用します。相続時精算課税選択届出書を提出しなかった場合には、宥恕規定がなく相続時精算課税の適用を受けられません。また、届出書を提出した場合には、その年分以降すべて相続時精算課税が適用され暦年贈与の適用はありませんが、令和6年1月1日以後は基礎控除として110万円を控除できます。この基礎控除については相続時に相続財産に加えられることはありません。<br>• なお、贈与者が年の中途で死亡した場合は、贈与者の死亡に係る相続税の納税地の所轄税務署長に提出します。 |
| (4)**相続時精算課税選択届出書の添付書類**<br>（相法21の9②、相令5②、相規11） | 受贈者の戸籍の謄本又は抄本その他の書類で、次の内容を証する書類<br>　イ　受贈者の氏名、生年月日<br>　ロ　受贈者が贈与者の推定相続人である子又は孫であること<br>※受贈者が「贈与税の納税猶予及び免除の特例（個人の事業用資産・非上場株式等）」の適用を受ける場合は、受贈者が贈与者からの贈与により特例受贈事業用資産又は特例対象受贈非上場株式等の取得をしたことを証する書類が必要です。 |
| (5)**適用対象財産等**<br>（相法21の9） | 一般の場合は贈与財産の種類、金額、贈与回数に制限はありません。<br>なお、推定相続人でない孫が相続時精算課税制度を適用した財産については、その後贈与者（祖父母）に相続が発生した場合は相続税の2割加算（P.223 **8.**参照）の対象となります。 |
| (6)**税額の計算**<br>（相法21の11の2、21の12、措法70の3の2） | ①　**贈与税額の計算**<br>この制度の選択をした受贈者は、贈与者からの贈与財産について贈与時に申告を行い、他の贈与財産と区分して、その贈与者からの贈与財産の価額の合計額を基に計算した「贈与時の贈与税」を支払います。<br>その「贈与時の贈与税」の額は、1年間の贈与財産の価額の合計額（令和6年1月1日以後の贈与については基礎控除110万円を差し引い |

相続・贈与税

| | |
|---|---|
| （措法70の3の3） | た金額）から累積2,500万円を控除した後の金額（この特別控除は複数年にわたり利用します。）に一律20％の税率を乗じて算出します。<br>（贈与者ごとの課税価格 − 基礎控除110万円（R6.1.1以後） − 贈与者ごとの特別控除額2,500万円（前年以前に控除した金額があるときは、その残額））× 20％<br>②　**相続税額の計算**<br>この制度の選択をした受贈者は、本制度に係る贈与者からの相続時に、それまでの贈与財産（基礎控除を除きます。）と相続財産とを合算して通常の課税方式（法定相続分による遺産取得課税方式）により計算した相続税額から、すでに支払った「贈与時の贈与税」相当額を控除して計算します。その際、相続税額から控除しきれない場合には、「贈与時の贈与税」相当額の還付を受けることができます。<br>なお、相続財産と合算する贈与財産の価額は贈与時の時価です。<br>ただし、土地・建物が令和6年1月1日以後に一定の災害で相当の被害を受けた場合には、被災相当額を控除します。 |
| **(7)住宅取得等資金に係る相続時精算課税制度の特例**<br>（措法70の3） | 相続時精算課税制度について、平成15年1月1日から令和5年12月31日までの間に、自己の居住の用に供する一定の家屋を取得する資金又は自己の居住の用に供する家屋の一定の増改築のための資金の贈与を受ける場合は、**60歳未満の父母又は祖父母からの贈与についても特別控除2,500万円を適用することができます。**<br>※平成27年1月1日から令和5年12月31日までの間に直系尊属から居住用家屋の取得等に充てるために金銭の贈与を受けた場合には、一定の限度額まで贈与税が非課税とされます（P.232参照）。この特例は、精算課税制度の特例の特別控除額とあわせて適用が可能です。 |
| **「一定の家屋」**<br>（措法70の3①③） | 新築及び一定の新耐震基準を満たす中古住宅又は昭和57年以後に建築された家屋（令和3年12月31日以前贈与は、築後経過年数が20年以内（一定の耐火建築物である場合には、25年以内）の家屋）で床面積が40m²以上（令和2年12月31日以前は50m²以上）であることその他の要件を満たすもの（一定の要耐震改修住宅用家屋を含みます。） |
| **「一定の増改築」**<br>（措法70の3①③） | 増築、改築、大規模の修繕、大規模の模様替、省エネ改修、バリアフリー改修、給排水管又は雨水の浸入防止等であって、当該増改築の工事費用が100万円以上であること、当該増改築後の床面積が40m²以上（令和2年12月31日以前は50m²以上）であることその他の要件を満たすもの |
| **・特例適用後の課税関係**<br>（措法70の3②）<br>（措通70の3-4）<br>（措法70の2③） | ①住宅取得等資金について精算課税の適用を受けた場合、その年分以降の特定贈与者から適用者への贈与は、住宅取得等資金であるか否かを問わず、精算課税の適用を受けます。<br>②直系尊属からの住宅取得等資金のうち贈与税が非課税となった金額については、贈与者が死亡したときのその贈与者に係る相続税の計算において、相続税の課税価格に加算されません。 |

## ■教育資金の一括贈与に係る贈与税の非課税（改正 P.21参照）

| 項　目 | 説　明 |
| --- | --- |
| **1. 制度の概要**<br>（措法70の2の2①②⑰）<br>平25.4.1から令8.3.31までに信託等されたものに適用 | ・受贈者（**30歳未満**の者で、前年の合計所得金額が1,000万円以下の受贈者に限ります。）の「**教育資金**」に充てるためにその直系尊属が金銭等を拠出し、信託銀行、銀行又は金融商品取引業者に信託等をした場合には、信託受益権の価額又は拠出された金銭等の額のうち**受贈者1人につき1,500万円**（学校等以外の者に支払われる金銭については、500万円を限度とします。）までの金額に相当する部分の価額については、贈与税は課されません。<br>（注）「**教育資金**」とは、文部科学大臣が定める次の金銭をいいます。<br>①　学校等に支払われる入学金その他の金銭<br>②　学校等以外の者に支払われる金銭のうち一定のもの |
| **2. 申告**<br>⑴申告<br>（措法70の2の2③） | 本特例の適用を受ける場合の取扱いは、次の通りとなります。<br>○　受贈者は、本特例の適用を受けようとする旨等を記載した教育資金非課税申告書を金融機関を経由し、受贈者の納税地の所轄税務署長に提出しなければなりません。 |
| ⑵払出しの確認等<br>（措法70の2の2⑩） | ○　受贈者は、払い出した金銭を教育資金の支払いに充当したことを証する書類を金融機関に提出しなければなりません。<br>金融機関は、提出された書類により払い出された金銭が教育資金に充当されたことを確認し、その確認した金額を記録するとともに、当該書類及び記録を受贈者が30歳に達した日の翌年３月15日後６年を経過する日まで保存しなければなりません。 |
| ⑶終了時<br>（措法70の2の2⑯） | ・教育資金管理契約は、次のうちいずれか早い日に終了されます。<br>①　受贈者が30歳に達した場合（令和元年７月１日以後で在学中等の場合には、卒業等により、在学中等に該当しないこととなった年の12月31日又は40歳までのいずれか早い方）<br>②　受贈者が死亡した場合<br>③　信託財産が０になった場合など、金融機関との当該契約が終了する日 |
| a. 調書の提出<br>（措法70の2の⑲） | 金融機関は、本特例の適用を受けて信託等がされた金銭等の合計金額（以下「非課税拠出額」といいます。）及び契約期間中に教育資金として払い出した金額（上記⑵より記録された金額とします。）の合計金額（学校等以外の者に支払われた金銭のうち500万円を超える部分を除きます。以下「教育資金支出額」といいます。）その他の事項を記載した調書を受贈者の納税地の所轄税務署長に提出しなければなりません。 |
| b. 残額の扱い<br>（措法70の2の2⑰⑱） | 非課税拠出額から教育資金支出額を控除した残額については、受贈者が30歳に達した日等に贈与があったものとして贈与税が課税されます（令和５年４月１日以後、贈与税は一般税率）。<br>ただし、受贈者が死亡した場合、非課税拠出額から教育資金支出額を控除した残額については、贈与税は課されません。 |
| **3. 贈与者死亡時の取扱い** | 令和３年４月１日以後に信託等により取得する信託受益権等に係る贈与税について、受贈者が23歳未満又は在学中等の場合を除き、相続開始時の残高を相続財産に加算します（令和５年４月１日以後は、贈与者の相続税の課税価格の合計額が５億円超の場合は、受贈者の年齢等に関わらず加算されます。）。また、受贈者が贈与者の孫等の場合には相続税の２割加算の適用があります。 |

## ■結婚・子育て資金の一括贈与に係る贈与税の非課税（改正 P.22参照）

| 項　目 | 説　明 |
|---|---|
| **1. 制度の概要**<br>（措法70の2の3）<br>平27.4.1から令7.3.31までに信託等されたものに適用 | ・受贈者（**18歳以上**（令和4年3月31日以前は、20歳以上）**50歳未満**の者で、前年の合計所得金額が1,000万円以下の受贈者に限ります。）の**「結婚・子育て資金」**に充てるためにその直系尊属が金銭等を拠出し、信託銀行、銀行等又は金融商品取引業者に信託等をした場合には、信託受益権の価額又は拠出された金銭等の額のうち**受贈者1人につき1,000万円**（結婚に際して支出する費用については、300万円を限度とします。）までの金額に相当する部分の価額については、贈与税は課されません。<br>（注）**「結婚・子育て資金」**とは、内閣総理大臣が定める次に掲げる費用に充てるための金銭をいいます。<br>①　結婚に際して支払う次のような金銭（300万円限度）<br>（i）　挙式費用、衣装代等の婚礼（結婚披露）費用（婚姻の日の1年前の日以後に支払われるもの）<br>（ii）　一定の期間内に支払われる家賃、敷金等の新居費用、転居費用<br>②　妊娠、出産及び育児に要する次のような金銭<br>（i）　不妊治療・妊婦健診に要する費用<br>（ii）　分べん費等・産後ケアに要する費用<br>（iii）　子の医療費、幼稚園・保育所等の保育料など |
| **2. 申告**<br>(1)申告<br>（措法70の2の3③） | 本特例の適用を受ける場合の取扱いは、次の通りとなります。<br>○　受贈者は、本特例の適用を受ける旨等を記載した非課税申告書を金融機関を経由し、受贈者の納税地の所轄税務署長に提出します。 |
| (2)払出しの確認等<br>（措法70の2の3⑨⑩） | ○　受贈者は、払い出した金銭を結婚・子育て資金の支払いに充当したことを証する書類を金融機関に提出しなければなりません。<br>金融機関は、払い出された金銭が結婚・子育て資金に充当されたことを確認・記録するとともに、当該書類及び記録を結婚・子育て資金管理契約の終了の日の翌年3月15日後6年を経過する日まで保存しなければなりません。 |
| (3)終了時<br>（措法70の2の3⑬） | ・結婚・子育て資金管理契約は、次のうちいずれか早い日に終了されます。<br>①　受贈者が50歳に達した場合<br>②　受贈者が死亡した場合<br>③　信託財産が0になった場合など、金融機関との当該契約が終了する日 |
| a. 調書の提出<br>（措法70の2の3⑯） | 金融機関は、本特例の適用を受けた非課税拠出額及び契約期間中に結婚・子育て資金として払い出した金額の合計金額（結婚・子育て資金支出額）その他の事項を記載した調書を受贈者の納税地の所轄税務署長に提出しなければなりません。 |
| b. 残額の扱い<br>（措法70の2の3⑭⑮） | 非課税拠出額から結婚・子育て資金支出額を控除した残額については、管理契約終了の日に贈与があったものとして贈与税が課税されます（令和5年4月1日以後、贈与税は一般税率）。<br>ただし、受贈者が死亡した場合、非課税拠出額から結婚・子育て資金支出額を控除した残額については、贈与税は課されません。 |
| **3. 贈与者死亡時の取扱い** | 本特例の贈与者が死亡した場合の上記残額については、受贈者が贈与者から相続又は遺贈により取得したものとみなして、相続税の課税価格に加算されます。この場合、令和3年4月1日以後の信託等により取得する信託受益権等については相続税の2割加算の対象となります。 |

# ■事業承継税制

## ●非上場株式等についての贈与税の納税猶予制度

<table>
<tr><th>項　　目</th><th>説　　　　　　　明</th></tr>
<tr><td>1. 制度の概要<br>（措法70の7）</td><td>・後継者である経営承継受贈者が、都道府県知事の認定を受ける非上場会社の株式等の全部又は一定以上を贈与により取得し、その会社を経営していく場合には、その後継者が納付すべき贈与税のうち、その株式等（発行済議決権株式等の$\frac{2}{3}$に達するまでの部分に限ります。）に対応する贈与税の全額の納税がその贈与者の死亡の日まで猶予されます。</td></tr>
<tr><td>2. 贈与の納税猶予対象<br>（措令40の8②）<br><br>（措法70の7②五ロ）</td><td>・この納税猶予の適用を受けるためには、贈与により、先代経営者等の贈与者から、全部又は一定以上の非上場株式等を取得する必要があります。<br>◆　納税猶予の対象となる非上場株式等の数<br>この納税猶予の対象となる非上場株式等の数は、次のa、b、cの数を基に下表の区分の場合に応じた数が限度となります。<br>「a」…先代経営者等（贈与者）が贈与直前に保有する非上場株式等の数<br>「b」…後継者が贈与の前から保有する非上場株式等の数<br>「c」…贈与直前の発行済株式等の総数
<table>
<tr><th></th><th>区分</th><th>納税猶予の対象となる非上場株式等の限度数</th></tr>
<tr><td>イ</td><td>a＋b＜c×2÷3の場合</td><td>先代経営者等が贈与直前に保有する非上場株式等の数（a）</td></tr>
<tr><td>ロ</td><td>a＋b≧c×2÷3の場合</td><td>発行済株式等の総数の3分の2から後継者が贈与直前に保有する非上場株式等の数を控除した数（c×2÷3－b）</td></tr>
</table>
（注1）「非上場株式等」又は「発行済株式等」は、議決権に制限のないものに限ります。<br>（注2）この納税猶予の対象となる非上場株式等は、議決権に制限のないものに限ります。<br>（注3）相続時精算課税制度に係る贈与も贈与税の納税猶予制度の適用対象となります。</td></tr>
<tr><td>3. 担保の提供<br>（措法70の7①⑥）</td><td>贈与の納税猶予の適用を受けるためには、猶予税額に相当する担保を提供しなければなりません。対象受贈非上場株式等のすべてを担保に提供した場合には、その価額がその猶予税額に満たないときであっても、猶予税額に相当する担保が提供されたものとみなされます。</td></tr>
<tr><td>4. 猶予税額の免除<br>（措法70の7⑮⑯）</td><td>その経営承継受贈者が対象受贈非上場株式等を死亡の時まで保有し続けた場合またはその贈与者が死亡した場合には、猶予税額の納付が免除されます。<br>このほか、経営贈与承継期間（5年間）経過後における猶予税額の納付については、次のように免除されます。<br>①　対象受贈非上場株式等に係る会社について、破産手続開始の決定または特別清算開始の命令があった場合➡猶予税額の全額の納付を免除<br>②　経営承継受贈者と一定の関係を有する者以外の者へ保有する対象受贈非上場株式等を一括して譲渡した場合において、その譲渡対価または譲渡時の時価のいずれか高い額が猶予税額を下回るとき➡その差額分の猶予税額の納付を免除<br>なお、上記①及び②の場合において免除される額のうち、過去5年間に経営承継受贈者及びその者と生計を一にする者に対して支払われた配当等に相当する額は、免除されません。</td></tr>
</table>

| | |
|---|---|
| | また、経営贈与承継期間経過後に、経営承継受贈者が後継者へ対象受贈非上場株式等を贈与した場合において、その後継者が贈与税の納税猶予制度の適用を受けるときは、その適用を受ける対象受贈非上場株式等に係る猶予税額が免除されます。 |
| **5. 納税猶予が停止され納付を要するケース**<br>(措法70の7③⑤⑪⑫㉒他) | ①　経営贈与承継期間（５年間）内に、経営承継受贈者が代表権を有しなくなった、常時使用する従業員の数が贈与日の常時使用する従業員の数の80%（１人に満たない端数があるときは、切捨てます。）に満たなくなった等の当該認定の取消事由に該当する事実が生じた場合➡猶予税額の全額<br>②　経営贈与承継期間経過後において、対象受贈非上場株式等の譲渡等をした場合➡譲渡等をした対象受贈非上場株式等の数の割合に応じた猶予税額<br>③　継続届出書を税務署長に提出しなかった場合、担保の変更に応じなかった場合等➡猶予税額の全額 |
| **6. 利子税の納付**<br>(措法70の7㉗) | 上記**5.** により、猶予税額の全部または一部を納付する場合には、贈与税の法定申告期限からの期間に対応する利子税も納付します。<br>本則3.6%×$\frac{\text{猶予特例基準割合}^{※}}{7.3\%}$<br>※平均貸付割合＋0.5%（令2.12.31以前は短期貸出約定平均金利＋１%） |
| **7. その他**<br>(措法70の7) | ①　この制度の対象とならない資産保有型会社の判定においては、過去５年間に経営承継受贈者及びその者と一定の関係を有する者に対して支払われた配当等に相当する額が特定資産及び総資産の額に加算されます。(措法70の7②八ハ) |
| (措法70の7㉓) | ②　贈与前３年以内に経営承継受贈者及びその者と一定の関係を有する者からの現物出資または贈与により取得した資産の合計額の総資産に占める割合が70%以上である会社に係る株式等については、この制度は適用されません。 |
| (措法70の7⑨) | ③　経営承継受贈者は、経営贈与承継期間内は毎年、その後は３年ごとに継続届出書を税務署長に提出しなければなりません。<br>④　平成29年１月１日以後、非上場株式等の贈与者が、贈与税の申告期限の翌日から５年を経過する日の翌日以後に死亡した場合の相続税の納税猶予制度における認定相続承継会社の要件について、中小企業者であること及び当該会社の株式等が非上場株式等に該当することとする要件がなくなりました。 |

## ●非上場株式等についての相続税の納税猶予制度

(措法70の7の2、70の7の4、措令40の8の2)

| 項　目 | 説　　明 |
|---|---|
| **1. 制度の要旨**<br>(措法70の7の2①②) | 経営承継相続人が、相続等により、都道府県知事の認定を受けた非上場会社（以下「認定承継会社」といいます。）の議決権株式等を取得した場合には、その経営承継相続人が納付すべき相続税額のうち、その議決権株式等（相続開始前から既に保有していた議決権株式等を含めて、その認定承継会社の発行済議決権株式等の総数等の$\frac{2}{3}$に達するまでの部分に限ります。以下「対象非上場株式等」といいます。）に係る課税価格の80%に対応する相続税額については、その経営承継相続人の死亡等の日までその納税が猶予されます。<br>（注１）「経営承継相続人」とは、中小企業における経営の承継の円滑化に関する法律施行規則第６条第１項第７号トに規定する経営承継相続人をいいます。<br>（注２）認定承継会社には、資産保有型の会社、資産運用型の会社は含まれません。 |

| | |
|---|---|
| **2. 猶予税額の計算**<br>（措法70の7の2②五） | ①　相続税の納税猶予の適用がないものとして、通常の相続税額の計算を行い、経営承継相続人の相続税額を算出します。<br>②　経営承継相続人以外の相続人の取得財産は不変とした上で、経営承継相続人が、(イ)通常の課税価格による対象非上場株式等のみを相続するものとして計算した場合（その認定承継会社が有する外国会社及び医療法人の株式等の価額がないものとして計算します。）の経営承継相続人の相続税額と、(ロ)課税価格を20％に減額した対象非上場株式等のみを相続するものとして計算した場合（その認定承継会社が有する外国会社及び医療法人の株式等の価額がないものとして計算します。）の経営承継相続人の相続税額の差額（(イ)－(ロ)）が、経営承継相続人の猶予税額となります。<br>なお、上記①により算出した経営承継相続人の相続税額から②の猶予税額を控除した額が経営承継相続人の納付税額となります。 |
| **3. 担保の提供**<br>（措法70の7の2①⑥） | 相続税の納税猶予の適用を受けるためには、猶予税額に相当する担保を提供しなければならない。対象非上場株式等のすべてを担保に提供した場合には、その価額がその猶予税額に満たないときであっても、猶予税額に相当する担保が提供されたものとみなされます。 |
| **4. 猶予税額の免除**<br>（措法70の7の2⑯⑰） | その経営承継相続人が対象非上場株式等を死亡の時まで保有し続けた場合は、猶予税額の納付が免除されます。このほか、都道府県知事の認定の有効期間（５年間）経過後における猶予税額の納付の免除については次のようになります。<br>①　対象非上場株式等に係る会社について、破産手続開始の決定または特別清算開始の命令があった場合⇨猶予税額の全額を免除<br>②　贈与税の納税猶予制度の適用を受ける後継者へ対象非上場株式等を贈与した場合⇨その適用を受ける対象非上場株式等に係る相続税の猶予税額を免除<br>③　同族関係者以外の者へ保有する対象非上場株式等を一括して譲渡した場合において、その譲渡対価または譲渡時の時価のいずれか高い額が猶予税額を下回るとき⇨その差額分の猶予税額を免除<br>なお、上記①、③の場合において免除される額のうち、過去５年間に経営承継相続人及び生計を一にする者に対して支払われた配当及び過大役員給与等に相当する額は免除されません。 |
| **5. 納税猶予が停止され納付を要するケース**<br>（措法70の7の2③⑤） | ①　経営承継期間（５年間）内に、経営承継相続人が代表者でなくなった、常時使用する従業員の数が相続開始時の常時使用する従業員の数の80％（１人に満たない端数があるときは、切捨てます。）に満たなくなった等、当該認定の取消事由に該当する事実が生じた場合⇨猶予税額の全額<br>②　①の期間経過後において、対象非上場株式等の譲渡等をした場合⇨譲渡等をした対象非上場株式等の数の割合に応じた猶予税額 |
| **6. 利子税の納付**<br>（措法70の7の2㉘） | 贈与税の納税猶予の場合と同様です。 |
| **7. その他**<br>（措法70の7の2） | ①　都道府県知事の認定及び本制度の対象とならない資産保有型会社の判定において、過去５年間に経営承継相続人及びその同族関係者に対して支払われた配当や過大役員給与等に相当する額は特定資産及び総資産の額に加算されます。（措法70の7②八ハ） |

| | |
|---|---|
| (措法70の7の2㉔) | ②　相続開始前３年間に経営承継相続人の同族関係者からの現物出資または贈与により取得した資産の合計額の総資産に占める割合が70%以上である会社に係る株式等については、本制度は適用されません。 |
| (措法70の7の2⑩) | ③　経営承継相続人は、経営承継期間（５年間）内は毎年、その後は３年ごとに継続届出書を税務署長に提出しなければなりません。 |

## ●特例事業承継税制

<table>
<tr><th>項　　目</th><th>説　　　　　明</th></tr>
<tr><td>○非上場株式等に係る贈与税・相続税の納税猶予の特例制度の創設<br>(措法70の7の2、70の7の5～70の7の8、措令40の4の7、40の8の8、措規23の5の7、23の12の2～23の12の5)</td><td>
・中小企業の代替わりを促進する観点から、平成30年１月１日から令和９年12月31日までの間に贈与等により取得する財産に係る贈与税又は相続税について適用される10年間の特例措置として、事業承継税制が大幅に拡充されています。
<table>
<tr><th></th><th>特例措置</th><th>一般措置</th></tr>
<tr><td>事前の計画策定等</td><td>平成30年４月１日から令和６年３月31日までに特例承継計画を提出</td><td>不要</td></tr>
<tr><td>適用期限</td><td>平成30年１月１日から令和９年12月31日までの贈与・相続等</td><td>なし</td></tr>
<tr><td>対象株式</td><td>全株式</td><td>総株式数の最大２/３まで</td></tr>
<tr><td>納税猶予割合</td><td>贈与：100%、相続：100%</td><td>贈与：100%、相続：80%</td></tr>
<tr><td>承継パターン</td><td>複数の株主から最大３人の後継者</td><td>複数の株主から１人の後継者</td></tr>
<tr><td>雇用確保要件</td><td>理由書を提出することにより緩和</td><td>承継後５年間は平均８割の雇用維持が必要</td></tr>
<tr><td>事業継続困難事由が生じた場合の免除</td><td>あり</td><td>なし</td></tr>
<tr><td>相続時精算課税の適用</td><td>60歳以上の者から18歳以上の者への贈与</td><td>60歳以上の者から18歳以上の推定相続人・孫への贈与</td></tr>
</table>
※令和３年３月31日以前は、「18歳」は「20歳」でした。<br>
・特例後継者が、特例認定承継会社の代表権を有していた者から、贈与又は相続若しくは遺贈（以下「贈与等」といいます。）によりその特例認定承継会社の非上場株式等を取得した場合には、その取得した全ての非上場株式等に係る課税価格に対応する贈与税又は相続税の全額について、その特例後継者の死亡の日等までその納税を猶予されます。
</td></tr>
</table>

## ●個人事業者の事業用資産に係る贈与税・相続税の納税猶予制度

| 項目 | 説明 |
|---|---|
| 1. 個人版事業承継税制の概要<br>（措法70の6の8、70の6の10） | 青色申告（正規の簿記の原則によるものに限ります。）に係る事業（不動産貸付業等を除きます。）を行っていた事業者の後継者（平成31年4月1日から令和6年3月31日までに「個人事業承継計画」を都道府県知事に提出し、確認を受けた者に限ります。）として経営承継円滑化法の認定を受けた者が、平成31年1月1日から令和10年12月31日までの贈与又は相続等により、特定事業用資産を取得した場合は、<br>① その青色申告に係る事業の継続等、一定の要件のもと、その特定事業用資産に係る贈与税・相続税の全額の納付が猶予されます。<br>② 後継者の死亡等、一定の事由により、納税が猶予されている贈与税・相続税の納税が免除されます。 |
| 2. 特定事業用資産<br>（措法70の6の8②一、70の6の10②一、措令40の7の8⑥⑦、40の7の10⑥～⑧） | 特定事業用資産とは、先代事業者（贈与者・被相続人）の事業[注1]の用に供されていた次の資産で、贈与又は相続等の日の属する年の前年分の事業所得に係る青色申告書の貸借対照表に計上されていたものをいいます。<br>① 宅地等（納税猶予対象は400m²まで）<br>② 建物（納税猶予対象は床面積800m²まで）<br>③ ②以外の減価償却資産で次のもの<br>(i) 固定資産税の課税対象とされているもの<br>(ii) 自動車税・軽自動車税の営業用の標準税率が適用される車両及び乗用自動車（取得価額500万円以下の部分）<br>(iii) その他上記に準ずるもの（貨物運送用など一定の自動車、乳牛・果樹等の生物、特許権等の無形固定資産）<br>（注１）不動産貸付業、駐車場業及び自転車駐車場業を除きます。<br>（注２）先代事業者等からの相続等により取得した宅地等につき小規模宅地等の特例の適用を受ける者がいる場合には、一定の制限があります。 |

# ■財産評価

| 項　目 | 説　明 |
|---|---|
| **宅地**<br><br>**○土地評価の補正率表** | 1．市街地及びその周辺の自用地＝路線価方式（自用地の面している街路ごとに付けた１m²当たりの価額に面積を乗じた価額）<br>2．1.以外の地域の自用地＝倍率方式（固定資産税評価額に国税局長が定める倍率を乗じた価額） |

付表 1　**奥行価格補正率表**（平成30年分以後用）

| 地区区分／奥行距離（メートル） | ビル街地区 | 高度商業地区 | 繁華街地区 | 普通商業・併用住宅地区 | 普通住宅地区 | 中小工場地区 | 大工場地区 |
|---|---|---|---|---|---|---|---|
| 4未満 | 0.80 | 0.90 | 0.90 | 0.90 | 0.90 | 0.85 | 0.85 |
| 4以上　6未満 | | 0.92 | 0.92 | 0.92 | 0.92 | 0.90 | 0.90 |
| 6〃　8〃 | 0.84 | 0.94 | 0.95 | 0.95 | 0.95 | 0.93 | 0.93 |
| 8〃　10〃 | 0.88 | 0.96 | 0.97 | 0.97 | 0.97 | 0.95 | 0.95 |
| 10〃　12〃 | 0.90 | 0.98 | 0.99 | 0.99 | 1.00 | 0.96 | 0.96 |
| 12〃　14〃 | 0.91 | 0.99 | 1.00 | 1.00 | | 0.97 | 0.97 |
| 14〃　16〃 | 0.92 | 1.00 | | | | 0.98 | 0.98 |
| 16〃　20〃 | 0.93 | | | | | 0.99 | 0.99 |
| 20〃　24〃 | 0.94 | | | | | 1.00 | 1.00 |
| 24〃　28〃 | 0.95 | | | | 0.97 | | |
| 28〃　32〃 | 0.96 | | 0.98 | | 0.95 | | |
| 32〃　36〃 | 0.97 | | 0.96 | 0.97 | 0.93 | | |
| 36〃　40〃 | 0.98 | | 0.94 | 0.95 | 0.92 | | |
| 40〃　44〃 | 0.99 | | 0.92 | 0.93 | 0.91 | | |
| 44〃　48〃 | 1.00 | | 0.90 | 0.91 | 0.90 | | |
| 48〃　52〃 | | 0.99 | 0.88 | 0.89 | 0.89 | | |
| 52〃　56〃 | | 0.98 | 0.87 | 0.88 | 0.88 | | |
| 56〃　60〃 | | 0.97 | 0.86 | 0.87 | 0.87 | | |
| 60〃　64〃 | | 0.96 | 0.85 | 0.86 | 0.86 | 0.99 | |
| 64〃　68〃 | | 0.95 | 0.84 | 0.85 | 0.85 | 0.98 | |
| 68〃　72〃 | | 0.94 | 0.83 | 0.84 | 0.84 | 0.97 | |
| 72〃　76〃 | | 0.93 | 0.82 | 0.83 | 0.83 | 0.96 | |
| 76〃　80〃 | | 0.92 | 0.81 | 0.82 | | | |
| 80〃　84〃 | | 0.90 | 0.80 | 0.81 | 0.82 | 0.93 | |
| 84〃　88〃 | | 0.88 | | 0.80 | | | |
| 88〃　92〃 | | 0.86 | | | 0.81 | 0.90 | |
| 92〃　96〃 | 0.99 | 0.84 | | | | | |
| 96〃　100〃 | 0.97 | 0.82 | | | | | |
| 100〃 | 0.95 | 0.80 | | | 0.80 | | |

付表 2　**側方路線影響加算率表**

| 地区区分 | 加算率 | |
|---|---|---|
| | 角地の場合 | 準角地の場合 |
| ビル街地区 | 0.07 | 0.03 |
| 高度商業地区<br>繁華街地区 | 0.10 | 0.05 |
| 普通商業・併用住宅地区 | 0.08 | 0.04 |
| 普通住宅地区<br>中小工場地区 | 0.03 | 0.02 |
| 大工場地区 | 0.02 | 0.01 |

付表 3　**二方路線影響加算率表**

| 地区区分 | 加算率 |
|---|---|
| ビル街地区 | 0.03 |
| 高度商業地区<br>繁華街地区 | 0.07 |
| 普通商業・併用住宅地区 | 0.05 |
| 普通住宅地区<br>中小工場地区<br>大工場地区 | 0.02 |

付表4　**地積区分表**（平11課評2-12外追加・平18課評2-27外改正）

| 地区区分＼地積区分 | A | B | C |
|---|---|---|---|
| 高度商業地区 | 1,000m²未満 | 1,000m²以上<br>1,500m²未満 | 1,500m²以上 |
| 繁華街地区 | 450m²未満 | 450m²以上<br>700m²未満 | 700m²以上 |
| 普通商業・併用住宅地区 | 650m²未満 | 650m²以上<br>1,000m²未満 | 1,000m²以上 |
| 普通住宅地区 | 500m²未満 | 500m²以上<br>750m²未満 | 750m²以上 |
| 中小工場地区 | 3,500m²未満 | 3,500m²以上<br>5,000m²未満 | 5,000m²以上 |

付表5　**不整形地補正率表**（平11課評2-12外追加・平18課評2-27外改正）

| かげ地割合＼地区区分・地積区分 | 高度商業地区、繁華街地区、普通商業・併用住宅地区、中小工場地区 | | | 普通住宅地区 | | |
|---|---|---|---|---|---|---|
| | A | B | C | A | B | C |
| 10%以上 | 0.99 | 0.99 | 1.00 | 0.98 | 0.99 | 0.99 |
| 15%　〃 | 0.98 | 0.99 | 0.99 | 0.96 | 0.98 | 0.99 |
| 20%　〃 | 0.97 | 0.98 | 0.99 | 0.94 | 0.97 | 0.98 |
| 25%　〃 | 0.96 | 0.98 | 0.99 | 0.92 | 0.95 | 0.97 |
| 30%　〃 | 0.94 | 0.97 | 0.98 | 0.90 | 0.93 | 0.96 |
| 35%　〃 | 0.92 | 0.95 | 0.98 | 0.88 | 0.91 | 0.94 |
| 40%　〃 | 0.90 | 0.93 | 0.97 | 0.85 | 0.88 | 0.92 |
| 45%　〃 | 0.87 | 0.91 | 0.95 | 0.82 | 0.85 | 0.90 |
| 50%　〃 | 0.84 | 0.89 | 0.93 | 0.79 | 0.82 | 0.87 |
| 55%　〃 | 0.80 | 0.87 | 0.90 | 0.75 | 0.78 | 0.83 |
| 60%　〃 | 0.76 | 0.84 | 0.86 | 0.70 | 0.73 | 0.78 |
| 65%　〃 | 0.70 | 0.75 | 0.80 | 0.60 | 0.65 | 0.70 |

（※）1　不整形地の地区区分に応ずる地積区分は、付表4「地積区分表」によります。

2　かげ地割合は次の算式により計算した割合によります。

$$「かげ地割合」=\frac{想定整形地の地積-不整形地の地積}{想定整形地の地積}$$

3　間口狭小補正率の適用がある場合においては、この表により求めた不整形地補正率に間口狭小補正率を乗じて得た数値を不整形地補正率とします。ただし、その最小値はこの表に定める不整形地補正率の最小値（0.60）とします。

また、奥行長大補正率の適用がある場合においては、選択により、不整形地補正率を適用せず、間口狭小補正率に奥行長大補正率を乗じて得た数値によって差し支えありません。

4　大工場地区にある不整形地については、原則として不整形地補正を行わないが、地積がおおむね9,000m²程度のものについては、付表4「地積区分表」及びこの表に掲げる中小工場地区の区分により不整形地としての補正を行って差し支えありません。

付表 6

## 間口狭小補正率表

| 間口距離(メートル) ＼ 地区区分 | ビル街地区 | 高度商業地区 | 繁華街地区 | 普通商業・併用住宅地区 | 普通住宅地区 | 中小工場地区 | 大工場地区 |
|---|---|---|---|---|---|---|---|
| 4 未満 | — | 0.85 | 0.90 | 0.90 | 0.90 | 0.80 | 0.80 |
| 4 以上　6 未満 | — | 0.94 | 1.00 | 0.97 | 0.94 | 0.85 | 0.85 |
| 6 〃　8 〃 | — | 0.97 | | 1.00 | 0.97 | 0.90 | 0.90 |
| 8 〃　10 〃 | 0.95 | 1.00 | | | 1.00 | 0.95 | 0.95 |
| 10 〃　16 〃 | 0.97 | | | | | 1.00 | 0.97 |
| 16 〃　22 〃 | 0.98 | | | | | | 0.98 |
| 22 〃　28 〃 | 0.99 | | | | | | 0.99 |
| 28 〃 | 1.00 | | | | | | 1.00 |

付表 7

## 奥行長大補正率表

| 奥行距離/間口距離 ＼ 地区区分 | ビル街地区 | 高度商業地区 繁華街地区 普通商業・併用住宅地区 | 普通住宅地区 | 中小工場地区 | 大工場地区 |
|---|---|---|---|---|---|
| 2 以上　3 未満 | 1.00 | 1.00 | 0.98 | 1.00 | 1.00 |
| 3 〃　4 〃 | | 0.99 | 0.96 | 0.99 | |
| 4 〃　5 〃 | | 0.98 | 0.94 | 0.98 | |
| 5 〃　6 〃 | | 0.96 | 0.92 | 0.96 | |
| 6 〃　7 〃 | | 0.94 | 0.90 | 0.94 | |
| 7 〃　8 〃 | | 0.92 | | 0.92 | |
| 8 〃 | | 0.90 | | 0.90 | |

付表 8

## がけ地補正率表

| がけ地地積/総地積 | 南斜面 | 東斜面 | 西斜面 | 北斜面 |
|---|---|---|---|---|
| 0.10以上　0.20未満 | 0.96 | 0.95 | 0.94 | 0.93 |
| 0.20 〃　0.30 〃 | 0.92 | 0.91 | 0.90 | 0.88 |
| 0.30 〃　0.40 〃 | 0.88 | 0.87 | 0.86 | 0.83 |
| 0.40 〃　0.50 〃 | 0.85 | 0.84 | 0.82 | 0.78 |
| 0.50 〃　0.60 〃 | 0.82 | 0.81 | 0.78 | 0.73 |
| 0.60 〃　0.70 〃 | 0.79 | 0.77 | 0.74 | 0.68 |
| 0.70 〃　0.80 〃 | 0.76 | 0.74 | 0.70 | 0.63 |
| 0.80 〃　0.90 〃 | 0.73 | 0.70 | 0.66 | 0.58 |
| 0.90 〃 | 0.70 | 0.65 | 0.60 | 0.53 |

(※)　がけ地の方位については、次により判定します。

1　がけ地の方位は、斜面の向きによります。

2　2方位以上のがけ地がある場合は、次の算式により計算した割合をがけ地補正率とします。

$$\frac{\left(\text{総地積に対するがけ地部分の全地積の割合に応ずるA方位のがけ地補正率} \times \text{A方位のがけ地の地積}\right) + \left(\text{総地積に対するがけ地部分の全地積の割合に応ずるB方位のがけ地補正率} \times \text{B方位のがけ地の地積}\right) + \cdots}{\text{がけ地部分の全地積}}$$

3　この表に定められた方位に該当しない「東南斜面」などについては、がけ地の方位の東と南に応ずるがけ地補正率を平均して求めることとして差し支えありません。

**大規模工場用地**

一団の工場用地が5万$m^2$以上のものは、（正面路線価×地積）により評価します。20万$m^2$以上の場合は5％評価減します。

**セットバックを必要とする宅地**
（評基通24-6）

セットバックを必要とする宅地（建築基準法第42条第2項の道路に面する宅地）の価額は、その宅地について道路敷きとして提供する必要がないものとした場合の価額から、その価額に次の算式により計算した割合を乗じて計算した金額を控除した価額によって評価します。

$$\frac{\text{将来、建物の建替え時等に道路敷きとして提供しなければならない部分の地積}}{\text{宅地の総地積}} \times 0.7$$

**地積規模の大きな宅地**
（評基通20-2）

・地積規模の大きな宅地の判定

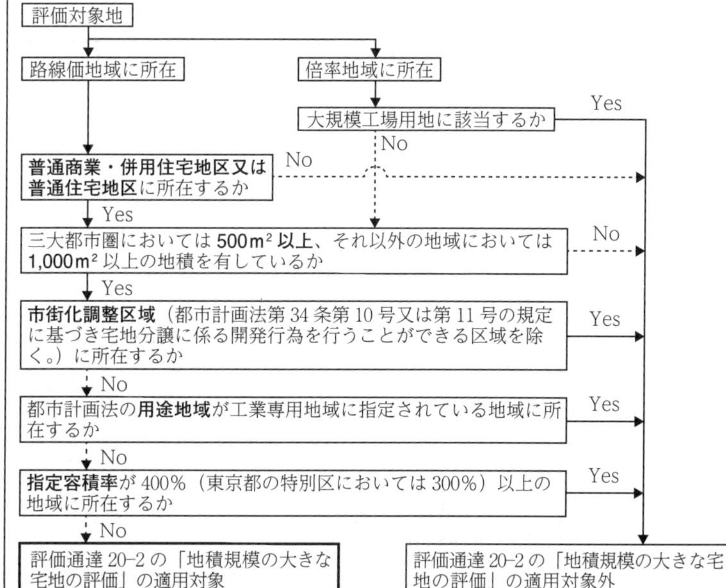


・地積規模の大きな宅地の評価額

路線価×奥行価格補正率×不整形地補正率などの各種画地補正率×**規模格差補正率**×地積（㎡）

・**規模格差補正率**

規模格差補正率は、次の算式により計算します（小数点以下第2位未満は切り捨てます。）。

$$\text{規模格差補正率} = \frac{Ⓐ \times Ⓑ + Ⓒ}{\text{地積規模の大きな宅地の地積（Ⓐ）}} \times 0.8$$

上記算式中の「Ⓑ」及び「Ⓒ」は、地積規模の大きな宅地の所在する地域に応じて、それぞれ次に掲げる表のとおりです。

(1)三大都市圏に所在する宅地

| 地区区分＼記号＼地積 | | 500㎡以上1,000㎡未満 | 1,000㎡以上3,000㎡未満 | 3,000㎡以上5,000㎡未満 | 5,000㎡以上 |
|---|---|---|---|---|---|
| 普通商業・併用住宅地区、普通住宅地区 | Ⓑ | 0.95 | 0.90 | 0.85 | 0.80 |
| | Ⓒ | 25 | 75 | 225 | 475 |

⑵三大都市圏以外の地域に所在する宅地

| 地区区分＼記号＼地積 | | 1,000㎡以上<br>3,000㎡未満 | 3,000㎡以上<br>5,000㎡未満 | 5,000㎡以上 |
|---|---|---|---|---|
| 普通商業・併用住宅地区、普通住宅地区 | Ⓑ | 0.90 | 0.85 | 0.80 |
| | Ⓒ | 100 | 250 | 500 |

**借地権**

**⑴借地権の範囲**

相続税法上の借地権は、借地借家法に規定する建物の所有を目的とする地上権及び賃借権をいいます。

所得税・法人税の借地権には、構築物の所有を目的とする地上権や賃借権を含みます。

**⑵借地権の評価方法**

（評基通27）

**相当の地代通達**
（個別通達）

| 土地所有者との契約内容 | | 借地権の評価額 |
|---|---|---|
| 通常の場合 | | (自用地としての評価額)×(借地権割合) |
| 相当の地代を支払う場合 | 権利金の支払が0で、相当の地代の支払を維持している場合 | 借地権＝ゼロ |
| | 上記以外 | (自用地としての評価額) × (借地権割合)<br>$\times\left\{1-\dfrac{\left(\text{実際に支払っている地代の年額}\right)-\left(\text{通常の地代の年額}\right)}{\left(\text{相当の地代の年額}\right)-\left(\text{通常の地代の年額}\right)}\right\}$ |
| | (注1) | 「実際に支払っている地代の年額」≧「相当の地代の年額」のときは｛　｝の中を0とし、「実際に支払っている地代の年額」＜「通常の地代の年額」のときは｛　｝の中を1とします。 |
| | (注2) | 相当の地代＝(自用地としての評価額の過去3年間の平均額)×6％ |
| | (注3) | 通常の地代＝相当の地代×(1－借地権割合) |
| 更地のまま一時利用する場合等 | | 借地権＝ゼロ |
| 借地権の取引慣行がない地域の場合 | | |
| 「無償返還の届出」を提出している場合※ | | |

※被相続人が同族会社の株式を所有している場合
　借地権者である同族会社の株式の評価上20％の借地権価額を純資産価額に加算します。

**⑶借地権の目的となっている宅地の評価方法**

（評基通25）
（昭43直資3－22）

| 土地所有者との契約内容 | | | 借地権の目的となっている宅地の評価額 |
|---|---|---|---|
| 通常の場合 | | | (自用地としての評価額)－(自用地としての評価額)×(借地権割合) |
| 相当の地代を支払う場合 | 権利金の支払が0で、相当の地代の支払を維持している場合 | | (自用地としての評価額)×80％ |
| | 上記以外 | ①②のうちいずれか低い方 | ①(自用地としての評価額)－(自用地としての評価額)×(借地権割合)<br>$\times\left\{1-\dfrac{\left(\text{実際に支払っている地代の年額}\right)-\left(\text{通常の地代の年額}\right)}{\left(\text{相当の地代の年額}\right)-\left(\text{通常の地代の年額}\right)}\right\}$<br>② (自用地としての評価額)×80％ |
| 更地のまま一時利用する場合 | | | (自用地としての評価額) |
| 借地権の取引慣行がない地域の場合 | | | (自用地としての評価額)×80％ |
| 「無償返還の届出」を提出している場合（使用貸借を除きます。） | | | |

**定期借地権**

**1. 定期借地権の契約区分**

定期借地権には、一般定期借地権、建物譲渡特約付借地権及び事業用借地権の３種類があり、その契約内容は次のようになります。

| 要件＼区分 | 普通借地権 | 定期借地権 一般定期借地権 | 建物譲渡特約付借地権 | 事業用借地権 | |
|---|---|---|---|---|---|
| 利用目的 | 制限なし | 制限なし | 制限なし | 事業専用建物の所有目的に限定 | |
| 存続期間 | 30年以上 | 50年以上 | 30年以上 | 10年以上30年未満 | 30年以上50年未満 |
| 契約更新 | 終了に関する特約は無効 | 更新排除の特約可 | 建物譲渡により借地権は消滅 | なし | なしという特約可能 |
| 再築による期間延長 | 〃 | 期間延長しない旨の特約可 | 〃 | なし | |
| 更新後の期間 | １回目　20年<br>２回目以降10年 | なし | なし | なし | |
| 建物買取請求権 | あり | 原則なし | あり | 原則なし | |
| 設定方式 | 規定なし | 書面による | 規定なし | 公正証書による | |
| 終了事由 | 正当事由 | 期間満了 | 建物譲渡 | 期間満了 | |

**2. 定期借地権の評価**
（評基通27-2、27-3）

※１　経済的利益の総額は**3.**参照

※２　基準年利率は**4.**参照

原則として、課税時期において借地人に帰属する経済的利益及びその存続期間を基として評価した価額によって評価します。

ただし、課税上弊害のない限り、次の算式によって評価します。

$$\left(\text{課税時期における自用地価額}\right)\times\frac{\left(\text{定期借地権設定時に借地人に帰属する}\textbf{経済的利益の総額}\right)}{\left(\text{定期借地権設定時におけるその宅地の通常取引価額}\right)}\times\frac{\left(\text{課税時期における定期借地権の残存期間年数に応ずる}\textbf{基準年利率}\text{による複利年金現価率}\right)}{\left(\text{定期借地権の設定期間年数に応ずる基準年利率による複利年金現価率}\right)}$$

**3. 経済的利益の総額の計算**

定期借地権設定時に借地人に帰属する経済的利益の総額は、次の金額の合計額となります。

(1)　権利金の授受がある場合➡権利金の額

(2)　保証金の授受がある場合➡保証金の授受に伴う経済的利益の額

＝保証金の額－(保証金の額×設定期間年数に応ずる基準年利率による複利現価率)－(保証金の額×基準年利率未満の約定利率×設定期間年数に応ずる基準年利率による複利年金現価率)

(3)　地代が低額で設定されている場合➡毎年享受すべき差額地代の現在価値

＝**差額地代の額**(※３)×定期借地権の設定期間年数に応ずる基準年利率による**複利年金現価率**（P.252）〔**参考**〕

※３　**差額地代の額**は、同種同等の他の定期借地権における地代の額とその定期借地権における地代の額との差額をいいますが、権利金や保証金の授受がある場合には、次の算式による前払地代の額を実際地代の額に加算した上で、差額地代の額を判定します。

**イ　権利金の授受がある場合➡**

権利金の額×設定期間年数に応ずる基準年利率による年賦償還率

**ロ　保証金の授受がある場合➡**

**3.**(2)の保証金の授受に伴う経済的利益の額×設定期間年数に応ずる基準年利率による年賦償還率

**4. 基準年利率**

評基通4-4
(課評2-1、最終改正令5.1.6(令4年分の基準年利率))

(単位：%)

| 区分 | 年数又は期間 | 令和4年1月 | 2月 | 3月 | 4月 | 5月 | 6月 | 7月 | 8月 | 9月 | 10月 | 11月 | 12月 |
|---|---|---|---|---|---|---|---|---|---|---|---|---|---|
| 短期 | 1年 | 0.01 | 0.01 | 0.01 | 0.01 | 0.01 | 0.01 | 0.01 | 0.01 | 0.01 | 0.01 | 0.01 | 0.01 |
| | 2年 | | | | | | | | | | | | |
| 中期 | 3年 | 0.01 | 0.01 | 0.01 | 0.01 | 0.01 | 0.01 | 0.01 | 0.01 | 0.01 | 0.05 | 0.05 | 0.05 |
| | 4年 | | | | | | | | | | | | |
| | 5年 | | | | | | | | | | | | |
| | 6年 | | | | | | | | | | | | |
| 長期 | 7年以上 | 0.25 | 0.25 | 0.25 | 0.50 | 0.50 | 0.50 | 0.50 | 0.50 | 0.50 | 0.50 | 0.50 | 0.75 |

(注)　課税時期の属する月の年数又は期間に応ずる基準年利率を使用します。

**〔参考〕複利表（抜粋）**（令和4年12月分）

| 区分 | 年数 | 年0.01%の複利年金現価率 | 年0.01%の複利現価率 | 年0.01%の年賦償還率 | 年1.5%の複利終価率 |
|---|---|---|---|---|---|
| 短期 | 1 | 1.000 | 1.000 | 1.000 | 1.015 |
| | 2 | 2.000 | 1.000 | 0.500 | 1.030 |
| **区分** | **年数** | **年0.05%の複利年金現価率** | **年0.05%の複利現価率** | **年0.05%の年賦償還率** | **年1.5%の複利終価率** |
| 中期 | 3 | 2.997 | 0.999 | 0.334 | 1.045 |
| | 4 | 3.995 | 0.998 | 0.250 | 1.061 |
| | 5 | 4.993 | 0.998 | 0.200 | 1.077 |
| | 6 | 5.990 | 0.997 | 0.167 | 1.093 |
| **区分** | **年数** | **年0.75%の複利年金現価率** | **年0.75%の複利現価率** | **年0.75%の年賦償還率** | **年1.5%の複利終価率** |
| 長期 | 7 | 6.795 | 0.949 | 0.147 | 1.109 |
| | 8 | 7.737 | 0.942 | 0.129 | 1.126 |
| | 9 | 8.672 | 0.935 | 0.115 | 1.143 |
| | 10 | 9.600 | 0.928 | 0.104 | 1.160 |
| | 11 | 10.521 | 0.921 | 0.095 | 1.177 |
| | 12 | 11.435 | 0.914 | 0.087 | 1.195 |
| | 13 | 12.342 | 0.907 | 0.081 | 1.213 |
| | 14 | 13.243 | 0.901 | 0.076 | 1.231 |
| | 15 | 14.137 | 0.894 | 0.071 | 1.250 |
| | 16 | 15.024 | 0.887 | 0.067 | 1.268 |
| | 17 | 15.905 | 0.881 | 0.063 | 1.288 |
| | 18 | 16.779 | 0.874 | 0.060 | 1.307 |
| | 19 | 17.647 | 0.868 | 0.057 | 1.326 |
| | 20 | 18.508 | 0.861 | 0.054 | 1.346 |
| | 21 | 19.363 | 0.855 | 0.052 | 1.367 |
| | 22 | 20.211 | 0.848 | 0.049 | 1.387 |
| | 23 | 21.053 | 0.842 | 0.047 | 1.408 |
| | 24 | 21.889 | 0.836 | 0.046 | 1.429 |
| | 25 | 22.719 | 0.830 | 0.044 | 1.450 |

| 区分 | 年数 | 年0.75%の複利年金現価率 | 年0.75%の複利現価率 | 年0.75%の年賦償還率 | 年1.5%の複利終価率 |
|---|---|---|---|---|---|
| 長期 | 26 | 23.542 | 0.823 | 0.042 | 1.472 |
| | 27 | 24.359 | 0.817 | 0.041 | 1.494 |
| | 28 | 25.171 | 0.811 | 0.040 | 1.517 |
| | 29 | 25.976 | 0.805 | 0.038 | 1.539 |
| | 30 | 26.775 | 0.799 | 0.037 | 1.563 |
| | 31 | 27.568 | 0.793 | 0.036 | 1.586 |
| | 32 | 28.356 | 0.787 | 0.035 | 1.610 |
| | 33 | 29.137 | 0.781 | 0.034 | 1.634 |
| | 34 | 29.913 | 0.776 | 0.033 | 1.658 |
| | 35 | 30.683 | 0.770 | 0.033 | 1.683 |
| | 36 | 31.447 | 0.764 | 0.032 | 1.709 |
| | 37 | 32.205 | 0.758 | 0.031 | 1.734 |
| | 38 | 32.958 | 0.753 | 0.030 | 1.760 |
| | 39 | 33.705 | 0.747 | 0.030 | 1.787 |
| | 40 | 34.447 | 0.742 | 0.029 | 1.814 |
| | 41 | 35.183 | 0.736 | 0.028 | 1.841 |
| | 42 | 35.914 | 0.731 | 0.028 | 1.868 |
| | 43 | 36.639 | 0.725 | 0.027 | 1.896 |
| | 44 | 37.359 | 0.720 | 0.027 | 1.925 |
| | 45 | 38.073 | 0.714 | 0.026 | 1.954 |
| | 46 | 38.782 | 0.709 | 0.026 | 1.983 |
| | 47 | 39.486 | 0.704 | 0.025 | 2.013 |
| | 48 | 40.185 | 0.699 | 0.025 | 2.043 |
| | 49 | 40.878 | 0.693 | 0.024 | 2.074 |
| | 50 | 41.566 | 0.688 | 0.024 | 2.105 |
| | | （省　　略） | | | |

(注) 1　複利年金現価率、複利現価率及び年賦償還率は小数点以下第4位を四捨五入により、複利終価率は小数点以下第4位を切捨てにより作成しています。
2　複利年金現価率は、定期借地権等、著作権、営業権、鉱業権等の評価に使用します。
3　複利現価率は、定期借地権等の評価における経済的利益（保証金等によるもの）の計算並びに特許権、信託受益権、清算中の会社の株式及び無利息債務等の評価に使用します。
4　年賦償還率は、定期借地権等の評価における経済的利益（差額地代）の計算に使用します。
5　複利終価率は、標準伐期齢を超える立木の評価に使用します。

| | |
|---|---|
| **貸宅地** | 自用地の評価額－(自用地の評価額×借地権割合) |
| **貸家建付地** | 自用地の評価額－{((自用地の評価額×借地権割合)×借家権割合)×賃貸割合}<br>(注) 区分地上権等の目的となっている貸家建付地の評価（評基通26-2）<br>{自用地の評価×(1－区分地上権割合)}×{1－(借地権割合×借家権割合)} |
| **貸家建付借地** | 借地権の価額－(借地権の価額×借家権割合×賃貸割合) |

<table>
<tr>
<td>農地</td>
<td>1　純農地と中間農地＝固定資産評価額の倍率方式<br>2　市街地農地＝比準方式（その農地が宅地であるとした場合の価額から造成費として国税局長が定める金額を控除した価額）<br>3　市街地周辺農地＝市街地農地の80％に相当する価額</td>
</tr>
<tr>
<td>小規模宅地等<br>（措法69の4）<br><br>※②ハ．の別居親族で一定の場合とは、次のすべてに該当する場合です。<br>(i)配偶者のいない被相続人と同居していた法定相続人がいない<br>(ii)相続開始前3年以内に自己又は自己の配偶者、自己の三親等内の親族又はその親族と特別の関係のある法人が所有する家屋に居住したことがない<br>(iii)相続開始時に自己の居住している家屋を過去に所有していたことがない</td>
<td>小規模宅地等である被相続人のⒶ特定事業用宅地（①イ、ロに該当するもの）、特定同族会社事業用宅地（③イ）については400m²までの部分、又はⒷ居住用に供されていた宅地等で330m²までの部分、Ⓒ被相続人等が不動産貸付けの用に供されていた部分で相続税申告期限において不動産の貸付けを継続しているものについては200m²までの部分は課税価格の計算にあたって、下に示した表の減額割合を乗じて計算します。なお、特例の対象として選択する宅地等の全てがⒶ特定事業用宅地等及びⒷ特定居住用宅地等である場合には、それぞれの適用対象面積まで適用可能となります。<br>なお、貸付事業用宅地等を選択する場合における適用対象面積の計算については、調整を行います。<br>次の算式で調整します。<br>（算式）Ⓐ$\times\frac{200}{400}$＋Ⓑ$\times\frac{200}{330}$＋Ⓒ$\leqq 200\text{m}^2$<br>なお、一棟の建物の敷地の用に供されていた宅地等のうちに特定居住用宅地等の要件に該当する部分とその他の部分があるときは、部分ごとに按分して軽減割合を計算します。<br>また、一の宅地等について共同相続があった場合には、取得した者ごとに適用要件を判定します。<br>[小規模宅地等の特例]
<table>
<tr><td colspan="2">①　特定事業用宅地等（不動産貸付等の供用宅地等を除きます。）<br>（注）平成31年4月1日以後は、相続開始前3年以内に新たに事業の用に供された宅地等が除外されています。（同日前から事業の用に供されている宅地等を除きます。）</td></tr>
<tr><td>イ．被相続人が営んでいた事業を申告期限まで引き続き営んでいる場合<br>ロ．被相続人と生計を一にしていた親族が相続開始前から申告期限まで自己の事業の用に供している場合</td><td>80％<br>80％</td></tr>
<tr><td colspan="2">②　特定居住用宅地等<br>要介護認定又は要支援認定を受けていた被相続人が養護老人ホーム等に入居していた、又は障がい支援区分の認定を受けていた被相続人が支援施設に入居していたことにより、被相続人の居住の用に供されていなかった場合の直前まで居住の用に供されていた宅地等は居住用に含みます</td></tr>
<tr><td>イ．配偶者が取得した場合<br>ロ．被相続人と同居していた親族が申告期限まで引き続き所有し、かつその一棟の建物に居住している場合<br>(i)　その一棟の建物が建物の区分所有等に関する法律1条の規定に該当する建物である場合には、被相続人の居住の用に供されていた部分<br>(ii)　(i)以外（いわゆる二世帯住宅）の場合には、被相続人又は被相続人の親族の居住の用に供されていた部分<br>ハ．別居親族で一定の場合（※左欄参照）<br>ニ．被相続人と生計を一にしていた親族が相続開始前から申告期限まで自己の居住の用に供している場合</td><td>80％<br>80％<br><br><br><br><br>80％<br>80％</td></tr>
<tr><td colspan="2">③　特定の同族会社の事業用宅地等</td></tr>
<tr><td>イ．申告期限まで引き続き同族会社の事業の用に供される場合</td><td>80％</td></tr>
<tr><td>④　不動産貸付等の用に供されていた宅地等</td><td>50％</td></tr>
</table>
</td>
</tr>
<tr>
<td>自用家屋</td>
<td>固定資産税評価額×1.0</td>
</tr>
</table>

相続・贈与税

<table>
<tr><td>附属設備等</td><td>門、塀等の再建築価額から経過年数に応ずる減価額を控除した額を基とし、家屋の価額との均衡を考慮して評価。庭園設備は課税時期の調達価額の70％相当額</td></tr>
<tr><td>貸家</td><td>家屋の固定資産税評価額－借家権の価額×賃貸割合</td></tr>
<tr><td>借家権</td><td>家屋の固定資産税評価額×借家権割合×賃借割合</td></tr>
<tr><td>生産緑地<br>（評基通40-3）</td><td>●課税時期において市町村に対し買取りの申立をすることができない生産緑地➡生産緑地でないとした価額Ⓐ×（1－控除割合）<br>※生産緑地に係る控除割合
<table>
<tr><th>課税時期から買取りの申出をすることができることとなる日までの期間</th><th>控除割合</th><th>課税時期から買取りの申出をすることができることとなる日までの期間</th><th>控除割合</th></tr>
<tr><td>5年以下のもの</td><td>100分の10</td><td>15年を超え20年以下のもの</td><td>100分の25</td></tr>
<tr><td>5年を超え10年以下のもの</td><td>100分の15</td><td>20年を超え25年以下のもの</td><td>100分の30</td></tr>
<tr><td>10年を超え15年以下のもの</td><td>100分の20</td><td>25年を超え30年以下のもの</td><td>100分の35</td></tr>
</table>
●買取りの申立が行われていた生産緑地Ⓐ又は買取りの申立をすることができる生産緑地➡Ⓐ×95％</td></tr>
<tr><td>一般動産</td><td>原則として1個又は1組ごとの調達価額に相当する額で評価し、調達価額不明のものは課税時期における小売価額から経過年数に応じた減価償却額相当分を差し引いた価額となります。<br>なお、家庭用動産、農耕用動産、旅館用動産などで、1個又は1組の価額が5万円以下のものは個別に評価しないで一括して評価してもよい。</td></tr>
<tr><td>書画・骨とう</td><td>売買実例価額、精通者意見価額などを参考にして評価されます。</td></tr>
<tr><td>株式</td><td>①　上場株式は、相続開始日（被相続人が死亡した日）の終値と相続が開始された月以前3か月間の毎日の終値の各月ごとの平均値とのうちいずれか低い方。<br>②　登録銘柄・店頭管理銘柄は、原則として上場株式と同様に評価します。公開途上にある株式は、公開価格等により評価します。<br>③　取引相場のない株式は、会社の規模や業種、持株の状況、純資産価額などから計算します（評価方式の判定は次ページ参照）。</td></tr>
<tr><td>利付公社債</td><td>発行価額と、相続開始日までの既経過利子から源泉徴収されるべき所得税等及び道府県民税の額に相当する金額を控除した金額との合計額</td></tr>
<tr><td>割引債</td><td>発行価額に、券面額から発行価額を控除した金額のうちの課税期間までの経過期間に対応する金額（源泉徴収後）を合計した額</td></tr>
<tr><td>貸付信託</td><td>元本の額＋既経過収益の額－（源泉徴収されるべき所得税及び利子割額の額に相当する金額）－買取割引料</td></tr>
<tr><td>投資信託</td><td>株式投信、社債投信とも相続開始日の基準価額</td></tr>
<tr><td>預貯金</td><td>預貯金の価額は、相続開始日における預入高とその時現在において解約するとした場合に既経過利子の額として支払いを受けることができる金額から当該金額につき源泉徴収されるべき所得税等及び道府県民税利子割額の額に相当する金額を控除した金額との合計額によって評価することになっていますが、定期預金、定期郵便貯金及び定額郵便貯金以外は、その既経過利子が少額の場合には、預入高で評価します。</td></tr>
</table>

# ■取引相場のない株式の評価方式の判定

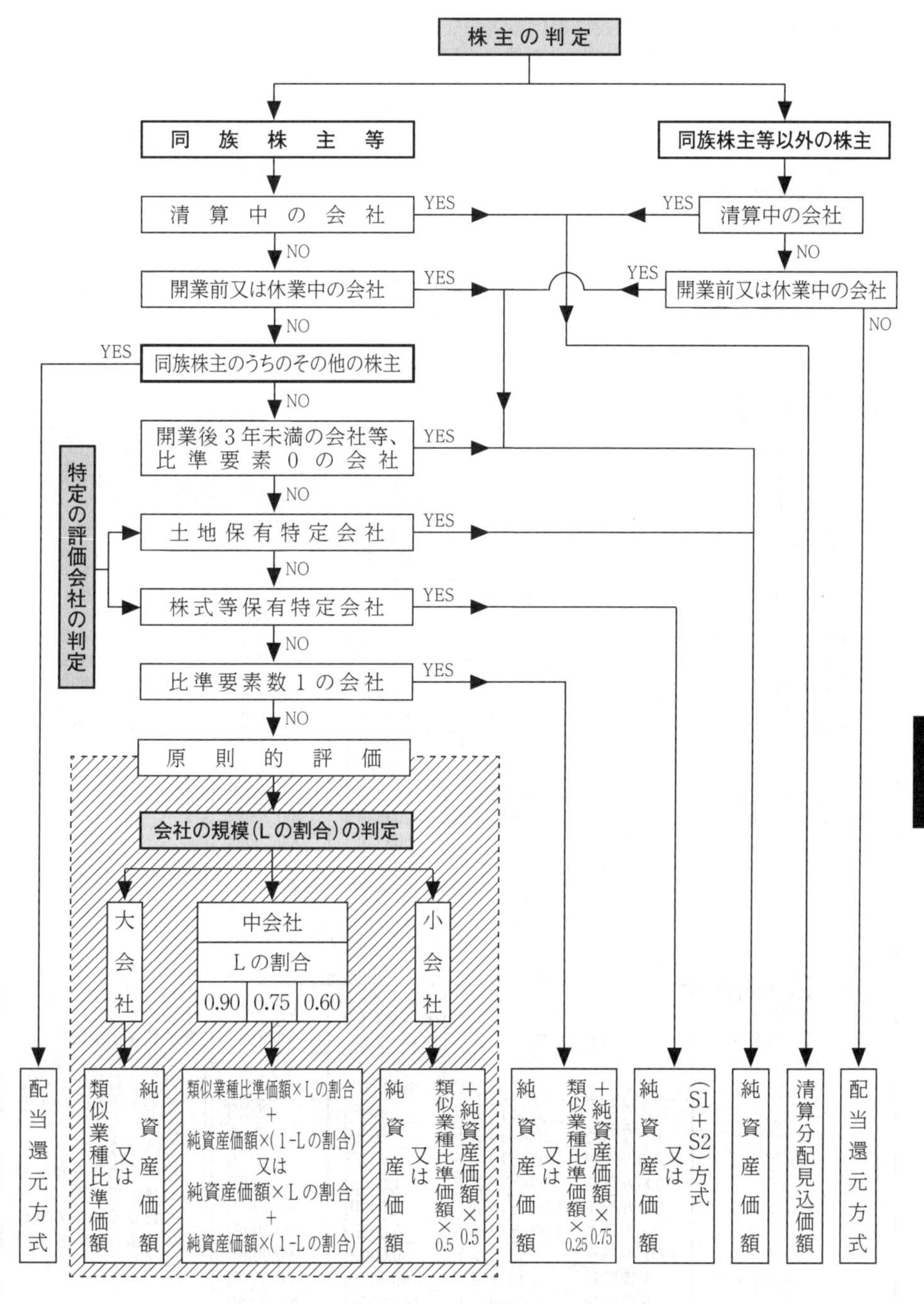

## ■印紙税

| 項　目 | 説　　明 |
|---|---|
| 1. 納税義務者 | 課税物件表に掲げる課税文書の作成者が納税義務者となります。<br>この場合に、一の課税文書を2人以上が共用して作成したときは、それらの者に連帯納付義務があります。 |
| 2. 納付方法<br>（印法8～13） | **（原則）** 印紙貼付によります。<br>**（特例）** 税印、書式表示、納付計器の使用による納付が認められています。 |
| 3. 誤って納付した場合<br>（印法14①） | 納税地の税務署長にその文書を提示して事実の確認を受けて「印紙税過誤納確認申請書」を提出して「過誤納処理済」等とした印を押して返戻するか還付されることになります。 |
| 4. 過怠税<br>（印法20） | 課税文書に相当の印紙が貼付されていないときにはその税額の3倍、（一定の場合は1.1倍）印紙の消印がなされていないときはその印紙税相当額（1,000円未満のときは1,000円）が過怠税として課税されます。 |

## ●印紙税の課税物件表

<table>
<tr><th>課税物件名</th><th>課税標準及び税率（1通につき）</th><th>非課税物件</th></tr>
<tr>
<td>1. (1)不動産・鉱業権・無体財産権（特許権・著作権等）・船舶・航空機又は営業の譲渡に関する契約書（ex. 不動産売買契約書）<br>(2)地上権・土地賃借権の設定又は譲渡に関する契約書（ex. 土地賃貸借契約書）<br>(3)消費貸借に関する契約書（ex. 金銭消費貸借契約書）<br>(4)運送に関する契約書（傭船契約書を含みます。）</td>
<td>
<table>
<tr><th rowspan="2" colspan="2">契約金額</th><th>不動産の譲渡に関する契約書（措法91）</th><th>左記以外（本則）</th></tr>
<tr><th>平26.4.1～令6.3.31</th><th>―</th></tr>
<tr><td>1万円以上</td><td>10万円以下</td><td>200円</td><td>200円</td></tr>
<tr><td>10万円超</td><td>50万円以下</td><td>200円</td><td>400円</td></tr>
<tr><td>50万円超</td><td>100万円以下</td><td>500円</td><td>1,000円</td></tr>
<tr><td>100万円超</td><td>500万円以下</td><td>1,000円</td><td>2,000円</td></tr>
<tr><td>500万円超</td><td>1,000万円以下</td><td>5,000円</td><td>10,000円</td></tr>
<tr><td>1,000万円超</td><td>5,000万円以下</td><td>10,000円</td><td>20,000円</td></tr>
<tr><td>5,000万円超</td><td>1億円以下</td><td>30,000円</td><td>60,000円</td></tr>
<tr><td>1億円超</td><td>5億円以下</td><td>60,000円</td><td>100,000円</td></tr>
<tr><td>5億円超</td><td>10億円以下</td><td>160,000円</td><td>200,000円</td></tr>
<tr><td>10億円超</td><td>50億円以下</td><td>320,000円</td><td>400,000円</td></tr>
<tr><td>50億円超</td><td></td><td>480,000円</td><td>600,000円</td></tr>
</table>
契約金額の記載のないものは200円<br>※新型コロナウイルス感染症及びそのまん延防止のための措置により、その経営に影響を受けた事業者に対して行う公的貸付機関等又は金融機関が行う特別に有利な条件で行う金銭の貸付けに際して作成される消費貸借契約書のうち、令和6年3月31日までに作成されるものについては、印紙税は非課税。
</td>
<td>記載契約金額が1万円未満のもの<br>●消費税額が区分して記載されているときは、消費税相当額は記載金額としません。<br>※（注）平成9年4月1日から令和6年3月31日までの間に作成される(1)のうち不動産譲渡契約書の印紙税が軽減されています。（措法91）</td>
</tr>
<tr>
<td>2. 請負に関する契約書（ex. 工事請負契約書・映画俳優専属契約書）</td>
<td>
<table>
<tr><th rowspan="2" colspan="2">契約金額</th><th>建設工事の請負に関する契約書（措法91）</th><th>左記以外（本則）</th></tr>
<tr><th>平26.4.1～令6.3.31</th><th>―</th></tr>
<tr><td>1万円以上</td><td>100万円以下</td><td>200円</td><td>200円</td></tr>
<tr><td>100万円超</td><td>200万円以下</td><td>200円</td><td>400円</td></tr>
<tr><td>200万円超</td><td>300万円以下</td><td>500円</td><td>1,000円</td></tr>
<tr><td>300万円超</td><td>500万円以下</td><td>1,000円</td><td>2,000円</td></tr>
<tr><td>500万円超</td><td>1,000万円以下</td><td>5,000円</td><td>10,000円</td></tr>
<tr><td>1,000万円超</td><td>5,000万円以下</td><td>10,000円</td><td>20,000円</td></tr>
<tr><td>5,000万円超</td><td>1億円以下</td><td>30,000円</td><td>60,000円</td></tr>
<tr><td>1億円超</td><td>5億円以下</td><td>60,000円</td><td>100,000円</td></tr>
<tr><td>5億円超</td><td>10億円以下</td><td>160,000円</td><td>200,000円</td></tr>
<tr><td>10億円超</td><td>50億円以下</td><td>320,000円</td><td>400,000円</td></tr>
<tr><td>50億円超</td><td></td><td>480,000円</td><td>600,000円</td></tr>
</table>
契約金額の記載のないものは200円
</td>
<td>記載契約金額が1万円未満のもの<br>●消費税額が区分して記載されているときは、消費税相当額は記載金額としません。<br>※（注）平成9年4月1日から令和6年3月31日までの間に作成される建設工事請負契約書の印紙税が軽減されています。</td>
</tr>
</table>

| 課税物件名 | 課税標準及び税率（1通につき） | 非課税物件 |
|---|---|---|
| **3. 約束手形<br>為替手形**<br>1　手形金額の記載のない手形は非課税となりますが、金額を補充したときは、その補充をした人がその手形を作成したものとみなされ、納税義務者となります。<br>2　振出人の署名のない白地手形（手形金額の記載のないものは除きます。）で、引受人やその他の手形当事者の署名のあるものは、引受人やその他の手形当事者がその手形を作成したことになります。 | 手形金額　100万円以下のもの ……… 200円<br>〃　200万円　〃 ……… 400円<br>〃　300万円　〃 ……… 600円<br>〃　500万円　〃 ……… 1,000円<br>〃　1,000万円　〃 ……… 2,000円<br>〃　2,000万円　〃 ……… 4,000円<br>〃　3,000万円　〃 ……… 6,000円<br>〃　5,000万円　〃 ……… 10,000円<br>〃　1億円　〃 ……… 20,000円<br>〃　2億円　〃 ……… 40,000円<br>〃　3億円　〃 ……… 60,000円<br>〃　5億円　〃 ……… 100,000円<br>〃　10億円　〃 ……… 150,000円<br>〃　10億円を超えるもの ……… 200,000円<br>①　一覧払いのもの<br>②　金融機関相互間のもの<br>③　外国通貨により金額が表示されているもの<br>④　非居住者円表示のもの<br>⑤　円建銀行引受手形<br>（①～⑤）200円 | ①手形金額が10万円未満のもの<br>②手形金額の記載のないもの<br>③手形の複本又は謄本<br>●手形金額には消費税相当額も含めます。 |
| **4. 株券・出資証券若しくは社債券又は投資信託・貸付信託・特定目的信託若しくは受益証券発行信託の受益証券** | （1. 出資証券には、投資証券を含みます。<br>2. 社債券には、特別の法律により法人の発行する債券及び相互会社の社債券を含みます。）<br>券面金額　500万円以下のもの ……… 200円<br>〃　1,000万円　〃 ……… 1,000円<br>〃　5,000万円　〃 ……… 2,000円<br>〃　1億円　〃 ……… 10,000円<br>〃　1億円を超えるもの ……… 20,000円<br>券面金額の記載のない証券で株数又は口数記載のあるものは、一株又は一口につき払込金額にその株数又は口数を乗じて計算した金額を券面金額とします。 | ・日本銀行その他特定の法人が作成する出資証券<br>・譲渡が禁止されている特定の受益証券<br>・一定の要件を満たしている額面株式の株券の無効手続に伴い新たに作成する株券 |
| **5. 合併契約書又は吸収分割契約書若しくは新設分割計画書** | （1. 会社法又は保険業法に規定する合併契約を証する文書に限ります。<br>2. 会社法に規定する吸収分割契約書又は新設分割計画を証する文書に限ります。）<br>1通につき ……… 40,000円 | |
| **6. 定款** | （株式会社、合名会社、合資会社、合同会社又は相互会社の設立の時に作成される定款の原本に限ります。）<br>1通につき ……… 40,000円 | 株式会社又は、相互会社の定款のうち、公証人法の規定により、公証人の保存するもの以外のもの |
| **7. 継続的取引契約書** | （契約期間記載が3か月以内で更新の定めがないものを除きます。）<br>1通につき ……… 4,000円<br>**例）** 売買取引基本契約書、特約店契約書、代理店契約書、業務委託契約書、銀行取引約定書など | |
| **8. 預金証書、貯金証書** | 1通につき ……… 200円 | 信用金庫その他特定の金融機関の作成するもので記載された預入額が1万円未満のもの |
| **9. 倉荷証券、船荷証券又は複合運送証券** | （法定記載事項の一部を欠く証書で類似の効用があるものを含みます。）<br>1通につき ……… 200円 | |
| **10. 保険証券** | 1通につき ……… 200円 | |

| 課税物件名 | 課税標準及び税率（1通につき） | 非課税物件 |
|---|---|---|
| **11. 信用状** | 1通につき ………………………………… 200円 | |
| **12. 信託行為に関する契約書** | (信託証書を含みます。)<br>1通につき ………………………………… 200円 | |
| **13. 債務の保証に関する契約書** | (主たる債務の契約書に併記するものは除きます。)<br>1通につき ………………………………… 200円 | 身元保証に関する契約書 |
| **14. 金銭又は有価証券の寄託に関する契約書** | 1通につき ………………………………… 200円 | |
| **15. 債権譲渡又は債務引受けに関する契約書** | 記載された契約金額が1万円以上のもの ………… 200円<br>契約金額の記載のないもの ……………………… 200円 | 記載された契約金額が1万円未満のもの |
| **16. 配当金領収証・配当金振込通知書** | 記載された配当金額が3千円以上のもの ………… 200円<br>配当金額の記載のないもの ……………………… 200円 | 記載された配当金額が3千円未満のもの |
| **17. (1)売上代金に係る金銭・有価証券の受取書**<br>1　売上代金とは、資産を譲渡することによる対価、資産を使用させること（権利を設定することを含みます。）による対価及び役務を提供することによる対価をいい、手付けを含みます。<br>2　株券等の譲渡代金、保険料、公社債及び預貯金の利子などは売上代金から除きます。 | **受取金額　100万円以下のもの ………………… 200円**<br>**〃　200万円　〃　………………… 400円**<br>**〃　300万円　〃　………………… 600円**<br>**〃　500万円　〃　………………… 1,000円**<br>**〃　1,000万円　〃　………………… 2,000円**<br>**〃　2,000万円　〃　………………… 4,000円**<br>**〃　3,000万円　〃　………………… 6,000円**<br>**〃　5,000万円　〃　………………… 10,000円**<br>**〃　1億円　〃　………………… 20,000円**<br>**〃　2億円　〃　………………… 40,000円**<br>**〃　3億円　〃　………………… 60,000円**<br>**〃　5億円　〃　………………… 100,000円**<br>**〃　10億円　〃　………………… 150,000円**<br>**〃　10億円を超えるもの ……………… 200,000円**<br>**受取金額の記載のないもの ……………………… 200円**<br>**例)** 商品販売代金の受取書（領収書）、不動産賃貸料の受取書、広告料・宿泊料などの受取書 | **①記載受取金額が5万円未満のもの**<br>②営業に関しないもの<br>③有価証券又は**8、12、14、16**に追記した受取書<br>(注) 記載金額<br>• 消費税額が区分して記載されているときは、消費税相当額は記載金額とはしません。<br>• 消費税額のみが記載された受取書は、「記載金額がないもの」とします。 |
| **(2)売上代金以外の金銭又は有価証券受取書** | 200円<br>**例)** 借入金の受取書、保険金の受取書、損害賠償金の受取書、補償金の受取書、返還金の受取書など | |
| **18. 預金通帳・貯金通帳・信託通帳・掛金通帳・保険料通帳** | 1年ごとに ………………………………… 200円 | ①信用金庫など特定の金融機関等の作成する預貯金通帳<br>②所得税が非課税となる普通預金通帳など<br>③納税準備預金通帳 |
| **19. 消費貸借通帳、請負通帳、有価証券の預り通帳、金銭の受取通帳**（**18.** に該当する通帳を除きます。） | 1年ごとに ………………………………… 400円 | |
| **20. 判取帳** | 1年ごとに ………………………………… 4,000円 | |

# ■登録免許税

## 1．不動産登記関係

| （登記等の事項） | （課税標準） | （税率） | 法令等 |
|---|---|---|---|
| 1．所有権の保存登記等 | 不動産の価額<br>（不動産の価額とは固定資産税の評価額をいいます。以下同じ） | 0.4% | 別表第一㈠ |
| ①個人が令和6年3月31日までの間に住宅用家屋の新築等して居住の用に供したとき取得後1年以内にする所有権の保存登記 | | 0.15% | 措法72の2 |
| ②個人が令和6年3月31日までの間に認定長期優良住宅で住宅用家屋に該当するものを取得して自己の居住の用に供したとき取得後1年以内にする所有権の保存登記 | | 0.1% | 措法74 |
| ③個人が令和6年3月31日までの間に認定低炭素住宅に該当するものを取得し、自己の居住の用に供したときは、取得後1年以内にする所有権の保存登記 | | 0.1% | 措法74の2 |
| 2．所有権の移転登記 | | | |
| ①相続又は法人の合併による移転登記 | 不動産の価額 | 0.4% | 措法72 |
| ②遺贈、贈与その他無償による移転登記 | 不動産の価額 | 2.0% | 措法72 |
| ③共有物の分割による移転登記 | 不動産の価額 | 0.4% | 措法72 |
| ④その他原因（売買等）による移転登記 | 不動産の価額 | 2.0% | 措法72 |
| **〔土地〕**（平25.4.1～令8.3.31まで1.5%） | | | |
| **〔建物〕** | | | |
| (イ)個人が令和6年3月31日までに一定の住宅用家屋を取得（売買及び競落に限ります。）して居住の用に供したとき取得後1年以内にする所有権の移転登記 | 不動産の価額 | 0.3% | 措法73 |
| (ロ)法令の規定に基づく勧告等によって設立、増資又は資産の譲受けの場合の不動産の所有権の取得登記 | 不動産の価額 | 1.6% | 措法79 |
| 3．地上権、永小作権、賃借権又は採石権の設定若しくは転貸の登記 | 不動産の価額 | 1.0% | |
| 4．先取特権の保存、質権又は抵当権の設定その他権利の処分の制限の登記 | 債権金額又は不動産工事費用額 | 0.4% | |
| ①個人が令和6年3月31日までに住宅取得資金の貸付け等（債務の保証を含みます。）新築又は取得後1年以内にする抵当権の設定登記 | 債権金額 | 0.1% | 措法75 |
| 5．先取特権、質権または抵当権の移転登記 | | | |
| ①相続又は法人の合併によるもの | 債権金額 | 0.1% | |
| ②その他の原因によるもの | 債権金額 | 0.2% | |
| 6．抵当権の順位の変更の登記 | 抵当権の件数 | 1件1,000円 | |
| 7．仮登記（所有権のみ） | | | |
| ①所有権の保存又は保存の請求権の保全 | 不動産の価額 | 0.2% | |
| ②所有権の移転又は移転の請求権の保全 | | | |
| イ　相続又は法人の合併 | 不動産の価額 | 0.2% | |
| ロ　共有物の分割 | 不動産の価額 | 0.2% | |
| ハ　その他の原因 | 不動産の価額 | 1.0% | |
| 8．附記登記、登記の更正又は変更、登記の抹消 | 不動産の個数 | 1件1,000円 | |

2．会社の商業登記（主なもの）

| （登記等の事項） | （課税標準） | （税率） | 法令等 |
|---|---|---|---|
| 1．会社の本店所在地においてする登記 | | | 別表第一(二十四)一他<br>※合併により消滅した会社又は組織変更若しくは種類の変更をした会社の当該合併又は組織変更若しくは種類の変更の直前における資本金の額として一定のものを超える資本金の額に対応する部分については0.7%<br>（事業再編等に基づく登記（措法80①）で株式会社の設立又は資本金の額の増額は0.35%（合併による場合は0.1%、分割による場合は0.5%）に税率が軽減されます） |
| ①合名会社又は合資会社の設立 | 申請件数 | 1件に付6万円 | |
| ②株式会社の設立 | 資本金の額<br>（最低税額） | 0.7%<br>15万円 | |
| ③合同会社の設立 | 資本金の額<br>（最低税額） | 0.7%<br>6万円 | |
| ④株式会社又は合同会社の資本金の増加 | 増加資本金の額<br>（最低税額） | 0.7%<br>3万円 | |
| ⑤合併又は組織変更若しくは種類の変更による株式会社、合同会社の設立又は合併による株式会社、合同会社の資本金の増加 | 資本金の額、増加資本金の額<br>（最低税額） | 0.15%※<br>3万円 | |
| ⑥分割による株式会社、合同会社の設立又は分割による株式会社、合同会社の資本金の増加 | 資本金の額、増加資本金の額<br>（最低税額） | 0.7%<br>3万円 | |
| ⑦支店の設置 | 支店の数 | 1か所に付6万円 | |
| ⑧本店又は支店の移転 | 本店又は支店の数 | 1か所に付3万円 | |
| ⑨取締役又は代表取締役若しくは監査役等に関する事項の変更<br>（資本金の額が1億円以下の会社） | 申請件数 | 1件に付3万円<br>1件に付1万円 | |
| ⑩支配人の選任又は代理権の消滅、取締役又は代表取締役若しくは監査役等の職務代行者の選任 | 申請件数 | 1件に付3万円 | |
| ⑪登記事項の変更、消滅若しくは廃止 | 申請件数 | 1件に付3万円 | |
| ⑫登記の更正又は抹消 | 申請件数 | 1件に付2万円 | |
| 2．会社の支店所在地においてする登記 | | | |
| (イ)一般の場合 | 申請件数 | 1件に付9千円 | |
| （⑨の登記のみをする資本金1億円以下の会社） | 申請件数 | 6千円 | |
| (ロ)登記の更正又は抹消登記 | 申請件数 | 1件に付6千円 | |

3．工業所有権の登録

| （登録等の事項） | （課税標準） | （税率） | 法令等 |
|---|---|---|---|
| 1．特許権、実用新案権、意匠権、商標権の相続又は法人の合併による移転登録 | 特許権等の件数 | 1件に付3千円 | 別表第一(十三)〜(十六) |
| 2．特許権の1以外の原因による移転登録 | 特許権の件数 | 1件に付15千円 | |
| 3．実用新案権又は意匠権の1以外の原因による移転登録 | 実用新案権又は意匠権の件数 | 1件に付9千円 | |
| 4．商標権の1以外の原因による移転登録 | 商標権の件数 | 1件に付3万円 | |
| 5．特許権の専用実施権の設定登録 | 実施権の件数 | 1件に付15千円 | |

| | | | |
|---|---|---|---|
| 6．実用新案権又は意匠権の専用実施権の設定登録 | 実施権の件数 | 1件に付 9千円 | |
| 7．商標権の専用使用権又は通常使用権の設定登録 | 使用権の件数 | 1件に付 3万円 | |
| 8．特許権、実用新案権、意匠権又は商標権の質権の設定登録 | 債権金額 | 0.4% | |
| 9．更正又は変更の登録 | 特許権等の件数 | 1件に付 1千円 | |

## 4．個人の商業登記

| （登記等の事項） | （課税標準） | （税率） | 法令等 |
|---|---|---|---|
| ①商号の新設又は取得 | 申請件数 | 1件に付 3万円 | 別表第一㈥ |
| ②支配人の選任又はその代理権の消滅 | 申請件数 | 1件に付 3万円 | |
| ③未成年者又は後見人の営業の登記 | 申請件数 | 1件に付 18千円 | |
| ④更正、変更、登記の抹消 | 申請件数 | 1件に付 6千円 | |

## 5．人の資格の登録等

| （資格の種別等） | （税率） | 法令等 |
|---|---|---|
| ①弁護士、外国法事務弁護士、公認会計士、税理士、医師、歯科医師、弁理士、一級水先人、不動産鑑定士または一級建築士の登録 | 60千円 | 別表第一㈢ |
| ②行政書士、司法書士、土地家屋調査士、技術士、薬剤師、社会保険労務士、獣医師、計量士、二級水先人、海事補佐人、海事代理士または測量士の登録 | 30千円 | |
| ③登録政治資金監査人、管理栄養士、社会福祉士、精神保健福祉士、三級水先人または測量士補の登録 | 15千円 | |
| ④建築基準適合判定資格者 | 10千円 | |
| ⑤保健師、助産師、看護師、理学療法士、作業療法士、診療放射線技師、臨床検査技師、視能訓練士、臨床工学技士、義肢装具士、歯科技工士、歯科衛生士、救急救命士、言語聴覚士、あん摩マッサージ指圧師、はり師、きゅう師、柔道整復師、理容師、美容師、介護福祉士、准介護福祉士またはマンション管理士の登録 | 9千円 | |
| ⑥海技士の登録 | 2.1千円～15千円 | |
| ⑦航空従事者技能証明 | 3千円～18千円 | |
| ⑧耐空検査員の認定 | 6千円 | |

# 地　方　税　関　係

## ■住民税

### 1法人の住民税

### ●法人市町村民税・道府県民税の税率

#### (1)　均等割

| 区分＼種目 | | 市町村民税（地法312） | 道府県民税（地法52） | |
|---|---|---|---|---|
| 資本金等の額 | 市町村内の事業所等の従業員数 | 標準税率 | 標準税率 | 《大阪府の場合》令7.3.31迄の開始分 |
| ①50億円超 | 50人超 | 3,000千円 | 800千円 | 1,600千円 |
| | 50人以下 | 410 | | |
| ②10億円超 50億円以下 | 50人超 | 1,750 | 540 | 1,080 |
| | 50人以下 | 410 | | |
| ③1億円超 10億円以下 | 50人超 | 400 | 130 | 260 |
| | 50人以下 | 160 | | |
| ④1,000万円超 1億円以下 | 50人超 | 150 | 50 | 75 |
| | 50人以下 | 130 | | |
| ⑤1,000万円以下 | 50人超 | 120 | 20 | 20 |
| | 50人以下 | 50 | | |
| ⑥上記以外 | | | | |

(注)・市町村民税の適用税率は各市町村の条例で定められます。制限税率は1.2倍です。
・「資本金等の額」とは、「法人税法に規定する額から無償増減資等の額を加減算した額」と「資本金の額及び資本準備金の額の合計額又は出資金の額」のいずれか高い金額をいいます。
・「資本金等の額」は、事業年度終了の日（中間申告の場合は、事業年度開始の日から6か月を経過した日の前日）現在の額で判定します。

#### (2)　法人税割税率

□超過税率又は不均一課税適用法人の税率（標準税率）のどちらを適用するか判定します。

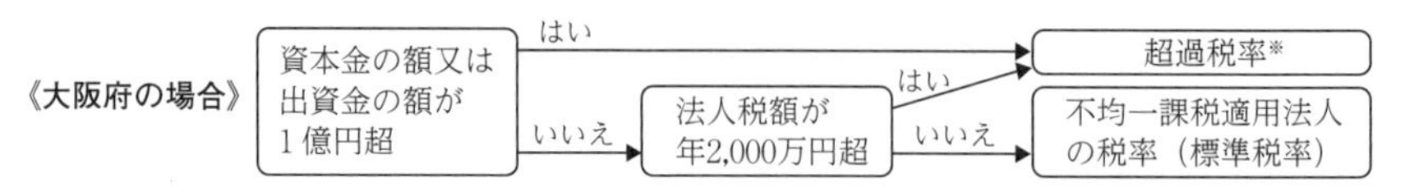


※令和元年10月1日以後開始事業年度の大阪府の税率は2.0%（ただし不均一課税適用法人（資本金の額又は出資金の額が1億円以下、かつ、法人税額が年2,000万円以下）は、1.0%）

| 事業年度＼税目 | 市町村民税（地法314の4） | | 道府県民税（地法51） | |
|---|---|---|---|---|
| | 標準税率 | 制限税率 | 標準税率 | 制限税率 |
| 平26.10.1～令元.9.30開始 | 9.7% | 12.1% | 3.2% | 4.2% |
| 令元.10.1以後開始 | 6.0% | 8.4% | 1.0% | 2.0% |

〔注〕適用税率は各市町村・都道府県の条例で定めます。

### 2個人の住民税

#### (1)　市町村民税・道府県民税均等割（標準税率）

| 税目＼区分 | 標準税率 | 復興特別税（地方財源法2） | 合計 |
|---|---|---|---|
| 市町村民税（地法310） | 3,000円 | 500円 | 3,500円 |
| 道府県民税（地法38） | 1,000円 | 500円 | 1,500円 |
| 合　　計 | 4,000円 | 1,000円 | 5,000円 |

※平成26年度から令和5年度までの10年間は、震災復興財源として、年間1,000円引き上げられています。
※個人住民税における公的年金からの特別徴収制度があります。
**※令和6年度分から森林環境税（1,000円）**が個人住民税に併せて賦課徴収されます。

## (2) 個人住民税（道府県民税・市町村民税）所得割税速算表（標準税率）（地法35①、50の4、314の3、328の3）

| 課税総所得金額・課税退職所得金額（分離課税を除く）及び課税山林所得金額の合計額 | 道府県民税（地法35①） | 市町村民税（地法314の3） |
|---|---|---|
| | 税率　4％（2％） | 税率　6％（8％） |

※（　）内は指定都市に住所を有する者の税率です。

**(注)** (2)の適用に際して次の点に留意してください。

1. 課税所得金額又は課税山林所得金額が400万円以下のときに条例で簡易税額表が定められている場合にはこれにより計算することができます。簡易税額表による場合には、上記の速算表とは税額に誤差が生じる場合があります。
2. **公的年金等の収入金額が400万円以下**で、その年の公的年金以外の所得金額が20万円以下であるときは、その年分の所得税について確定申告書提出は不要となっていますが、この場合でも住民税申告は必要です。

## ●人的控除額の所得税と個人住民税の差〈令和4年分所得税、令和5年度分個人住民税〉

（所得控除については、P.164～165を参照）

| 人的所得控除 | | | 納税義務者の合計所得金額 | 個人住民税 | 所得税 | 人的控除額の差 |
|---|---|---|---|---|---|---|
| ①障がい者控除 | | | | | | |
| | イ　障がい者 | | | 26万円 | 27万円 | 1万円 |
| | ロ　特別障がい者 | | | 30万円 | 40万円 | 10万円 |
| | ハ　同居特別障がい者 | | | 53万円 | 75万円 | 22万円 |
| ②寡婦・ひとり親控除 | | | | | | |
| | イ　寡婦 | | | 26万円 | 27万円 | 1万円 |
| | ロ　ひとり親 | | | 30万円 | 35万円 | 5万円 |
| ③勤労学生控除 | | | | 26万円 | 27万円 | 1万円 |
| ④配偶者控除（配偶者の合計所得金額48万円以下） | イ　一般（控除対象配偶者が70歳未満） | | 900万円以下 | 33万円 | 38万円 | 5万円 |
| | | | 900万円超　950万円以下 | 22万円 | 26万円 | 4万円 |
| | | | 950万円超　1,000万円以下 | 11万円 | 13万円 | 2万円 |
| | | | 1,000万円超 | — | — | — |
| | ロ　老人（控除対象配偶者が70歳以上） | | 900万円以下 | 38万円 | 48万円 | 10万円 |
| | | | 900万円超　950万円以下 | 26万円 | 32万円 | 6万円 |
| | | | 950万円超　1,000万円以下 | 13万円 | 16万円 | 3万円 |
| | | | 1,000万円超 | — | — | — |
| ⑤配偶者特別控除 | 配偶者の合計所得金額 | 48万円超50万円未満 | 900万円以下 | 所得控除額は次ページの**(参考)**参照 | | 5万円 |
| | | | 900万円超　950万円以下 | | | 4万円 |
| | | | 950万円超　1,000万円以下 | | | 2万円 |
| | | 50万円以上55万円未満 | 900万円以下 | | | 3万円(※1) |
| | | | 900万円超　950万円以下 | | | 2万円(※1) |
| | | | 950万円超　1,000万円以下 | | | 1万円(※1) |

地方税関係

| 人的所得控除 | | 個人住民税 | 所得税 | 人的控除額の差 |
|---|---|---|---|---|
| ⑥扶養控除 | | | | |
| イ　一般の扶養親族<br>（ロからニまでに掲げる扶養親族に該当しないもの） | | 33万円 | 38万円 | 5万円 |
| ロ　特定扶養親族 | | 45万円 | 63万円 | 18万円 |
| ハ　老人扶養親族 | | 38万円 | 48万円 | 10万円 |
| ニ　同居老親等扶養親族 | | 45万円 | 58万円 | 13万円 |
| | 納税義務者の合計所得金額 | | | |
| ⑦基礎控除 | 2,400万円以下 | 43万円 | 48万円 | 5万円 |
| | 2,400万円超　2,450万円以下 | 29万円 | 32万円 | 5万円(※2) |
| | 2,450万円超　2,500万円以下 | 15万円 | 16万円 | 5万円(※2) |
| | 2,500万円超 | — | — | — |

※1　調整控除（下記参照）の計算は、単純な所得税と住民税の差額ではなく、上表記載の「人的控除額の差」によります。

※2　合計所得金額2,500万円以下の納税義務者は、基礎控除額が逓減する者も含めて、控除差を5万円として調整控除額の計算を行います。

**（参考）**
⑤配偶者特別控除の控除額

| 配偶者の合計所得金額（万円） | 納税義務者の合計所得金額（万円）→ | 900以下 住民税 | 900以下 所得税 | 900超950以下 住民税 | 900超950以下 所得税 | 950超1,000以下 住民税 | 950超1,000以下 所得税 | 1,000超 |
|---|---|---|---|---|---|---|---|---|
| | 48超　95以下 | 33万円 | 38万円 | 22万円 | 26万円 | 11万円 | 13万円 | 控除適用なし |
| | 95超　100以下 | 33万円 | 36万円 | 22万円 | 24万円 | 11万円 | 12万円 | |
| | 100超　105以下 | 31万円 | 31万円 | 21万円 | 21万円 | 11万円 | 11万円 | |
| | 105超　110以下 | 26万円 | 26万円 | 18万円 | 18万円 | 9万円 | 9万円 | |
| | 110超　115以下 | 21万円 | 21万円 | 14万円 | 14万円 | 7万円 | 7万円 | |
| | 115超　120以下 | 16万円 | 16万円 | 11万円 | 11万円 | 6万円 | 6万円 | |
| | 120超　125以下 | 11万円 | 11万円 | 8万円 | 8万円 | 4万円 | 4万円 | |
| | 125超　130以下 | 6万円 | 6万円 | 4万円 | 4万円 | 2万円 | 2万円 | |
| | 130超　133以下 | 3万円 | 3万円 | 2万円 | 2万円 | 1万円 | 1万円 | |
| | 133超 | 控除適用なし | | | | | | |

■**（調整控除）**（地法37、314の6）

税源移譲に伴い生じる所得税と住民税の人的控除の差に基づく負担増を調整するため、次の〔調整控除額〕が所得割額から控除されます。

ただし、令和3年度分以後の個人住民税においては、合計所得金額2,500万円超の者には調整控除が適用されません。

| 合計課税所得金額 | 調整控除額 |
|---|---|
| 200万円以下 | ①と②のいずれか少ない額の5％<br>①人的控除額の差の合計額<br>②個人住民税の合計課税所得金額 |
| 200万円超 | [上記①－(上記②－200万円)]（最低5万円）×5％ |

〔道府県民税・市町村民税の配当控除〕（地附5①③）

**配当所得の金額×配当控除の控除率＝配当控除**

| 課税総所得金額等／配当所得の内容 | 1,000万円以下の部分 | | 1,000万円を超える部分 | |
|---|---|---|---|---|
| | 道府県民税 | 市町村民税 | 道府県民税 | 市町村民税 |
| 剰余金の配当等、特定株式投資信託の収益の分配 | 1.2%<br>(0.56%) | 1.6%<br>(2.24%) | 0.6%<br>(0.28%) | 0.8%<br>(1.12%) |
| 一般外貨建等証券投資信託以外の証券投資信託の収益分配 | 0.6%<br>(0.28%) | 0.8%<br>(1.12%) | 0.3%<br>(0.14%) | 0.4%<br>(0.56%) |
| 一般外貨建等証券投資信託の収益分配 | 0.3%<br>(0.14%) | 0.4%<br>(0.56%) | 0.15%<br>(0.07%) | 0.2%<br>(0.28%) |

（注）私募公社債等運用投資信託等の収益の分配等に係る配当所得及び特定外貨建証券投資信託の収益の分配に係る配当所得等については、配当控除は行いません。

※（　）内は指定都市に住所を有する者の配当控除率です。

〔寄附金の税額控除〕

①基本控除額　（寄附金[注1]－2,000円）×10％[注2]

（注１）総所得金額等×30％が上限

（注２）都道府県が指定した寄附金は４（２）％、市区町村が指定した寄附金は６（８）％、どちらからも指定された寄附金は10％（（　）内は指定都市に住所を有する者の税率です）

②特別控除額（いわゆる**ふるさと納税**、個人住民税所得割額（P.263）の２割が上限）

（寄附金－2,000円）×（90％－０～45％）（寄附者に適用される所得税の限界税率））

**ふるさと納税の控除上限額＝個人住民税所得割額×20％ ／ （100％－住民税の税率（10％）－（所得税率×復興税率（1.021）））＋2,000円**

| 寄附者の課税所得金額 | → 所得税率 |
|---|---|
| ～　195万円 | 5％ |
| 195万円～　330万円 | 10％ |
| 330万円～　695万円 | 20％ |
| 695万円～　900万円 | 23％ |
| 900万円～1,800万円 | 33％ |
| 1,800万円～4,000万円 | 40％ |
| 4,000万円～ | 45％ |

### (3)　分離課税等に係る個人住民税の税率割合等

※（　）内は指定都市に住所を有する者の税率

| 項目 | 道府県民税 | 市町村民税 |
|---|---|---|
| 1　土地、建物等の長期譲渡所得 | 2％（1％） | 3％（4％） |
| 2　優良住宅地の造成等のために土地等を譲渡した場合の長期譲渡所得<br>(イ)　譲渡益2,000万円以下の部分<br>(ロ)　譲渡益2,000万円超の部分 | <br>1.6％（0.8％）<br>2％（1％） | <br>2.4％（3.2％）<br>3％（4％） |
| 3　居住用財産を譲渡した場合の長期譲渡所得<br>(イ)　特別控除後の譲渡益6,000万円以下の部分<br>(ロ)　特別控除後の譲渡益6,000万円超の部分 | <br>1.6％（0.8％）<br>2％（1％） | <br>2.4％（3.2％）<br>3％（4％） |
| 4　土地、建物等の短期譲渡所得<br>ただし、国等に対する譲渡 | 3.6％（1.8％）<br>2％（1％） | 5.4％（7.2％）<br>3％（4％） |
| 5　株式等に係る譲渡所得等 | 2％（1％） | 3％（4％） |
| 6　上場株式・公募株式投信に係る配当所得及び譲渡所得等 | 2％（1％） | 3％（4％） |
| 7　先物取引等に係る雑所得等 | 2％（1％） | 3％（4％） |
| 8　土地の譲渡等に係る事業所得等 | 4.8％（2.4％） | 7.2％（9.6％） |

# ■事業税

## 1個人事業税

| 項　　目 | 説　　　　明 |
|---|---|
| (1)納税義務者 | ・第１種事業、第２種事業及び第３種事業を行う個人 |
| 第１種事業<br>（37業種） | 物品販売業・製造業・運送業・印刷業・出版業・写真業・旅館業・飲食店業・問屋業・不動産売買業・不動産貸付業・駐車場業・保険業等　（標準税率）５％ |
| 第２種事業<br>（３業種） | 畜産業・水産業・薪炭製造業　４％ |
| 第３種事業<br>（30業種） | 医業・歯科医業・薬剤師業・獣医業・弁護士業・司法書士業・税理士業・公認会計士業・社会保険労務士業・理容業・クリーニング業・コンサルタント業・デザイン業・公衆浴場業・諸芸師匠業・歯科衛生士業・歯科技工士業・測量士業・土地家屋調査士業・海事代理士業・印刷製版業等　５％<br>あん摩・マッサージ又は指圧・はり・きゅう・柔道整復その他医業に類する事業及び装蹄師業　３％ |
| （地法72の2③、72の49の17、地令10の3、11、11の2、12、13、13の2、14） | **注）** 個人事業税の制限税率は上記標準税率の1.1倍です。（地法72の49の17③） |
| (2)　事業税額 | （事業所得・不動産所得の金額 ＋ 所得税の事業専従者給与（控除）額 － 個人事業税の事業専従者給与（控除）額 ＋ 青色申告特別控除額 － 事業主控除額）× 税率 |
| (3)　課税標準等<br>（地法72の49の11他） | ・不動産所得及び事業所得の所得金額の計算は、原則として、所得税の計算と同様です。<br>①　青色事業専従者給与→所得税で配偶者又は扶養親族とした場合に、所得税確定申告書の「事業税に関する事項」で申告があるときは、事業専従者と認めた給与額を控除。<br>②　白色専従者控除→50万円（配偶者は86万円）<br>控除前所得金額÷（専従者数＋１）<br>｝いずれか少ない金額<br>③　青色申告特別控除の適用はありません。<br>④　事業主控除は年間290万円です。 |
| (4)　損益通算<br>（地法72の49の12⑤） | ・個人が不動産所得を生ずべき事業と事業所得を生ずべき事業とをあわせて行っているときは、その不動産所得の計算上生じた所得または損失とその事業所得の計算上生じた所得または損失とを合算し、または通算して算定します。 |
| (5)　各種控除<br>（地法72の49の12他） | ①　損失の繰越控除（地法72の49の12⑥）<br>②　被災事業用資産の損失の繰越控除（地法72の49の12⑦⑧）<br>③　特定被災事業用資産の損失の繰越控除（地法72の49の12⑨⑩⑪）<br>④　事業用資産の譲渡損失の控除（地法72の49の12⑬）<br>⑤　事業用資産の譲渡損失の繰越控除（地法72の49の12⑭）<br>⑥　事業主控除（地法72の49の14） |
| (6)　個人事業税の申告<br>（地法72の55、72の55の2、地令35の4） | 原則：・毎年３月15日（所得税の申告をした場合には、不要）<br>例外：・年の中途で事業を廃止したとき（法人成りを含む）…事業廃止の日より１か月以内<br>・納税義務者の死亡による事業廃止のとき…４か月以内 |

## 2法人事業税

| 項　目 | 説　　明 |
|---|---|
| (1) **税の種類**（地法72の12、72の14、72の21、72の23、72の24の2） | 法人事業税は、次の税から構成されています。 |

| |
|---|
| 付加価値割→付加価値額を課税標準として課される事業税 |
| 資本割　→資本金等の額を課税標準として課される事業税 |
| 所得割　→所得を課税標準として課される事業税 |
| 収入割　→収入金額を課税標準として課される事業税 |

○期末資本金が１億円を超える法人（外形課税対象法人）

付加価値額　×税率<br>資本金等の額×税率<br>所得　　　　×税率

の合計額＝事業税の税額

○上記以外の法人

所得×税率＝事業税の税額

○電気供給業、ガス供給業及び保険業（一定の電気、ガス供給業を除く）

収入金額×税率＝事業税の税額

(2) **法人事業税・特別法人事業税**（地法72の24の7）

**■所得を課税標準とする法人《大阪府の場合》**

**①超過税率又は不均一課税適用法人の税率（標準税率）適用の判定**

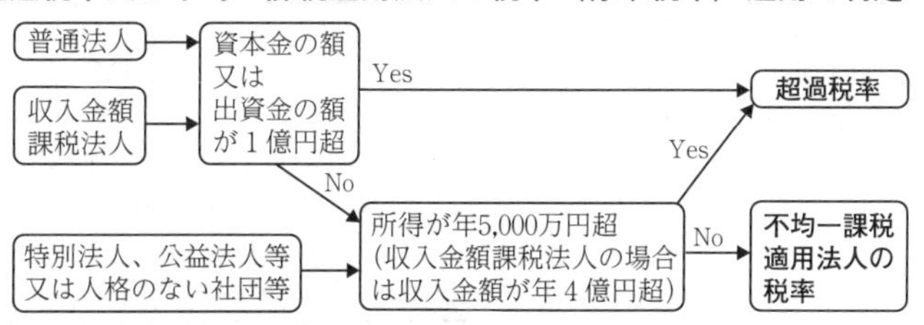


**②「軽減税率不適用法人」該当の判定**

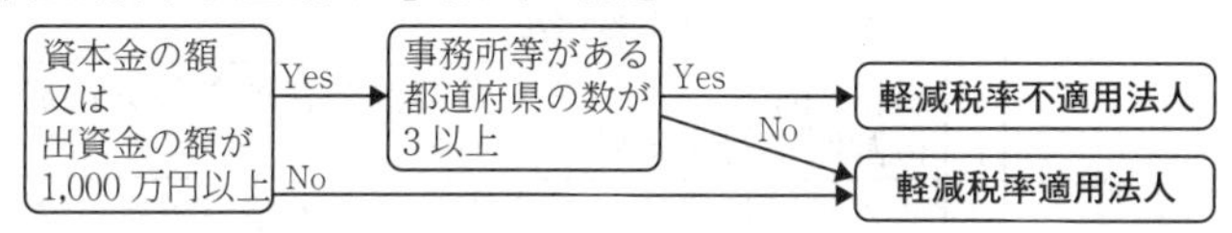


| 区分 | | 年所得区分 | 令元.10.1以後開始する事業年度 |
|---|---|---|---|
| 普通法人 | 軽減税率 | 年400万円以下 | 3.5% |
| | | 年400万円超　年800万円以下 | 5.3% |
| | | 年800万円超 | 7.0% |
| | 軽減税率不適用法人 | | |
| 特別法人 | 軽減税率 | 400万円以下 | 3.5% |
| | | 400万円超 | 4.9% |
| | 軽減税率不適用法人 | | |
| 収入金額課税に係る法人（電気供給業、ガス供給業、生命保険事業又は損害保険事業）<br>※一定の電気、ガス供給業を除きます | | | 1.0% |
| 特別法人事業税（事業税×税率） | | | **37%** |

**(注)**　1．上記は標準税率です。

2．３以上の道府県において事業所等を設けて事業を行う法人で、資本金の額又は出資金の額が１千万円以上の法人は、比例税率を適用します。

地方税関係

3．資本金の額又は出資金の額が1億円を超える法人は外形標準課税が課されます。（P.268～270参照）

4．適用税率は、各都道府県の条例で定めます。制限税率は標準税率の1.2倍です。また、資本金1億円超の普通法人の所得割の制限税率は1.7倍です。

■外形標準課税適用法人

| | | 標準税率 | |
|---|---|---|---|
| | | 令4.3.31まで | 令4.4.1以後開始事業年度 |
| 付加価値割 | | 1.2% | 1.2% |
| 資本割 | | 0.5% | 0.5% |
| 所得割 | 年400万円以下 | 0.4% | 1.0% |
| | 年400万円超　年800万円以下 | 0.7% | |
| | 年800万円超 | 1.0% | |
| | 軽減税率不適用法人 | 1.0% | |
| 特別法人事業税 | | 260　% | 260　% |

※特別法人事業税は、事業税所得割額×税率により計算します。

**●特別法人事業税及び特別法人事業譲与税**

令和元年10月1日以後開始する事業年度から法人事業税（所得割又は収入割）の納税義務者に対して国税として特別法人事業税が課されます。

(1)課税標準

法人事業税額（標準税率により計算した所得割額又は収入割額）

(2)税率（一定の電気、ガス供給業に係るものを除く。）

| | |
|---|---|
| 付加価値割額、資本割額及び所得割額の合算額によって法人事業税を課税される法人の所得割額に対する税率 | 260　% |
| 所得割額によって法人事業税を課税される普通法人等の所得割額に対する税率 | **37　%** |
| 所得割額によって法人事業税を課税される特別法人の所得割額に対する税率 | 34.5% |
| 収入割額によって法人事業税を課税される法人の収入割額に対する税率 | 30　% |

(3)特別法人事業税の申告納付は、都道府県に対して、法人事業税と併せて行います。

(4)都道府県は、特別法人事業税として納付された額を国の交付税及び譲与税配付金特別会計に払い込むものとする。

(5)特別法人事業譲与税として、令和2年度から特別法人事業税の収入額が都道府県へ譲与されています（使途を限定しない一般財源）。

**(3)　課税標準**

**◇所得割**

所得割⇨各事業年度の所得金額及び清算所得金額（地法72の23①）

**◇付加価値割**（地法72の14）

付加価値割⇨付加価値額＝［各事業年度の収益配分額（報酬給与額＋純支払利子＋純支払賃借料）±単年度損益］

**➡報酬給与額**（地法72の15）

①　報酬、給与、賃金、賞与及び退職給与並びにこれらの性質を有するもので、原則として損金の額に算入された金額の合計額をいいます。

②　派遣労働者の派遣契約料（これに相当するものを含みます。）のうち当期に係るものに75%を乗じた金額（みなし派遣給与額といいます。）は、報酬給与額に加算します。

③　労働者派遣を行う法人については、「みなし派遣給与額」を控除します。

④　令和4年4月1日から令和6年3月31日までの間に開始する各事業年度において、継続雇用者の給与総額の対前年度増加割合が3％以上（資本金10億円以上、かつ、常時使用従業員数1,000人以上の大企業については、従業員への還元や取引先への配慮を行うことの宣言が必要です。）の場合、雇用者全体の給与総額の対前年度増加額を付加価値額から控除します。

**➡純支払利子**
（地法72の16）

（支払うべき利子）の合計額Ⓐ－（受取利子の額）（Ⓐを限度とします。）

**➡純支払賃借料**
（地法72の17）

（土地・家屋の賃借料Ⓑ）（継続して1か月に満たないものは除きます。）－（支払を受けるべき賃借料）（Ⓑを限度とします。）

※雇用安定控除額
（地法72の20）

報酬給与額が収益配分額（報酬給与額＋純支払利子＋純支払賃借料）の70％を超える場合には、その超える額（雇用安定控除額）を収益配分額から控除します。

**➡単年度損益**
（地法72の18）

単年度損益は欠損金繰越控除前の金額でこの金額に欠損が生じた場合には収益配分額から控除します。

**◇資本割**
（地法72の21）

⇨資本金等の額

資本金等の額は、法人税法に規定する資本金等の額に、無償減資の額及び資本準備金の取り崩し額を控除し、無償増資の額を加算します。ただし、資本金等の額が（資本金＋資本準備金）を下回る場合は、（資本金＋資本準備金）が課税標準とされます。

➡持株会社

一定の持株会社については、資本金等の額から、その資本金等の額に総資産のうちに占める子会社株式の帳簿価額の割合を乗じて得た金額を控除します。

➡資本金等の額が一定の金額を超える法人に係る特例

資本金等の額のうち1,000億円を超える部分が次の通り段階的に圧縮されます。

| 資本金等の額 | | 算入率 |
|---|---|---|
| | 1,000億円以下の部分 | 100％ |
| 1,000億円超の部分 | 5,000億円以下の部分 | 50％ |
| 5,000億円超の部分 | 1兆円以下の部分 | 25％ |
| 1兆円超の部分 | | 0％ |

➡国外において事業を行う内国法人の資本金等の額

持株会社：$\text{資本金等の額}\boxed{A} - \boxed{A} \times \left(\dfrac{\text{子会社株式の帳簿価額}}{\text{総資産}}\right)$

国外において事業を行う内国法人：$\boxed{A} \times \left(\dfrac{\text{国内所得に係る付加価値額}}{\text{全世界所得に係る付加価値額}}\right)$

**(4)　分割基準**
（地法72の48）

| 事業区分 | | 分割基準 |
|---|---|---|
| 製造業 | 資本金1億円未満の法人 | 事務所又は事業所の従業者の数 |
| | 資本金1億円以上の法人 | 事務所又は事業所の従業者の数<br>ただし、工場の場合の従業者の数は、［工場の従業員の数］＋［工場の従業者の数（奇数の場合は1を加えた数）］×0.5とする |

| | | | |
|---|---|---|---|
| その他の事業 | 課税標準 | $\times\frac{1}{2}$ | 事務所又は事業所の数 |
| | | $\times\frac{1}{2}$ | 事務所又は事業所の従業者の数 |

（※）電気供給業、ガス供給業、倉庫業、鉄道事業、軌道事業の分割基準は、上記以外に別途定められています。

**(5) 申告・納付**（地法72の25、72の26⑧）

① 中間申告納付
　対象法人（事業年度の期間が6月を超える法人に限ります。）は、前事業年度実績に基づく法人事業税額又は仮決算に基づく法人事業税額の申告納付を行わなければなりません。

② 確定申告納付
　対象法人は、確定した決算に基づく法人事業税額の申告納付を行わなければなりません。

**(6) 法人府民税・事業税の申告様式**（抜粋）

| 様式名 | 用途 | 地法規様式 |
|---|---|---|
| 中間･確定･修正申告書 | 仮決算に基づく中間申告、確定申告及びこれらに係る修正申告をする場合に使用。 | 第6号様式 |
| 基準法人所得割額及び基準法人収入割額に関する計算書 | 超過税率、ハートフル税制等に係る税率適用法人が、特別法人事業税の課税標準となる基準法人所得割額又は基準法人収入割額の計算を行う場合に使用。 | 第6号様式別表14 |
| 所得金額に関する計算書 | 医療法人、事業税の課税・非課税事業を併せて行う法人、外国に事務所等のある内国法人及び法人税が課されない法人用。 | 第6号様式別表5 |
| 付加価値額及び資本金等の額の計算書 | 付加価値割の課税標準となる付加価値額及び資本割の課税標準となる資本金等の額の計算を行う場合に使用。 | 第6号様式別表5の2 |
| 報酬給与額に関する明細書 | 地方税法第72条の15に規定する報酬給与額の計算を行う場合に使用。 | 第6号様式別表5の3 |
| 純支払利子に関する明細書 | 地方税法第72条の16に規定する純支払利子の計算を行う場合に使用。 | 第6号様式別表5の4 |
| 純支払賃借料に関する明細書 | 地方税法第72条の17に規定する純支払賃借料の計算を行う場合に使用。 | 第6号様式別表5の5 |
| 課税標準の分割に関する明細書（その1） | 2以上の都道府県に事務所若しくは事業所を有する法人が法人府民税及び事業税の分割課税標準額の計算をする場合に使用。 | 第10号様式 |
| 同（その2） | | 第10号様式(2) |
| 予定申告書 | 前事業年度又は前連結事業年度の法人税割額及び前事業年度の事業税額を基礎にして中間申告する場合に使用。 | 第6号の3様式 |

**(7) 更正及び決定**

　対象法人が申告書等を提出した場合において、その課税標準額等がその調査したところと異なるときはこれを更正し、申告書を提出しなかった場合には、その調査によって課税標準額等が決定されます。

## ■不動産取得税（地法73～73の17）

| 項　　目 | 説　　　　　　　明 |
| --- | --- |
| **1. 納税義務者と申告期限**<br>（地法73の2） | 不動産を取得した法人及び個人（所有権に係る登記の有無を問いません。）<br>・改築により家屋の価格が増加したときは、その改築をもって家屋の取得とみなされます。 |
| **2. 課税標準とその特例**<br>（地法73の14、平23地法附則11、11の4、11の5） | **（原則）** 取得した不動産の固定資産税評価額<br>※宅地及び宅地比準土地の取得が、令和６年３月31日までに行われた場合には課税標準は価格の$\frac{1}{2}$とされます。<br>**（特例）** ⑴住宅を新築した場合（新築の建売住宅の購入を含みます。）、⑵既存の住宅のうち木造住宅等にあっては築後20年、鉄骨造、鉄筋コンクリート造の住宅については築後25年以内又は新耐震基準適応のものを取得した場合<br>（床面積50m$^2$［戸建以外の貸家住宅は40m$^2$］以上240m$^2$以下のもの）には、１戸につき価額から1,200万円（既存の住宅の場合、新築日により一定の金額）を控除。<br>※令和６年３月31日までに取得された新築の認定長期優良住宅については、課税標準から1,300万円が控除される。都道府県の条例で定めた日以内に必要書類を添付して申告が必要です（大阪府の場合60日以内）。 |
| **3. 非課税**<br>（地法73の7） | ①相続、法人の合併又は分割等、形式的な所有権の移転<br>②譲渡担保財産の取得、市街地再開発組合の取得等は納税義務を免除<br>③国、都道府県、市町村等の非課税法人及び用途非課税あり。（地法附10、11他） |
| **4. 税率**（地法73の15、73の24、地法附則11の2） | 標準税率４％<br>（平成20年４月１日～令和６年３月31日取得の商業ビル等住宅以外の家屋は４％。住宅及び土地の取得に係る特例税率は３％） |
| **5. 免税点**（地法73の15の2） | 土地　10万円<br>建物　建築分１戸に付き23万円、その他１戸に付き12万円 |
| **6. 住宅用土地の取得に対する減額措置**<br>（地法73の24） | 次の⑴⑵のいずれかの要件に該当する場合は、下記①、②のうちいずれか高い方の額を税額から控除します。<br>⑴新築住宅用の土地<br>イ　土地の取得日から２年以内（令和６年３月31日までは３年以内）又は土地取得者が土地の取得日前１年以内にその土地の上に特例適用住宅を新築した場合<br>ロ　新築未使用の特例適用住宅及びその土地をその住宅の新築後１年以内に取得した場合<br>⑵耐震基準適合既存住宅等用の土地<br>イ　土地取得者が土地の取得日から１年以内にその土地の上にある自己の居住の用に供する耐震基準適合既存住宅等を取得した場合<br>ロ　土地取得者が土地の取得日前１年以内にその土地の上にある自己の居住の用に供する耐震基準適合既存住宅等を取得していた場合<br>※耐震基準不適合既存住宅及びその敷地を取得した場合においても、その住宅取得後６か月以内に耐震改修を行うなど一定の要件を満たすときには、軽減措置が適用されます。（平30.4.1以後の土地の取得に限ります。）<br>（注）⑴⑵の減額には、土地の取得の日以降道府県の条例の定めによる申告が必要です。<br>①150万円×税率<br>②家屋の床面積の２倍の面積（最高200m$^2$）の土地の価額×税率 |

## ■固定資産税（償却資産税）・都市計画税（地法341以下）

| 項　目 | 説　明 |
| --- | --- |
| 1. **納税義務者**<br>（地法343） | 賦課期日（毎年1月1日）現在において、所有者として土地登記簿等に登記又は固定資産課税台帳に登録されている者（都市計画税は、1月1日現在市街化区域内に所在する土地家屋を所有する者）<br>※家屋の所有者以外の者が取り付けた附帯設備については、その附帯設備は償却資産として、取り付けた者を納税義務者とします。 |
| 2. **所有者不明土地等への対応**<br>（地法343⑤、384の3） | • 市町村長は、登記簿等に所有者として登記等がされている個人が死亡している場合、その土地又は家屋を現に所有している者に、その市町村の条例で定めるところにより、その現所有者の氏名、住所その他固定資産税の賦課徴収に必要な事項を申告させることができます。（令和2年4月1日以後の条例の施行の日以後に現所有者であることを知った者について適用）<br>• 市町村は、一定の調査を尽くしてもなお固定資産の所有者が一人も明らかとならない場合には、その使用者を所有者とみなして固定資産課税台帳に登録し、その者に固定資産税を課すことができることとされます。（令和3年度以後の年分の固定資産税について適用） |
| 3. **課税標準**<br>（地法349）<br><br><br><br>（地法349の2） | 1．土地及び家屋<br>基準年度（昭和33年度から起算して3年目ごとの年度）の1月1日における価格（令和3年度が基準年度、次回は令和6年度）<br>※電気設備、ガス設備、給水設備など家屋と構造上一体となって家屋の効用を高める設備は、家屋に含めて評価されています。<br>2．償却資産　毎年1月1日における価格（法人税の一括償却資産等は課税対象外です。）（地法341）<br>固定資産の価格等の決定は、毎年3月31日までです。<br>※無形減価償却資産、10万円未満の少額減価償却資産又は一括償却資産として法人税法又は所得税法の適用をしたものは課税対象とはなりません。（中小企業者等の即時償却の特例の対象資産は課税対象） |
| 4. **税率**（地法350） | 標準税率　1.4%　　都市計画税　0.3%以下 |
| 5. **免税点**（地法351） | 土地　30万円　　家屋　20万円　　償却資産　150万円 |
| 6. **固定資産税の課税標準及び税額軽減の特例**<br><br><br><br><br><br><br>［新築住宅］<br><br><br>［耐震改修］<br><br><br><br><br>［バリアフリー改修］ | 1．住宅用地の課税標準の特例<br>①　住宅用地については、課税標準となるべき価格の$\frac{1}{3}$の額（都市計画税は$\frac{2}{3}$）を課税標準とします。（地法349の3の2①）<br>②　200m$^2$以下の住宅用地（200m$^2$超のときは、住宅1戸に付200m$^2$までの住宅用地）は、①によらず、その価格の$\frac{1}{6}$（都市計画税は$\frac{1}{3}$）を課税標準とします。（地法349の3の2②）<br>2．50m$^2$（戸建以外の貸家住宅は40m$^2$）以上280m$^2$以下の新築住宅については、120m$^2$までの部分が3年間（中高層耐火建物については5年間）税額の$\frac{1}{2}$が減税されます。（令和6年3月31日まで）<br>3．昭和57年1月1日以前の住宅について、平成25年1月1日から令和6年3月31日までの間に一定の耐震改修工事（自己負担50万円超のもの）を施した場合、翌年度分の固定資産税の税額が$\frac{1}{2}$（平成29年4月1日以後の改修により認定長期優良住宅に該当することになった場合は$\frac{2}{3}$）軽減されます。<br>4．平成19年4月1日から令和6年3月31日までの間に高齢者・障がい者等が居住する一定の既存住宅について、一定のバリアフリー改修工事（下記参考：補助金等を除き自己負担が50万円超のもの）を行った場合は、翌年度分の固定資産税が$\frac{1}{3}$減額（100m$^2$分までを限度）され |

| | |
|---|---|
| | ます。(平成28年4月1日以後は、改修後の住宅の床面積が$50m^2$以上$280m^2$以下のものに限ります。) |

| (居住者要件) | (対象となるバリアフリー改修工事) |
|---|---|
| ①65歳以上の者<br>②要介護認定又は要支援認定を受けた者<br>③障がい者 | ①廊下の拡幅　②階段の勾配緩和　③浴室の改良　④トイレの改良　⑤手すり取付け　⑥床の段差解消　⑦引き戸への取替え　⑧床の滑り止め化 |

(納税者は、改修後3か月以内に、工事明細書、写真等の関係書類を添付して市町村に申告することによって減額されます。)

[認定長期優良住宅]
5．令和6年3月31日までに新築された認定長期優良住宅について新築から5年度分（中高層耐火建築物は7年度分）当該住宅の$\frac{1}{2}$の税額が軽減（1戸当たり$120m^2$相当部分までに限り、認定証明書を添付して申告が必要です。)

[省エネ改修]
6．令和6年3月31日までに、平成26年4月1日に存していた住宅について一定の省エネ改修工事を行った場合に翌年度分の固定資産税の税額から$\frac{1}{3}$(平成29年4月1日以後の改修により認定長期優良住宅に該当することになった場合は$\frac{2}{3}$）が減額（1戸当り$120m^2$相当分までを限度。）されます（平成28年4月1日以後は、改修後の住宅の床面積が$50m^2$以上$280m^2$以下のものに限ります。)。

7．特定市街化区域農地のうち「保全すべき農地」として生産緑地法改正による転用制限強化等される生産緑地区内の農地については一般農地として課税されます。

**○土地に係る固定資産税等の負担調整**

⑴　土地に係る固定資産税

①　土地に係る固定資産税の負担調整措置については、令和3年度から令和5年度まで3年間延長されています。

○負担水準(％)＝前年度課税標準額÷本年度の評価額※×100

※住宅用地の場合は、価格に住宅用地特例割合を乗じます。

| | 負担水準 | 課税標準額 |
|---|---|---|
| 商業地等 | 70%超 | 本年度評価額の70%に引き上げる |
| | 60%以上<br>70%以下 | 前年度課税標準額と同額に据え置く |
| | 60%未満(注) | 前年度課税標準額＋本年度評価額×5％<br>(上限：本年度評価額×60%<br>下限：本年度評価額×20%) |
| 住宅用地 | 100%以上 | 調整なし |
| | 100%未満 | 前年度課税標準額＋本年度評価額×住宅用地特例割合$\left(\frac{1}{6}\text{又は}\frac{1}{3}\right)$×5％<br>(下限：本年度評価額×住宅用地特例割合×20%) |

(地法附則19の3①、19の4)

②　**特定市街化区域農地に対する宅地並み課税**

• 三大都市圏の区域内の市及び東京都の特別区にある市街化農地の固定資産税の額は、「評価額×$\frac{1}{3}$」を課税標準となるべき額とした場合の税額となります。

(注)　新たに特定市街化区域農地になったものについては、最初の4年度に限り、次のように税額を求めます。

<table>
<tr><td></td><td>「特定市街化農地の価格×$\frac{1}{3}$×軽減率×税率」<br>
<table>
<tr><th>年度</th><th>初年度</th><th>2年度</th><th>3年度</th><th>4年度</th></tr>
<tr><td>軽減率</td><td>0.2</td><td>0.4</td><td>0.6</td><td>0.8</td></tr>
</table>
・特定市街化区域農地に係る令和3年度から令和5年度までの各年度分の固定資産税の額は、当該年度分の固定資産税の額が、市街化区域農地調整固定資産税額＊を超える場合には、当該市街化区域調整固定資産税額となります。<br>
＊市街化区域調整固定資産税額＝（「前年度分の固定資産税の課税標準額」＋「当該年度分の価格」×$\frac{1}{3}$×0.05×税率）<br>
但し、市街化区域調整固定資産税額が「当該年度分の価格」×$\frac{1}{3}$×1.0×軽減率×税率で求めた税額を超える場合には、当該税額が当該年度分の固定資産税額となり、また、市街化区域調整固定資産税額が「当該年度分の価格」×$\frac{1}{3}$×0.2×軽減率×税率を下回る場合には、当該税額が当該年分の税額となります。<br>
　また、特定市街化区域農地のうち当該年度分の負担水準が1.0以上のものについては税負担が据え置かれます。<br>
(2)　土地に係る都市計画税の調整措置は条例で固定資産税と同様に定められています。</td></tr>
<tr><td>7. 生産性向上や賃上げの促進に資する機械・装置等の償却資産の導入に係る特例措置</td><td>・令和5年4月1日から令和7年3月31日までの間に、中小事業者等が中小企業等経営強化法に規定する先端設備導入計画に基づき、生産性向上に資する要件を満たす一定の機械・装置等を取得した場合、最初の3年度分は2分の1に固定資産税が軽減されます。<br>
・なお、賃上げ目標を盛り込んだ設備投資の場合は、最初の5年度分（令和6年度中に資産を取得した場合は最初の4年度分）は3分の1に軽減されます。</td></tr>
<tr><td>8. 長寿命化に資する大規模修繕工事を行ったマンションに係る減額措置</td><td>・一定の要件を満たすマンションについて、長寿命化に資する一定の大規模修繕工事を令和5年4月1日から令和7年3月31日までの間に実施した場合、工事完了の翌年度分の建物に係る固定資産税額を3分の1を参酌して6分の1以上2分の1以下の範囲内で市町村の条例で定める割合で減額（1戸あたり100$m^2$相当分が上限）されます。</td></tr>
<tr><td>9. 納期及び徴収方法</td><td>4月、7月、12月及び2月中において市町村の条例により納期が定められ、普通徴収により納付します。（東京都は、6月、9月、12月、2月です。）</td></tr>
<tr><td>10. 台帳の縦覧期間等<br>（地法416）</td><td>1．毎年4月1日より同月20日又は納期限の日のいずれか遅い日以後の日までの間に条例で定められます。<br>
2．固定資産課税台帳の閲覧制度により、本人資産に係る部分は常に閲覧できます。（新年度の価格等は首長の公示の日から閲覧が可能になります。）<br>
3．市町村長は固定資産税の納税者が、本人の土地や家屋の価格と他の土地や家屋の価格との比較ができるよう土地価格等縦覧帳を納税者の縦覧に供します。固定資産の価格等の決定期限は3月31日です。なお、新年度台帳の本人資産に係る部分は常に閲覧が可能です。</td></tr>
</table>

## ■事業所税（地法701の30～701の45）

| 項　　目 | 説　　　　明 |
|---|---|
| 1.意義・課税団体<br>（地法701の30～31） | 人口30万人以上の都市等が都市環境の整備及び改善に関する事業に要する費用に充てるために事業所等において事業を行う者に対して課税します。<br>（①　**政令指定都市等（1都・20市）**）東京都特別区、札幌市、仙台市、新潟市、千葉市、さいたま市、横浜市、川崎市、相模原市、静岡市、浜松市、名古屋市、京都市、大阪市、堺市、神戸市、岡山市、広島市、北九州市、福岡市、熊本市<br>（②　**首都圏の既成市街地及び近畿圏の既成都市区域を有する市のうち指定都市以外の市（8市）**）川口市、武蔵野市、三鷹市、守口市、東大阪市、尼崎市、西宮市、芦屋市<br>（③　**①、②以外で人口30万人以上の市のうち政令で定める市（48市）**）旭川市、秋田市、郡山市、いわき市、宇都宮市、前橋市、高崎市、川越市、所沢市、越谷市、市川市、船橋市、松戸市、柏市、八王子市、町田市、横須賀市、藤沢市、富山市、金沢市、長野市、岐阜市、豊橋市、岡崎市、一宮市、春日井市、豊田市、四日市市、大津市、豊中市、吹田市、高槻市、枚方市、姫路市、明石市、奈良市、和歌山市、倉敷市、福山市、高松市、松山市、高知市、久留米市、長崎市、大分市、宮崎市、鹿児島市及び那覇市 |
| 2.課税客体及び納税義務者、申告納期<br>（地法701の32①） | （課税客体）・既設の事業所等：市内のすべての事業所等合算して判定します。この事業所等が、自己の所有か否かは問いません。<br>（納税義務者）・事業所等において事業を行う法人（毎事業年度終了2か月以内）または個人（翌年3月15日） |
| 3.課税標準及び税率<br>（地法701の40、42） | （下表） |

| 区分 | | 課税標準 | 税率 |
|---|---|---|---|
| 事業に係る事業所税 | 資産割 | 事業年度末又は年末における事業所床面積 | 1 $m^2$につき600円 |
| | 従業者割 | その年中に支払われた従業者給与総額<br>（従業者給与総額とは、事業所等の従業者に対して支払われる俸給、給料、賃金並びにこれらの性質を有する給与をいいますから年金、退職金等は除かれます。） | 従業者給与総額×0.25％ |

（地法701の31①）

**（注）**① 課税標準の算定期間中に事業所等の新設、廃止が行われた場合には、新設の日の属する翌月から又は廃止の日の属する月までの月数に応じて月割計算を行います。

（地法701の31①五）

② 従業者給与総額には、役員の給与等を含みます。また、障がい者及び年齢65歳以上の役員以外の者の給与等は除かれます。

なお、事業専従者に対する給与等は従業者給与総額に含みますが、年齢55歳以上65歳未満の者のうち雇用保険法等の規定に基づく国の雇用に関する助成に係る者で一定のものがある場合は、その者の給与等の額の$\frac{1}{2}$を控除した額が従業者給与総額になります。

**4. 非課税**
（地法701の34）

| 区分 | 既設分 | | 具体例 |
|---|---|---|---|
| | 資産割 | 従業者割 | |
| 法人税法２六の公益法人等が行う収益事業以外の事業用の施設 | ○ | ○ | 教育施設、社会福祉施設、病院など |
| 都市施設で一般的に市が行うものと同種のもの又は収益性のうすいもの | ○ | ○ | 図書館などの教育施設、社会福祉施設、病院、卸売市場、電気・ガス事業施設など |
| 農林漁業の生産使用施設 | ○ | ○ | 畜舎、農業倉庫など |
| 中小企業の集積の活性化事業等用施設 | ○ | ○ | 高度化資金の貸付を受けて取得した高度化事業の用に供する工場、店舗等の施設など |
| 福利厚生施設など | ○ | ○ | 勤労者の福利厚生施設、公衆浴場など |
| 路外駐車場 | ○ | ○ | 駐車場法に規定する一般公共の用に供される路外駐車場のうち都市計画駐車場及び特定路外駐車場等 |
| 駐輪場 | ○ | ○ | 道路交通法に規定する原動機付自転車又は自転車のための駐車のための施設で、都市計画に定められたもの |
| 資産割、従業者割、新増設に係る事業所税の一部が非課税となるもの | ○ | | 百貨店、旅館などの消防用施設、避難施設 |
| | ○ | ○ | 中小小売業者が行う高度化事業のための施設 |
| | | ○ | 港湾運送業者が本来の事業に使用する施設 |

**5. 課税標準の特例**
（地法701の41）

次のものの既設分について特例があります。
⑴　人的課税特例：協同組合等
⑵　用途課税特例
①　都市施設で非課税とされる都市施設以外のもの（個人立の各種学校等）
②　ホテル等床面積が広大で面積当たりの収益率の低い事業所に係る施設
③　国の施策として奨励するものに係る施設
④　特定農産加工業経営改善臨時措置法に基づく事業用施設に対する資産割の課税の特例（平31附則33⑤）
※　事業所用家屋を取り壊し、又は収用され、その後２年（若しくは相当の期間）以内に、それに代わるものとして新増設した場合、従前の床面積相当分などの新増設分は控除します。

**6. 免税点**
（地法701の40～43）

• 既設分に係る事業所税の免税点
㈠資産割………事業所の面積1,000m$^2$以下
㈡従業員割……従業者数100人以下

**7. 徴収の方法及び納期**
（地法701の45、46、47）

• 既設分に係る事業所税
⑴法人の事業に係る事業所税
事業年度終了の日から２か月以内にその事業年度分を申告納付します。
⑵個人の事業に係る事業所税
翌年３月15日までに個人に係る課税期間分を申告納付します。（特別の場合には特例があります。）

## ■その他の主な地方税

<table>
<tr><th>項　目</th><th>説　明</th></tr>
<tr><td>○地方消費税<br>1. 課税団体<br>（地法72の78①,②、地令35の5）</td><td>（譲渡割）<br>(1) 個人事業者の住所地所在の道府県（国内に住所を有しない個人事業者については居住地所在の道府県、国内に住所又は居住を有しない個人事業者については事務所又は事業所所在の道府県）<br>(2) 法人の本店又は主たる事務所所在の道府県<br>(3) 外国法人の国内の事務所又は事業所所在の道府県<br>（貨物割）保税地域所在の道府県</td></tr>
<tr><td>2. 納税義務者<br>（地法72の78①）</td><td>（譲渡割）課税資産の譲渡等を行った個人事業者及び法人<br>（貨物割）課税貨物を保税地域から引き取る者</td></tr>
<tr><td>3. 課税客体<br>（地法72の78①）</td><td>（譲渡割）課税資産の譲渡等<br>（貨物割）課税貨物</td></tr>
<tr><td>4. 課税標準<br>（地法72の77二、地法72の77三）</td><td>（譲渡割）消費税法45条1項4号に掲げる消費税額<br>（貨物割）消費税法47条1項2号に掲げる課税標準に対する消費税額又は同法50条2項の規定により徴収すべき消費税額</td></tr>
<tr><td>5. 税率<br>（地法72の83）</td><td>一般分　2.2%（消費税額の$\frac{22}{78}$）<br>軽減分　1.76%（消費税額の$\frac{176}{624}$）</td></tr>
<tr><td>6. 徴収方法<br>（地法附則9の4等、地法72の100等）</td><td>（譲渡割）当分の間、国（税務署）に消費税と併せて申告納付等<br>（貨物割）国（税関）に消費税と併せて申告納付等</td></tr>
<tr><td>7. 清算<br>（地法72の114、地法附則9の15）</td><td>道府県は、国から払い込まれた地方消費税相当額について、商業統計の小売年間販売額その他消費に関連した基準によって道府県間において清算されます。</td></tr>
<tr><td>8. 交付<br>（地法72の115、地法附則9の15）</td><td>清算後の金額の$\frac{1}{2}$相当額を道府県内の市町村に対して人口及び従業者数にあん分して交付されることになります。</td></tr>
<tr><td>○ゴルフ場利用税</td><td></td></tr>
<tr><td>1. 課税団体</td><td>ゴルフ場所在の道府県（地法75）</td></tr>
<tr><td>2. 納税義務者</td><td>ゴルフ場の利用者（地法75）</td></tr>
<tr><td>3. 課税客体</td><td>ゴルフ場の利用行為（地法72の78①）</td></tr>
<tr><td>4. 非課税措置</td><td>・18歳未満、70歳以上、障がい者、国体のゴルフ競技、学校の教育活動として行う場合は非課税（地法75の2、75の3）</td></tr>
<tr><td>5. 税率（標準税率）</td><td>1人1日につき800円（地法76①）<br>※なお、ゴルフ場の整備の状況等に応じて税率に差等を設けることができます。（地法76③）<br>制限税率…1,200円（地法76②）</td></tr>
<tr><td>6. 徴収方法</td><td>特別徴収（地法82）</td></tr>
<tr><td>7. 納期限</td><td>条例の定めるところによります。（地法83②）</td></tr>
</table>

# ■自動車関係税（主なもの）

| 項　　目 | 説　　　明 |
|---|---|

## 1. 自動車重量税

（令和５年５月１日から令和６年４月30日に適用）

※1　一定の要件を満たすものは、エコカー減税が適用。(P.280の5. 参照)
※2　一定の要件を満たすものは、免税。
※3　一定の年数を経過したものは、重課。
※4　車両総重量1tごと
※5　2.5t超8t以下は8,200
※6　国土交通省HPで、検査予定日時点の税額を照会することができます。

### (1)　税率

**①検査対象自動車**　（単位：円）

| 種類＼区分 | 車検期間 | 新規登録時 | | | 継続検査時 | | |
|---|---|---|---|---|---|---|---|
| | | エコカー本則税率※1 | エコカー外 | | エコカー本則税率※2 | エコカー外※3 | |
| | | | 自家用 | 事業用 | | 自家用 | 事業用 |
| 乗用車（車両総重量0.5ｔごと） | 3年 | 7,500 | 12,300 | — | — | — | — |
| | 2年 | 5,000 | 8,200 | — | 5,000 | 8,200 | — |
| | 1年 | 2,500 | — | 2,600 | 2,500 | 4,100 | 2,600 |
| ８ｔ以下トラック※4 | 2年 | 5,000 | 6,600※5 | 5,200 | — | — | — |
| バス・８ｔ超トラック※4 | 1年 | 2,500 | 4,100 | 2,600 | — | — | — |
| 2.5ｔ以下トラック※4 | 1年 | — | — | — | 2,500 | 3,300 | 2,600 |
| バス・2.5ｔ超トラック※4 | 1年 | — | — | — | 2,500 | 4,100 | 2,600 |
| 特種用途車（車両総重量１ｔごと） | 2年 | 5,000 | 8,200 | 5,200 | 5,000 | 8,200 | 5,200 |
| | 1年 | 2,500 | 4,100 | 2,600 | 2,500 | 4,100 | 2,600 |
| 小型二輪車 | 3年 | — | 5,700 | 4,500 | — | — | — |
| | 2年 | — | 3,800 | — | — | 3,800 | 3,000 |
| | 1年 | — | — | — | — | 1,900 | — |
| 検査対象軽自動車（二輪を除く） | 3年 | 7,500 | 9,900 | — | — | — | — |
| | 2年 | 5,000 | 6,600 | 5,200 | 5,000 | 6,600 | 5,200 |

**②検査対象外軽自動車**（２回目以降「自動車重量税用軽自動車届出済証返納証明書」提出の場合は非課税）

| 二輪自家用 | 二輪事業用 | その他自家用 | その他事業用 |
|---|---|---|---|
| 4,900円 | 4,100円 | 9,900円 | 7,800円 |

### (2)　納税義務者と納付方法

| 納税義務者 | 自動車検査証の交付等を受ける者及び車両番号の指定を受ける者 |
|---|---|
| 納税方法 | 自動車検査証の交付等又は車両番号の指定を受ける時までに、原則として、その税額に相当する金額の自動車重量税印紙を自動車重量税納付書にはり付けて納付など |

### (3)　非課税自動車

大型特殊自動車、車両番号指定を受けたことがある届出軽自動車、臨時検査の結果、返付を受ける自動車検査証の有効期間の満了の日が従前の有効期間の満了の日以前とされることとなる自動車

## 2. 環境性能割（自動車税・軽自動車税）

［乗用車］

<table>
<tr><th colspan="2" rowspan="2">自動車税</th><th colspan="8">令和12年度燃費基準</th><th rowspan="2">EV等</th></tr>
<tr><th>60%</th><th>65%</th><th>70%</th><th>75%</th><th>80%</th><th>85%</th><th>90%</th><th>95%</th></tr>
<tr><td rowspan="2">R5.4～12</td><td>自</td><td colspan="3">2％</td><td colspan="2">1％</td><td colspan="4">非課税</td></tr>
<tr><td>営</td><td>1％</td><td colspan="2">0.5%</td><td colspan="6">非課税</td></tr>
<tr><td rowspan="2">R6.1～R7.3</td><td>自</td><td colspan="2">3％</td><td colspan="2">2％</td><td>1％</td><td colspan="4">非課税</td></tr>
<tr><td>営</td><td colspan="2">1％</td><td colspan="2">0.5%</td><td colspan="5">非課税</td></tr>
<tr><td rowspan="2">R7.4～R8.3</td><td>自</td><td colspan="3">3％</td><td colspan="2">2％</td><td colspan="2">1％</td><td colspan="2">非課税</td></tr>
<tr><td>営</td><td colspan="2">2％</td><td colspan="2">1％</td><td colspan="2">0.5%</td><td colspan="3">非課税</td></tr>
</table>

<table>
<tr><th colspan="2" rowspan="2">軽自動車税</th><th colspan="6">令和12年度燃費基準</th><th rowspan="2">EV等</th></tr>
<tr><th>55%</th><th>60%</th><th>70%</th><th>75%</th><th>80%</th><th>85%</th></tr>
<tr><td rowspan="2">R5.4～12</td><td>自</td><td>2％</td><td colspan="2">1％</td><td colspan="4" rowspan="2">非課税</td></tr>
<tr><td>営</td><td>1％</td><td colspan="2">0.5%</td></tr>
<tr><td rowspan="2">R6.1～R7.3</td><td>自</td><td colspan="2">2％</td><td colspan="2">1％</td><td colspan="3" rowspan="2">非課税</td></tr>
<tr><td>営</td><td>2％</td><td>1％</td><td colspan="2">0.5%</td></tr>
<tr><td rowspan="2">R7.4～R8.3</td><td>自</td><td colspan="3">2％</td><td>1％</td><td colspan="3" rowspan="2">非課税</td></tr>
<tr><td>営</td><td colspan="2">2％</td><td>1％</td><td>0.5%</td></tr>
</table>

［重量車］

| | | 平成27年度燃費基準 | | | | | EV等 |
|---|---|---|---|---|---|---|---|
| | | 未達成 | 100% | 105% | 110% | 115% | |
| R5.4～12 | 自 | 3% | 2% | 1% | 非課税 | | |
| | 営 | 2% | 1% | 0.5% | | | |
| R6.1～R7.3 | 自 | 3% | | 2% | 1% | 非課税 | |
| | 営 | 2% | | 1% | 0.5% | | |
| | | 令和7年度燃費基準 | | | | | EV等 |
| | | 95%未満 | 95% | 100% | 105% | | |
| R7.4～R8.3 | 自 | 3% | 2% | 1% | 非課税 | | |
| | 営 | 2% | 1% | 0.5% | | | |

**3. 自動車税**
（令和5年4月1日から令和6年3月31日に適用）

**⑴　税率**（グリーン化特例適用前）

（単位：円）

| 乗用車 | | |
|---|---|---|
| 総排気量 | 自家用 | 営業用 |
| 電気自動車、1ℓ以下 | 25,000 | 7,500 |
| 1ℓ超　1.5ℓ以下 | 30,500 | 8,500 |
| 1.5ℓ超　2ℓ以下 | 36,000 | 9,500 |
| 2ℓ超　2.5ℓ以下 | 43,500 | 13,800 |
| 2.5ℓ超　3ℓ以下 | 50,000 | 15,700 |
| 3ℓ超　3.5ℓ以下 | 57,000 | 17,900 |
| 3.5ℓ超　4ℓ以下 | 65,500 | 20,500 |
| 4ℓ超　4.5ℓ以下 | 75,500 | 23,600 |
| 4.5ℓ超　6ℓ以下 | 87,000 | 27,200 |
| 6ℓ超 | 110,000 | 40,700 |

| トラック | | |
|---|---|---|
| 最大積載量 | 自家用 | 営業用 |
| 1t以下 | 8,000 | 6,500 |
| 1t超　2t以下 | 11,500 | 9,000 |
| 2t超　3t以下 | 16,000 | 12,000 |
| 3t超　4t以下 | 20,500 | 15,000 |
| 4t超　5t以下 | 25,500 | 18,500 |
| 5t超　6t以下 | 30,000 | 22,000 |
| 6t超　7t以下 | 35,000 | 25,500 |
| 7t超　8t以下 | 40,500 | 29,500 |
| 8t超 | 6,300 | 4,700 |
| | （1t超ごとに上の額を加算） | |

**⑵　納税義務者と納付方法**

| | |
|---|---|
| 納税義務者 | 4月1日（賦課期日）現在の自動車の所有者（割賦販売の場合は、その自動車の買主が所有者となります）。 |
| 納税方法 | 4月から翌年3月までの1年分の税金（年額）を5月中に納付します。 |

**4. 軽自動車税**
（令和5年4月1日から令和6年3月31日に適用）

**⑴　税率**（グリーン化特例適用前、市町村税により異なる場合があります。（制限税率1.5倍））

（単位：円）

| 区分 | | 税率 |
|---|---|---|
| ⑴　軽自動車（660cc以下）及び小型特殊自動車 | ①二輪のもの（側車付きのものを含む。）（125cc超250cc以下） | 3,600 |
| | ②三輪のもの | 3,900 |
| | ③四輪以上のもの | |
| | 乗用のもの　営業用 | 6,900 |
| | 　　　　　　自家用 | 10,800 |
| | 貨物用のもの　営業用 | 3,800 |
| | 　　　　　　　自家用 | 5,000 |
| ⑵　原動機付自転車 | ①総排気量50cc以下又は定格出力0.6kw以下のもの（④を除く） | 2,000 |
| | ②二輪のもので総排気量50cc超90cc以下又は定格出力0.6kw超0.8kw以下のもの | 2,000 |
| | ③二輪のもので総排気量90cc超又は定格出力0.8kw超のもの | 2,400 |
| | ④三輪以上のもので総排気量20cc超又は定格出力0.25kw超のもので一定のもの | 3,700 |
| ⑶　二輪の小型自動車（250cc超） | | 6,000 |

**⑵　納税義務者と納付方法**

| | |
|---|---|
| 納税義務者 | 4月1日（賦課期日）現在の軽自動車、原動機付自転車、二輪の小型自動車等の所有者（割賦販売の場合は、その軽自動車、原動機付自転車、二輪の小型自動車等の所有者） |
| 納税方法 | 4月から翌年3月までの1年分の税金（年額）を5月中に納付します。 |

**5. エコカー減税（自動車重量税）**

• 排出ガス性能及び燃費性能に優れた自動車に対しては、それらの性能に応じて、自動車重量税が免税・軽減されます。

[乗用車]

<table>
<tr><th rowspan="2"></th><th colspan="8">令和12年度燃費基準</th><th rowspan="2">EV 等</th></tr>
<tr><th>60%</th><th>70%</th><th>75%</th><th>80%</th><th>90%</th><th>100%</th><th>120%</th><th>125%</th></tr>
<tr><td>R5.5～12</td><td colspan="2">▲25%</td><td colspan="2">▲50%</td><td colspan="2" rowspan="2">免税</td><td colspan="3" rowspan="2">免税※</td></tr>
<tr><td>R6.1～R7.4</td><td>対象外</td><td colspan="2">▲25%</td><td>▲50%</td></tr>
<tr><td>R7.5～R8.4</td><td colspan="2">対象外</td><td>本則税率</td><td>▲25%</td><td>▲50%</td><td colspan="2">免税</td><td colspan="2">免税※</td></tr>
</table>

[重量車]

<table>
<tr><th rowspan="2"></th><th colspan="3">平成27年度燃費基準</th><th rowspan="2">EV 等</th></tr>
<tr><th>105%</th><th>110%</th><th>115%</th></tr>
<tr><td>R5.5～12</td><td>▲50%</td><td>▲75%</td><td rowspan="2">免税</td><td rowspan="2">免税※</td></tr>
<tr><td>R6.1～R7.4</td><td>▲25%</td><td>▲50%</td></tr>
<tr><th rowspan="2"></th><th colspan="3">令和 7 年度燃費基準</th><th rowspan="2">EV 等</th></tr>
<tr><th colspan="2">95%</th><th>100%</th></tr>
<tr><td>R7.5～R8.4</td><td colspan="2">▲50%</td><td>免税</td><td>免税※</td></tr>
</table>

※　初回継続検査についても免税されます。

**6. グリーン化特例（自動車税・軽自動車税）**

• 排出ガス性能及び燃費性能に優れた自動車に対して、それらの性能に応じて、自動車税・軽自動車税が軽減されます。

[乗用車]

<table>
<tr><th rowspan="2" colspan="2"></th><th colspan="3">令和12年度燃費基準</th><th rowspan="2">EV 等</th></tr>
<tr><th>70%</th><th>80%</th><th>90%</th></tr>
<tr><td rowspan="2">R5.4～R7.3</td><td>自</td><td colspan="3">対象外</td><td rowspan="4">▲75%</td></tr>
<tr><td>営</td><td colspan="2">▲50%※</td><td>▲75%※</td></tr>
<tr><td rowspan="2">R7.4～R8.3</td><td>自</td><td colspan="3">対象外</td></tr>
<tr><td>営</td><td colspan="2">対象外</td><td>▲75%※</td></tr>
</table>

※　軽自動車税の場合は▲50%を▲25%に、▲75%を▲50%に読み替えます。

[重量車]

| R5.4～R8.3 | EV 等 |
|---|---|
| 重量車 | ▲75% |

• 新車新規登録等から一定期間（ガソリン車、ＬＰＧ車で13年、ディーゼル車で11年）を経過した自動車（EV 等を除きます）に対して自動車税が概ね15%重課されます。（バス・トラックは概ね10%重課）

• 初めて車両番号の指定を受けてから13年を経過した三輪以上の軽自動車（EV 等を除きます）に対して、軽自動車税が概ね20%重課されます。

# ■給与所得の源泉徴収税額表（月額表）抜粋

令和５年分

（一）

| その月の社会保険料等控除後の給与等の金額 | | 甲 | | | | | 乙 |
|---|---|---|---|---|---|---|---|
| | | 扶養親族等の数 | | | | | |
| | | ０人 | １人 | ２人 | ３人 | ４人 | |
| 以上 | 未満 | 税 | | | | 額 | 税額 |
| 円 | 円 | 円 | 円 | 円 | 円 | 円 | 円 |
| 88,000円未満 | | 0 | 0 | 0 | 0 | 0 | その月の社会保険料等控除後の給与等の金額の3.063%相当金額 |
| 88,000 | 89,000 | 130 | 0 | 0 | 0 | 0 | 3,200 |
| 89,000 | 90,000 | 180 | 0 | 0 | 0 | 0 | 3,200 |
| 90,000 | 91,000 | 230 | 0 | 0 | 0 | 0 | 3,200 |
| 91,000 | 92,000 | 290 | 0 | 0 | 0 | 0 | 3,200 |
| 92,000 | 93,000 | 340 | 0 | 0 | 0 | 0 | 3,300 |
| 93,000 | 94,000 | 390 | 0 | 0 | 0 | 0 | 3,300 |
| 94,000 | 95,000 | 440 | 0 | 0 | 0 | 0 | 3,300 |
| 95,000 | 96,000 | 490 | 0 | 0 | 0 | 0 | 3,400 |
| 96,000 | 97,000 | 540 | 0 | 0 | 0 | 0 | 3,400 |
| 97,000 | 98,000 | 590 | 0 | 0 | 0 | 0 | 3,500 |
| 98,000 | 99,000 | 640 | 0 | 0 | 0 | 0 | 3,500 |
| 99,000 | 101,000 | 720 | 0 | 0 | 0 | 0 | 3,600 |
| 101,000 | 103,000 | 830 | 0 | 0 | 0 | 0 | 3,600 |
| 103,000 | 105,000 | 930 | 0 | 0 | 0 | 0 | 3,700 |
| 105,000 | 107,000 | 1,030 | 0 | 0 | 0 | 0 | 3,800 |
| 107,000 | 109,000 | 1,130 | 0 | 0 | 0 | 0 | 3,800 |
| 109,000 | 111,000 | 1,240 | 0 | 0 | 0 | 0 | 3,900 |
| 111,000 | 113,000 | 1,340 | 0 | 0 | 0 | 0 | 4,000 |
| 113,000 | 115,000 | 1,440 | 0 | 0 | 0 | 0 | 4,100 |
| 115,000 | 117,000 | 1,540 | 0 | 0 | 0 | 0 | 4,100 |
| 117,000 | 119,000 | 1,640 | 0 | 0 | 0 | 0 | 4,200 |
| 119,000 | 121,000 | 1,750 | 120 | 0 | 0 | 0 | 4,300 |
| 121,000 | 123,000 | 1,850 | 220 | 0 | 0 | 0 | 4,500 |
| 123,000 | 125,000 | 1,950 | 330 | 0 | 0 | 0 | 4,800 |
| 125,000 | 127,000 | 2,050 | 430 | 0 | 0 | 0 | 5,100 |
| 127,000 | 129,000 | 2,150 | 530 | 0 | 0 | 0 | 5,400 |
| 129,000 | 131,000 | 2,260 | 630 | 0 | 0 | 0 | 5,700 |
| 131,000 | 133,000 | 2,360 | 740 | 0 | 0 | 0 | 6,000 |
| 133,000 | 135,000 | 2,460 | 840 | 0 | 0 | 0 | 6,300 |
| 135,000 | 137,000 | 2,550 | 930 | 0 | 0 | 0 | 6,600 |
| 137,000 | 139,000 | 2,610 | 990 | 0 | 0 | 0 | 6,800 |
| 139,000 | 141,000 | 2,680 | 1,050 | 0 | 0 | 0 | 7,100 |
| 141,000 | 143,000 | 2,740 | 1,110 | 0 | 0 | 0 | 7,500 |
| 143,000 | 145,000 | 2,800 | 1,170 | 0 | 0 | 0 | 7,800 |
| 145,000 | 147,000 | 2,860 | 1,240 | 0 | 0 | 0 | 8,100 |
| 147,000 | 149,000 | 2,920 | 1,300 | 0 | 0 | 0 | 8,400 |
| 149,000 | 151,000 | 2,980 | 1,360 | 0 | 0 | 0 | 8,700 |
| 151,000 | 153,000 | 3,050 | 1,430 | 0 | 0 | 0 | 9,000 |
| 153,000 | 155,000 | 3,120 | 1,500 | 0 | 0 | 0 | 9,300 |
| 155,000 | 157,000 | 3,200 | 1,570 | 0 | 0 | 0 | 9,600 |
| 157,000 | 159,000 | 3,270 | 1,640 | 0 | 0 | 0 | 9,900 |
| 159,000 | 161,000 | 3,340 | 1,720 | 100 | 0 | 0 | 10,200 |
| 161,000 | 163,000 | 3,410 | 1,790 | 170 | 0 | 0 | 10,500 |
| 163,000 | 165,000 | 3,480 | 1,860 | 250 | 0 | 0 | 10,800 |
| 165,000 | 167,000 | 3,550 | 1,930 | 320 | 0 | 0 | 11,100 |

（二）

| その月の社会保険料等控除後の給与等の金額 | | 甲 | | | | | 乙 |
|---|---|---|---|---|---|---|---|
| | | 扶養親族等の数 | | | | | |
| | | ０人 | １人 | ２人 | ３人 | ４人 | |
| 以上 | 未満 | 税 | | | | 額 | 税額 |
| 円 | 円 | 円 | 円 | 円 | 円 | 円 | 円 |
| 167,000 | 169,000 | 3,620 | 2,000 | 390 | 0 | 0 | 11,400 |
| 169,000 | 171,000 | 3,700 | 2,070 | 460 | 0 | 0 | 11,700 |
| 171,000 | 173,000 | 3,770 | 2,140 | 530 | 0 | 0 | 12,000 |
| 173,000 | 175,000 | 3,840 | 2,220 | 600 | 0 | 0 | 12,400 |
| 175,000 | 177,000 | 3,910 | 2,290 | 670 | 0 | 0 | 12,700 |
| 177,000 | 179,000 | 3,980 | 2,360 | 750 | 0 | 0 | 13,200 |
| 179,000 | 181,000 | 4,050 | 2,430 | 820 | 0 | 0 | 13,900 |
| 181,000 | 183,000 | 4,120 | 2,500 | 890 | 0 | 0 | 14,600 |
| 183,000 | 185,000 | 4,200 | 2,570 | 960 | 0 | 0 | 15,300 |
| 185,000 | 187,000 | 4,270 | 2,640 | 1,030 | 0 | 0 | 16,000 |
| 187,000 | 189,000 | 4,340 | 2,720 | 1,100 | 0 | 0 | 16,700 |
| 189,000 | 191,000 | 4,410 | 2,790 | 1,170 | 0 | 0 | 17,500 |
| 191,000 | 193,000 | 4,480 | 2,860 | 1,250 | 0 | 0 | 18,100 |
| 193,000 | 195,000 | 4,550 | 2,930 | 1,320 | 0 | 0 | 18,800 |
| 195,000 | 197,000 | 4,630 | 3,000 | 1,390 | 0 | 0 | 19,500 |
| 197,000 | 199,000 | 4,700 | 3,070 | 1,460 | 0 | 0 | 20,200 |
| 199,000 | 201,000 | 4,770 | 3,140 | 1,530 | 0 | 0 | 20,900 |
| 201,000 | 203,000 | 4,840 | 3,220 | 1,600 | 0 | 0 | 21,500 |
| 203,000 | 205,000 | 4,910 | 3,290 | 1,670 | 0 | 0 | 22,200 |
| 205,000 | 207,000 | 4,980 | 3,360 | 1,750 | 130 | 0 | 22,700 |
| 207,000 | 209,000 | 5,050 | 3,430 | 1,820 | 200 | 0 | 23,300 |
| 209,000 | 211,000 | 5,130 | 3,500 | 1,890 | 280 | 0 | 23,900 |
| 211,000 | 213,000 | 5,200 | 3,570 | 1,960 | 350 | 0 | 24,400 |
| 213,000 | 215,000 | 5,270 | 3,640 | 2,030 | 420 | 0 | 25,000 |
| 215,000 | 217,000 | 5,340 | 3,720 | 2,100 | 490 | 0 | 25,500 |
| 217,000 | 219,000 | 5,410 | 3,790 | 2,170 | 560 | 0 | 26,100 |
| 219,000 | 221,000 | 5,480 | 3,860 | 2,250 | 630 | 0 | 26,800 |
| 221,000 | 224,000 | 5,560 | 3,950 | 2,340 | 710 | 0 | 27,400 |
| 224,000 | 227,000 | 5,680 | 4,060 | 2,440 | 830 | 0 | 28,400 |
| 227,000 | 230,000 | 5,780 | 4,170 | 2,550 | 930 | 0 | 29,300 |
| 230,000 | 233,000 | 5,890 | 4,280 | 2,650 | 1,040 | 0 | 30,300 |
| 233,000 | 236,000 | 5,990 | 4,380 | 2,770 | 1,140 | 0 | 31,300 |
| 236,000 | 239,000 | 6,110 | 4,490 | 2,870 | 1,260 | 0 | 32,400 |
| 239,000 | 242,000 | 6,210 | 4,590 | 2,980 | 1,360 | 0 | 33,400 |
| 242,000 | 245,000 | 6,320 | 4,710 | 3,080 | 1,470 | 0 | 34,400 |
| 245,000 | 248,000 | 6,420 | 4,810 | 3,200 | 1,570 | 0 | 35,400 |
| 248,000 | 251,000 | 6,530 | 4,920 | 3,300 | 1,680 | 0 | 36,400 |
| 251,000 | 254,000 | 6,640 | 5,020 | 3,410 | 1,790 | 170 | 37,500 |
| 254,000 | 257,000 | 6,750 | 5,140 | 3,510 | 1,900 | 290 | 38,500 |
| 257,000 | 260,000 | 6,850 | 5,240 | 3,620 | 2,000 | 390 | 39,400 |
| 260,000 | 263,000 | 6,960 | 5,350 | 3,730 | 2,110 | 500 | 40,400 |
| 263,000 | 266,000 | 7,070 | 5,450 | 3,840 | 2,220 | 600 | 41,500 |
| 266,000 | 269,000 | 7,180 | 5,560 | 3,940 | 2,330 | 710 | 42,500 |
| 269,000 | 272,000 | 7,280 | 5,670 | 4,050 | 2,430 | 820 | 43,500 |
| 272,000 | 275,000 | 7,390 | 5,780 | 4,160 | 2,540 | 930 | 44,500 |
| 275,000 | 278,000 | 7,490 | 5,880 | 4,270 | 2,640 | 1,030 | 45,500 |
| 278,000 | 281,000 | 7,610 | 5,990 | 4,370 | 2,760 | 1,140 | 46,600 |
| 281,000 | 284,000 | 7,710 | 6,100 | 4,480 | 2,860 | 1,250 | 47,600 |
| 284,000 | 287,000 | 7,820 | 6,210 | 4,580 | 2,970 | 1,360 | 48,600 |
| 287,000 | 290,000 | 7,920 | 6,310 | 4,700 | 3,070 | 1,460 | 49,700 |

# 給与所得の源泉徴収税額表（月額表）抜粋

令和５年分

(三)

| その月の社会保険料等控除後の給与等の金額 | | 甲 扶養親族等の数 | | | | | 乙 |
|---|---|---|---|---|---|---|---|
| | | 0人 | 1人 | 2人 | 3人 | 4人 | |
| 以上 | 未満 | 税 | | 額 | | | 税額 |
| 円 | 円 | 円 | 円 | 円 | 円 | 円 | 円 |
| 290,000 | 293,000 | 8,040 | 6,420 | 4,800 | 3,190 | 1,570 | 50,900 |
| 293,000 | 296,000 | 8,140 | 6,520 | 4,910 | 3,290 | 1,670 | 52,100 |
| 296,000 | 299,000 | 8,250 | 6,640 | 5,010 | 3,400 | 1,790 | 52,900 |
| 299,000 | 302,000 | 8,420 | 6,740 | 5,130 | 3,510 | 1,890 | 53,700 |
| 302,000 | 305,000 | 8,670 | 6,860 | 5,250 | 3,630 | 2,010 | 54,500 |
| 305,000 | 308,000 | 8,910 | 6,980 | 5,370 | 3,760 | 2,130 | 55,200 |
| 308,000 | 311,000 | 9,160 | 7,110 | 5,490 | 3,880 | 2,260 | 56,100 |
| 311,000 | 314,000 | 9,400 | 7,230 | 5,620 | 4,000 | 2,380 | 56,900 |
| 314,000 | 317,000 | 9,650 | 7,350 | 5,740 | 4,120 | 2,500 | 57,800 |
| 317,000 | 320,000 | 9,890 | 7,470 | 5,860 | 4,250 | 2,620 | 58,800 |
| 320,000 | 323,000 | 10,140 | 7,600 | 5,980 | 4,370 | 2,750 | 59,800 |
| 323,000 | 326,000 | 10,380 | 7,720 | 6,110 | 4,490 | 2,870 | 60,900 |
| 326,000 | 329,000 | 10,630 | 7,840 | 6,230 | 4,610 | 2,990 | 61,900 |
| 329,000 | 332,000 | 10,870 | 7,960 | 6,350 | 4,740 | 3,110 | 62,900 |
| 332,000 | 335,000 | 11,120 | 8,090 | 6,470 | 4,860 | 3,240 | 63,900 |
| 335,000 | 338,000 | 11,360 | 8,210 | 6,600 | 4,980 | 3,360 | 64,900 |
| 338,000 | 341,000 | 11,610 | 8,370 | 6,720 | 5,110 | 3,480 | 66,000 |
| 341,000 | 344,000 | 11,850 | 8,620 | 6,840 | 5,230 | 3,600 | 67,000 |
| 344,000 | 347,000 | 12,100 | 8,860 | 6,960 | 5,350 | 3,730 | 68,000 |
| 347,000 | 350,000 | 12,340 | 9,110 | 7,090 | 5,470 | 3,850 | 69,000 |
| 350,000 | 353,000 | 12,590 | 9,350 | 7,210 | 5,600 | 3,970 | 70,000 |
| 353,000 | 356,000 | 12,830 | 9,600 | 7,330 | 5,720 | 4,090 | 71,100 |
| 356,000 | 359,000 | 13,080 | 9,840 | 7,450 | 5,840 | 4,220 | 72,100 |
| 359,000 | 362,000 | 13,320 | 10,090 | 7,580 | 5,960 | 4,340 | 73,100 |
| 362,000 | 365,000 | 13,570 | 10,330 | 7,700 | 6,090 | 4,460 | 74,200 |
| 365,000 | 368,000 | 13,810 | 10,580 | 7,820 | 6,210 | 4,580 | 75,200 |
| 368,000 | 371,000 | 14,060 | 10,820 | 7,940 | 6,330 | 4,710 | 76,200 |
| 371,000 | 374,000 | 14,300 | 11,070 | 8,070 | 6,450 | 4,830 | 77,100 |
| 374,000 | 377,000 | 14,550 | 11,310 | 8,190 | 6,580 | 4,950 | 78,100 |
| 377,000 | 380,000 | 14,790 | 11,560 | 8,320 | 6,700 | 5,070 | 79,000 |
| 380,000 | 383,000 | 15,040 | 11,800 | 8,570 | 6,820 | 5,200 | 79,900 |
| 383,000 | 386,000 | 15,280 | 12,050 | 8,810 | 6,940 | 5,320 | 81,400 |
| 386,000 | 389,000 | 15,530 | 12,290 | 9,060 | 7,070 | 5,440 | 83,100 |
| 389,000 | 392,000 | 15,770 | 12,540 | 9,300 | 7,190 | 5,560 | 84,700 |
| 392,000 | 395,000 | 16,020 | 12,780 | 9,550 | 7,310 | 5,690 | 86,500 |
| 395,000 | 398,000 | 16,260 | 13,030 | 9,790 | 7,430 | 5,810 | 88,200 |
| 398,000 | 401,000 | 16,510 | 13,270 | 10,040 | 7,560 | 5,930 | 89,800 |
| 401,000 | 404,000 | 16,750 | 13,520 | 10,280 | 7,680 | 6,050 | 91,600 |
| 404,000 | 407,000 | 17,000 | 13,760 | 10,530 | 7,800 | 6,180 | 93,300 |
| 407,000 | 410,000 | 17,240 | 14,010 | 10,770 | 7,920 | 6,300 | 95,000 |
| 410,000 | 413,000 | 17,490 | 14,250 | 11,020 | 8,050 | 6,420 | 96,700 |
| 413,000 | 416,000 | 17,730 | 14,500 | 11,260 | 8,170 | 6,540 | 98,300 |
| 416,000 | 419,000 | 17,980 | 14,740 | 11,510 | 8,290 | 6,670 | 100,100 |
| 419,000 | 422,000 | 18,220 | 14,990 | 11,750 | 8,530 | 6,790 | 101,800 |
| 422,000 | 425,000 | 18,470 | 15,230 | 12,000 | 8,770 | 6,910 | 103,400 |
| 425,000 | 428,000 | 18,710 | 15,480 | 12,240 | 9,020 | 7,030 | 105,200 |
| 428,000 | 431,000 | 18,960 | 15,720 | 12,490 | 9,260 | 7,160 | 106,900 |
| 431,000 | 434,000 | 19,210 | 15,970 | 12,730 | 9,510 | 7,280 | 108,500 |
| 434,000 | 437,000 | 19,450 | 16,210 | 12,980 | 9,750 | 7,400 | 110,300 |
| 437,000 | 440,000 | 19,700 | 16,460 | 13,220 | 10,000 | 7,520 | 112,000 |

(四)

| その月の社会保険料等控除後の給与等の金額 | | 甲 扶養親族等の数 | | | | | 乙 |
|---|---|---|---|---|---|---|---|
| | | 0人 | 1人 | 2人 | 3人 | 4人 | |
| 以上 | 未満 | 税 | | 額 | | | 税額 |
| 円 | 円 | 円 | 円 | 円 | 円 | 円 | 円 |
| 440,000 | 443,000 | 20,090 | 16,700 | 13,470 | 10,240 | 7,650 | 113,600 |
| 443,000 | 446,000 | 20,580 | 16,950 | 13,710 | 10,490 | 7,770 | 115,400 |
| 446,000 | 449,000 | 21,070 | 17,190 | 13,960 | 10,730 | 7,890 | 117,100 |
| 449,000 | 452,000 | 21,560 | 17,440 | 14,200 | 10,980 | 8,010 | 118,700 |
| 452,000 | 455,000 | 22,050 | 17,680 | 14,450 | 11,220 | 8,140 | 120,500 |
| 455,000 | 458,000 | 22,540 | 17,930 | 14,690 | 11,470 | 8,260 | 122,200 |
| 458,000 | 461,000 | 23,030 | 18,170 | 14,940 | 11,710 | 8,470 | 123,800 |
| 461,000 | 464,000 | 23,520 | 18,420 | 15,180 | 11,960 | 8,720 | 125,600 |
| 464,000 | 467,000 | 24,010 | 18,660 | 15,430 | 12,200 | 8,960 | 127,300 |
| 467,000 | 470,000 | 24,500 | 18,910 | 15,670 | 12,450 | 9,210 | 129,000 |
| 470,000 | 473,000 | 24,990 | 19,150 | 15,920 | 12,690 | 9,450 | 130,700 |
| 473,000 | 476,000 | 25,480 | 19,400 | 16,160 | 12,940 | 9,700 | 132,300 |
| 476,000 | 479,000 | 25,970 | 19,640 | 16,410 | 13,180 | 9,940 | 134,000 |
| 479,000 | 482,000 | 26,460 | 20,000 | 16,650 | 13,430 | 10,190 | 135,600 |
| 482,000 | 485,000 | 26,950 | 20,490 | 16,900 | 13,670 | 10,430 | 137,200 |
| 485,000 | 488,000 | 27,440 | 20,980 | 17,140 | 13,920 | 10,680 | 138,800 |
| 488,000 | 491,000 | 27,930 | 21,470 | 17,390 | 14,160 | 10,920 | 140,400 |
| 491,000 | 494,000 | 28,420 | 21,960 | 17,630 | 14,410 | 11,170 | 142,000 |
| 494,000 | 497,000 | 28,910 | 22,450 | 17,880 | 14,650 | 11,410 | 143,700 |
| 497,000 | 500,000 | 29,400 | 22,940 | 18,120 | 14,900 | 11,660 | 145,200 |
| 500,000 | 503,000 | 29,890 | 23,430 | 18,370 | 15,140 | 11,900 | 146,800 |
| 503,000 | 506,000 | 30,380 | 23,920 | 18,610 | 15,390 | 12,150 | 148,500 |
| 506,000 | 509,000 | 30,880 | 24,410 | 18,860 | 15,630 | 12,390 | 150,100 |
| 509,000 | 512,000 | 31,370 | 24,900 | 19,100 | 15,880 | 12,640 | 151,600 |
| 512,000 | 515,000 | 31,860 | 25,390 | 19,350 | 16,120 | 12,890 | 153,300 |
| 515,000 | 518,000 | 32,350 | 25,880 | 19,590 | 16,370 | 13,130 | 154,900 |
| 518,000 | 521,000 | 32,840 | 26,370 | 19,900 | 16,610 | 13,380 | 156,500 |
| 521,000 | 524,000 | 33,330 | 26,860 | 20,390 | 16,860 | 13,620 | 158,100 |
| 524,000 | 527,000 | 33,820 | 27,350 | 20,880 | 17,100 | 13,870 | 159,600 |
| 527,000 | 530,000 | 34,310 | 27,840 | 21,370 | 17,350 | 14,110 | 161,000 |
| 530,000 | 533,000 | 34,800 | 28,330 | 21,860 | 17,590 | 14,360 | 162,500 |
| 533,000 | 536,000 | 35,290 | 28,820 | 22,350 | 17,840 | 14,600 | 164,000 |
| 536,000 | 539,000 | 35,780 | 29,310 | 22,840 | 18,080 | 14,850 | 165,400 |
| 539,000 | 542,000 | 36,270 | 29,800 | 23,330 | 18,330 | 15,090 | 166,900 |
| 542,000 | 545,000 | 36,760 | 30,290 | 23,820 | 18,570 | 15,340 | 168,400 |
| 545,000 | 548,000 | 37,250 | 30,780 | 24,310 | 18,820 | 15,580 | 169,900 |
| 548,000 | 551,000 | 37,740 | 31,270 | 24,800 | 19,060 | 15,830 | 171,300 |
| 551,000 | 554,000 | 38,280 | 31,810 | 25,340 | 19,330 | 16,100 | 172,800 |
| 554,000 | 557,000 | 38,830 | 32,370 | 25,890 | 19,600 | 16,380 | 174,300 |
| 557,000 | 560,000 | 39,380 | 32,920 | 26,440 | 19,980 | 16,650 | 175,700 |
| 560,000 | 563,000 | 39,930 | 33,470 | 27,000 | 20,530 | 16,930 | 177,200 |
| 563,000 | 566,000 | 40,480 | 34,020 | 27,550 | 21,080 | 17,200 | 178,700 |
| 566,000 | 569,000 | 41,030 | 34,570 | 28,100 | 21,630 | 17,480 | 180,100 |
| 569,000 | 572,000 | 41,590 | 35,120 | 28,650 | 22,190 | 17,760 | 181,600 |
| 572,000 | 575,000 | 42,140 | 35,670 | 29,200 | 22,740 | 18,030 | 183,100 |
| 575,000 | 578,000 | 42,690 | 36,230 | 29,750 | 23,290 | 18,310 | 184,600 |
| 578,000 | 581,000 | 43,240 | 36,780 | 30,300 | 23,840 | 18,580 | 186,000 |
| 581,000 | 584,000 | 43,790 | 37,330 | 30,850 | 24,390 | 18,860 | 187,500 |
| 584,000 | 587,000 | 44,340 | 37,880 | 31,410 | 24,940 | 19,130 | 189,000 |
| 587,000 | 590,000 | 44,890 | 38,430 | 31,960 | 25,490 | 19,410 | 190,400 |

# 給与所得の源泉徴収税額表（月額表）抜粋

令和５年分

（五）

| その月の社会保険料等控除後の給与等の金額 | | 甲 | | | | | 乙 |
|---|---|---|---|---|---|---|---|
| | | 扶養親族等の数 | | | | | |
| | | ０人 | １人 | ２人 | ３人 | ４人 | |
| 以上 | 未満 | 税 | | 額 | | | 税額 |
| 円 | 円 | 円 | 円 | 円 | 円 | 円 | 円 |
| 590,000 | 593,000 | 45,440 | 38,980 | 32,510 | 26,050 | 19,680 | 191,900 |
| 593,000 | 596,000 | 46,000 | 39,530 | 33,060 | 26,600 | 20,130 | 193,400 |
| 596,000 | 599,000 | 46,550 | 40,080 | 33,610 | 27,150 | 20,690 | 194,800 |
| 599,000 | 602,000 | 47,100 | 40,640 | 34,160 | 27,700 | 21,240 | 196,300 |
| 602,000 | 605,000 | 47,650 | 41,190 | 34,710 | 28,250 | 21,790 | 197,800 |
| 605,000 | 608,000 | 48,200 | 41,740 | 35,270 | 28,800 | 22,340 | 199,300 |
| 608,000 | 611,000 | 48,750 | 42,290 | 35,820 | 29,350 | 22,890 | 200,700 |
| 611,000 | 614,000 | 49,300 | 42,840 | 36,370 | 29,910 | 23,440 | 202,200 |
| 614,000 | 617,000 | 49,860 | 43,390 | 36,920 | 30,460 | 23,990 | 203,700 |
| 617,000 | 620,000 | 50,410 | 43,940 | 37,470 | 31,010 | 24,540 | 205,100 |
| 620,000 | 623,000 | 50,960 | 44,500 | 38,020 | 31,560 | 25,100 | 206,700 |
| 623,000 | 626,000 | 51,510 | 45,050 | 38,570 | 32,110 | 25,650 | 208,100 |
| 626,000 | 629,000 | 52,060 | 45,600 | 39,120 | 32,660 | 26,200 | 209,500 |
| 629,000 | 632,000 | 52,610 | 46,150 | 39,680 | 33,210 | 26,750 | 211,000 |
| 632,000 | 635,000 | 53,160 | 46,700 | 40,230 | 33,760 | 27,300 | 212,500 |
| 635,000 | 638,000 | 53,710 | 47,250 | 40,780 | 34,320 | 27,850 | 214,000 |
| 638,000 | 641,000 | 54,270 | 47,800 | 41,330 | 34,870 | 28,400 | 214,900 |
| 641,000 | 644,000 | 54,820 | 48,350 | 41,880 | 35,420 | 28,960 | 215,900 |
| 644,000 | 647,000 | 55,370 | 48,910 | 42,430 | 35,970 | 29,510 | 217,000 |
| 647,000 | 650,000 | 55,920 | 49,460 | 42,980 | 36,520 | 30,060 | 218,000 |
| 650,000 | 653,000 | 56,470 | 50,010 | 43,540 | 37,070 | 30,610 | 219,000 |
| 653,000 | 656,000 | 57,020 | 50,560 | 44,090 | 37,620 | 31,160 | 220,000 |
| 656,000 | 659,000 | 57,570 | 51,110 | 44,640 | 38,180 | 31,710 | 221,000 |
| 659,000 | 662,000 | 58,130 | 51,660 | 45,190 | 38,730 | 32,260 | 222,100 |
| 662,000 | 665,000 | 58,680 | 52,210 | 45,740 | 39,280 | 32,810 | 223,100 |
| 665,000 | 668,000 | 59,230 | 52,770 | 46,290 | 39,830 | 33,370 | 224,100 |
| 668,000 | 671,000 | 59,780 | 53,320 | 46,840 | 40,380 | 33,920 | 225,000 |
| 671,000 | 674,000 | 60,330 | 53,870 | 47,390 | 40,930 | 34,470 | 226,000 |
| 674,000 | 677,000 | 60,880 | 54,420 | 47,950 | 41,480 | 35,020 | 227,100 |
| 677,000 | 680,000 | 61,430 | 54,970 | 48,500 | 42,030 | 35,570 | 228,100 |
| 680,000 | 683,000 | 61,980 | 55,520 | 49,050 | 42,590 | 36,120 | 229,100 |
| 683,000 | 686,000 | 62,540 | 56,070 | 49,600 | 43,140 | 36,670 | 230,400 |
| 686,000 | 689,000 | 63,090 | 56,620 | 50,150 | 43,690 | 37,230 | 232,100 |
| 689,000 | 692,000 | 63,640 | 57,180 | 50,700 | 44,240 | 37,780 | 233,600 |
| 692,000 | 695,000 | 64,190 | 57,730 | 51,250 | 44,790 | 38,330 | 235,100 |
| 695,000 | 698,000 | 64,740 | 58,280 | 51,810 | 45,340 | 38,880 | 236,700 |
| 698,000 | 701,000 | 65,290 | 58,830 | 52,360 | 45,890 | 39,430 | 238,200 |
| 701,000 | 704,000 | 65,840 | 59,380 | 52,910 | 46,450 | 39,980 | 239,700 |
| 704,000 | 707,000 | 66,400 | 59,930 | 53,460 | 47,000 | 40,530 | 241,300 |
| 707,000 | 710,000 | 66,960 | 60,480 | 54,020 | 47,550 | 41,090 | 242,900 |
| 710,000 | 713,000 | 67,570 | 61,100 | 54,630 | 48,160 | 41,700 | 244,400 |
| 713,000 | 716,000 | 68,180 | 61,710 | 55,250 | 48,770 | 42,310 | 246,000 |
| 716,000 | 719,000 | 68,790 | 62,320 | 55,860 | 49,390 | 42,920 | 247,500 |
| 719,000 | 722,000 | 69,410 | 62,930 | 56,470 | 50,000 | 43,540 | 249,000 |
| 722,000 | 725,000 | 70,020 | 63,550 | 57,080 | 50,610 | 44,150 | 250,600 |
| 725,000 | 728,000 | 70,630 | 64,160 | 57,700 | 51,220 | 44,760 | 252,200 |
| 728,000 | 731,000 | 71,250 | 64,770 | 58,310 | 51,840 | 45,370 | 253,700 |
| 731,000 | 734,000 | 71,860 | 65,380 | 58,920 | 52,450 | 45,990 | 255,300 |
| 734,000 | 737,000 | 72,470 | 66,000 | 59,530 | 53,060 | 46,600 | 256,800 |
| 737,000 | 740,000 | 73,080 | 66,610 | 60,150 | 53,670 | 47,210 | 258,300 |

（六）

| その月の社会保険料等控除後の給与等の金額 | 甲 | | | | | 乙 |
|---|---|---|---|---|---|---|
| | 扶養親族等の数 | | | | | |
| | ０人 | １人 | ２人 | ３人 | ４人 | |
| 以上　未満 | 税 | | 額 | | | 税額 |
| | 円 | 円 | 円 | 円 | 円 | 円 |
| 740,000円 | 73,390 | 66,920 | 60,450 | 53,980 | 47,520 | 259,800 |
| 740,000円を超え780,000円に満たない金額 | 740,000円の場合の税額に、その月の社会保険料等控除後の給与等の金額のうち740,000円を超える金額の20.42%に相当する金額を加算した金額 | | | | | 259,800円に、その月の社会保険料等控除後の給与等の金額のうち740,000円を超える金額の40.84%に相当する金額を加算した金額 |
| 780,000円 | 81,560 | 75,090 | 68,620 | 62,150 | 55,690 | |
| 780,000円を超え950,000円に満たない金額 | 780,000円の場合の税額に、その月の社会保険料等控除後の給与等の金額のうち780,000円を超える金額の23.483%に相当する金額を加算した金額 | | | | | |
| 950,000円 | 121,480 | 115,010 | 108,540 | 102,070 | 95,610 | |
| 950,000円を超え1,700,000円に満たない金額 | 950,000円の場合の税額に、その月の社会保険料等控除後の給与等の金額のうち950,000円を超える金額の33.693%に相当する金額を加算した金額 | | | | | |
| 1,700,000円 | 374,180 | 367,710 | 361,240 | 354,770 | 348,310 | 651,900 |
| 1,700,000円を超え2,170,000円に満たない金額 | 1,700,000円の場合の税額に、その月の社会保険料等控除後の給与等の金額のうち1,700,000円を超える金額の40.84%に相当する金額を加算した金額 | | | | | 651,900円に、その月の社会保険料等控除後の給与等の金額のうち1,700,000円を超える金額の45.945%に相当する金額を加算した金額 |
| 2,170,000円 | 571,570 | 565,090 | 558,630 | 552,160 | 545,690 | |
| 2,170,000円を超え2,210,000円に満たない金額 | 2,170,000円の場合の税額に、その月の社会保険料等控除後の給与等の金額のうち2,170,000円を超える金額の40.84%に相当する金額を加算した金額 | | | | | |
| 2,210,000円 | 593,340 | 586,870 | 580,410 | 573,930 | 567,470 | |
| 2,210,000円を超え2,250,000円に満たない金額 | 2,210,000円の場合の税額に、その月の社会保険料等控除後の給与等の金額のうち2,210,000円を超える金額の40.84%に相当する金額を加算した金額 | | | | | |
| 2,250,000円 | 615,120 | 608,650 | 602,190 | 595,710 | 589,250 | |
| 2,250,000円を超え3,500,000円に満たない金額 | 2,250,000円の場合の税額に、その月の社会保険料等控除後の給与等の金額のうち2,250,000円を超える金額の40.84%に相当する金額を加算した金額 | | | | | |

# 給与所得の源泉徴収税額表（月額表）抜粋

令和５年分

（七）

| その月の社会保険料等控除後の給与等の金額 | | 甲 | | | | | 乙 |
|---|---|---|---|---|---|---|---|
| | | 扶養親族等の数 | | | | | |
| | | 0人 | 1人 | 2人 | 3人 | 4人 | |
| 以上 | 未満 | 税 | | 額 | | | 税額 |
| 3,500,000円 | | 円<br>1,125,620 | 円<br>1,119,150 | 円<br>1,112,690 | 円<br>1,106,210 | 円<br>1,099,750 | 651,900円に、その月の社会保険料等控除後の給与等の金額のうち1,700,000円を超える金額の45.945%に相当する金額を加算した金額 |
| 3,500,000円を超える金額 | | 3,500,000円の場合の税額に、その月の社会保険料等控除後の給与等の金額のうち3,500,000円を超える金額の45.945%に相当する金額を加算した金額 | | | | | |

※この表における用語については、次に定めるところによります。

（一）「扶養親族等」とは、源泉控除対象配偶者及び控除対象扶養親族をいいます。

（二）「社会保険料等」とは、所得税法第七十四条第二項に規定する社会保険料及び同法第七十五条第二項に規定する小規模企業共済等掛金をいいます。

※扶養親族等の数の求め方については、P.285を参照してください。

## ■賞与に対する源泉徴収税額の算出率の表　抜粋

令和５年分

| 賞与の金額に乗ずべき率 | 甲 | | | | | | | | | | 乙 | |
|---|---|---|---|---|---|---|---|---|---|---|---|---|
| | 扶養親族等※の数 | | | | | | | | | | | |
| | 0人 | | 1人 | | 2人 | | 3人 | | 4人 | | | |
| | 前月の社会保険料等控除後の給与等の金額 | | | | | | | | | | 前月の社会保険料等控除後の給与等の金額 | |
| | 以上 | 未満 | 以上 | 未満 | 以上 | 未満 | 以上 | 未満 | 以上 | 未満 | 以上 | 未満 |
| % | 千円 | 千円 | 千円 | 千円 | 千円 | 千円 | 千円 | 千円 | 千円 | 千円 | 千円 | 千円 |
| 0.000 | 68千円未満 | | 94千円未満 | | 133千円未満 | | 171千円未満 | | 210千円未満 | | | |
| 2.042 | 68 | 79 | 94 | 243 | 133 | 269 | 171 | 295 | 210 | 300 | | |
| 4.084 | 79 | 252 | 243 | 282 | 269 | 312 | 295 | 345 | 300 | 378 | | |
| 6.126 | 252 | 300 | 282 | 338 | 312 | 369 | 345 | 398 | 378 | 424 | | |
| 8.168 | 300 | 334 | 338 | 365 | 369 | 393 | 398 | 417 | 424 | 444 | | |
| 10.210 | 334 | 363 | 365 | 394 | 393 | 420 | 417 | 445 | 444 | 470 | 222千円未満 | |
| 12.252 | 363 | 395 | 394 | 422 | 420 | 450 | 445 | 477 | 470 | 503 | | |
| 14.294 | 395 | 426 | 422 | 455 | 450 | 484 | 477 | 510 | 503 | 534 | | |
| 16.336 | 426 | 520 | 455 | 520 | 484 | 520 | 510 | 544 | 534 | 570 | | |
| 18.378 | 520 | 601 | 520 | 617 | 520 | 632 | 544 | 647 | 570 | 662 | | |
| 20.420 | 601 | 678 | 617 | 699 | 632 | 721 | 647 | 745 | 662 | 768 | 222 | 293 |
| 22.462 | 678 | 708 | 699 | 733 | 721 | 757 | 745 | 782 | 768 | 806 | | |
| 24.504 | 708 | 745 | 733 | 771 | 757 | 797 | 782 | 823 | 806 | 849 | | |
| 26.546 | 745 | 788 | 771 | 814 | 797 | 841 | 823 | 868 | 849 | 896 | | |
| 28.588 | 788 | 846 | 814 | 874 | 841 | 902 | 868 | 931 | 896 | 959 | | |
| 30.630 | 846 | 914 | 874 | 944 | 902 | 975 | 931 | 1,005 | 959 | 1,036 | 293 | 524 |
| 32.672 | 914 | 1,312 | 944 | 1,336 | 975 | 1,360 | 1,005 | 1,385 | 1,036 | 1,409 | | |
| 35.735 | 1,312 | 1,521 | 1,336 | 1,526 | 1,360 | 1,526 | 1,385 | 1,538 | 1,409 | 1,555 | | |
| 38.798 | 1,521 | 2,621 | 1,526 | 2,645 | 1,526 | 2,669 | 1,538 | 2,693 | 1,555 | 2,716 | 524 | 1,118 |
| 41.861 | 2,621 | 3,495 | 2,645 | 3,527 | 2,669 | 3,559 | 2,693 | 3,590 | 2,716 | 3,622 | | |
| 45.945 | 3,495千円以上 | | 3,527千円以上 | | 3,559千円以上 | | 3,590千円以上 | | 3,622千円以上 | | 1,118千円以上 | |

※この表における用語については、次に定めるところによります。

（一）「扶養親族等」とは、源泉控除対象配偶者及び控除対象扶養親族をいいます。

（二）「社会保険料等」とは、所得税法第七十四条第二項に規定する社会保険料及び同法第七十五条第二項に規定する小規模企業共済等掛金をいいます。

（備考）次の賞与に係る源泉徴収税額は、下記算式を用いて計算します。

①支給する賞与の金額（社会保険料等控除後）[A] が、前月の給与（社会保険料等控除後）[B] の10倍を超える場合

(ｲ) {([A]÷6)＋[B]} の金額を源泉徴収税額表（月額表）に当てはめて税額を求める

(ﾛ) **((ｲ)の税額－[B] に対する源泉徴収税額)×6**

②前月に給与の支払いがない場合

(ｲ) ([A]÷6) の金額を源泉徴収税額表（月額表）に当てはめて税額を求める

(ﾛ) **(ｲ)の税額×6**

※①②いずれも、賞与の計算期間が６か月を超える場合、上記６は12で計算します

**扶養親族等の数の算定方法**

　税額表の甲欄を適用する場合の扶養親族等の数の算定方法を図示すると、おおむね次のようになります。なお、税額表の甲欄を適用する場合の扶養親族等の数は、下図1と2を合計した数となります。

（凡例）　□ 給与所得者　(配) 配偶者（※の金額は配偶者の合計所得金額（見積額）を示します。）　△障 （特別）障がい者　[同障] 同居特別障がい者

△ひ ひとり親又は寡婦　△学 勤労学生　(扶) 控除対象扶養親族（扶養親族のうち年齢16歳以上の人）　[扶]（点線） 扶養親族のうち年齢16歳未満の人（注）扶養親族等の数には加算しません。

【下図中の点線囲みの図形は扶養親族等の数に含まれません】

《1　配偶者に係る扶養親族等の数の算定方法（具体例）》

| 設例 | 給与所得者の合計所得金額（見積額） | | | | | | |
|---|---|---|---|---|---|---|---|
| | 900万円以下 | ※95万円超 □—配 | ※95万円超 □—配 障 | ※95万円以下 □—配 〔源泉控除対象配偶者〕 | ※48万円超 95万円以下 □—配 障 〔源泉控除対象配偶者〕 | ※48万円以下 □—配 障 〔源泉控除対象配偶者 同一生計配偶者〕 | ※48万円以下 □—配＝同障 障 〔源泉控除対象配偶者 同一生計配偶者〕 |
| | 900万円超 | ※48万円以下 □—配（同一生計配偶者）<br>※48万円超 □—配 | ※48万円超 □—配 障 | ※48万円以下 □—配 障（同一生計配偶者） | | ※48万円以下 □—配＝同障 障（同一生計配偶者） | |
| 扶養親族等の数 | | 0人 | | 1人 | | 2人 | 3人 |

《2　配偶者以外の扶養親族等の数の算定方法（具体例）》

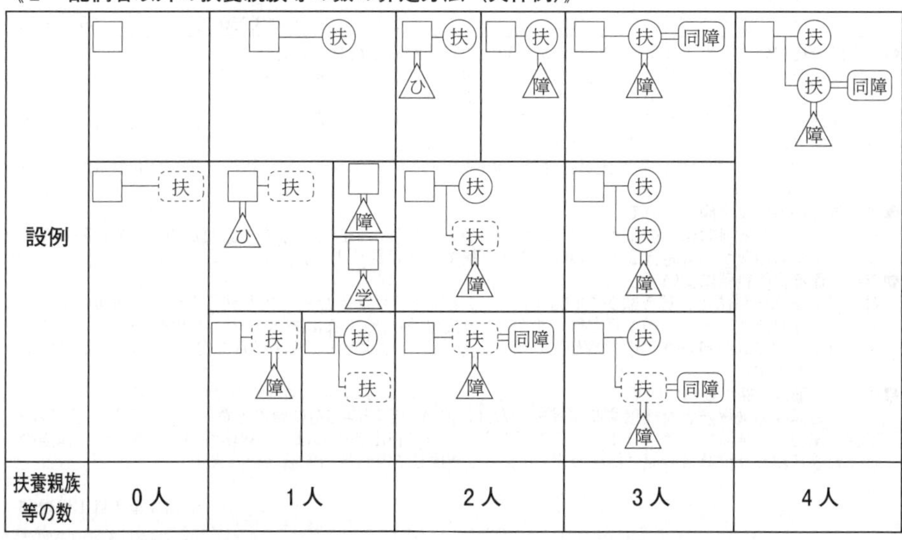

## ■厚生年金保険料額表（令和２年９月分（10月納付分）～）

（単位：円）

| 標準報酬 | | | 報酬月額 | | 一般・坑内員・船員（厚生年金基金加入員を除きます） | |
|---|---|---|---|---|---|---|
| | | | | | 全額 | 折半額 |
| 等級 | 月額 | 日額 | 以上 | 未満 | 18.300% | 9.150% |
| 1 | 88,000 | 2,930 | ～ | 93,000 | 16,104.00 | 8,052.00 |
| 2 | 98,000 | 3,270 | 93,000 ～ | 101,000 | 17,934.00 | 8,967.00 |
| 3 | 104,000 | 3,470 | 101,000 ～ | 107,000 | 19,032.00 | 9,516.00 |
| 4 | 110,000 | 3,670 | 107,000 ～ | 114,000 | 20,130.00 | 10,065.00 |
| 5 | 118,000 | 3,930 | 114,000 ～ | 122,000 | 21,594.00 | 10,797.00 |
| 6 | 126,000 | 4,200 | 122,000 ～ | 130,000 | 23,058.00 | 11,529.00 |
| 7 | 134,000 | 4,470 | 130,000 ～ | 138,000 | 24,522.00 | 12,261.00 |
| 8 | 142,000 | 4,730 | 138,000 ～ | 146,000 | 25,986.00 | 12,993.00 |
| 9 | 150,000 | 5,000 | 146,000 ～ | 155,000 | 27,450.00 | 13,725.00 |
| 10 | 160,000 | 5,330 | 155,000 ～ | 165,000 | 29,280.00 | 14,640.00 |
| 11 | 170,000 | 5,670 | 165,000 ～ | 175,000 | 31,110.00 | 15,555.00 |
| 12 | 180,000 | 6,000 | 175,000 ～ | 185,000 | 32,940.00 | 16,470.00 |
| 13 | 190,000 | 6,330 | 185,000 ～ | 195,000 | 34,770.00 | 17,385.00 |
| 14 | 200,000 | 6,670 | 195,000 ～ | 210,000 | 36,600.00 | 18,300.00 |
| 15 | 220,000 | 7,330 | 210,000 ～ | 230,000 | 40,260.00 | 20,130.00 |
| 16 | 240,000 | 8,000 | 230,000 ～ | 250,000 | 43,920.00 | 21,960.00 |
| 17 | 260,000 | 8,670 | 250,000 ～ | 270,000 | 47,580.00 | 23,790.00 |
| 18 | 280,000 | 9,330 | 270,000 ～ | 290,000 | 51,240.00 | 25,620.00 |
| 19 | 300,000 | 10,000 | 290,000 ～ | 310,000 | 54,900.00 | 27,450.00 |
| 20 | 320,000 | 10,670 | 310,000 ～ | 330,000 | 58,560.00 | 29,280.00 |
| 21 | 340,000 | 11,330 | 330,000 ～ | 350,000 | 62,220.00 | 31,110.00 |
| 22 | 360,000 | 12,000 | 350,000 ～ | 370,000 | 65,880.00 | 32,940.00 |
| 23 | 380,000 | 12,670 | 370,000 ～ | 395,000 | 69,540.00 | 34,770.00 |
| 24 | 410,000 | 13,670 | 395,000 ～ | 425,000 | 75,030.00 | 37,515.00 |
| 25 | 440,000 | 14,670 | 425,000 ～ | 455,000 | 80,520.00 | 40,260.00 |
| 26 | 470,000 | 15,670 | 455,000 ～ | 485,000 | 86,010.00 | 43,005.00 |
| 27 | 500,000 | 16,670 | 485,000 ～ | 515,000 | 91,500.00 | 45,750.00 |
| 28 | 530,000 | 17,670 | 515,000 ～ | 545,000 | 96,990.00 | 48,495.00 |
| 29 | 560,000 | 18,670 | 545,000 ～ | 575,000 | 102,480.00 | 51,240.00 |
| 30 | 590,000 | 19,670 | 575,000 ～ | 605,000 | 107,970.00 | 53,985.00 |
| 31 | 620,000 | 20,670 | 605,000 ～ | 635,000 | 113,460.00 | 56,730.00 |
| 32 | 650,000 | 21,670 | 635,000 ～ | | 118,950.00 | 59,475.00 |

**●被保険者負担分（厚生年金保険料額表の折半額）に円未満の端数がある場合**

①事業主が、給与から被保険者負担分を控除する場合、被保険者負担分の端数が50銭以下の場合は切り捨て、50銭を超える場合は切り上げて１円となります。

②被保険者が、被保険者負担分を事業主へ現金で支払う場合、被保険者負担分の端数が50銭未満の場合は切り捨て、50銭以上の場合は切り上げて１円となります。

（注）①、②にかかわらず、事業主と被保険者の間で特約がある場合には、特約に基づき端数処理をすることができます。

**●納入告知書の保険料額について**

納入告知書の保険料額は、被保険者個々の保険料額を合算した金額となります。ただし、その合算した金額に円未満の端数がある場合は、その端数を切り捨てた額となります。

**●賞与に係る保険料額について**

賞与に係る保険料額は、賞与額から1,000円未満の端数を切り捨てた額（標準賞与額）に、保険料率を乗じた額になります。また、標準賞与額の上限は、健康保険（料率表は次ページ）は年間573万円（毎年４月１日から翌年３月31日までの累計額）となり、厚生年金保険と子ども・子育て拠出金の場合は月間150万円となります。

**●子ども・子育て拠出金について**

厚生年金保険の被保険者を使用する事業主の方は、児童手当等の支給に要する費用の一部として子ども・子育て拠出金が全額負担となります。この子ども・子育て拠出金の額は、被保険者個々の厚生年金保険の標準報酬月額及び標準賞与額に拠出金率（0.36%）を乗じて得た額の総額となります。

令和５年４月１日現在

## ■令和５年度　全国健康保険料率表（令和５年３月分（４月納付分）から適用）

| 都道府県 | 一般被保険者 | 介護保険第２号被保険者 | 都道府県 | 一般被保険者 | 介護保険第２号被保険者 | 都道府県 | 一般被保険者 | 介護保険第２号被保険者 |
|---|---|---|---|---|---|---|---|---|
| 北海道 | 10.29% | 12.11% | 石川 | 9.66% | 11.48% | 岡山 | 10.07% | 11.89% |
| 青森 | 9.79% | 11.61% | 福井 | 9.91% | 11.73% | 広島 | 9.92% | 11.74% |
| 岩手 | 9.77% | 11.59% | 山梨 | 9.67% | 11.49% | 山口 | 9.96% | 11.78% |
| 宮城 | 10.05% | 11.87% | 長野 | 9.49% | 11.31% | 徳島 | 10.25% | 12.07% |
| 秋田 | 9.86% | 11.68% | 岐阜 | 9.80% | 11.62% | 香川 | 10.23% | 12.05% |
| 山形 | 9.98% | 11.80% | 静岡 | 9.75% | 11.57% | 愛媛 | 10.01% | 11.83% |
| 福島 | 9.53% | 11.35% | 愛知 | 10.01% | 11.83% | 高知 | 10.10% | 11.92% |
| 茨城 | 9.73% | 11.55% | 三重 | 9.81% | 11.63% | 福岡 | 10.36% | 12.18% |
| 栃木 | 9.96% | 11.78% | 滋賀 | 9.73% | 11.55% | 佐賀 | 10.51% | 12.33% |
| 群馬 | 9.76% | 11.58% | 京都 | 10.09% | 11.91% | 長崎 | 10.21% | 12.03% |
| 埼玉 | 9.82% | 11.64% | 大阪 | 10.29% | 12.11% | 熊本 | 10.32% | 12.14% |
| 千葉 | 9.87% | 11.69% | 兵庫 | 10.17% | 11.99% | 大分 | 10.20% | 12.02% |
| 東京 | 10.00% | 11.82% | 奈良 | 10.14% | 11.96% | 宮崎 | 9.76% | 11.58% |
| 神奈川 | 10.02% | 11.84% | 和歌山 | 9.94% | 11.76% | 鹿児島 | 10.26% | 12.08% |
| 新潟 | 9.33% | 11.15% | 鳥取 | 9.82% | 11.64% | 沖縄 | 9.89% | 11.71% |
| 富山 | 9.57% | 11.39% | 島根 | 10.26% | 12.08% | | | |

（介護保険料率は1.82％です）

※保険料は、事業主と被保険者が折半で負担します。

## ■健康保険の標準報酬月額表

（単位：円）

| 標準報酬 | | | 報酬月額 | |
|---|---|---|---|---|
| 等級 | 月額 | 日額 | 以上 | 未満 |
| 1 | 58,000 | 1,930 | ～ | 63,000 |
| 2 | 68,000 | 2,270 | 63,000 ～ | 73,000 |
| 3 | 78,000 | 2,600 | 73,000 ～ | 83,000 |
| 4 | 88,000 | 2,930 | 83,000 ～ | 93,000 |
| ∫ | 中略※ | | | |
| 35 | 650,000 | 21,670 | 635,000 ～ | 665,000 |
| 36 | 680,000 | 22,670 | 665,000 ～ | 695,000 |
| 37 | 710,000 | 23,670 | 695,000 ～ | 730,000 |
| 38 | 750,000 | 25,000 | 730,000 ～ | 770,000 |
| 39 | 790,000 | 26,330 | 770,000 ～ | 810,000 |
| 40 | 830,000 | 27,670 | 810,000 ～ | 855,000 |
| 41 | 880,000 | 29,330 | 855,000 ～ | 905,000 |
| 42 | 930,000 | 31,000 | 905,000 ～ | 955,000 |
| 43 | 980,000 | 32,670 | 955,000 ～ | 1,005,000 |
| 44 | 1,030,000 | 34,330 | 1,005,000 ～ | 1,055,000 |
| 45 | 1,090,000 | 36,330 | 1,055,000 ～ | 1,115,000 |
| 46 | 1,150,000 | 38,330 | 1,115,000 ～ | 1,175,000 |
| 47 | 1,210,000 | 40,330 | 1,175,000 ～ | 1,235,000 |
| 48 | 1,270,000 | 42,330 | 1,235,000 ～ | 1,295,000 |
| 49 | 1,330,000 | 44,330 | 1,295,000 ～ | 1,355,000 |
| 50 | 1,390,000 | 46,330 | 1,355,000 ～ | |

※中略については、厚生年金保険料額表の報酬月額の区分と同じです。

※例年４月の料率変更時に「各都道府県ごとの保険料額表」「労働保険率等」を弊社 HP にて更新しています。
下記 URL 又は右の二次元バーコードよりご確認ください（印刷可）。
（URL）https://www.control-sya.co.jp/download.html

## ■雇用保険料率表（令和５年度）

| 事業の種類 | 保険料 | 事業主負担 | 被保険者負担 |
|---|---|---|---|
| 一般の事業 | 15.5/1,000 | 9.5/1,000 | 6 /1,000 |
| 農林水産・清酒製造の事業 | 17.5/1,000 | 10.5/1,000 | 7 /1,000 |
| 建設の事業 | 18.5/1,000 | 11.5/1,000 | 7 /1,000 |

※被保険者負担分について１円未満の端数が生じた場合は、
①被保険者負担分を賃金から源泉控除する場合は、被保険者負担分の端数が50銭以下の場合は切り捨て、50銭１厘以上の場合は切り上げます。
②被保険者負担分を被保険者が事業主の方へ現金で支払う場合は、端数が50銭未満の場合は切り捨て、50銭以上は切り上げます。
③ただし、慣習的な取扱い等の特約がある場合には、この限りではありません。

## ■年齢早見表（適用年齢簡易判定付）［令和５年用］

| 和暦 | 西暦 | 年齢 | 備考 |
|---|---|---|---|
| 大正14 | 1925 | 98 | |
| 大正15・昭和１ | 1926 | 97 | |
| 昭和２ | 1927 | 96卯 | |
| 昭和３ | 1928 | 95 | |
| 昭和４ | 1929 | 94 | |
| 昭和５ | 1930 | 93 | |
| 昭和６ | 1931 | 92 | |
| 昭和７ | 1932 | 91 | |
| 昭和８ | 1933 | 90 | |
| 昭和９ | 1934 | 89 | |
| 昭和10 | 1935 | 88 | |
| 昭和11 | 1936 | 87 | |
| 昭和12 | 1937 | 86 | |
| 昭和13 | 1938 | 85 | |
| 昭和14 | 1939 | 84卯 | |
| 昭和15 | 1940 | 83 | |
| 昭和16 | 1941 | 82 | |
| 昭和17 | 1942 | 81 | |
| 昭和18 | 1943 | 80 | |
| 昭和19 | 1944 | 79 | |
| 昭和20 | 1945 | 78 | |
| 昭和21 | 1946 | 77 | |
| 昭和22 | 1947 | 76 | |
| 昭和23 | 1948 | **75** | ① |
| 昭和24 | 1949 | 74 | |
| 昭和25 | 1950 | 73 | |
| 昭和26 | 1951 | 72卯 | |
| 昭和27 | 1952 | 71 | |
| 昭和28 | 1953 | **70** | ② |
| 昭和29 | 1954 | 69 | |
| 昭和30 | 1955 | 68 | |
| 昭和31 | 1956 | 67 | |
| 昭和32 | 1957 | 66 | |

老人扶養親族↑（昭和29年１月１日以前生）

| 和暦 | 西暦 | 年齢 | 備考 |
|---|---|---|---|
| 昭和33 | 1958 | **65** | ③ |
| 昭和34 | 1959 | 64 | |
| 昭和35 | 1960 | 63 | |
| 昭和36 | 1961 | 62 | |
| 昭和37 | 1962 | 61 | |
| 昭和38 | 1963 | **60**卯 | ④ |
| 昭和39 | 1964 | 59 | |
| 昭和40 | 1965 | 58 | |
| 昭和41 | 1966 | 57 | |
| 昭和42 | 1967 | 56 | |
| 昭和43 | 1968 | 55 | |
| 昭和44 | 1969 | 54 | |
| 昭和45 | 1970 | 53 | |
| 昭和46 | 1971 | 52 | |
| 昭和47 | 1972 | 51 | |
| 昭和48 | 1973 | 50 | |
| 昭和49 | 1974 | 49 | |
| 昭和50 | 1975 | 48卯 | |
| 昭和51 | 1976 | 47 | |
| 昭和52 | 1977 | 46 | |
| 昭和53 | 1978 | 45 | |
| 昭和54 | 1979 | 44 | |
| 昭和55 | 1980 | 43 | |
| 昭和56 | 1981 | 42 | |
| 昭和57 | 1982 | 41 | |
| 昭和58 | 1983 | **40** | ⑤ |
| 昭和59 | 1984 | 39 | |
| 昭和60 | 1985 | 38 | |
| 昭和61 | 1986 | 37 | |
| 昭和62 | 1987 | 36卯 | |
| 昭和63 | 1988 | 35 | |
| 昭和64・平成１ | 1989 | 34 | |
| 平成２ | 1990 | 33 | |

相続時精算課税の贈与者↑（昭和38年１月１日以前生）

| 和暦 | 西暦 | 年齢 |
|---|---|---|
| 平成３ | 1991 | 32 |
| 平成４ | 1992 | 31 |
| 平成５ | 1993 | 30 |
| 平成６ | 1994 | 29 |
| 平成７ | 1995 | 28 |
| 平成８ | 1996 | 27 |
| 平成９ | 1997 | 26 |
| 平成10 | 1998 | 25 |
| 平成11 | 1999 | 24卯 |
| 平成12 | 2000 | 23 |
| 平成13 | 2001 | 22 |
| 平成14 | 2002 | 21 |
| 平成15 | 2003 | 20 |
| 平成16 | 2004 | 19 |
| 平成17 | 2005 | 18 |
| 平成18 | 2006 | 17 |
| 平成19 | 2007 | 16 |
| 平成20 | 2008 | 15 |
| 平成21 | 2009 | 14 |
| 平成22 | 2010 | 13 |
| 平成23 | 2011 | 12卯 |
| 平成24 | 2012 | 11 |
| 平成25 | 2013 | 10 |
| 平成26 | 2014 | 9 |
| 平成27 | 2015 | 8 |
| 平成28 | 2016 | 7 |
| 平成29 | 2017 | 6 |
| 平成30 | 2018 | 5 |
| 平成31・令和１ | 2019 | 4 |
| 令和２ | 2020 | 3 |
| 令和３ | 2021 | 2 |
| 令和４ | 2022 | 1 |
| 令和５ | 2023 | 0卯 |

特例贈与・相続時精算課税の受贈者↑（平成17年１月１日以前生）

特定扶養親族（平成13年１月２日～平成17年１月１日生）：平成13～平成16

控除対象扶養親族↑（平成20年１月１日以前生）

↓年少扶養親族（平成20年１月２日以後生）

※年齢は令和５年の誕生日以降の満年齢（誕生日前の場合は△１歳した年齢）です。

| 年齢 | ①75歳 | ②70歳 | ③65歳 | ④60歳 | ⑤40歳 |
|---|---|---|---|---|---|
| 手続等 | 健康保険料の徴収終了 | 厚生年金保険料の徴収終了 | 介護保険料の特別徴収終了 | 高年齢雇用継続給付対象者 | 介護保険料の徴収開始 |
| 内　容 | 後期高齢者医療制度に移行のため、健康保険料の徴収終了 | 厚生年金保険被保険者資格喪失届及び厚生年金保険70歳以上被用者該当届を提出(標準報酬月額変更者) | 市区町村より徴収のため、誕生日の前日が属する月から徴収されなくなります | 60歳以上65歳未満の者を対象とした給付金（２種類） | 誕生日の前日が属する月より介護保険料の徴収開始 |

※令和２年４月１日から、満64歳以上の者についても雇用保険料の納付が必要となりました。